U0938786

中国人民解放军军史

第四卷

(1949年10月～1953年12月)

《中国人民解放军军史》编写组　编

军事科学出版社

中国人民解放军军史编写领导小组

组　长：迟浩田

副组长：钱树根（前任）　吴胜利（前任）　杨志琦（前任）
陈　勇　袁守芳（前任）　刘永治（前任）
杜金才　王祖训（前任）　葛振峰（前任）
郑申侠（前任）　刘成军

成　员：温光春（前任）　李买富（前任）　胡世祥（前任）
张建启（前任）　牛红光　刘精松（前任）
李运之（前任）　田书根（前任）　葛东升（前任）
钱海皓（前任）　刘继贤

中国人民解放军军史编写组

主　任： 林登泉（前任）　王福成（前任）　姚有志（前任）
寿晓松

副主任： 曾庆洋（前任）　支绍曾（前任）　肖裕声（前任）
齐德学（前任）　赵一平（前任）　杨贵华（前任）
曲爱国

编写人员（按姓氏笔画为序）：

丁　伟　王永生　王成志　王建强　邓礼峰
田　玄　田越英　曲爱国　华国富　江　英
刘子君　刘双才　刘志青　刘国语　刘庭华
齐德学　李　华　赤　桦　杨贵华　肖石忠
肖显社　肖裕声　张从田　张明金　张婉英
陈　力　陈　宇　陈伙成　陈传刚　陈奇勇
林治波　周继强　岳思平　赵一平　赵焕明
波拉提　姜为民　姜铁军　郭　芳　郭志刚
耿成宽　柴中国　徐　飞　徐占权　徐金洲
阎茁草　康月田　彭玉龙　褚　杨　褚　银
谢国钧　温瑞茂　解卫东　鲍明荣　臧运祜
翟清华　潘泽庆　魏碧海

《中国人民解放军军史》第四卷

主　　编：齐德学　赵一平

副 主 编：丁　伟

编写人员：齐德学　赵一平　丁　伟

　　　　　曲爱国　肖石忠　波拉提

目　　录

第一章　国防军建设的开端

第一节　新中国成立和人民解放军职能、任务的历史性转变

一、中华人民共和国成立和开国大典阅兵

中国人民解放军在中国共产党的领导下，历经22年艰苦卓绝的革命战争，终于同全国人民一起推翻了帝国主义、封建主义、官僚资本主义及其总代表国民党政府在中国的反动统治，取得新民主主义革命的伟大胜利，于1949年10月1日迎来中华人民共和国的诞生。

为准备新中国的成立，1949年3月召开的中共七届二中全会根据全国胜利即将到来的形势，认为召开政治协商会议和成立民主联合政府的条件已经成熟。经中国共产党与各民主党派和无党派民主人士广泛酝酿协商，新政协筹备会议于6月15～19日在北平[①]中南海召开，成立了以毛泽东为主任的筹备常务委员会，负责拟定参加新政协的单位及其代表名额，起草新政协组织条例、共同纲领及大会宣言，拟制政府组织大纲，拟定国旗、国徽及国歌方案等新中国成立的各项准备工作。9月21～30日，中国人民政治协商会议第一届全体会议在中南海怀仁堂隆重举行。参加这次会议的有中国共产党、各民主党派、无党派人士、各人民团体、人民解放军、各地区、各民族以及国外华侨的代表共662人。会议通过了《中国人民

① 北平，1949年10月1日中华人民共和国成立时更名为北京。

政治协商会议组织法》、《中华人民共和国中央人民政府组织法》、《关于中华人民共和国国都、纪年、国歌、国旗的决议》、《中国人民政治协商会议共同纲领》。9月30日，全体会议选举63人组成中华人民共和国中央人民政府委员会，毛泽东当选中央人民政府主席，朱德、刘少奇、宋庆龄、李济深、张澜、高岗当选副主席；选举180人组成中国人民政治协商会议全国委员会；大会决定宣告中华人民共和国成立。

10月1日下午2时，中华人民共和国中央人民政府委员会第一次会议在中南海勤政殿举行，中央人民政府主席、副主席及委员宣布就职。会议推选林伯渠为中央人民政府委员会秘书长，任命周恩来为中央人民政府政务院总理兼外交部部长，毛泽东为中央人民政府人民革命军事委员会主席，朱德为人民解放军总司令，沈钧儒为中央人民政府最高人民法院院长，罗荣桓为中央人民政府最高人民检察署检察长。

10月1日下午3时，中华人民共和国中央人民政府成立典礼在天安门广场隆重举行。中央人民政府委员会秘书长林伯渠宣布典礼开始，中央人民政府主席毛泽东庄严宣告："中华人民共和国中央人民政府已于本日成立了！"在威武雄壮的国歌（《义勇军进行曲》）乐曲声中，毛泽东亲手按动电钮，中华人民共和国国旗——五星红旗第一次在天安门广场冉冉升起。这时54门礼炮齐放28响，象征着全国54个民族①的团结统一和中国共产党领导全国人民英勇奋斗28年的伟大胜利。

随后，毛泽东宣读《中华人民共和国中央人民政府公告》。公告指出："自蒋介石国民党反动派政府背叛祖国，勾结帝国主义，发动反革命战争以来，全国人民处于水深火热的情况之中。幸赖我人民解放军在全国人民援助之下，为保卫祖国的领土主权，为保卫人民的生命财产，为解除人民的痛苦和争取人民的权利，奋不顾

① 据当时的统计全国为54个民族。

身，英勇作战，得以消灭反动军队，推翻国民政府的反动统治。现在人民解放战争业已取得基本的胜利，全国大多数人民业已获得解放。”公告宣布，中华人民共和国中央人民政府委员会一致决议：接受中国人民政治协商会议共同纲领为本政府的施政方针；中华人民共和国中央人民政府为代表全中国人民的唯一合法政府，愿意与各国建立平等的外交关系。

接着，盛大的阅兵式开始。中国人民解放军总司令朱德在阅兵总指挥聂荣臻的陪同下，乘敞篷轿车沿东长安街、东单广场、东郊民巷，顺序检阅肃立严整的人民解放军陆、海、空三军受阅部队。乘车检阅结束后，朱德在天安门城楼上宣读《中国人民解放军总部命令》。命令指出，中华人民共和国的武装部队，在反对美帝国主义所援助的蒋介石反动政府的革命战争中，已经取得了伟大的胜利。敌人的大部分已经被歼灭，全国的大部分国土已经解放。但是现在战斗任务还没有最后完成，残余的敌人还在继续勾结外国侵略者，进行反抗中华人民共和国的反革命活动。我们必须继续努力，实现人民解放战争的最后目的。中国人民解放军全体指战员、工作员，要坚决执行中央人民政府和伟大的人民领袖毛主席的一切命令，迅速肃清国民党反动军队的残余，解放一切尚未解放的国土，同时肃清土匪和其他一切反革命匪徒，镇压他们的一切反抗和捣乱行为。

阅兵的第二项为分列式。聂荣臻率领陆、海、空三军受阅部队，在“八一”军旗的引导下，自东而西从天安门城楼前通过，接受党和国家领导人以及各界人民代表的检阅。首先通过天安门广场接受检阅的是年轻的人民海军方队，其后依次是步兵方队、炮兵方队、战车方队和骑兵方队。当战车部队通过天安门广场时，26 架次空军飞机①以双机或三机编队自东向西通过天安门广场上空。此时，

---

① 参加受阅的飞机总数为 17 架，其中 9 架 P-51 型战斗机两次通过天安门广场上空，故为 26 架次。

毛泽东、朱德、刘少奇、周恩来等党和国家领导人在天安门城楼仰望着迅速掠过的机群，频频挥手致意，人民群众纵情欢呼。

开国大典阅兵，是中华人民共和国成立后的第一次军事盛典，历时两个半小时。受阅部队的海军方队由安东海军学校和华东海军舰队选调的各1个排组成；陆军方队由步兵第199师、独立第207师第619团以及炮兵部队、战车部队、骑兵部队各一部编成；空军的1个混合飞行梯队由华北军区航空处所辖的P－51型战斗机中队、蚊式轰炸机小队和PT－19型、L－5型教练机小队编成。受阅部队共1.64万余人。步兵受阅部队的装备主要包括冲锋枪、轻机枪、重机枪、轻迫击炮、重迫击炮、战防炮①、山炮等。炮兵受阅部队的装备主要包括75毫米野炮、105毫米榴弹炮、150毫米榴弹炮、37毫米高射炮、75毫米高射炮等。战车受阅部队由摩托化步兵、装甲步兵和坦克兵各1个团编成。开国大典阅兵，充分显示了中国人民的伟大胜利，充分显示了人民解放军所向无敌、勇往直前的英雄气概，也充分显示了人民解放军的装备和训练水平。

中华人民共和国的成立，开辟了中国历史的新纪元，标志着中国从一个半殖民地半封建的旧中国变成了一个真正独立的新中国，结束了百年来帝国主义、殖民主义奴役中国人民的历史，结束了几千年来少数剥削者统治广大劳动人民的历史。中国人民从此站起来了，从此成为国家和社会的主人。中国革命的伟大胜利，是中国共产党的伟大胜利，是中国人民的伟大胜利，是马克思列宁主义在中国的伟大胜利，是马列主义的普遍真理与中国革命具体实践相结合的毛泽东思想的伟大胜利。同时，也是中国人民解放军的伟大胜利，是中国人民解放军建设的历史转折点。

二、新中国成立初期的形势和人民解放军的任务及国防部署

新中国成立之初面临的国际国内形势是十分严峻的。在国际上，新中国的成立得到以苏联为首的社会主义国家和一些民族独立

---

① 战防炮，全称为战车防御炮，即反坦克炮。

国家的承认和支持，也得到一些西欧国家的承认。但是，以美国为首的帝国主义国家，坚持敌视中国人民的立场，拒绝承认中华人民共和国，推行在外交上孤立、在经济上封锁、在军事上包围中国的政策，继续支持和援助国民党残余势力进行顽抗、破坏和捣乱，阻挠中国人民解放台湾，企图把新中国扼杀在摇篮里。在国内，虽然大陆的广大地区和人民已经获得解放，中央人民政府和老解放区的人民政权已经建立，但是国民党反动派还有100多万军队盘踞在西南和中南、西北、华东部分地区及东南沿海部分岛屿，包括广东、广西、四川、贵州、云南、西康①、西藏的全部，甘肃、湖南、湖北、福建各一部，台湾、海南岛和沿海大部分岛屿，仍在国民党反动派的控制之下。新疆国民党军虽已通电起义，但人民解放军还没有进军新疆。新解放区的基层政权尚未健全，3亿多人口地区的土地改革尚未进行，国民党军队溃逃时留下的残余力量以及潜伏的特务和反革命分子，同土匪和各种反动势力相勾结，进行各种破坏活动。由于长期遭受帝国主义列强的侵略、掠夺和遭受长期战争的破坏，整个中国几乎是一片废墟，千疮百孔，百废待兴，整个国民经济处于全面崩溃的状态，通货恶性膨胀，大批工厂停产，大量工人失业，农业连年歉收，灾民流离失所。这些问题严重威胁着新生的人民政权。

在这种形势下，人民解放军担负着如下重大任务：第一，继续完成解放战争的任务，将解放战争进行到底，迅速肃清国民党反动军队的残余，解放尚未解放的一切国土，完成统一祖国的大业。第二，肃清一切土匪，镇压一切敌对势力的反抗和捣乱行为，安定社会秩序。第三，对新解放的地区实施军事管制和参加地方政权建设。第四，在不妨碍军事任务的条件下，有计划地参加农业和工业生产，支援国家建设。第五，按国防军建设的要求，加强军队的正规化、现代化建设，在强大陆军的基础上，建设强大的空军和强大的海军。

---

① 辖今四川省西部和西藏自治区东部，1955年撤销。

此时，人民解放军的兵力正处于飞速发展中，新中国成立时全军总兵力为448万余人，到1950年3月发展到530多万人。[①] 全军共编有253个师，其中步兵师225个、骑兵师13个、炮兵师8个、高射炮兵师1个、工兵师1个、战车师2个、教导师3个，铁道兵支队5个。其兵力分布为：

军委总部机关和直属部队共7.9万人，其中机关8342人，直属部队7.07万人，编有3个师（2个步兵师、1个战车师），1个铁道兵兵团部（下辖5个支队）。

第一野战军和西北军区部队共66万余人，编为4个兵团，13个军，40个师（36个步兵师、4个骑兵师）。新中国成立时，西北的陕西、甘肃、青海、宁夏四省基本解放，驻守新疆的国民党军陶峙岳部和新疆省政府主席包尔汉通电起义，新疆宣告和平解放。10月，第一野战军以第1兵团率第2军、第6军（欠第18师）进军新疆。到1950年3月，进驻全疆各个重要城镇和军事要地，并接管了千里边防。第一野战军和西北军区投入大部兵力参加剿匪、军管、土改和恢复建设大西北，仅修筑陇海铁路宝鸡至兰州503公里长的线路，就投入8万兵力。同时，顺利完成新疆国民党军起义部队的改编工作。

第二野战军和西南军区部队共124.5万余人，编为4个兵团，12个军，40个师（37个步兵师、2个教导师、1个工兵师），1个游击纵队。新中国成立时，第二野战军正奉命向西南进军，执行解放四川、贵州、云南、西康、西藏的作战任务。到1950年4月初，在第四野战军一部的配合下，解放了除西藏外的西南全境。此后第二野战军集中主要力量进行剿匪、城市军管、农村土改、改造国民党起义投诚部队和进军西藏的准备。

第三野战军和华东军区部队共118.5万余人，编为3个兵团，

---

① 当时全军的军事实力统计为5315904人，供给实力统计为5616842人。此处各大单位兵力、编制及领导成员均依据1950年3月25日军委作战部编制的《中国人民解放军全军序列》表。

14 个军，60 个师（56 个步兵师、2 个炮兵师、1 个战车师、1 个教导师）。新中国成立时，华东大陆已基本解放，第三野战军和华东军区部队正在进行漳厦战役，10 月 17 日解放厦门。此后以部分兵力执行解放东南沿海国民党军盘踞的岛屿的任务。与此同时，以主要力量进行解放台湾的各项准备，剿灭内陆和海上的土匪，参加城市军管和农村土改。

第四野战军和中南军区部队共 152.4 万余人，编为 4 个兵团，17 个军，71 个师（66 个步兵师、4 个炮兵师、1 个高射炮兵师）、1 个游击纵队。新中国成立时，第四野战军正在进行衡宝战役的准备。1949 年 10～12 月，在第二野战军的配合下，相继进行了衡宝战役、广东战役、广西战役。此后，即开始将 20 万主力部队地方化，执行剿匪、军管、土改和支援地方经济建设等任务；以 2 个军（第 40、第 43 军）的兵力进行解放海南岛的作战准备；集结主力，随时准备担负战略机动任务。

华北军区部队共 38 万余人，编为 1 个兵团，5 个军，28 个师（20 个步兵师、8 个骑兵师）。

东北军区部队共 16.6 万余人，编为 11 个师（8 个步兵师、1 个骑兵师、2 个炮兵师）。

新中国成立时，华北军区和东北军区部队除剿匪外，已经没有大的作战任务，主要担负两地区特别是环渤海湾的防卫，同时派出部分部队参加城市军管、新解放区土改和支援地方经济建设。

海军部队共 3.29 万人，海军司令部辖 1 个军区海军司令部（华东海军司令部），1 所海军学校（大连海军学校），1 个步兵团。拥有各类舰船 134 艘。

空军部队共 4.19 万人，空军司令部辖西北、中南、华东、东北、华北、西南等 6 个航空处，7 所航空学校，1 个飞行作战中队，5 个步兵团。拥有各型飞机 159 架。

新中国成立时，海军和空军都处于初创阶段，海、空军总部领导机构尚未建立。1949 年 11 月中旬和 1950 年 1 月上旬，空军总部领导机构和海军总部领导机构相继建立。海、空军的主要任务是开办学校，改造教育国民党起义人员，修理接收起义的军舰和飞机，修理、整顿和新建基地、港口、机场和工厂，从苏联引进装备和着手组建作战部队，担负起配合解放沿海岛屿，保卫海、空防安全等任务。

随着全国解放战争接近最后胜利，如何根据平时的国防需要确定国防重点，调整和部署人民解放军的兵力，是确立新中国国防战略部署的重要内容。新中国成立的当月，毛泽东就开始对全国解放后的国防重点和兵力部署进行筹划。1949 年 10 月 31 日，毛泽东在给第四野战军司令员林彪的电报中，即提出新中国国防部署的基本构想："全国国防重点是以天津、上海、广州三点为中心的三个区域。二野入云、贵、川、康后，三野只能防守华东，置重点于沪、杭、宁区域，以有力一部准备取台湾，没有余力兼顾华北。现在华北只有杨成武三个军及其他六个二等师位于京、津、山海关一线，一旦有事，颇感兵力不足。除令一野以杨得志兵团（三个军十万人）位于宝鸡、天水、平凉区域，有事可随时调动外，四野在广西问题解决后，拟以五个军位于两广，担任广州为中心之两广国防；以三个军位于河南，准备随时增援华北；其余各军，位于湘鄂赣三省并以主力位于铁道线上，可以向南北机动。"① 在这一部署中，除了明确全国的国防重点，确定各大战略区特别是国防重点区域的固定兵力部署外，特别强调了建立战略预备队和战区机动部队的重要性，并明确了担任战略预备队和战区机动的部队或兵力，整个兵力部署呈现出南重北轻的态势。1950 年上半年，第四野战军的第 13 兵团作为战略预备队到达指定位置，各大战略区内其他各部队的国防任务也相继明确，国防部署调整工作基本完成。

三、人民解放军根本任务、职能的历史性转变

随着新中国的诞生和全国解放战争的基本结束，中国人民解放

---

① 《毛泽东军事文集》第 6 卷，35 ~ 36 页，北京，军事科学出版社、中央文献出版社，1993。

军的根本任务发生了历史性的转变，由夺取全国政权转变为巩固人民民主专政，保卫祖国安全和国家建设。人民解放军在民主主义革命阶段履行夺取政权的历史使命，其基本的和主要的任务是作战，是通过革命战争推翻帝国主义及国内反革命的统治。新中国成立后，人民解放军作为国防军履行保卫祖国的历史使命，除了当国家的主权和领土完整遭敌对国家的侵犯和国内分裂势力破坏时执行作战任务外，平时的主要任务是进行国防和军队建设，做好应付战争的准备。1949 年 9 月中国人民政治协商会议第一届全体会议通过的《中国人民政治协商会议共同纲领》明确规定中国人民解放军的任务为："保卫中国的独立和领土主权的完整，保卫中国人民的革命成果和一切合法权益。中华人民共和国中央人民政府应努力巩固和加强人民武装力量，使其能够有效地执行自己的任务。"

新中国的成立，使人民解放军的地位作用发生了重大变化。新中国诞生前，它是执行党的政治任务的武装集团，是中国共产党为实现新民主主义阶段的最低纲领而进行暴力革命的工具，它的地位和作用是在摧毁黑暗的、反动的社会统治中体现出来的，是旧的国家政权的破坏者。新中国成立后，由于中国共产党已经成为执政党，党的意志能够上升为国家意志，党的领导在很多情况下是通过国家的法律法令和方针政策实行的，中国共产党领导下的人民解放军作为国家机器的一个重要组成部分，成为保卫国家政权的基石，其地位和作用从根本上说是在保证和维护国家根本意志和根本利益中体现出来的。为适应这一转变，成立中央人民政府人民革命军事委员会（简称"中央军委"），统率全国武装力量。同时，人民解放军加强部队教育，强调坚持党对军队的绝对领导和国家对军队领导的一致性，履行中华人民共和国国防军职能和执行党的政治任务的一致性，要求全体官兵在新的历史条件下，解决好坚持党对军队绝对领导中遇到的新矛盾和新问题，永远保持人民军队的政治本色。

新中国成立后，人民解放军的建设进入一个崭新的历史阶段，即开始由低级阶段向高级阶段的历史性转变。在夺取全国政权以前，由于客观环境和历史条件的限制，人民解放军在建设上还处在低级阶段。新中国的建立，一方面，对作为国防军的人民解放军的建设提出了更高的要求；另一方面，也为人民解放军进入建军的高级阶段创造了客观条件。这种转变集中体现在军队的正规化、现代化建设上，具体体现在三个方面：第一，从单一的陆军转变为诸军兵种合成军队。新中国成立时，人民解放军只有单一的陆军，空军和海军尚在筹建之中，且陆军基本上是步兵，炮兵、装甲兵、工兵等技术兵种虽然在解放战争后期有了较快发展，但基础较薄弱。单一的兵种，无论多么强大，也难以适应现代化战争的需要。因此，人民解放军必须在建设强大陆军的同时，建设一支强大的海军和一支强大的空军。第二，从落后的武器装备转变为比较先进的现代化武器装备。新中国成立时，部队武器装备主要是在战场上缴获的，总体水平比较低下：品种庞杂，仅枪炮就有 100 多个型号、80 多种口径，可谓是“万国”牌；陈旧落后，多是美、日等国第二次世界大战期间甚至战前生产的；重型装备很少，整个陆军只有 400 多辆坦克。因此，改善武器装备是新中国成立后军队现代化建设所必须解决的重要问题。第三，从相对分散的非正规状态转变到高度集中统一的正规化。在战争年代，人民解放军长期处于分散状态，基本上以战略区进行作战和建设，不可避免地在作战指挥和军队建设方面存在不统一的问题。新中国成立后，国防军的职能、现代化战争的指挥、制式化武器装备的管理，都要求人民解放军加速正规化建设，使之成为具有统一指挥、统一编制、统一制度、统一训练、统一纪律，具有高度的组织性、纪律性、计划性与准确性的正规化军队。

第二节　国防军建设指导思想的提出和国家军事领导体制的建立

一、国防军建设指导思想的提出

新中国成立后，中共中央将建设强大国防军作为新中国必须做的两件大事之一提到议事日程。[1] 围绕如何在新的历史条件下建设强大国防军问题，毛泽东、朱德等党和军队的领导人作过许多重要论述，明确提出并全面阐述了建设一支强大的正规化、现代化国防军的指导思想。

毛泽东在中国人民政治协商会议第一届全体会议的开幕词中指出："我们的国防将获得巩固，不允许任何帝国主义者再来侵略我们的国土。在英勇的经过了考验的人民解放军的基础上，我们的人民武装力量必须保存和发展起来。我们将不但有一个强大的陆军，而且有一个强大的空军和一个强大的海军。"[2] 中国人民政治协商会议第一届全体会议通过的起临时宪法作用的《中国人民政治协商会议共同纲领》规定：人民解放军和人民公安部队，实行统一的指挥，统一的制度，统一的编制，统一的纪律。中华人民共和国应加强现代化的陆军，并建设空军和海军，以巩固国防。毛泽东的论述和《共同纲领》的规定为新中国国防军的建设指明了方向，是对中国国防军建设指导思想的最初阐述。朱德在这次政协会上代表解放军代表团发言表示：坚决服从《共同纲领》，解放全中国领土，保卫中国的独立和领土主权的完整，建立一支统一的、现代化的、政治上坚定地为人民服务的强大的人民军队。1949 年 10 月 20 日，中央人民政府人民革命军事委员会举行第一次会议，毛泽东主席在主持会议时明确指出，这次会议的主题是研究进军问题和今后国防建设问题。副总参谋长聂荣臻在报告了军事情况后即提出部队的正规化问题，强调今后部队的教育训练，各军区要抽专门人才，设专门学校来做，武器装备要统一和标准化。但由于进军西南等问题迫在眉睫，会议对国防军建设的研究只是提出了问题，未能展开讨论。根据一些委员的建议，毛泽东决定，在军委下成立国防研究小组，

① 参见《毛泽东军事文集》第 6 卷，103 页，北京，军事科学出版社、中央文献出版社，1993。

② 《毛泽东军事文集》第 6 卷，4 页，北京，军事科学出版社、中央文献出版社，1993。

以便对国防建设问题进行总体设计。

此后一段时间内，军队的高级领导人不断地研究和论述国防军建设问题。11 月 11 日，朱德在华北军政大学发表关于教育训练问题的讲话，提出人民解放军要很快地正规化，要掌握联合兵种知识。1950 年 4 月，他在全国新闻工作会议上的讲话中指出，人民解放军今后的任务是建设“近代化的国防军”和“学习正规化”。7 月和 9 月，朱德又在几次讲话中指出，现代化是人民解放军发展的必经阶段，现在摆在我们面前的任务，就是“必须建设一支十分强大的、足以击退任何侵略者进攻的现代化国防军”。1950 年 10 月，中国派遣志愿军入朝进行抗美援朝战争，在与以美国为首的“联合国军”作战中获得的直接经验，加深了中共中央、中央军委对军队现代化建设的极端重要性和紧迫性的认识，促其采取了加速空军和陆军特种兵建设，加速入朝参战部队武器装备更新及制式化步伐等大力推进军队正规化、现代化建设的措施。与此同时，在对全党全军的有关指示中，从不同侧面提出了进行军队正规化、现代化建设的要求。12 月 5 日，中共中央发出通知，要求各中央局、分局动员 12 万青年学生、工人报考军事干部学校，以“训练他们掌握现代化的军事科学知识和军事技术”。12 月底，总参谋部和总政治部在关于 1951 年工作的指示中都明确提出，要“学会现代化联合兵种作战的指挥与战术”，要使军事训练适应“正规化的要求”。

进入 1951 年后，中共中央和中央军委逐步系统地提出建设现代化正规化国防军的内容和要求。1 月 15 日，中央军委为军事学院成立送了贺幛，贺幛上的题词是：“为建设正规化现代化的国防军而奋斗。”4 月，中央军委机关刊物《八一杂志》创刊，朱德在发刊词中开宗明义地指出：“为了帮助建设强大的正规化、现代化的国防军，人民革命军事委员会决定出版《八一杂志》。”发刊词对人民解放军进行正规化、现代化建设的必要性，正规化、现代化建设的基本内容，正规化、现代化与保持人民军队优良传统即革命化的关系等问题作了全面深入的论述。指出：“这支强大的正规化、现代化的国防军，在政治上必须服从共产党的领导，以马克思列宁主义、毛泽东思想把自己武装起来，必须具有高度的爱国主义、国际主义与革命英雄主义的精神。在军事上，必须通晓与掌握联合兵种作战的指挥及各兵种学术，并且有坚强的后方勤务工作。这支国防军必须有高度的组织性、纪律性、计划性与准确性；必须有正规的生活秩序及具有相当高的文化水平。总之，必须有高度的军事素质与政治素质。"① 8 月 1 日，刘伯承在《八一杂志》发表题为《为建设正规化现代化国防军而奋斗》的长篇文章，着重从"建设新的兵种及学术"和建设"正规化国防军队的生活秩序"两个方面论述了正规化、现代化建设的内容。1952 年 7 月，毛泽东在给军事学院的训词中，对现代化正规化的必然性、内容作了更为深刻的阐述和概括，指出：我们现在已经进入高级建军的阶段，也就是掌握现代化技术、实现现代化的阶段。"与现代化装备相适应的，就是要求部队建设的正规化，就是要求实行统一的指挥、统一的制度、统一的编制、统一的纪律、统一的训练，就是要求实现诸兵种密切的协同动作。"为此，"必须加强整个工作上、指挥上，而首先又应该是从教育训练上来培养的那种组织性、计划性、准确性和纪律性"。② 这里提出的"五统"和"四性"，为人民解放军正规化建设明确了基本要求。人民解放军在建设一支强大的正规化、现代化国防军的方针指导下，开始了由低级建军阶段向高级建军阶段发展的历史性转变。

二、中央人民政府人民革命军事委员会的成立

中国共产党从土地革命战争时期起，就一直在中共中央设立军事委员会，作为党的最高军事领导机构。中华人民共和国成立后，人民解放军作为国防军，成了国家机器的重要组成部分。这种变化

---

① 《朱德军事文选》，779 页，北京，解放军出版社，1997。

② 《毛泽东军事文集》第 6 卷，314 页，北京，军事科学出版社、中央文献出版社，1993。

要求在中央人民政府机构中建立国家的最高军事统率机构。中国人民政治协商会议第一届全体会议通过的《中国人民政治协商会议共同纲领》和《中华人民共和国中央人民政府组织法》对此作了明确规定。《中国人民政治协商会议共同纲领》第20条明确规定："中华人民共和国建立统一的军队，即人民解放军和人民公安部队，受中央人民政府人民革命军事委员会统率。"

《中华人民共和国中央人民政府组织法》总纲规定：中央人民政府委员会组织人民革命军事委员会，以为国家军事的最高统辖机关。组织法中还专门设立"人民革命军事委员会"一章，对中央人民政府人民革命军事委员会的组成和职责作了具体规定：人民革命军事委员会统一管辖并指挥人民解放军和其他人民武装力量；人民革命军事委员会设主席一人，副主席若干人，委员若干人；人民革命军事委员会的组织及其管理指挥系统，由中央人民政府委员会制定之。人民革命军事委员会主席、副主席、委员，人民解放军的总司令、副总司令，总参谋长、副总参谋长，总政治部主任和副主任由中央人民政府委员会任免。根据上述规定，1949年10月1日，中央人民政府委员会第一次会议任命毛泽东为中央人民政府人民革命军事委员会主席。10月19日，中央人民政府委员会第三次会议公布人民革命军事委员会全体成员名单：主席毛泽东；副主席朱德、刘少奇、周恩来、彭德怀、程潜；委员（共22人）贺龙、刘伯承、陈毅、林彪、徐向前、叶剑英、聂荣臻、高岗、粟裕、张云逸、邓小平、李先念、饶漱石、邓子恢、习仲勋、罗瑞卿、萨镇冰、张治中、傅作义、蔡廷锴、龙云、刘斐。1951年11月5日，中央人民政府委员会第十三次会议决定增补林彪、高岗为人民革命军事委员会副主席。

中央人民政府人民革命军事委员会简称"人民革命军事委员会"、"中央军委"、"军委"，在新中国成立初期，有时仍沿用"中国人民革命军事委员会"这一名称。新中国成立时，中央军委日常工作由周恩来主持，由各总部主要负责人组成的联席会议办理。

1949 年 11 月 11 日，中央军委办公厅成立，与总参谋部办公厅合署办公。1952 年 7 月起，中央军委日常工作由彭德怀主持。1952 年 10 月，建立军委例会制度，由各总部主要负责人参加。

坚持党对军队的绝对领导，是人民解放军始终遵循的一项根本原则。人民革命军事委员会是在中国共产党取得了国家政权之后实现其对军队领导的一种新的组织形式。虽然中央人民政府人民革命军事委员会的成员有民主党派人士和国民党起义将领，但它并不意味着坚持党对军队绝对领导原则的改变或者削弱。正如周恩来所指出：我们的军事委员会，也有非共产党员、民主革命分子。军队内有起义的成分，就要有其代表人物。但“我们党在军队内的作用是清楚的、肯定的。任何其他党派在人民解放军是没有领导地位的。这是因为国民党反动派跟我们作对时，只有共产党走入农村，把军队组织起来。因此，其他党派在人民革命运动中有若干地位，而在军队中是没有领导地位的，这是很清楚的。这一点，在今天人民民主专政的局面下，别的党派是不会来、也不可能来和我们争的。他们真心愿意跟我们合作的话，可以在全国政权上参加领导，而在军队中就不同了，只容许共产党来领导军队，别的党派是不可能来参加领导的”①。

三、军委总部领导机构的充实和调整

中央人民政府人民革命军事委员会下设总参谋部、总政治部和总后方勤务部，总部名称均冠以“中央人民政府人民革命军事委员会”的字样，简称军委总参谋部、军委总政治部、军委总后勤部。1950 年 9 月，增设军委总干部管理部，总部机构发展为四总部体制。

作为人民解放军的军事、政治、后勤工作的最高领导机关，军委总参谋部、总政治部、总后勤部在革命战争时期已相继建立。战争年代，各根据地、各战略区长期处在被分割的状态下，各战略区

---

① 《周恩来军事文选》第 4 卷，19 ~ 20 页，北京，人民出版社，1997。

在中央军委总的战略方针和总的战略意图下，独立指挥作战和进行各种军事建设。总部机关对各战略区主要起指导作用。因此，各总部机关均比较简便、精干。

新中国成立后，随着国防军正规化、现代化建设的展开，全军实行统一的指挥，统一的制度，统一的编制，统一的纪律和集中统一的供应保障，原来的那种简便、精干的总部机关与形势和任务的变化已不相适应，必须加以充实和调整。因此，中央军委从各战略区抽调干部加强总部机关的建设。

军委总参谋部是中央人民政府人民革命军事委员会负责全国武装力量建设和作战指挥的军事领导机关。1949 年 10 月 19 日，中央人民政府委员会第三次会议，任命徐向前为总参谋长，聂荣臻为副总参谋长。[①] 1951 年 11 月，任命粟裕为副总参谋长；1952 年 10 月，任命黄克诚、张宗逊为副总参谋长；1953 年 1 月，任命李克农为副总参谋长。新中国成立前，军委总参谋部机关主要是军委作战部所属各局。根据新中国成立后新的形势和任务，军委总参谋部机关进行了充实和调整。至 1953 年 6 月，军委总参谋部下设有作战部、情报部、技术部、联络部、通信部、军事学校管理部（简称军校部）、军事运输司令部、军务部、军事训练部（简称军训部）、兵器装备计划部（后改称装备计划部）、人民武装部、测绘局、气象局、军事出版局、直属政治部、办公厅等部门。1953 年 6 月 10 日，中央军委决定，原属总参谋部建制的军训部和军校部改为直属中央军委领导。萧克任军训部部长，张宗逊兼任军校部部长。

军委总政治部是中央人民政府人民革命军事委员会领导全军政治建设的机关，负责军队中党的工作和政治工作。1949 年 10 月 ~ 1950 年 4 月，刘少奇兼任总政治部主任，傅钟任副主任。1950 年 4 月，任命罗荣桓为总政治部主任，傅钟、萧华为副主任。1953 年 4 月，任命甘泗淇为副主任。解放战争时期，总政治部只设有第 1、

① 徐向前因病休养，聂荣臻于 1949 年 11 月起任代总参谋长。

第2研究室和秘书处。新中国成立后，为适应新形势和任务的需要，从1950年4月起，对总政治部进行了加强和调整。调整后的总政治部下设组织部、宣传部、保卫部、文化部、青年部和秘书长系统，后增设联络部。这种编制一直延续到20世纪50年代中后期。

军委总后方勤务部（简称“总后勤部”）是中央人民政府人民革命军事委员会领导全军后勤工作的机关，负责领导和管理军队后勤的各项专业勤务，组织实施军队的各种后勤保障。1949年11月，中共中央军事委员会总后勤部改称中央人民政府人民革命军事委员会总后方勤务部，杨立三任部长。1950年5月，任命贺诚、张令彬为副部长，11月任命宋裕和为副部长。1952年10月，副总参谋长黄克诚兼任总后方勤务部部长和政治委员，杨立三改任第一副部长。10月，任命周纯全为副部长兼副政治委员。在战争年代，人民解放军的后勤工作实行“统一领导，分散经营，独立保障”的方针。因此，总后勤部机关的人员较少，机构简单。新中国成立后，适应形势和任务的变化，对全军实行集中统一的供应，中央军委先后对总后勤部机构进行了较大充实，建立了各业务部门。1950年6月中央军委发出《关于由各大军区筹组总后勤部各部的通知》，决定总后勤部尚未建立的二级部分别由各大军区负责筹组，组建完毕之后即将机构和人员一并送交总后勤部。这些二级部是：财务部、干部部由华北军区组建，军需部由华东军区组建，军械部由西南军区组建，运输部由中南军区组建，生产部由西北军区组建，营房部由东北军区组建。至1950年底，总后勤部下设财务部、军需部、军械部、卫生部、运输部、油料部、营房管理部等7个业务部和秘书处、计划处、检查处等3个直属处。后又调整充实，至1953年底，总后勤部已设有政治部、干部管理部、训练部、财务部、军需部、卫生部、军械部、车辆兽力管理部、油料部、营房管理部、军需生产部和兽医局、马政局、军用公路管理局等部门。

军委总干部部是中央人民政府人民革命军事委员会领导全军干部工作的机关。为了加强对全军干部工作的统一管理，1950年9

月，中央人民政府人民革命军事委员会组建总干部管理部，以总政治部主任罗荣桓兼任部长。总干部管理部下设考核处、军衔奖励处、调查统计处、抚恤保健处、秘书处。1950 年 10 月，任命赖传珠为总干部管理部第一副部长，徐立清为第二副部长，总干部管理部下设各处改为一般兵种干部处、特种兵干部处、军衔奖励抚保处、秘书处。1951 年底，总干部管理部下设各处改为局。1952 年 7 月，总干部管理部改称总干部部，下属各局改称部，即一般兵种干部任免部、特种兵干部任免部、组织统计部、军衔奖励部、抚恤保健部、办公室。1953 年 9 月，撤销抚恤保健部，其工作分别移交给总后勤部卫生部、政务院内务部和本部的组织统计部。

军委总部领导机构的充实与调整，适应了新中国成立后形势和任务的变化，对贯彻中央军委的战略决策，对实现全军的集中统一，对建设正规化、现代化强大国防军，以及对指挥和保障人民解放军所担负各项任务的完成，发挥了巨大的作用。

四、军区领导体制的建立

人民解放军在新中国成立以前的各个历史时期，一直实行主力部队和地方武装双轨并行的领导体制。土地革命战争时期，主力部队领导体制为方面军、军团、军等，地方武装的领导体制则是在红色政权的行政区划内，以各地省委、特委或苏维埃政府的军事部为基础建立的军区。抗日战争时期，主力部队的领导体制为八路军、新四军的师、旅、团，地方武装领导体制则为各主要抗日根据地的军区。① 解放战争时期，主力部队的领导体制为野战军、兵团、军等，地方武装领导体制为各级军区。1948 年 11 月，中央军委发出通令，对全军的组织编制、番号作了统一规定，军区分为一级军区、二级军区、三级军区和军分区。主力部队主要是执行机动作战任务，地方军区的任务是组织地方部队和民兵配合主力部队作战或

---

① 抗日战争的中后期，战略区的军区成为统一领导指挥辖区内主力部队和地方武装力量的最高领导机关。

独立作战，组织人力物力支援战争，组织和领导根据地的各项军事建设。

中华人民共和国建立后，为适应国防现代化建设的主要任务和国防战略的需要，中央军委于1950年4月决定撤销野战军和兵团机构，建立单一的军区领导体制，其中一级军区是辖区内最高的军事工作机构和合成军队的高级领导指挥机关，设有司令部、政治部、后勤部等领导指挥机关。司令部编有作战、情报、通信、训练、军务装备、动员、兵种等部门，政治部编有组织、干部、宣传、保卫、文化、群工等部门，后勤部编有司令部和财务、军需、卫生、军械、运输、生产等部门。下辖若干个陆军军、各兵种部队、后勤保障部队和下级军区、军事院校等。主要职能是：在中央军委及其总部机关的领导指挥下，根据总的战略意图，拟制本区作战计划，组织协调本区内陆军、海军、空军三军部队的合同作战行动和演习；直接领导所属陆军部队的组织建设、军事训练、行政管理、政治工作和后勤保障等；领导本区的民兵、兵役、动员、人民防空和战场建设等工作。撤销野战军和兵团，建立单一军区体制的工作从1950年4月开始进行，到9月基本完成。第一、第二、第三、第四野战军机构原来就分别兼西北、西南、华东和中南军区的指挥机构，各大区内武装力量的实际指挥关系没有变更，野战军的称谓在此后的一段时间仍然沿用。兵团机构除执行攻台作战准备和担负战略预备队任务的第9、第10、第13、第19兵团和国民党军起义改编的第21、第22兵团暂保留外，其余兵团番号相继取消。原兵团领导机构大部分成为二级军区机构或改成新组建的海军、空军和技术兵种的领导机构。

在撤销野战军和兵团体制后，仍然采用解放战争时期建立起的四级军区体制，结合中国共产党中央局和国家行政区的设置与划分情况，全军共设6个一级军区，18个二级军区，24个三级军区和192个军分区。除东北、华北、华东、中南、西南、西北等6个一级军区即大军区是按与中国共产党中央局相对应的原则设立外，二至四级军区均设立在国家行政区划的省（自治区）、市、专（地区）所在地，其级别区分是根据所属部队的数量、任务轻重划分。一般规定：相当兵团级者为二级军区，相当军级者为三级军区，相当师级者为军分区。

（一）西北军区

西北军区，由第一野战军暨西北军区改称，统辖陕西、甘肃、宁夏、青海、新疆5省（区）内的武装力量。

此时，第一野战军司令员兼政治委员彭德怀，副司令员张宗逊、赵寿山，副政治委员兼政治部主任甘泗淇，参谋长阎揆要。下辖4个兵团：第1兵团，司令员王震，政治委员徐立清；第2兵团，司令员许光达，政治委员王世泰；第19兵团司令员杨得志，政治委员李志民；第22兵团（由国民党军新疆起义部队改编而成），司令员陶峙岳，政治委员王震（兼）。

西北军区由彭德怀任司令员，习仲勋任政治委员，张宗逊、赵寿山任副司令员，甘泗淇任副政治委员兼政治部主任。下辖13个军、3个二级军区、7个三级军区和31个军分区。

13个军为：第1军，军长贺炳炎，政治委员廖汉生；第2军，军长郭鹏，政治委员王恩茂；第3军，军长黄新廷，政治委员朱辉照；第4军，军长张达志，政治委员高锦纯；第5军，军长列斯肯，政治委员顿星云；第6军，军长罗元发，政治委员张贤约；第7军，军长彭绍辉，政治委员冼恒汉；第9军，军长赵锡光，政治委员张仲瀚；第63军，军长郑维山，政治委员王宗槐；第64军，军长曾思玉，政治委员王昭；第65军，军长邱蔚，政治委员王道邦；独立第2军（原国民党军马惇靖部改编），军长马惇靖，政治委员甄华；独立第3军（原国民党军蒋汉城部改编），军长蒋汉城，政治委员黄忠学。

3个二级军区为：陕西军区，司令员杨得志，政治委员马明芳、李志民；甘肃军区，司令员许光达，政治委员王世泰；新疆军区，司令员和政治委员由彭德怀兼任。

7 个三级军区中直属西北军区的 2 个：宁夏军区（第 65 军兼），司令员王道邦，政治委员潘自力；青海军区（第 1 军兼），司令员贺炳炎，政治委员廖汉生。隶属陕西军区的 2 个：陕南军区，司令员刘金轩，政治委员张邦英；陕北军区，政治委员李合邦。隶属新疆军区的 3 个：迪化军区（第 6 军兼），司令员罗元发，政治委员张贤约；伊犁军区（第 5 军兼），司令员列斯肯，政治委员顿星云；喀什军区（第 2 军兼），司令员郭鹏，政治委员王恩茂。

31 个军分区中隶属甘肃军区的 10 个：天水、平凉、庆阳、岷县、会宁、临夏、武都、武威、张掖、酒泉军分区；隶属陕西军区的 6 个：大荔、三原、汾县、渭南、咸阳、宝鸡军分区；隶属陕南军区的 3 个：商洛、安康、汉中军分区；隶属陕北军区的 2 个：榆林、黄龙军分区；隶属迪化军区的 3 个：迪化、哈密、焉耆军分区；隶属伊犁军区的 3 个：伊犁、塔城、阿山军分区；隶属喀什军区的 4 个：喀什、莎车、阿克苏、和田军分区。

1951 年 5 月，组建了西北军区公安部队司令部和骑兵司令部。6 月和 9 月，组建了西北军区炮兵司令部和空军司令部。1952 年 11 月，组建了西北军区司令部防空处。

（二）西南军区

西南军区，由第二野战军兼西南军区改称，统辖四川、西康、云南、贵州 4 省和西藏内的军事力量。

此时，第二野战军司令员刘伯承，政治委员邓小平，副政治委员兼政治部主任张际春，参谋长李达。下辖 4 个兵团：第 3 兵团，司令员陈锡联，政治委员谢富治；第 4 兵团，司令员兼政治委员陈赓；第 5 兵团，司令员杨勇，政治委员苏振华；第 18 兵团，司令员兼政治委员周士第。

西南军区由贺龙任司令员，邓小平任政治委员；陈赓、周士第、李达任副司令员，宋任穷、张际春、李井泉任副政治委员，李达兼任参谋长，张际春兼任政治部主任。下辖 12 个军、4 个二级军区、3 个三级军区、29 个军分区[①]和 1 个特种兵纵队。

12 个军为：第 10 军，军长杜义德，政治委员王维纲；第 11 军，军长曾绍山，政治委员鲍先志；第 12 军，军长兼政治委员王近山；第 13 军，军长周希汉，政治委员刘有光；第 14 军，军长兼政治委员李成芳；第 15 军，军长秦基伟，政治委员谷景生；第 16 军，军长尹先炳，政治委员王辉球；第 17 军，军长兼政治委员赵健民；第 18 军，军长张国华，政治委员谭冠三；第 60 军，军长张祖谅，政治委员袁子钦；第 61 军，军长韦杰，政治委员徐子荣；第 62 军，军长刘忠，政治委员鲁瑞林。

4 个二级军区为：川东军区，司令员陈锡联，政治委员谢富治；川西军区，司令员周士第，政治委员李井泉；云南军区，司令员陈赓，政治委员宋任穷；贵州军区，司令员杨勇，政治委员苏振华。

3 个三级军区：川南军区，司令员杜义德，政治委员李大章；川北军区，司令员韦杰，政治委员胡耀邦；西康军区，司令员刘忠，政治委员廖志高。

29 个军分区中隶属川南军区的 4 个：宜宾、乐山、泸州和内江军分区；隶属川北军区的 4 个：剑阁、遂宁、达县和南充军分区；隶属西康军区的 4 个：雅安、西昌、康定和昌都军分区；隶属贵州军区的 8 个：遵义、铜仁、毕节、安顺、兴仁、独山、镇远和贵阳军分区；隶属川东军区的 5 个：璧山、大竹、万县、涪陵和酉阳军分区；隶属川西军区的 4 个：眉山、温江、绵阳和茂县军分区。

1950 年 5 月，原特种兵纵队机关改为军区炮兵司令部。1951 年 12 月，以第 18 军为基础组建西藏军区（三级军区），同时撤销第 18 军番号。西藏军区司令员张国华，政治委员谭冠三。1952 年 9 月，撤销川东、川南、川西、川北军区，成立四川军区（二级军区），司令员贺炳炎，政治委员李井泉。

---

① 1950 年 3 月，尚未进军西藏，未成立西藏军区；云南军区辖区内的军分区尚未组建。故此处的西南军区所辖三级军区的数不包括后来建立的西藏军区，军分区数不包括云南军区和西藏军区所辖的军分区。

（三）中南军区

中南军区，由第四野战军兼中南军区改称，统辖河南、湖北、湖南、江西、广东、广西6省内的武装力量。

此时，第四野战军司令员林彪，第一政治委员罗荣桓，第二政治委员邓子恢，第三政治委员谭政，参谋长赵尔陆，政治部主任陶铸。下辖4个兵团：第12兵团，副司令员陈伯钧，副政治委员唐天际；第13兵团，司令员黄永胜，政治委员莫文骅；第15兵团，司令员邓华，政治委员赖传珠；第21兵团（国民党军起义部队改编），司令员陈明仁，政治委员唐天际（兼）。

中南军区由林彪任司令员，罗荣桓任第一政治委员，邓子恢任第二政治委员，谭政任第三政治委员，赵尔陆任参谋长，陶铸任政治部主任。下辖16个军、6个二级军区、2个三级军区（海南岛解放增加海南军区后为3个三级军区）和56个军分区。

16个军为：第38军，军长梁兴初，政治委员梁必业；第39军，军长吴信泉，政治委员徐斌洲；第40军，军长韩先楚，政治委员袁升平；第41军，军长吴克华，政治委员欧阳文；第42军，军长吴瑞林，政治委员刘兴元；第43军，军长李作鹏，政治委员张池明；第44军，军长方强，政治委员吴富善；第45军，军长陈伯钧，政治委员邱会作；第46军，军长詹才芳，政治委员李中权；第47军，军长曹里怀，政治委员周赤萍；第48军，军长贺晋年，政治委员陈仁麒；第49军，军长钟伟，政治委员周彪；第50军，军长曾泽生，政治委员徐文烈；第51军，军长张轸，政治委员杨春圃；第52军，军长王劲修，政治委员杨树耕；第53军，军长彭杰如，政治委员王振乾。其中，第51、第52、第53军由国民党军起义部队改编。

6个二级军区为：河南军区，司令员陈再道，政治委员张玺；湖北军区，司令员兼政治委员李先念；湖南军区，司令员兼政治委员黄克诚；江西军区，司令员陈奇涵，政治委员陈正人；广东军区，司令员兼政治委员叶剑英；广西军区，司令员兼政治委员张云逸。

2 个三级军区为：赣南军区（第 48 军兼，隶属江西军区），司令员贺晋年，政治委员杨尚奎；湘西军区（第 47 军兼，隶属湖南军区），司令员曹里怀，政治委员周赤萍。1950 年 5 月，海南岛解放后，建立海南军区，司令员兼政治委员冯白驹。

56 个军分区中隶属河南军区的 10 个：陈留、商丘、淮阳、信阳、潢川、陕州、洛阳、郑州、许昌和南阳军分区；隶属湖北军区的 9 个：黄冈、大冶、孝感、沔阳、荆州、宜昌、襄阳、恩施和两郧军分区；隶属湖南军区的 7 个：长沙、衡阳、郴州、常德、益阳、零陵和邵阳军分区；隶属湘西军区的 3 个：沅陵、会同和永顺军分区；隶属江西军区的 6 个：南昌、九江、袁州、抚州、浮梁和上饶军分区；隶属赣南军区的 3 个：吉安、南康和宁都军分区；隶属广东军区的 8 个：潮州、兴海、东江、北江、西江、珠江、台山和南路军分区；隶属广西军区的 10 个：桂林、柳州、平乐、梧州、武鸣、宜山、龙州、百色、南宁和郁州军分区。

中南军区直属有工兵司令部和铁道警备司令部。

1950 年 5 月底第 13 兵团开赴郑州，指挥第 38、第 39、第 40 军作为国防机动部队。7 月，第 15 兵团机关改为第 13 兵团机关，率第 38、第 39、第 40 军开赴东北，与已在东北的第 42 军等部编为东北边防军；原第 13 兵团机关由郑州调广州，改为广东军区机关。1951 年 5 月，以广东军区为基础成立华南军区，负责广东、广西两省的军事指挥，归中南军区领导，司令员叶剑英，政治委员谭政（兼），副司令员黄永胜，参谋长吴克华，政治部主任萧向荣。1952 年 3 月，第 21 兵团改为中南军区荆江分洪工程部队司令部。6 月，中南军区领导机关从武汉移驻广州市，同时撤销华南军区。

（四）华东军区

华东军区，由第三野战军兼华东军区改称，统辖上海、山东、江苏、安徽、浙江和福建 6 省、市内的武装力量。

此时，第三野战军司令员兼政治委员陈毅，副司令员兼第二副政治委员粟裕，第一副政治委员谭震林，参谋长张震，政治部主任唐亮。下辖 3 个兵团：第 7 兵团，司令员兼代政治委员王建安；第 9 兵团，司令员宋时轮；第 10 兵团，司令员兼政治委员叶飞。

华东军区由陈毅任司令员，饶漱石任政治委员，粟裕任副司令员，谭震林任副政治委员，张震任参谋长，舒同任政治部主任。下辖 14 个军、3 个二级军区、7 个三级军区、43 个军分区和 1 个特种兵纵队。

14 个军为：第 20 军，军长张翼翔，政治委员张震球；第 21 军，军长滕海清，政治委员汤光恢；第 22 军，军长孙继先，政治委员王一平；第 23 军，军长陈庆先，政治委员卢胜；第 24 军，军长皮定均，政治委员廖海光；第 25 军，军长熊应堂，政治委员詹化雨；第 26 军，军长张仁初，政治委员李耀文；第 27 军，军长彭德清，政治委员刘浩天；第 28 军，军长朱绍清，政治委员陈美藻；第 29 军，军长胡炳云，政治委员黄火星；第 31 军，军长周志坚，政治委员陈华堂；第 32 军，军长刘涌，政治委员彭林；淞沪警备司令部（兼第 33 军），司令员兼政治委员郭化若；南京警备司令部（兼第 34 军），司令员兼政治委员何以祥。

3 个二级军区为：浙江军区，司令员王建安，政治委员谭震林（兼）；福建军区，司令员叶飞，政治委员张鼎丞；山东军区，司令员许世友，政治委员康生。

7 个三级军区中直属华东军区的 4 个：苏北军区，司令员张震东，政治委员萧望东；苏南军区，司令员刘先胜，政治委员陈丕显；皖南军区，司令员刘飞，政治委员牛树才；皖北军区，司令员兼政治委员曾希圣。隶属山东军区的 3 个：胶东军区，司令员贾若瑜，政治委员赖可可；渤海军区，司令员覃士冕，政治委员王卓如；鲁中南军区，司令员钱钧，政治委员高克亭。

43 个军分区中隶属苏北军区的 5 个：盐城、淮阴、泰州、扬州和南通军分区；隶属苏南军区的 4 个：镇江、常州、苏州和松江军分区；隶属皖北军区的 6 个：六安、滁县、巢湖、安庆、阜阳和宿县军分区；隶属皖南军区的4个：池州、宣城、芜当和徽州军分区；隶属浙江军区的10个：嘉兴、宁波、衢州、建德、温州、临海、云和、金华、临安和绍兴军分区；隶属福建军区的8个：建阳、南平、福安、福州、晋江、龙溪、永安和龙岩军分区；隶属胶东军区的4个：东海、北海、南海和滨北军分区；隶属鲁中南军区的2个：台枣和滨海军分区。

华东军区直属部队有相继组建的华东军区海军、空军、公安部队、防空部队及领导机关，同时以原特种兵纵队机关为基础组成炮兵司令部（司令员陈锐霆）和工兵、装甲兵等领导机关。1952年1月，皖南、皖北军区合并为安徽军区（三级军区）。11月，苏南、苏北军区合并为江苏军区（二级军区）。

（五）华北军区

华北军区统辖北京、河北、山西、察哈尔①、绥远②、平原③和内蒙7省（区）、市内的武装力量。聂荣臻任司令员，薄一波任政治委员，徐向前任副司令员，唐延杰任参谋长，朱良才任政治部主任。下辖1个兵团、5个军、3个二级军区、3个三级军区、32个军分区。

1个兵团为：第20兵团，司令员杨成武，政治委员李天焕。

5个军为：第36军（由绥远起义的国民党军第111军改编），军长刘万春，政治委员康健民；第37军（由绥远起义的国民党军一部改编），军长张世珍，政治委员帅荣；第66军，军长萧新槐，政治委员王紫峰；第67军，军长韩伟，政治委员旷伏兆；第68军，军长徐德操，政治委员漆远渥。

3个二级军区为：山西军区，司令员兼政治委员程子华；绥远军区，司令员傅作义，政治委员薄一波（兼）；内蒙古军区，司令员兼政治委员乌兰夫。

---

① 察哈尔省，辖今河北省西北部、山西省北部，1952年撤销。

② 绥远省，辖今内蒙古乌兰察布盟、伊克昭盟、巴彦淖尔盟、呼和浩特市和包头市，1954年撤销。

③ 平原省，辖今山东省西南部、河南省北部地区，1952年撤销。

3 个三级军区为：河北军区，司令员孙毅，政治委员林铁；平原军区，司令员刘致远，政治委员潘复生；察哈尔军区，司令员王平，政治委员杨耕田。

32 个军分区中隶属河北军区的 10 个：唐山、天津、通县、保定、定县、沧县、石门、衡水、邢台和邯郸军分区；隶属山西军区的 7 个：忻县、兴县、榆次、汾阳、长治、临汾和运城军分区；隶属平原军区的 6 个：新乡、安阳、聊城、濮阳、菏泽和湖西军分区；隶属察哈尔军区的 3 个：雁北、察南和察北军分区；隶属绥远军区的 6 个：绥东、绥南、伊盟、乌盟、包头和后套军分区。

1950 年 8 月，由原第 20 兵团部改编为天津警备区。1952 年 11 月，根据中央军委指示，撤销平原、察哈尔军区。12 月，第 36、第 37 军合编为第 69 军。在此期间，华北军区空军、防空部队、炮兵、装甲兵司令部相继组建。

（六）东北军区

东北军区统辖辽东①、辽西②、热河③、吉林、松江④和黑龙江⑤ 6 省内的军事力量。高岗任司令员兼政治委员，李富春任副政治委员，伍修权任参谋长，周桓任政治部主任。下辖 2 个三级军区，4 个军事部，1 个军分区，11 个师和 11 所军事院校等。

2 个三级军区为：辽东军区，司令员胡奇才；辽西军区，司令员程世才，政治委员郭峰。

4 个军事部和 1 个军分区为：热河军事部，副部长黄明政；吉林军事部，部长邱会魁；松江军事部，副部长王辛；黑龙江军事

---

① 辽东省，辖今辽宁省东部，1954 年撤销。

② 辽西省，辖今辽宁省西部地区和吉林省四平市、双辽县、梨树县，1954 年撤销。

③ 热河省，辖今河北省东部、辽宁省西部及内蒙古自治区赤峰市，1955 年撤销。

④ 松江省，辖今黑龙江省东南部，1954 年并入黑龙江省。

⑤ 黑龙江省，辖今黑龙江省西北部。

部，部长于天放。黑河军分区，隶属黑龙江军事部。

朝鲜战争爆发后，中国人民解放军第 13 兵团等部于 1950 年 7 月开始进驻东北，改编为东北边防军。同年 8 月，东北军区空军司令部和防空司令部成立。12 月，东北军区摩托装甲兵领导机构和铁道运输司令部成立。1951 年 4 月，东北军区炮兵司令部成立。11 月，成立旅大军事部。1952 年 1 月，吉林、松江、热河、黑龙江等省军事部改为军区。4 月，东北军区国防建设工程指挥部组建。

1950 年 6 月，根据中共中央和中央军委的指示，全军实行统一整编。人民解放军的陆军整编为国防军和公安部队两类，国防军军、师统归一级军区、二级军区和个别三级军区建制领导。同年 10 月，中央军委和总参谋部颁发陆军各特种兵部队及防空部队领导关系的决定，明确了一级军区、二级军区对驻本区内陆军炮兵、装甲兵、工兵和防空部队的建制领导关系，从而使之成为合成军队战役指挥机构和所属陆军部队建设及辖区内地方性军事工作的管理部门。1951 年 10 月 13 日和 1952 年 3 月 29 日，中央军委先后颁发《关于海军领导关系的决定》和《关于空军部门领导关系的规定》，明确规定各军区领导机关和军委海军、空军领导机关对军区辖区内的海军、空军部队实施双重领导，军区主要为作战指挥关系，军委海军和军委空军领导机关主要为建制领导关系。

四级军区领导体制的建立，使全国的军事领导体制适应了新中国成立初期国家行政区的划分，有利于人民解放军维护新生政权和各项任务的顺利执行。对于组织协调辖区内武装力量的建设和作战行动，发挥整体威力，完成战略性作战任务，具有重要作用。

第三节 军队的整编复员

一、全军参谋会议部署整编复员工作

在解放战争的战略追击阶段，人民解放军大量收编国民党军起义投诚部队，军队数量迅速扩大。随着解放战争接近尾声，全国形

势基本稳定，没有必要保持如此庞大的军队。同时国家财政状况十分困难与军队现代化建设需要大量经费投入的矛盾十分突出。为了减轻国家财政负担，把有限的军费用于加强海、空军和陆军技术兵种建设，毛泽东于1950年3月提出，全国军队可整编缩减为400万人。军委总参谋部据此与西北军区司令员兼政治委员彭德怀、中南军区司令员林彪、西南军区政治委员邓小平、华东军区副司令员粟裕等交换意见，并于3月29日提出整编缩减军队的具体建议。1950年4月上中旬，中共中央政治局召开会议研究财政经济、土地改革和军队整编等问题，决定：为了适应整个国家的军事政治和经济情况，人民解放军进行整编复员，在1950年内由550万人整编为400万人。为贯彻中共中央政治局的决定，中央军委专门进行了研究。4月14日，总参谋部将中共中央政治局的决定电告各大军区，要求各大军区进行讨论，提出各大军区的整编复员方案。4月21日，中共中央就军队复员问题致电中南、华东、西南、西北四个军区领导人，指出：中南军区计划在5~8月复员53万~60万人，请中南局研究出具体计划和具体办法，并请华东、西南、西北三个军区按此意图作出复员计划。经过军委和各大军区协商，确定了全军整编复员的初步方案。

在此基础上，中央军委于5月16~31日，在北京召开全军参谋会议，对整编复员工作进行研究、讨论和部署。参加会议的有各总部、各军区和海军、空军的领导人以及有关部门负责人。中华人民共和国副主席、中央军委副主席、中国人民解放军总司令朱德，中华人民共和国副主席、中央军委副主席刘少奇，政务院总理、中央军委副主席周恩来，政务院副总理、中央财政经济委员会主任陈云，中央军委代总参谋长聂荣臻等，先后在会上作报告或讲话。军委军训部部长萧克就军事院校的建设问题、公安部部长罗瑞卿就公安部队建设问题作了报告。

这次会议，充分讨论和明确了整编复员的必要性和重大意义。朱德在会议开幕典礼上的讲话中指出：人民解放军在毛泽东为主席的中国共产党的领导指挥下，经过二十几年的斗争，队伍壮大起来了，指挥员、战斗员和各种工作人员，也在斗争中锻炼出来了。人民解放军战胜了敌人，完成了历史上最伟大、最光荣的任务，这就是取得了全国革命的胜利。形势的变化要求我们人民解放军的任务也要随之发生变化。“将来战争与现在不同，在新的任务下，我们的军事组织，无论前方、后方，参谋工作、后勤工作都要改变。由于这些原因，我们的部队就需要整编。这个整编，主要是根据今后我们的对象也就是假想敌人。我们的主要对象是帝国主义，它现在与我们接触着，将来还有可能进攻我们中国领土，破坏我们的和平。我们在这样的情况下，以我们现在的部队、现有的武器去对付帝国主义，那还是不够的。所以，现在就要开始很好地整顿我们的队伍，使之成为现代化的国防军。”“现在保持五百多万军队等着与帝国主义打仗，那也是不需要的。同时，我们的财经力量也不能负担。”“我们这次整编，一方面是为了提高我们的国防力量，将来好对付帝国主义；另一方面也是为了克服我们的财经困难，使我们的财经更容易发展，使我们有很大的资本、很多的劳动力恢复生产，使国家走向工业化”。[①] 聂荣臻在会议的总结报告中指出：“当前我们要搞经济建设，有这么庞大的军队，确实是国家财政上一个很大的负担。”“缩编数目不是削弱国防力量，相反地有利于加强我们的国防建设和国防力量。……具体的来讲，我们要现代化，仅是五百五十万的正规军，既无空军、又无海军及特种兵部队，现代化的国防建设和国防力量怎样去加强。故我们必须要缩小陆军数目，减少财政开支，加强空军、海军及其他兵种建设”。[②]

会议经过讨论，一致认为，无论从减轻国家财政负担，有利于恢复国民经济，还是从加强现代化国防力量建设，特别是加强空军、海军和其他兵种建设，都有必要对军队进行整编复员。随着大

① 《朱德军事文选》，726～727 页，北京，解放军出版社，1997。

② 《聂荣臻军事文选》，323～324 页，北京，解放军出版社，1992。

规模战争的基本结束，这种整编复员，也完全具备了可能性。会议重点研究讨论了整编复员的具体方案，并形成《全军参谋会议决定》。7月，中共中央和中央军委批准了这一决定。

会议决定，将全军的总员额压缩到400万人，并根据海、空军发展的需要和各大军区国防战备任务确定了具体分配方案。陆军总数为381.86万人，其中国防军（包括军委直属各机关、学校）363.86万人、公安部队18万人；空军定额为12.64万人；海军定额为5.5万人。各大军区具体分配数额是：华东军区99万，中南军区98.7万，西南军区78.8万，西北军区59万，华北军区29万，东北军区9万。

会议确定了陆军整编的几个基本原则：第一，陆军统编为国防军和公安部队两种，国防军的军、师数目，基本保持原状，不作大的变动，只在十分必要时作某些调整。在指挥体制上，以军为指挥单位，各军直属于各大军区，必要时某些军可委托二、三级军区指挥，野战军和兵团机构除参加攻台的部队外均撤销。第二，按照“根据现在、照顾将来”的方针确定一个过渡性的大致上的统一编制。将来的发展方向，以向苏军看齐为目标。但在国防工业尚未很好发展、军队现代化水平不高的情况下，还不能确定一个定型的编制，只能从实际情况出发，确定一种过渡性的编制。根据这个原则，在台湾未解放前分为攻台部队的战时编制和全国部队的平时编制两种。攻台部队编制，其人员装备尽量求得充实，每师编1.3万~1.4万人，每军4.3万~4.5万人。平时编制，每师编1万人左右，每军3.3万或3.5万人。部队的后勤系统均实行五级制，即军委后勤、大军区后勤、师后勤、团后勤、连伙食单位。依据现有装备水平，确定了师以下单位火力配备的原则标准：师编1个山炮营，每连4门炮；团编九二步兵炮和120毫米口径重迫击炮各1个连，各4门炮；营编1个机炮连（82毫米口径迫击炮3门和重机枪）；连编六〇迫击炮3门。全军战防炮集中训练，准备解放台湾使用。野炮、榴弹炮不编入军以下部队，以团为单位，集中控制于各大军区机动位置予以训练，现有的野榴炮师保持现状。火箭筒、无坐力炮，因缺弹药，故暂不列入编制。统编之后，各种不同口径的武器，以师为单位进行调整。第三，公安部队以18万人为定额，由各军区以整个建制部队调拨，加以整顿，使之精干。军委成立公安司令部，统一领导全国公安部队。一切内防任务逐渐由公安部队接替。第四，铁道部队（现有4.2万人）除以一部改编为铁道公安部队外，拨归铁道部管理，由铁道部负责供给，但仍保留人民解放军名义。第五，各级军区机构，原则上均不取消。省级以下军区机构应尽量短小精干，其任务为指挥公安部队，训练民兵，办理复员动员工作。军委成立人民武装部，统一领导民兵，研究兵役制，准备将来掌管兵役。第六，兵役制度实行民兵制，由此过渡到义务兵制。第七，各级司令部的组织，凡军委有的各级组织机构，下面亦尽量一致。机关的组织原则是：官多兵少，横宽纵短，减少层次，提高质量。

会议决定，在预定方案的基础上，扩大原定空军和海军建设的规模，原来包括空军、海军和院校在内的军委直属部队的总员额为20万，增加到26.5万，并对1950年夏到1951年春期间的空军和海军建设任务作出了具体规划。空军在已有7个航空学校、6个航空处、498架各式飞机、8万余人的基础上，到1951年4月，各型飞机总数增加到968架，总人数增加到12.6万人。1951年3月底前编成21个空军团，即8个轰炸团（160架飞机）、9个驱逐团（即歼击机团，280架飞机）、1个侦察团（30架飞机）、3个运输团（90架飞机）。共需组建7个师部和21个团部，除已从中南和华东两军区各抽调了1个师部和2个团部外，其余5个师部和17个团部，在完成复员后，由华北军区调3个师部和9个团部，东北军区调2个师部和8个团部组成。各师、团部组成后，所缺干部，由各大军区抽调合适干部补足。同时根据中央决定组建1个空军陆战师（空降师），4000人，从各野战军抽调人员，在开封和郑州两地进行整训。海军在已有52艘海防舰艇、40艘江防舰艇、3.8万余人的基础上，到1950年7月底前海防舰艇增加到84艘，其中，增加扫雷舰2艘、驱逐舰6艘、近航鱼雷快艇24艘；并新组建4个海岸炮团，装备海岸炮122门，新组建1个海军航空兵团，到1950年7月可装备教练机21架，1951年春可装备战斗机42架。总员额在一年内增加到5.5万人。

会议对军事院校建设和部队文化教育作出了规划。军委办1所陆军大学（后改为军事学院），培养训练师以上干部；开办各特种兵学校，主要开办炮兵、工兵和坦克学校，培养训练专业干部。各军区开办步兵学校，培养训练排至团职干部。为提高全军的文化素质，全军进行文化教育，通过举办在职干部半日文化学校、离职干部速成中学和连队文化教育等办法，在三年内将小学以下文化程度者提高到高小毕业的程度，已有高小程度者提高到初中毕业的程度，文化教育时间为整个部队教育训练时间的70%。

会议对如何做好复员工作问题进行了认真研究和讨论，特别是对确定复员对象和安置去向及待遇方面可能遇到的矛盾和问题进行了深入的分析。在此基础上，初步确定了复员的基本原则、基本方法和基本政策。根据会前拟定的方案，确定了各大军区复员的人数和完成时限。要求西北军区（现有66.3万人）8月底复员6.3万人；华东军区（现有133万人）在1951年内复员15万人，另外拨给特种兵、公安部队和海、空军计18万人；中南军区（现有153万人，42军没有计算在内）在6月底前复员23万人，10月底前再复员30万人；西南军区（现有118万人）9月底前复员38万人；华北军区（现有41.1万人）9月底前复员11.1万人；东北军区（现有22.8万人，含42军4.8万人）9月底复员12.8万人。[①] 鉴于复员工作十分复杂，政策性非常强，会议专门组成复员小组会议，并责成军委总后勤部部长杨立三、政务院财政部副部长戎子和、政务院内务部副部长武新宇和6个大军区的参谋长一起，起草中央军委、

① 据1950年5月统计，各大军区兵力总数为534.2万人，各大军区应复员总数为136.2万人。

政务院《关于人民解放军一九五〇年的复员工作的决定》，对复员原则、复员组织、复员程序和复员人员的待遇作出具体规定。

这次全军参谋会议，是新中国成立后人民解放军历史上一次重要会议，以研究部署整编复员为中心，全面研究部署了国防军建设，对新中国成立初期人民解放军建设具有重要的意义。

二、全军整编，统一编制体制

根据全军参谋会议的决定，军委总参谋部经反复征求意见和修改，制定了《国防军陆军部队军暂行编制表》和《中国人民解放军各级军区暂行编制表》，经中央人民政府人民革命军事委员会批准，分别于 1950 年 10 月 1 日和 1951 年 5 月 1 日颁布执行。

根据各级军区暂行编制表，一级军区、二级军区和三级军区均统一设司令部、政治部、后勤部（三级军区为处）、干部管理部、军法处，在一级军区还设有空军司令部、海军司令部、炮兵司令部、工兵司令部、装甲兵司令部、骑兵司令部、防空司令部。军区司令部设办公厅（二、三级军区为办公室）、作战处（三级军区为科，下同）、情报处、通信处、军务处、军训处、机要处、管理处、人民武装处（三级军区不设）；军区政治部设秘书部门（一级军区为秘书长系统，二级军区为秘书处、三级军区为秘书科）、组织部（三级军区为科，下同）、宣传部、保卫部、文化部、青年部（二、三级军区为科）、直属政治部（二、三级军区为科）。对后勤部（处）、干部管理部、军法处的机构设置也都作了统一。军分区设军事科、政治工作科、后勤科，县、区统一设人民武装部。

毛泽东签署颁布的《国防军陆军部队军暂行编制表》命令中规定：国防军确定以军为指挥单位；军以下均实行三三制编制，即每军辖 3 个步兵师，师辖 3 个步兵团，团辖 3 个步兵营，营辖 3 个步兵连。

在《国防军陆军部队军暂行编制表》说明中指出："国防军军以下部队编制，原拟分为战时、平时两种编制，现根据我国内外新的形势的发展，[①] 确定实行统一的一种编制；但现在仍负有作战任务的部队，原则上确定暂保持原来编制，不作大的变动，只在可能与必要取得统一的地方，可作某些必要的调整。”按照编制表，从军到连的编制如下：

陆军每军编制 3 个师、1 个直属营、5 个直属连、1 个教导大队。军机关设司令部、政治部、后勤部、干部管理部和军法处。司令部编有办公室、作战科、炮兵主任、工兵主任、侦察科、通信科、军务科、军训科、机要科、管理科，直属分队有：警卫连、侦察连、通信连和工兵营及招待所；政治部编有秘书科、组织科、宣传科、保卫科、文化科、青年科和直属政治处，直属分队有文工团；后勤部编有秘书科、财务科、军械科、军需科、运输科、营房管理科、生产科、直供科、管理科、卫生处和政治处，直属分队有军械仓库、修械所、汽车连、监护连和医院；干部管理部设人事干事、考核干事、军衔干事、抚保干事、统计档案干事。每军共编 36440 人（不包括作战时配属的野榴炮团），其中干部 5353 人，占总员额的 14.7%；士兵中战斗人员 24576 人，占总员额的 67.4%；非战斗人员[②] 6511 人，占总员额的 17.9%。共装备步枪 12614 支、短枪 2283 支、冲锋枪 2274 支、轻机枪 639 挺、重机枪 162 挺、六〇迫击炮 255 门、八二迫击炮 81 门、重迫击炮 36 门、九二步兵炮 36 门、山炮 36 门、运输汽车 49 辆、大车 66 辆、各种马匹 2668 匹、

① 制定此编制表过程中，朝鲜内战爆发，美国立即进行武装干涉，同时侵略中国领土台湾。为保卫东北边防和必要时支援朝鲜人民抗击美国侵略，中共中央和中央军委已决定推迟解放台湾，解除了华东军区等部队解放台湾的准备任务，组建了东北边防军。1950 年 10 月，东北边防军改为中国人民志愿军赴朝作战。

② 包括文印员、文书、打字员、收发、卫生员、军械员、给养员、保管员、放映员、文工团员、理发员、炊事员、饲养员、担运员、运输员、公务员、摇机员、担架员、消毒员、敷料员、洗衣员、清洁员及后勤部队的司机、助手、驭手、修理员等。

电话总机 30 部、电话单机 316 部，无线电台 6 部、无线报话台 9 部、无线步行机 42 部。

每师编制 3 个团、1 个直属营、5 个直属连。师机关设司令部、政治部、后勤处、干部管理部和军法处。师司令部、政治部和干部管理部机构设置和名称与军司令部、政治部和干部管理部相同，司令部直属分队有：山炮营、警卫连、侦察连、通信连和工兵连；师政治部机关无直属分队；师后勤处编有秘书室、财务科、军械科、军需科、运输科、营房管理股、生产科、直供科、管理股和卫生科，直属分队有运输连、医院和防疫队。师共编 11321 人，其中干部 1578 人，占总员额的 14%；士兵中战斗人员 7859 人，占总员额的 69.4%；非战斗人员 1884 人，占总员额的 16.6%。共装备步枪 3993 支、短枪 680 支、冲锋枪 732 支、轻机枪 201 挺、重机枪 54 挺、六〇迫击炮 84 门、八二迫击炮 27 门、重迫击炮 12 门、九二步兵炮 12 门、山炮 12 门、运输汽车 1 辆、大车 21 辆、各种马匹 849 匹、电话总机 9 部、电话单机 92 部，无线电台 1 部、无线报话台 1 部、无线步行机 14 部。

每团编制 3 个营和 5 个直属连。团机关设司令部、政治处和后勤处。司令部编有作战股、侦察股、通信股、军务股、军训股和管理股，其直属分队有：警卫连、侦通连、九二步炮连和重迫击炮连；政治处编有组织股、宣传股、保卫股、俱乐部、青年股、直工股和军法干事；后勤处编有财务股、军械股、军需股、卫生队，直属分队有运输连。[①] 全团共编 3159 人，其中干部 389 人，占全团总人数的 12.3%；士兵中战斗人员 2287 人，占全团总数的 72.4%；非战斗人员 483 人，占全团总员额的 15.3%。全团共装备步枪 1187 支、短枪 169 支、冲锋枪 230 支、轻机枪 61 挺、重机枪 18 挺、六〇迫击炮 27 门、八二迫击炮 9 门、重迫击炮 4 门、九二步兵炮 4

---

① 团不设单独的干部管理机关，由团长、政委直接掌握，其业务指定军务股一名参谋负责。

门、各种马匹201匹、电话总机2部、电话单机19部。

每个营编3个步兵连、1个机炮连，全营共739人，营部设参谋长。全营共装备步枪288支、短枪27支、冲锋枪72支、轻机枪18挺、重机枪6挺、六〇迫击炮9门、八二迫击炮3门、各种军马17匹。

步兵连编182人，装备步枪88支、短枪4支、冲锋枪24支、轻机枪6挺、六〇迫击炮3门；机炮连编156人，装备重机枪6挺、八二迫击炮3门、步枪11支、短枪10支。

在这次整编中，全国各级军区和陆军各军，按上述编制表统一了编制。这是人民解放军有史以来，第一次实行了全军编制统一。

在整编过程中，兵团番号大部分撤销。从1950年4～9月先后撤销的兵团番号有第1兵团、第2兵团、第3兵团、第4兵团、第5兵团、第7兵团、第12兵团、第15兵团、第18兵团、第19兵团、第20兵团。其中第2兵团部改为新组建的装甲兵司令部，第12兵团部改为新组建的海军司令部。另1949年7月，以第8兵团部为基础组建了华东军事政治大学。同年11月，以第14兵团部为基础组建了空军司令部。其余兵团部均为二级军区机关。后因抗美援朝战争的需要，有关兵团番号又重新恢复。

三、复员工作的组织与展开

这次整编中的复员，是人民解放军有史以来第一次大规模复员，各项政策和组织安置工作极为复杂，因此，中共中央、中央人民政府和中央军委极为重视。在全军参谋会议之后，6月24日，周恩来主持政务院第36次政务会议，在会上作《关于人民解放军一九五〇年的复员工作的决定》的报告。同日，周恩来主持中央军委和政务院联席会议，研究、讨论并通过了中央人民政府人民革命军事委员会、政务院《关于人民解放军一九五〇年的复员工作的决定》。6月30日，毛泽东、周恩来联名签署颁布了这个决定，对复员的原则、组织、程序、待遇等问题作出具体规定。

《决定》提出这次复员工作总原则，是服从国家经济建设与国防建设的需要，并使二者联系起来。要求人民解放军和地方各级人民政府对复员军人必须妥为安置，使之各得其所；复员军人须经过一定时期的集中训练，以达到自觉自愿地回乡，使其复员后能在经济建设中、在各种工作岗位上起模范作用；复员军人是人民功臣，除中央人民政府将给他们颁发革命战争纪念章外，地方政府和人民群众对复员军人，应给以应有的尊重和政治待遇，尽量吸收他们参加各项会议和工作，发挥他们的骨干作用，并分配给应有的土地和房屋，切实解决其在安家和生产上的各种困难；凡不适合军队工作而军龄在10年以上的军人，无家可归或本人坚决不愿意回乡者，由军队协同地方政府组织他们实行集体转业，以求达到生活自给的目的；军龄不到10年，但无家可归或籍属新解放区一时难以安置者，可暂缓复员；残废军人无家可归，或本人坚决不愿意回乡者，应由地方省市以上政府组织残废军人疗养院予以收纳，其中能参加工作者应给予特殊照顾，分配工作，使其能有继续为人民服务的机会；为保留作战骨干，巩固部队战斗力，排以上干部一律不复员；复员军人应自觉遵守政府法令，爱护公共利益，成为人民群众的模范。

《决定》对复员人员的待遇作出了具体规定：凡回家生产的复员军人，均按军龄由地方政府发给生产补助粮，1927年入伍的补助粮标准为10150市斤，以下至1937年“七七事变”前入伍者，依次每晚入伍一年补助粮标准减少600市斤；1937年“七七事变”后入伍者补助粮标准为3550市斤，以下至1945年8月15日以前入伍者，依次每晚入伍一年补助粮标准减少300市斤；1945年（8月15日以后）入伍者补助粮标准为850市斤，以下至1950年入伍者，依次每晚入伍一年补助粮标准减少100市斤。补助粮，南方以大米为主，北方以小米为主，东北高粱米按130市斤折为小米100市斤计算。起义部队复员人员入伍时间，自起义之日起按人民解放军待遇。复员军人在战争中曾被评为大功以上的功臣，其补助粮标准按本人入伍时间向前递增一年补给。具体规定了补助粮的领取办法。《决定》还规定按土地革命战争、抗日战争、解放战争和1950年不同时期入伍者，分四个标准由部队为每人发衣料补助布 48 市尺、32 市尺、16 市尺、10 市尺。对复员人员服装的发放、不同情况返乡途中路费和途中伙食标准均作了具体规定。

《决定》还具体规定各大军区完成复员工作的期限。东北、西北、华北三大军区，应于 1950 年 9 月底以前完成复员的办理工作，个别的于 10 月底前完成办理；华东、中南、西南三大军区，于 1950 年 9 月、10 月、11 月、12 月四个月各完成本军区 1/4 复员人员的办理工作，于年底前全部完成。

根据《决定》中关于复员工作的组织领导有关规定，中央人民政府人民革命军事委员会与政务院，共同组织了中央复员委员会，领导和组织全国复员工作。中央复员委员会由周恩来任主任，聂荣臻任副主任，罗荣桓、罗瑞卿、萧华、安子文、武新宇、戎子和、杨立三、刘澜涛、张南生、马叙伦、谭平山、章乃器、李涛、陶希晋、贺诚、吕正操为委员，傅秋涛为秘书长。各大行政区与各大军区，解放军各兵团、军、师、团，省（或行署）、专署两级政府和军区，县、区、乡政府和人民团体，均建立了各复员委员会。各大行政区与各大军区的复员委员会主任由人民政府或军政委员会主席担任，副主任由军区司令员或政治委员或副司令员担任，大行政区民政部、公安部、财政部、交通部、铁路局与大军区司令部、政治部、后勤部、卫生部均派人参加；人民解放军兵团、军、师、团各级的复员委员会主任、副主任由各级政治委员和参谋长分别担任，各级司令、政治、后勤、卫生机关派人参加；省（或行署）、专署两级政府和军区的复员委员会主任由省政府主席（或行署主任）、专员担任，副主任由两级军区的司令员或政治委员担任；县、区、乡各级复员委员会主任分别由县长、区长、乡长担任。明确了各级复员委员会的职责。在各级复员委员会下都设立了相应机关，军队复员委员会设审查批准、集中训练、登记登证、经费供给、组织护送等机关，地方复员委员会设迎接招待、组织护送、介绍工作、安置生产等机关。

为了保证整编复员工作的顺利进行，军队各级特别重视做好整编复员工作中的政治思想工作。全军参谋会议对整编复员工作进行研究部署时，周恩来、朱德、聂荣臻在会议上都强调要把这次整编复员工作组织好，要加强思想教育。周恩来在讲话中指出："事前应充分估计可能遇见的困难。在政治上要把道理说得一清二楚，在组织上要做得很妥贴。""总政治部及各级政治部都应作出计划，进行广泛而深入的宣传教育。"朱德在讲话中指出：复员问题，在我们来说还是第一次，还无经验。因此，决不能草率行事，一定要细心、谨慎地工作。要进行深入的政治思想教育。为此，总政治部宣传部于6月5日向全军下发了《部队整编复员教育大纲》，对于"我军今后的工作任务"、"目前为什么要整编复员"、"复员方法"和"复员军人担负的任务"等问题作了全面系统的阐释。

为有针对性地做好工作，总政治部事先对部队进行了调查研究，了解到部队有些战士不愿意复员，有的发牢骚说："打仗的时候用得着我们动员我们参军，现在胜利了，我们吃不开了，不要我们了。"一些老弱病残者，担心回到农村，生活没有保障。也有一部分人主要是基层干部有离队思想，认为全国大陆已经解放，只剩下一个台湾了，没有什么仗可打了，可以解甲归田回去过小家庭生活了。针对这些情况，总政治部于1950年7月7日发出《关于部队整编复员的政治指示》，要求各级党委及政治机关必须认识到，如果在整编复员中思想政治工作跟不上，对一些问题处理得不恰当，将不仅会影响到全军战斗意志和群众情绪以及社会秩序，而且将影响到将来可能的继续复员与义务兵役制的建设。因此要从爱护每一个复员军人的观点出发，以对国家和复员军人个人负责到底的态度，慎重地、有准备地、有步骤地做好工作。反对任何简单、草率、推出去了事的做法。各大军区政治部根据军委、总政治部的指示和本军区的情况，下发了本军区的整编复员政治工作指示。军队各级党委、政治机关和领导干部认真学习中央军委、政务院和总政治部的指示，在明确这次整编复员的目的、意义和政策的基础上，由主要领导亲自主持，经过周密调查研究，制定出本部队的整编复员方案。

全军复员动员教育于1950年7月中旬前后相继展开。各部队在动员教育中，一般采取先党内，后党外，先干部，后战士的办法，以连或营为单位召开党员大会，吸收团员参加，先在党团内部动员，使全体党、团员弄清整编复员意义，防止可能发生的各种偏向，号召党员团员在整编复员中起模范骨干带头作用，密切联系群众，正确解决群众中的思想问题。此后针对部队思想情况召开军人大会，依据总政治部宣传部下发的《部队整编复员教育大纲》进行整编复员的公开动员。动员主要讲清形势与任务及整编、复员、转业对国家经济和国防建设的重要意义，使大家认识到：进行整编复员，一方面，是为了减轻人民的负担，克服当前国家的财政困难，加强生产战线上的力量，争取国民经济的根本好转；另一方面，也是为了加强军队建设，因为只有把过于庞大的陆军员额减下来，才能腾出经费来发展海、空军和陆军技术兵种，也只有国家经济发展了，才能进一步改善部队的装备，加强军队的现代化建设，增强整个国家的国防力量。因而不论是留在部队还是复员返乡参加经济建设，都是为了建设好国家、建设好军队这样一个共同的目的，因而都是光荣的，没有先进和落后之分。

普遍动员之后，由基层党支部分工支部成员找每个战士个别谈话，征求意见，依据政策规定和本单位的实际情况，研究确定复员对象名单，报上级复员委员会批准。复员对象确定并宣布后，以师或团为单位，将复员人员集中起来，进行为期一至两个月的系统教育，包括形势、任务、整编复员目的和意义教育，复员安置政策教育，保持光荣传统、成为生产模范的教育，拥护和参加地方土地改革的教育等。通过教育，使复员军人进一步认清了减少军队数量、复员生产的重大意义，党和政府的复员政策及对复员军人负责到底的精神，消除了疑虑；认识到虽然回乡后可能遇到许多困难，但只要发扬艰苦奋斗的精神，就完全可以依靠自己的双手，克服困难，勤劳致富，安居乐业；认识到每个复员军人都应当永远保持人民军队热爱祖国、热爱人民、遵守纪律、坚决执行国家政策法令、尊重地方政府、积极参加地方工作的光荣传统，力戒居功骄傲、脱离群众。集训队还组织大家讨论回乡后生产创业的措施，制定公约，并举行宣誓。在集训期间，各单位的军政首长都亲自前往看望和慰问，并在离队前举行隆重热烈的欢送仪式。在复员军人离队前一个月，各部队已将复员军人的花名册、履历表、鉴定书和安置意见送往复员军人所在地区复员委员会。各级地方政府动用很大力量，为接收安置复员军人进行准备，从生产、安家、就业，一直到婚姻问题都进行了研究。为便于复员军人返乡途中的管理，离队前，所在部队依据复员军人返回的地区进行编队，派出专人（一般是团以上干部）带领护送，并协同地方接收机关处理有关问题，直到安置妥当为止。在全国各交通要道，如北京、天津、沈阳、哈尔滨、济南、郑州、太原、西安、南京、长沙、广州等地，都由当地驻军政治部门设立复员军人接待站，负责接待和组织沿途群众热烈迎送。

由于整编复员的方针原则和政策正确，政治思想教育深入，工作细致周到，保证了整个整编复员工作的顺利进行。中央复员委员会办公室9月6日的报告指出，全军复员的动员和教育工作很有成效，复员人员普遍感到满意。中央复员委员会办公室在11月12日的复员工作报告中说："安置工作这是我们开始担心的问题，怕复员军人回家后在土地、房屋、婚姻等问题上与地方闹不团结。但由于这批复员军人经过部队一月余集训（是这次复员工作主要经验）的政策与法令的教育，复员军人回乡后一般态度甚好，收效很大。同时各地亦有充分准备，进行了或大或小的群众欢迎工作，许多地方县长、县委书记亲自到站迎接，替复员军人背行李，请他们看戏、吃饭，在群众会议上向复员军人介绍地方情况等。这样在群众中政治影响极好，教育了地方干部、复员军人与群众，加上复员军人回家时有粮、有布、又穿上新衣服，群众感觉当了人民解放军真是无上光荣，因此经过部队教育和地方热烈招待的场面下，大大地帮助了安置工作。复员军人对地方工作本有意见也就没有了，有些人在未参加人民解放军以前，本来是不积极生产的，这次回去也积极了。有的在集训时就订出了自己的生产计划，有的回家第二天就下地生产或拜访亲戚，写信给原部队感谢首长们的教育。”

到1950年年底，全军完成复员任务约60万人（包括6月底前，中南军区和华东军区复员、资遣30万人）。尽管因抗美援朝战争而未能完成原定复员150万人的计划，但这次复员的动员、组织、各项政策、复员程序、安置办法、途中运输等，在工作上均做得极为周密、细致、具体，既保证了国家建设、军队建设的需要，又使复员者和接收单位感到满意，为后来军队的复员工作积累了极为有益的经验。

四、改造起义、投诚和接受改编的国民党军

人民解放军在向全国进军过程中，遵照毛泽东在中共七届二中全会上提出的解决残存国民党军的天津、北平、绥远三种方式，以军事打击和政治争取相结合，争取国民党军的起义和投诚。在中国共产党有关政策的感召下，在人民解放军强大的军事压力和强大的政治攻势下，国民党军纷纷起义、投诚。从1949年8月~1950年5月，国民党军共有师以上起义90余起，100余万人。其中较著名的有：1949年8月4日，国民党长沙绥靖公署主任兼湖南省政府主席程潜和第1兵团司令陈明仁等率部在长沙起义；9月19日，国民党政府西北军政长官公署副长官董其武等率部在绥远起义；9月25日，国民党军新疆警备司令陶峙岳等率部在新疆起义；12月9日，国民党云南省政府主席卢汉率部在昆明起义等。

大批国民党部队的起义、投诚和接受改编，加速了国民党政权在大陆的覆灭。1949年9月23日，毛泽东在宴请程潜、张治中、傅作义等29名起义将领时就曾指出：由于国民党军队中一部分爱国军人举行起义，不但加速了国民党残余军事力量的瓦解，而且使我们有了迅速增强的空军和海军。1950年6月15日，毛泽东审定聂荣臻在中国人民政治协商会议一届二次会议上的军事报告稿时特意

加写了这样一段话："在这个时期内[1]，原在对方的许多爱国军人率部起义，参加了人民解放军的行列。这对于迅速地瓦解敌军及较好地维持地方秩序，是起了作用的。"

这些起义、投诚和接受改编的国民党部队，政治成分上大致有以下四种类型：一是蒋介石的嫡系部队，其中相当一部分人受国民党的反动教育时间长，对蒋介石集团抱有一定的幻想。二是地方实力派的部队或国民党内除嫡系以外的其他派系，如西北系、四川系、青宁马家军等。这部分军队长期受国民党嫡系的歧视和排挤，与蒋介石集团有矛盾，但本身带有浓重的地方封建势力色彩。三是一部分官僚政客乘国民党政府混乱之际收编的游杂部队，如四川的王缵绪、范绍曾等人的部队，成分最为复杂。四是相当数量的国民党地方保安团队。上述部队，有一部分是真正认清了国民党政府的反动本质，真心拥护中国共产党而起义的，但他们毕竟是资产阶级和封建军阀的部队，人员复杂，在思想上、政治上与中国共产党和人民解放军的要求还有很大的差距。这些部队中的大部是在人民解放军大军压境或包围的情况下不得已而起义、投诚的，在起义、投诚前，多数部队没有共产党的组织工作和起义的思想准备。因此，起义、投诚后，虽然脱离了国民党统治集团，但多数人的立场、思想、作风仍然是国民党军队的一套，有少数部队甚至在国民党特务的挑拨、煽动下，与当地土匪恶霸、封建帮会头子相勾结，发动叛乱。

教育改造这些部队是一项艰巨的工作，中共中央和中央军委对此高度重视，确定了"团结、教育、争取、改造"的总方针和"爱国一家、革命不分先后、既往不咎、立功受奖"、"团结多数、打击反动分子"的政策。毛泽东起草并以中央军委名义致电中南、西南、西北各中央局和三个军区，指示参照华北军区改造绥远起义部队的办法，在保留整建制的起义部队中建立军政委员会为领导机

---

① 指 1949 年 10 月～1950 年 6 月。

关。电报指出："在起义部队中的领导机关应为军政委员会及军政组制度，不应如主力一样为党委制，以便吸收起义将领参加一起工作，利于团结和改造部队。"① 根据中共中央、中央军委和毛泽东的指示，华东、中南、西南、西北、华北各大军区，派出工作团或军代表到接受改编的部队，与其团以上单位的各级主官组成军政委员会，作为集体领导组织，按照中央规定的"大小事情需要反复协商，取得同意，如不同意，便可缓办"的精神开展工作。通过整训，彻底摧毁旧军队的一切压迫制度，改造其反共反人民的立场、观点和旧军队的思想、作风，按照人民军队的建军原则，建立民主制度，建立新型的官兵关系和军民关系，树立优良的作风，使之转变为真正的新型人民军队。

在新中国成立前，人民解放军对起义、投诚和接受改编比较早的国民党军队业已进行教育改造。经过教育改造后，对有的部队按整建制授予人民解放军的番号，如 1948 年 10 月在长春起义的国民党第 60 军，授予人民解放军第 50 军番号；1949 年春在湖北起义的国民党第 19 兵团司令官张轸部，授予人民解放军第 51 军番号。有的取消原建制进行改编，如北平解放时接受改编的国民党军傅作义部，取消原建制按人民解放军建制改编为若干独立师，归华北军区建制。新中国成立时，对起义、投诚较晚的国民党军队尚未完成教育改造。主要有在湖南起义的陈明仁部、绥远起义的董其武部、新疆起义的陶峙岳部以及西南地区起义、投诚的各部。新中国成立后，人民解放军对这些国民党军队继续进行教育改造。

起义部队的各级将领在所在部队中的影响力大，做好这些人的工作，对于顺利完成整个部队的改造教育工作至关重要。党和国家领导人和大行政区领导人亲自做他们的工作。程潜起义后，应毛泽东之邀于 1949 年 9 月 7 日去北平时，毛泽东、周恩来等领导人亲自

① 《毛泽东军事文集》第 6 卷，84 页，北京，军事科学出版社、中央文献出版社，1993。

到车站迎接，并专门设宴招待程潜、张治中、傅作义等起义高级将领。1949 年 10 月和 1950 年初，毛泽东、朱德、刘少奇、周恩来等接见了陈明仁、董其武等国民党军起义将领，彭德怀也在甘肃会见陶峙岳等国民党军起义将领，充分肯定他们的爱国行为，在政治上充分信任他们，在中央和地方行政机构中给他们一定的职务，调动和发挥他们的积极性，稳定人心；向他们说明教育改造的方针、政策，勉励他们努力团结部队，加强整训，认真学习和遵守人民解放军的军事、政治制度，改进官兵关系和军民关系；同他们协商教育改造的方法和步骤，求得他们在教育改造中的积极配合。人民解放军各级党委和政治机关在做改造教育起义将领工作时，既坚持原则，又讲究方法，始终贯彻团结改造，有团结有斗争，以斗争求团结，稳步前进，长期改造的方针，积极引导，疏通思想，化消极因素为积极因素，收到了很好的成效。

与此同时，部队派出政治工作干部，按照人民解放军的性质、政治工作制度和纪律教育改造这些部队。在新疆，以人民解放军 1 个师抽调政工干部对口到起义部队 1 个师进行教育改造工作。人民解放军第 1 兵团共抽调干部、优秀战士等 1800 余名到起义的陶峙岳部进行工作；第 19 兵团派出 420 余名干部战士到宁夏马鸿宾部起义的 1 个军中进行工作。在华北，人民解放军抽调 2000 名政工干部到起义的董其武部进行工作。在中南，人民解放军抽调 4000 余名干部到起义的陈明仁部进行工作。在西南，由军区组成 4 个工作团到起义的 2 个兵团和 2 个军中进行工作，另由川东、川南、云南、贵州各军区和第 18 兵团分别派出干部到其他起义部队中进行工作。这些工作人员在派出前均进行集中整训，学习有关方针、政策，规定严格的制度和纪律。派出的政治工作干部到达起义部队后，采取召开军官大会、全体官兵大会、小型座谈会、个别谈话、办军官集训班等方式，广泛深入地宣传阐释中国共产党和人民解放军对起义官兵的方针、政策，介绍共产党进行新民主主义革命的任务和土地改革、没收官僚资本、保护民族工商业、实行人民民主专政等基本政策，阐释人民解放军的性质、制度、纪律、优良传统。在进行耐心的政治思想教育的同时，取缔国民党的政工、特务等反动组织，揭露和打击反动分子，严禁抽大烟、嫖赌、贪污、吃空额等非法行为，争取广大起义官兵早日摆脱国民党军队旧制度、旧思想的束缚，放下包袱、轻装前进。

在接受改编部队的广大官兵初步改变了原来的政治立场，对中国共产党和人民解放军有了一定的认识，思想情绪基本稳定之后，开始进行编制和人员方面的组织调整。在编制上，对那些影响较大的起义部队，如陈明仁部、陶峙岳部、董其武部分别授予人民解放军番号，正式编入人民解放军序列。陈明仁起义部队于1949年11月改编为人民解放军第21兵团，隶属第四野战军，司令员陈明仁，政治委员唐天际，下辖第52、第53两个军，共3.1万余人；陶峙岳起义部队于1949年12月改编为人民解放军第22兵团，隶属第一野战军，司令员陶峙岳，政治委员王震（兼），下辖第9军和两个骑兵师，共6.5万余人；董其武起义部队于1950年12月改编为人民解放军第23兵团，隶属华北军区，司令员董其武，政治委员高克林，下辖第36、第37军和1个骑兵师，共约4万人。对其他起义、投诚和接受改编部队，在做好政治说服工作并在起义将领及其部下主要军官满意的情况下，拆散原建制，分别补入人民解放军各部队。在确定整编部队的编制之后，按照人民解放军的编制对部队人员进行调整。对在起义中贡献大，思想较好，态度积极，比较称职，愿意在人民军队服务的，基本按原职放手大胆使用，有职有权，发挥他们的积极作用，使其在实际工作中得到教育和提高；对在学术上有一定造诣的，安排到院校执教；对于思想转变较慢，但仍有转变可能的军官，给予离职学习的机会；对留之无用，放之无害的，则进行复员或资遣回乡；对老弱残疾，不能在部队工作的，给予适当安置；对于不愿意继续留队，要求回家的，保证其眷属和本人的生命财产安全，发足薪饷和路费，回家后还可分得一份土地，如本人是地主，按土地法大纲办事，既往不咎；对罪大恶极的反革命分子、特务奸细、反动会道门头子，以及起义后仍与人民为敌，继续进行捣乱破坏活动的，则进行管训或依法处理。这些安置和处理办法，起到了打碎维系旧军队的封建枷锁，扫除教育中的障碍，纯洁部队，进一步稳定情绪的作用。

为把整编部队完全置于共产党的绝对领导之下，在进行编制和人员调整之后，立即在这些部队中建立人民解放军政治工作制度。组织上，建立共产党的各级委员会，作为部队统一领导和团结的核心；团以上单位设政治委员和政治机关，营设政治教导员，连设政治指导员，选派有政治工作经验的优秀政工干部到这些部队担任上述职务；积极慎重地发展共产党员和青年团员，吸收那些出身成分好，经教育思想觉悟提高快，对中国共产党的性质、任务和人民军队的宗旨有较深刻认识，在各方面都表现非常突出而又积极要求加入中国共产党和青年团的优秀积极分子加入党团组织。从而为按照人民军队的性质和宗旨改造这些旧军队提供了组织和制度保证。

为从根本上提高整编部队官兵的思想政治觉悟，促使他们彻底改变在反动军队中形成的旧思想、旧观念和不良作风，在建立政治工作制度的同时，开展了深入的思想政治教育。首先是进行系统的人民军队教育。明确解放军是人民军队，它的宗旨是全心全意为人民服务；反复讲解三大纪律八项注意和官兵一致、军民一致的原则。在基层单位，普遍建立革命军人委员会，开展政治民主，经济民主，改善伙食，搞好连队文化娱乐活动。切实关心士兵疾苦，解决起义官兵本人和家庭的实际困难，帮助不识字的人提高文化，组织军邮机构为士兵免费邮寄信件，帮助抽大烟的官兵戒烟，引导士兵开展反对封建军阀制度的民主运动，自觉进行两个军队的对比，控诉自己受到的旧军阀制度的压迫，讲述自己在人民军队享受到的民主权利，从而分清两种军队的根本区别，树立起了作为一名人民军队战士的光荣感和责任感。其次是进行深入的阶级教育。针对起义部队士兵大都出身于被压迫的穷苦农民家庭，为启发起义部队官兵的阶级觉悟，在整编部队中普遍开展了以诉阶级苦、民族苦为主要内容的诉苦运动，引导官兵运用耳闻目睹和本身及家庭被剥削、被压迫的事实材料，诉深受的阶级和民族压迫之苦。为配合教育，部队文工团为这些部队的官兵演出了反映旧社会阶级压迫、阶级剥削和受压迫者进行革命斗争事迹的《白毛女》、《血泪仇》、《刘胡兰》等戏剧，还请翻身农民、解放军战士现身说法，进行典型控诉。通过诉苦运动，广大士兵懂得了阶级剥削和阶级压迫，树立了热爱新社会、拥护共产党的思想，为成为真正政治上坚定可靠的人民军队战士奠定了坚实的思想基础。

从1949年8月~1952年6月，经过近3年的工作，顺利完成了对国民党起义、投诚和接受改编部队的教育改造，使这些部队“脱胎换骨”，真正成了新型人民军队的一个组成部分。这些经过改造教育的部队，在后来的剿匪作战、抗美援朝战争和新中国经济建设中，都作出了应有的贡献。

第四节　海军、空军、兵种领导机构和部队的组建

为适应人民解放军建设由低级阶段向高级阶段转变的需要，中共中央和中央军委在即将取得全国解放战争胜利之前，就把建设海军、空军和陆军技术兵种的问题提上了议事日程。1949年1月，中共中央政治局就明确提出争取在1949年和1950年组成一支能够使用的空军及一支保卫沿海沿江的海军的目标和加强炮兵、工兵等兵种建设的要求。新中国成立后，根据保卫国防、建设强大国防军的根本要求和准备解放台湾的需要，中共中央和中央军委把组建海军、空军和加强诸兵种建设作为国防军建设的首要任务。

一、海军领导机构及部队的组建

人民海军的初创始于解放战争后期。1949年4月23日，华东军区海军在江苏泰州白马庙乡成立。由张爱萍任司令员兼政治委员，以原第三野战军教导师师部为基础，组成了华东军区海军司令部、政治部、后勤部。后来，华东军区海军的组建日即1949年4月

23日被确定为中国人民解放军海军成立日。同年10月，广州解放时成立了广州市军事管制委员会海军接管处。12月15日，以海军接管处和两广纵队第2师部分人员为基础，组成广东军区江防司令部，广东军区副司令员洪学智兼任司令员。

为组建全军最高的海军领导机构，统一管理指挥各地人民海军，1949年12月中旬，中央军委致电中南军区，调第12兵团兼湖南军区司令员萧劲光负责组建海军领导机构。1950年1月12日，毛泽东签发人民革命军事委员会命令，任命萧劲光为中国人民解放军海军司令员。1月30日，第四野战军第12兵团机关及第四野战军后勤第二分部部分机构和人员调来北京。4月14日，中国人民解放军海军领导机构正式成立，萧劲光任司令员，王宏坤任副司令员，刘道生任副政治委员兼政治部主任，罗舜初任参谋长。5月，海军后勤部正式成立，张汉丞任部长，刘义任政治委员（1951年任）。中央军委还从各野战军选调了一批文化程度较高、年轻精干的中高级军政干部到海军领导机构任职。当时，海军总人数约3.8万，各种舰艇92艘（其中海防舰艇52艘、江防舰艇40艘）、舰炮309门、海岸炮122门。

海军领导机关组建时，正值解放战争的主要任务由解放大陆的作战转向解放海岛及东南沿海的反封锁、反袭扰作战，海军的地位和作用愈显重要。面对这样的形势，海军于1950年8月在北京召开建军会议，专门研究海军建设的形势、任务和发展方向问题。会议根据华东军区海军一年多来的建设实践，参照苏联海军的建设经验，结合中国的国情和海军建设现状，制定了海军建设的方针、原则和三年建设计划。提出了从长期建设着眼，由当前情况出发，建设一支现代化的、富有攻防能力的、近海的、轻型的海上战斗力量的海军发展目标。首先是组织利用和发挥现有力量，在现有力量的基础上，发展鱼雷艇、潜水艇和海军航空兵等新的力量，以逐步建设一支坚强的国家海军。据此，要尽快建立水面舰艇部队；在潜艇、海军航空兵、岸防兵、海军陆战队和各种专业勤务部队的建设上，初期以空（海军航空兵部队）、潜（潜艇部队）、快（鱼雷快艇部队）为主；为提高机动作战能力和战术进攻威力，舰艇吨位可以小一点，但航速要大，舰上火炮、鱼雷和深水炸弹等武器装备要强；主要着眼于近海作战，不仅能配合陆军进行登陆作战，而且能单独执行海上反封锁、保障海上运输安全、保护渔业生产、打击敌人海上骚扰的任务，必要时还能破坏和封锁敌之港口、阻截敌海上交通线。会议制订的海军三年建设计划主要包括组建华南、华东、华北三个轻型联合舰队和海军航空兵，进行海军岸炮部队建设、海军基地建设、海军学校建设和海军领导机构建设等。为落实这一计划，海军除了修复、改装从国民党海军中接收过来的旧舰艇和利用有限的造船工业开始自行设计制造机帆船、小型巡逻艇、登陆艇和运水船外，由中国政府与苏联政府协商，从苏联购进所需要的主要装备。10月下旬，毛泽东致电斯大林，请求帮助解决技术指导和舰艇、飞机、火炮等装备问题，在提出的订货清单中，除1950年已经确定的订货外，三年内订购的主要装备有：驱逐舰12艘、护航驱逐舰18艘、小型潜艇2艘、猎潜舰42艘、猎潜艇28艘、扫雷艇30艘、远航鱼雷快艇100艘、装甲艇56艘、水鱼雷飞机108架、运输机10架和9个海岸炮兵团的火炮，等等。

至1950年底，除已有华东军区海军领导机构外，又相继建立了中南军区海军领导机构和青岛海军基地领导机构。中南军区海军以方强任司令员兼政治委员；青岛海军基地以易耀彩任司令员，段德彰任政治委员。华东军区海军建立了吴淞要塞区司令部（辖长江口独立水警区、江阴和吴淞两要塞的巡防大队和江防大队）、舟山基地、福建办事处、温台巡防区、连云港巡防区和南自象山湾北至长江口段的9个瞭望哨。青岛海军基地建立了长山列岛、烟台、威海三个巡防区和三地的海岸炮阵地，在山东半岛建立了9个瞭望哨。海军总人数已达7.38万人，共有大小舰艇199艘，总吨位89616吨。其中，可以出海的有护航驱逐舰、鱼雷快艇、各种登陆舰艇等81艘，吨位为60516吨。海岸炮共达9个团和2个独立营（其中有

6个团是新建的），有各种炮250门，部署在青岛、吴淞、江阴、烟台、威海的岸炮已进入阵地。

人民海军领导机关和部队的组建，标志着人民解放军增加了一个新的军种。从此，人民海军担负起保卫中国海防，捍卫国家领海主权，维护国家海洋权益的使命，结束了中国近代长期有海无防的屈辱历史。

二、空军领导机构及部队的组建

早在革命战争时期，中国共产党就开始为日后建立一支人民空军做人员上的准备。1946年3月，人民解放军在东北创办第一所航空学校（东北老航校），第一任校长朱瑞、政治委员吴溉之。至1949年7月，共培养出各种航空技术干部560名，其中飞行员126名，机务人员322名，领航员24名，场站、气象、通信、仪表、参谋人员88名。这些人员后来大都成为建设人民空军、中国航空工业和民航事业的骨干。

1949年3月，为统一领导中国人民的航空事业，中央军委成立军委航空局，局长常乾坤，政治委员王弼。此后，相继在各大军区组建航空处，归军委航空局领导。7月26日，中央军委决定，以人民解放军第四野战军第14兵团机关与军委航空局合并组成中国人民解放军空军领导机关。10月下旬，第14兵团机关与军委航空局合署办公。10月25日，中央军委正式任命刘亚楼为空军司令员，萧华为空军政治委员兼政治部主任（1950年萧华调总政治部任职后，吴法宪任空军副政治委员兼政治部主任），王秉璋为空军参谋长。11月11日，中央军委又任命常乾坤为空军副司令员，王弼为空军副政治委员。当日，中央军委致电各军区、各野战军：中国人民解放军空军司令部现已宣布成立，原军委航空局即行取消，原航空局所有干部及业务均移交空军司令部接收。后来，中央军委确定1949年11月11日为中国人民解放军空军成立日。1949年11月，中央军委决定以第四野战军后勤第六分部为主组建空军后勤部。1950年1月，空军后勤部正式组成，谷广善任第一部长，石忠汉为第二部长，杨尚儒为政治委员。

人民解放军空军领导机构成立时，共有航空人员2938人（包括起义和接收的国民党空军人员）、各种飞机159架（主要是接收国民党空军的飞机，美制、英制、日制都有，能使用的约占一半左右），其中包括保卫首都北京的第一支人民空军飞行中队，辖2个战斗机分队、1个轰炸机分队、1个运输机分队、1个地勤分队，共有飞行员30余人，P-51战斗机、蚊式轰炸机等各式飞机32架。

1950年8月中旬，根据中央军委的要求，空军领导机关制订1950年~1953年空军建设四年计划大纲。根据当时国家经济发展的可能和空军担负作战任务的需要，至1953年底空军建设的主要目标是：从1950年11月起扩大已建立的7所航校的培训规模，4年内毕业三期学员2.54万名，共组建航空兵部队97个团，装备飞机4507架，其中作战飞机2640架；组成1个空军陆战旅①；建立11个飞机修理厂；修建107个机场等。这一计划在抗美援朝战争开始后，依据抗美援朝战争和国内防空任务的需要进行了调整。

在各大军区航空处的基础上，各大军区空军司令部先后组建。1950年8月，东北军区空军司令部由东北军区司令部航空处和辽东军区、辽西军区、步兵第171师部分机构合编组成，司令员段苏权。同月，华东军区空军司令部由华东军区司令部航空处扩建而成，司令员聂凤智，政治委员王集成。9月，中南军区空军司令部由中南军区司令部航空处与陆军第51军军部合并组成，司令员刘震。同月，西南军区空军司令部由西南军区司令部航空处扩建而成，司令员傅传作，政治委员余非。10月，华北军区空军司令部以华北军区司令部航空处为基础并调步兵第205师师部机关大部和华北军区部分人员组成，司令员徐德操，政治委员漆远渥（1952年12月任职）。12月，西北军区空军司令部由西北军区司令部航空处与陆军第6军军部合并组成，司令员罗元发。各军区空军司令部接受军委

① 空军陆战旅，即空降兵旅。

空军和大军区的双重领导。1952 年 3 月 29 日，中央军委对军区空军的领导关系作出规定：对于各战略区的空军，军区主要为作战指挥关系，军委空军主要为建制领导关系。此外，对各军区空军的建设、领导、指挥和管理范围等，作了具体规定。

1950 年 6 月 19 日，人民空军第一支航空兵部队——空军第 4 混成旅在南京成立。旅部机关由第三野战军第 9 兵团第 30 军第 90 师师部改编而成。8 月 1 日，中央军委任命华东军区空军司令员聂凤智兼任空军第 4 混成旅旅长，李世安任政治委员，王志增、刘善本任副旅长，王香雄任参谋长，谢锡玉任政治部主任。下辖 2 个歼击机团、1 个强击机团、1 个轰炸机团，每团 3 个大队。2 个歼击机团分别装备米格－15 和拉－11 歼击机各 30 架、强击机团装备伊尔－10 强击机 30 架、轰炸机团装备图－2 轰炸机 20 架。该旅 8 月 8 日移驻上海，10 月 19 日开始担负保卫上海的防空任务。

同年 7 月 26 日，在上海组成了人民空军第一支空降部队——空军陆战第 1 旅，旅长王建青（后朱云谦），旅部机关以第三野战军第 9 兵团第 30 军第 89 师师部为基础在上海组成，下辖狙击、坦克、迫击炮、战防炮等 7 个营和高射机枪、工兵、运输、通信、侦察、警卫、汽车等 7 个连队，另设 1 个教导队，共 5000 余人。至 11 月，已有 2032 人完成了跳伞训练。12 月，该旅改为师。

同年 11 月 24 日，人民空军第一个运输航空兵团——高空运输团在四川新津组成，团长向黑樱，下辖 3 个大队，装备 C－46 和伊尔－12 运输机。

人民空军领导机关和部队的组建，使人民解放军增加了一个新的军种。从此人民解放军空军担负起保卫祖国领空和支援陆军、海军作战的任务。

三、公安部队和防空部队的组建

（一）公安部队的组建

新中国成立前夕，为加强中央首脑机关的警卫和维护北平的社会治安，中央军委于 1949 年 8 月 31 日颁发命令，成立中国人民中央公安纵队，吴烈任司令员，邹衍任政治委员。中央公安纵队下辖2个师，第1师由原第207师改编而成，第2师以中央警卫团为基础扩编而成。

1950年5月，全军参谋会议确定，公安部队占军队总员额的4.5%，为18万人。当月，公安部长罗瑞卿提出了关于组建人民公安部队的方案：全国共编22个公安师，作为正规公安部队；中央、各大行政区（华北除外）、铁道部分别成立公安部队指挥机构。政务院和中央军委批准了这一方案。军委成立公安司令部，统一领导全国公安部队。一切内防任务逐渐由公安部队接替。

9月22日，中央军委发布关于成立公安部队领导机构的电令，以华北军区第20兵团领导机关部分人员为基础，组建公安部队领导机关，并决定成立司令部、政治部。罗瑞卿任司令员兼政治委员，程世才任副司令员，李天焕任副政治委员，吴烈任参谋长，欧阳毅任政治部主任。11月8日，中央军委公安部队领导机构从天津迁至北京。

自1951年5月起，各大军区和铁道部公安司令部相继建立。至10月，共组建正规公安部队20个师又3个团约18.8万人。在各大行政区、省、专、县也组建了地方公安部队和公安部队指挥机构。地方公安部队约32万人，计16个大城市的公安总队，6个公安团，23个省直属公安大队，49个省辖市公安总（大）队，近2000个地区、县公安中（分）队，并且在边防组建了边防公安机构和公安武装总队。截至1951年底，全国公安部队形成了正规公安部队、地方公安部队和边防公安部队的体制。其领导指挥关系是，所有正规公安部队（公安师）归军委公安司令部统率，分别隶属各大军区或铁道公安司令部领导指挥，大军区公安司令部同时接受大军区及军委公安司令部的双重领导；各大行政区、省、市、地、县所属的地方公安部队、边防公安部队，由各级人民政府公安机关领导。中央军委公安部队司令部、各大军区和铁道公安部队司令部、正规公安师（团）均称“中国人民解放军公安部队”，地方公安部队则称“中国人民公安部队”并冠以地区名称。公安部队组建后，参加了全国的镇压反革命运动、抗美援朝和新解放区的剿匪作战，担负起了内卫和边防警卫、维护社会治安等任务。

（二）防空部队的组建

解放战争后期，随着全国各大城市的解放，国民党军不断派飞机对解放区的城市等要地进行轰炸袭扰，空袭与反空袭斗争日益尖锐。因此，中央军委于1948年8月9日指示各大军区，建立城市防空指挥机构，要求解放区各大城市及各军区司令部驻地，均设立防空司令部。此后，各主要城市要地相继成立防空指挥机构。至1949年10月新中国成立时，先后成立了平津卫戍区防空司令部、南京防空司令部、上海防空处等。1950年3月中旬，以华东航空处为基础，组建了上海防空司令部。朝鲜战争爆发后，为加强东北地区防空，1950年8月，以原高炮第2师师部为基础，组成东北军区防空司令部。为了统一对城市防空的领导，并将国土防空部队作为陆军的一个兵种加强建设，1950年9月，中央军委决定成立国土防空部队领导机关。10月23日，毛泽东签署建立中国人民解放军防空司令部的命令。12月16日，中国人民解放军防空司令部在北京正式成立。周士第任司令员，钟赤兵任政治委员，谭家述任副司令员兼参谋长，统一指挥全国的防空部队。此后，各大军区的防空司令部也先后组建。

当时的防空部队主要有高射炮兵部队、雷达和对空情报部队、探照灯兵部队。新中国成立时，全军共有8个高射炮兵团。随着全国解放，城市防空任务加重，已有防空力量不敷使用，又从苏联订购装备，于1949年10月、12月新组建10个高射炮兵团和10个高射机枪营，并将1个团改为防空学校的练习部队，另有2个团合并为1个团。到1949年底，人民解放军已拥有16个高射炮兵团，分别部署于沈阳、鞍山、抚顺、北京、上海、南京、武汉、长沙等地担任城市防空任务。1950年2～5月，先后组建了3个高射炮兵师师部，第1师指挥部署在雷州半岛、广州、武汉等地的高射炮兵部队，第2师指挥部署在沈阳、鞍山、小丰满等地的高射炮兵部队，第3师指挥部署在南京、上海等地的高射炮兵部队。1951年后，由于抗美援朝战争和国土防空的需要，高射炮兵部队得到了迅速发展。

人民解放军的雷达和对空情报部队是从对空监视哨发展起来的。各城市防空机构成立初期，由于缺乏雷达装备，主要组织对空监视哨进行对空监视。1949年4月，在平津卫戍区防空司令部下设立了21个对空监视哨。1950年3月，上海防空司令部对空监视哨营成立，下辖3个连25个对空监视哨，负责上海地区的对空监视。随着雷达装备改善，雷达情报网在全国各地区相继建立。1950年10月，上海防空司令部利用新接收的苏军雷达和原有的部分日造雷达及25个对空监视哨，组织了上海地区的雷达防空情报网。1950年8月，中央军委决定将华东航空处雷达营调往辽东执行防空作战任务，从而建立了辽东地区雷达防空情报网。12月，华北军区防空司令部根据中央军委的决定，将从华东军区和东北军区调来的4个雷达中队分别配置在塘沽、蓬莱、荣城、海阳沿海一线。1951年1月，华北军区防空司令部又新建了4个对空监视营。

在人民解放军的防空部队中，探照灯部队起步较晚，但发展较快。1950年8月，在上海成立了人民解放军第一个探照灯团，辖2个探照灯营。1951年1月，东北军区防空司令部和京津卫戍区防空司令部分别成立探照灯团。1952年11月，华南军区防空司令部也成立了探照灯团。这些探照灯部队主要部署在北京、上海、天津、广州、福州等城市周围，配合高射炮兵和歼击航空兵作战。

四、兵种领导机构及部队的组建

新中国成立前，人民解放军各野战军、大军区都拥有数量不等的炮兵、装甲兵、工兵、通信兵等技术兵种，但规模都不大，除铁道兵在解放战争后期归军委铁道部统一指挥外，其他兵种，均由各战略区独立指挥。新中国成立后，为把以步兵为主的陆军建设成诸兵种协调发展的现代化陆军，先后成立了全军统一的各兵种领导机构，在中央军委领导下，统一计划组织各兵种的发展建设。

（一）炮兵领导机构的建立

新中国成立时，人民解放军共有3所炮兵学校、4个炮兵师、80个炮兵团，各种火炮2.6万余门，炮兵已成为具有相当规模的战斗兵种。但此时的炮兵均归各野战军建制领导，全军尚没有统一的炮兵领导机构。1949年12月，中央军委电令第四野战军特种兵副司令员苏进到北京，负责炮兵领导机构的筹建工作。1950年4月，中央军委任命陈锡联为中国人民解放军炮兵司令员。8月1日，中国人民解放军炮兵领导机关正式成立，直属中央军委领导。为适应新的形势任务的需要，同年秋至翌年春，中央军委又任命了一批炮兵领导干部，任命苏进、万毅为炮兵副司令员，彭嘉庆、邱创成为副政治委员，并以第四野战军特种兵司、政、后机关大部分人员充实加强军委炮兵领导机关。在此期间，各大军区先后成立了炮兵领导机关，陆军军、师普遍设立了炮兵主任办公室。从而，形成了军委、军区两级炮兵领导机构体制和自上而下的炮兵管理系统。军委炮兵领导机构成立后，统一了对全军炮兵的领导，并根据中央军委确定的“大量发展新的炮兵，同时加强老的炮兵”的方针，制订了炮兵建设计划，抓紧增建炮兵学校，新建和扩建炮兵部队。特别是抗美援朝战争开始后，加快了炮兵发展的速度。从1950年11月起，根据中央军委的决定，先后调8个步兵师及若干机关和分队9万余人改建为炮兵部队。

（二）装甲兵领导机构的建立

中国人民解放军装甲兵是解放战争时期建立和发展起来的。至1949年11月，人民解放军坦克部队已拥有9700余人，410辆坦克，编成2个战车师（战车第1师、战车第2师）又2个战车团。

为了统一领导全军装甲兵部队的建设，1950年5月，中央军委开始筹建中国人民解放军装甲兵领导机关。9月1日，以第一野战军第2兵团机关为基础组成中国人民解放军摩托装甲兵司令部（1951年7月改称装甲兵司令部），许光达任司令员，聂鹤亭任副司令员，向仲华任副政治委员，张文舟任参谋长。

装甲兵领导机构成立后，即抓紧进行装甲兵部队建设，至1950年底，在原有2个师（7月曾改为旅，11月又改为师）又2个团的基础上，又组建了坦克第3师、特种坦克师和1个独立团，有9个独立营在组建之中，共约2.5万余人。第1、第2、第3师每师均编2个坦克团（每团苏式坦克40辆）、1个炮兵团、1个摩托化步兵团、1个高炮营、1个工兵营；特种坦克师编2个水陆坦克团（共210辆）、1个美式坦克团（40辆）。

1950年11月和12月先后在徐州、长春组建了华东军区装甲兵司令部和东北军区装甲兵司令部。1951年9月，又在北京南口组建了华北军区装甲兵司令部。军区装甲兵隶属军区首长，并在装甲兵总部机关指导下，组织领导本军区装甲兵部队的建设。

（三）工兵领导机构的建立

新中国成立时，人民解放军工兵部队共有8个团，另有1所工兵学校和4个工兵训练大队。至1950年6月，工兵部队已发展到18个团。同年2月和4月，中南军区和西南军区先后组建了工兵司令部，12月华东军区组建了工兵指挥部。为统一领导全军工兵部队和加强工兵建设，1950年12月25日，中央军委任命李迎希为工兵副司令员，并以中南军区工兵司令部为基础，从各大军区抽调干部，于1951年3月正式组成工兵司令部，唐哲明任参谋长。1952年9月，中央军委任命陈士榘为工兵司令员，后又任命黄志勇为工兵副政治委员。根据中央军委1951年3月的决定，各大军区已成立的工兵司令部改为工兵处，未成立工兵司令部的不再设立司令部，而设立工兵指挥部或工兵处。军委工兵司令部成立后，立即对工兵部队进行统一整编，统一了序列和编制。

（四）通信兵领导机构的组建

新中国成立时，人民解放军团以上部队都建立了无线电分队和有线电分队。为统一集中管理全国党、政、军机关的机要通信，1950年5月，中央军委在作战部第三局的基础上成立了中央人民政府人民革命军事委员会通信部（简称军委通信部），归中央军委总参谋部直接领导，王诤任部长，刘寅任第一副部长，罗若遐任第二副部长。军委通信部成立后，统一了部队通信装备编制，统一了通信管理，在总部和各大军区先后建立了通信团、通信营。

（五）防化兵部队和领导机构的组建

新中国成立后，人民解放军创建了防化兵。1950 年 12 月，成立防化学兵学校，为全军培训防化干部。从 1951 年开始，全军陆续组建各级防化部门和防化学兵部（分）队。陆军军、师、团设防化学主任，营设防化指导员；师编防化连，团编防化排；空军、海军在各场站、基地设立防化部门和防化分队。1952 年，在军委军训部设立防化学兵处，在军委军械部设立防毒器材科（1953 年扩编为处），分别负责全军防化训练和防化器材保障等工作。

（六）铁道兵领导机构的建立

1949 年 4 月，中央军委决定将第四野战军铁道纵队改归军委建制，隶属军委铁道部直接领导。5 月 16 日，中央军委命令，将铁道纵队改编为中国人民解放军铁道兵团。1950 年 9 月 18 日，中央军委决定铁道兵团改归军委直接领导，除工程业务和经费由铁道部负责外，其余与人民解放军其他部队相同。滕代远兼任司令员，陈正湘任第一副司令员，崔田民任副政治委员，李寿轩任第二副司令员兼参谋长，陈力任政治部副主任，彭敏任总工程师兼工程部部长。

1953 年 9 月 9 日，中央军委决定成立中国人民解放军铁道兵领导机构，同时撤销铁道兵团番号。1954 年 3 月 5 日，中国人民解放军铁道兵领导机构正式成立，王震任司令员兼政治委员。

为了明确陆军各特种兵的领导关系，1951 年 10 月 18 日，总参谋部颁发《关于陆军各特种兵之领导关系的决定》，确定陆军各特种兵及学校，除军委明令规定由军委特种兵司令部指挥者外，其余分驻各军区者则属所在一级军区建制。军委各特种兵司令部对军区各特种兵建制部队及学校为业务领导关系。

新中国成立后，人民解放军在比较短的时间内，先后组建了海军、空军、公安部队、防空部队和陆军各兵种领导机构及部队，这是人民解放军建设的重大成就。尽管这时人民解放军海军、空军和陆军各兵种部队的基础还比较薄弱，但它标志着人民解放军已经结束了单一陆军的历史，开始了建设诸军兵种合成军队的新历程，为以后人民解放军的正规化、现代化建设奠定了重要的基础。

第五节　军事院校的组建

一、中央军委作出建设正规军事院校的决定

新中国成立时，全军各类院校共有60余所。这些院校为新中国成立后军队院校的建设奠定了基础。但这些院校都是在战争环境下建立的，各院校分属各战略区建制领导，院校建设与教育不正规、不统一。新中国成立后，中央军委根据建设正规化、现代化强大国防军的需要，加快了军事院校建设的步伐。

1949年10月20日，在中央人民政府人民革命军事委员会组成后的第一次会议上，聂荣臻在报告军事问题时指出："现在许多部队还担任作战，一部分已开始整训，如东北、华北、西北等地，如何教育训练，我想由各军区抽专门人才，设专门学校来做，中央正筹备陆军大学，准备培养高级干部。"1950年3月10日，聂荣臻在就军事机关及学校建设等问题给毛泽东的报告中提出："拟以华北军大在长辛店之现址，筹建陆军大学，俟刘伯承同志回京主持之，以便全国部队整编时，储备与深造高级军事干部，并成为建设正规国防军之训练中心，以其研究成果作为全国建军的制式。至于培养初级、中级干部之训练班与步校，则由各军区举办。由军委统一教育内容与计划。"①

1950年5月，全军参谋会议在讨论军事院校问题时一致认为：由于大规模战争已基本结束，以后解放台湾和西藏，不需要做全国性的动员，人民解放军即将复员，减少常备兵额，但干部不能减

① 《聂荣臻军事文选》，319页，北京，解放军出版社，1992。

少，并且还要更多的训练。由于长期战争，人民解放军干部没有认真训练过，一般说水准很低，尤其是中下级干部。将来战争比国内战争规模更大、更剧烈。现有干部，无论质量与数量都不够用，所以要加紧培养。

会议确定：第一，健全正规的军队院校教育体系。全国军事教育，分为三级：高级为陆军大学，学习时间暂定二年，招收师以上干部及优秀的团职干部；中级为陆大深造班及高级专门学校，深造班是轮训性质，训练现职的团、营、连干部，高级专门学校是指高级的炮校、工校，目前可与初级的炮校、工校合办；初级为步兵学校、炮校、工校，训练步兵及特种兵连排干部。此外尚须办其他特种兵学校，如通信、航空、经理等学校。第二，对学员的来源及条件严格把关。陆大深造班及步校学员，须完全由部队选考；步兵学校学员在最近三五年内主要是由部队选考（不能少于85%），酌量收一部分青年学生；各兵种学校学员在最近四五年中，主要由部队选考（不能少于70%），四五年后各校均可增加青年学生比例。任何学校学员，必须选部队中优秀的至少有中等水平的干部战士及进步的青年学生。第三，充实教育干部队伍。一是要从部队选一批有战争经验且有文化的干部做学校工作。二是大胆地使用旧军人，即从解放军官中挑选有学识的，同时招收、聘请其他旧军人中有学识的人。第四，统一典范、条令及教材。这是当前整军的一个大问题，也是当前办军事学校的大问题，没有做好就不能走向统一、走向正规。统一教材及动作由军委军校管理部门负责。并明确：军委筹办陆军大学。排至团级干部的步兵学校由各大军区开办。各特种兵学校，均由军委开办，除已办者外，尚须办炮、工、坦等学校。

7月20日，周恩来主持召开军委会议，研究创办正规的军队院校建设问题。会议认为，军队战斗力的提高主要靠军事训练，指挥员的训练是训练工作的重中之重，要大力发展军队院校，要改造战争年代创办的学校，要新建一大批适合现代战争需要的各类正规院校，各军兵种要组建各级专业学校。

为统一计划组织全军的训练，1950 年 6 月 21 日，中央军委决定成立军事训练部（简称军训部），隶属于军委总参谋部。军训部专门设立军事学校管理局（1952 年 12 月 29 日，中央军委决定成立军事学校管理部，隶属于总参谋部。1953 年 6 月 10 日，军事训练部和军事学校管理部直接归中央军委领导）。各军区、军兵种也设置相应的院校管理部门。

1950 年 11 月，总参谋部召开第一次军事学校和部队训练会议，主要讨论正规化的训练方针、教育计划、教育制度、教育器材供应计划与学校编制等问题。会议提出了“统一战略、战术、意志，统一教材、典范，统一训练机构、教育制度、学校管理，提高工作效率和战斗力”的要求。为了实施正规的训练，会议要求，必须建立训练制度。从初级军事学校到军事学院，从连队到军训部，都要建立制度，诸如各级教育会议制度、请示报告制度、校阅巡视制度、演习制度、考试测验制度、教育考绩制度以及奖惩制度，学校中还要建立教员等级评定制度等。

这次会议对全军军事院校的正规化建设具有重要的指导意义。会后，中央军委批转军训部《关于军事学校建设与部队训练问题的报告》。报告对军事院校建设提出了一些基本原则和要求，指出：必须举办一定数量并适合正规要求的各种军事学校。这种学校，应有正规、统一的计划和制度，有一定的设备，修业时间较长；学员入学及毕业，均须具备一定条件；课目要系统，要相当完备；并要按部就班地进行，使毕业学员具有适合于他的工作的较全面的知识技能。报告确定：由军训部统一掌握全国军事学校，诸如教育方针与计划的确定，教材器材的选定，学校设立多少，学生数目及条件，修业时间，教育干部的遴选等；但对装甲兵、炮兵学校，只为其审查或制订共同科目的教育计划。各学校的一般行政工作，除少数学校直属军训部外，都划给各大军区或专门机关管理。学校编制采取“三部一处制”，即设训练部、政治部、校务部和干部处。但炮兵学校则因军械工作特别重要而增设军械部或处；军事学院和步兵学校，须设立演习部队。

根据这次会议的精神，全军对军事院校的设置作出调整。改建和新建了一大批正规院校。所有学校都建立起“三部一处”的编制和各项制度，全军院校建设和教育训练开始走向正规。

二、军事学院的成立

新中国成立后，中央军委多次酝酿筹办陆军大学。西南军政委员会主席刘伯承主动要求辞去在西南的一切职务而去办军校。刘伯承从土地革命战争时期开始就有办军校的经验，中央军委慎重考虑后，同意了他的请求。1950 年 10 月 23 日，毛泽东电令刘伯承，速赴北京主持陆军大学的筹建工作。刘伯承于 10 月 27 日到北京。11 月上、中旬，周恩来根据毛泽东关于办好陆军大学的指示，三次召集刘伯承与陈士榘[①]等陆军大学筹委会成员开会，研究陆军大学办学的方针原则、编制与主要领导干部配备、正式校名和校址，以及军事、政治、文化课的内容等，确定：（1）为了方便学校以后增设海军系和空军系，将原拟陆大的校名正式定为军事学院；（2）校址暂设在南京华东军政大学所在地，待条件成熟后再迁北京；（3）以华北、华东军政大学一部分干部作基础，依靠华东军区组织军事学院各级机构。周恩来指出：搞现代化的军事建设和现代化的军事学院，我们都没有经验。军事学院的办校方针，仍然是抗大的方针，要学习毛泽东军事著作，把人民解放军丰富的作战、建军经验加以总结提高。同时，需要不断学习外国的先进经验，学习外国军事科学。要努力把这两方面的知识传授给全军中高级干部。最后周恩来责成刘伯承召集筹委会成员根据三次会议精神，尽快写出一个办校的综合意见。

11 月 13 日，刘伯承、陈士榘向中央军委和毛泽东提出《关于创办军事学院的意见》，除建议陆军大学改名为中国人民解放军军事学院，校址暂定南京华东军政大学所在地外，还提出了军事学院

① 陈士榘，时任华东军政大学副校长。

的机构和训练方针等问题。其主要内容是：

学员与班次。共设陆军基本科、陆军速成科、空军速成科、海军速成科、情报参谋训练班、俄文训练班等6个学习单位，及一个陆军函授科的业务机构。陆军基本科定额370名，招收团、营级及部分优秀的连级干部，有初中文化水平，年龄在30岁左右者。陆军速成科定额500名，收军、师、团及个别兵团级干部，具有高小文化水平者。情报参谋训练班，由总参情报部选送学员50名。俄文训练班，由中央军委俄文编译局负责选调50名相当大学文化程度、有俄文基础的人员再予提高，并授以军事知识，以解决军事翻译及俄文教员的缺额。函授科定额150名，招收在职团级至兵团级干部，有自学能力者。学制，陆军基本科两年，陆军速成科、情报参谋训练班、俄文训练班均为一年，陆军函授科一年半。海、空军速成科暂缓成立。

组织机构。设训练部、政治部、院务部和干部管理部，并设立战史、战役战术、司令部工作、后方勤务、通信联络、政治经济、文化外语等15个教学组织，以及学术研究室和翻译室。

所需干部。除已决定调做学院领导干部的促其到职外，拟再由全国各大军区调25名军、师级及个别团级，有相当文化程度及实战经验，有培养前途的军政干部来院培养，做各教学组织和各学员科的领导。学院各级行政领导干部及工作人员，从华东军大和华北军大选调。

训练方针。在人民解放军现有素质及军事思想的基础上，掌握现代各技术兵种知识，学会现代技术兵种的指挥和诸兵种协同动作的知识，熟习参谋勤务与通信联络，以准备与美帝为首的侵略集团作战。

当晚，由周恩来主持，朱德、刘伯承、聂荣臻、萧克、陈士榘、萧华、徐立清等参加，对《关于创办军事学院的意见》进行了讨论修改。16日，周恩来将意见报送毛泽东、朱德、刘少奇。当天即获得批准。

1950 年 11 月 22 日，中共军事学院临时委员会成立。临时党委由刘伯承、陈士榘、陈伯钧、钟期光、刘忠等 5 名委员和 2 名候补委员组成。刘伯承任书记。临时党委成立后，开始筹备组建军事学院的工作。11 月 30 日，中央军委任命刘伯承为中国人民解放军军事学院院长（1951 年 2 月兼政治委员）。同时，任命陈士榘为训练部长，湖南军区第一副司令员陈伯钧、华北军政大学教育长陶汉章为副部长，华东军政大学副政治委员钟期光为政治部主任兼干部管理部部长，川西军区司令员刘忠为院务部部长，并调华东军政大学第 1 总队及华北军政大学一部分机构和人员组成学院管理机构。

12 月 15 日，刘伯承签发军事学院训练大纲。大纲规定：建立“中国人民解放军军事学院的目的，在于训练和培养高级和上级指挥员及参谋干部。在实施训练之后，以能培养完全忠实于共产党领导下的中央人民政府与中国人民事业，且善于组织与指挥现代化团、师及诸兵种合成部队，在战场上进行诸兵种协同作战的指挥员”。大纲还规定了基本科、上级速成科、情报科的训练内容和训练方法，规定军事训练时间占 70%，政治教育时间占 12%，文化教育时间占 18%。

1951 年 1 月 6 日，刘伯承又签发军事学院第一期政治工作计划大纲。大纲规定：“学院政治工作要掌握在我军现在基础上去建设现代国防的指导思想。掌握联合兵种的作战本领，必须是和总结我们过去的作战经验相结合。应当强调学习新东西，但不能脱离我们中国革命战争的实践情况。”

这两个大纲明确了军事学院训练工作和政治工作的基本方向和任务。

按照《关于创办军事学院的意见》的编制方案，军事学院设置了组织机构。学院在职干部 1420 人，其中教员 412 人，包括军事教员 231 人，政治、文化教员 181 人。军事教员中有 228 人是解放的旧军官和少数起义者。苏联顾问有 22 人。学院附设一个为学员实习的教导团，辖步兵、炮兵、装甲、通信各 1 个营。第一期学员分 4

个科共750余人，高级速成科培训师以上干部；上级速成科培训团级干部，基本科培训连、营、团、师级干部，以团级为主；情报科培训营、团级干部。1951年1月8日，军事学院开始上课。

1月15日，中国人民解放军军事学院举行成立典礼。毛泽东为军事学院成立题词："努力学习，保卫国防。"朱德为军事学院成立题词："为建设现代化的、强大的国防军而奋斗！"军委为军事学院成立送贺幛："为建设正规化、现代化的国防军而奋斗！"中央军委还派华东军区司令员陈毅、军委军训部部长萧克、总政治部副主任萧华为代表，出席军事学院成立典礼。

首先举行授旗仪式。陈毅代表中央军委授旗并讲话。他说："中国人民解放军军事学院的成立，标志着中国人民军事建设新时期的开始。过去的很长时期内是中国人民利用农村条件组织武装来战胜国内反动派，战胜日本帝国主义，战胜蒋介石集团及其主子美帝国主义的援助的时期；现在由于条件的改变，中国人民将能充分利用城市工业和全国资源，并取得伟大苏联的援助，把中国人民的军事建设，提高到近代化的阶段。这样必然使中国人民解放军的编制和战法要作必要的改变，首先是高级指挥干部与上级指挥干部的培养与训练便成为迫切的任务，军事学院就是为承担这个任务而开办的。军事学院能胜利完成这个任务，对于保卫祖国、保卫世界民主和平、战胜帝国主义侵略将起着重大的作用。"①

刘伯承在军事学院成立典礼上讲话指出："人民革命军事委员会给我们学院的任务，就是在人民解放军现有素质及军事思想的基础上，训练熟习与指挥现代化各技术兵种，组织与指挥协同动作，熟习参谋勤务与通信联络，以准备与美帝国主义侵略集团作战的指挥人员。这些指挥人员必须是在中国共产党的领导下，完全忠实于中华人民共和国和中国人民事业，具有高度的爱国主义、国际主义与新英雄主义的精神，认识以美帝国主义为首的侵略集团的任何侵

① 《陈毅军事文选》，532页，北京，解放军出版社，1996。

略阴谋，明确这一斗争方向，保卫祖国，保卫东亚，保卫世界和平。”“我们学院全体人员：学员、教员、政治工作人员、行政工作人员均无例外地接受了上述的光荣任务。那我们就一定要在毛主席、朱总司令的领导下，奋起努力，不骄不怠，细心钻研，具体实施，以完成军委批准的训练计划。”①

军事学院是培养中国人民解放军合成军队高级指挥员和高级参谋人员的综合性军事学府。军事学院的成立，使人民解放军有了第一个正规的高级军事学府，是人民解放军高级军事指挥院校教学走上正规化、合成化的开始。毛泽东称它的建立“标志着中国人民建军史上伟大转变之一”②。

三、军兵种院校的组建

（一）陆军院校的组建

全国解放战争时期，各大军区相继组建军政大学、干部学校、军政大学分校等。1950 年初，中央军委决定将各大军区所属军政大学、干部学校、军政大学分校等军事学校，统一按照各大军区整编为每个大军区设 1 所军政大学，每一所军政大学下设若干分校。1951 年 3 月 5 日，总参谋部向各大军区发出步兵学校改编文件，命令各大军区军政大学一律改称“中国人民解放军高级步兵学校”；各军政大学所辖分校一律改称“中国人民解放军步兵学校”。同时，统一全军步兵学校番号、调整步兵学校数量。

经过调整，西北军区所属西北军政大学改称中国人民解放军第 1 高级步兵学校，校址在天水，所辖 2 所分校改称中国人民解放军第 1、第 2 步兵学校；西南军区所属西南军政大学改称中国人民解放军第 2 高级步兵学校，校址在重庆，所辖 8 所分校，改称中国人民解放军第 4、第 5、第 6、第 7、第 8、第 9、第 10、第 11 步兵学

---

① 《刘伯承军事文选》，477 ~ 478 页，北京，解放军出版社，1992。

② 《建国以来毛泽东文稿》第 3 册，489 页，北京，中央文献出版社，1987。

校；华东军区所属华东军政大学改称中国人民解放军第3高级步兵学校，校址在南京，所辖5所分校，改称中国人民解放军第12、第13、第14、第15、第16步兵学校；中南军区所属中南军政大学改称中国人民解放军第4高级步兵学校，校址在汉口，所辖6所分校改称中国人民解放军第20、第21、第22、第23、第24、第25步兵学校；东北军区所属东北军政大学改称中国人民解放军第5高级步兵学校，校址在齐齐哈尔；华北军区所属华北军政大学改称中国人民解放军第6高级步兵学校，校址在石家庄，所辖4所分校改称中国人民解放军第30、第31、第32、第33步兵学校。后中央军委又决定东北军区不办高级步兵学校，其所需训练的干部由华北军区第6高级步兵学校代为培训，第5高级步兵学校改称第27步兵学校。这样，经过调整，全军共办有高级步兵学校5所，步兵学校26所。

1951年7月27日，中央军委发出《关于全国步校走向正规化的指示》，决定再次调整步兵学校数量：将第2高级步兵学校所属第9、第10、第11步兵学校，第3高级步兵学校所属第15、第16步兵学校，第6高级步兵学校所属第30、第33步兵学校改建为军区干部学校，直属各大军区。经过调整，全军共办有各级步兵学校24所，其中，高级步兵学校5所，步兵学校19所。

新中国成立时，人民解放军共有3所炮兵学校，分别是：东北军区朱瑞炮兵学校、华东军区特种兵纵队特科学校和东北军区防空学校。1950年4月，西南军区以西南军政大学特科支队为基础成立西南军区炮兵学校。8月，华东军区将其所属特种兵纵队特科学校改编为华东军区炮兵学校。10月，东北军区成立东北军区汽车学校。到1951年初，西北、中南、华北、东北军区也相继建立军区炮兵学校。1951年3月10日，中央军委决定统一全军炮兵学校番号，除东北军区朱瑞炮兵学校于1950年8月已改归中央军委建制，称中国人民解放军炮兵学校外，西北、西南、华东、中南、东北、华北军区炮兵学校依次改称为中国人民解放军第1、第2、第3、第4、第5、第6炮兵学校，归各军区炮兵管理。同年6月11日，中央军委又电令军委防空学校改称中国人民解放军高射炮兵学校，归中央军委炮兵建制。1951 年 10 月，中央军委指示总后勤部在北京通县、南京、武昌成立炮兵军械学校，各军械学校分别称中国人民解放军第 1、第 3、第 4 军械学校；以东北军区汽车学校为基础成立炮兵摩托学校。

1950 年 9 月，人民解放军装甲兵的第一所军事学校中国人民解放军坦克学校在天津大王庄成立。该学校以人民解放军战车第 1 师教导团与部分机关干部为基础组建，主要培训装甲兵初、中级指挥、政工干部。1951 年 3 月，坦克学校改称中国人民解放军第 1 战车学校。

人民解放军第一所工兵学校东北民主联军工兵学校于 1946 年 3 月在吉林通化成立。1949 年称中南军区工兵学校。1950 年 12 月，中国人民解放军华东军区工兵指挥部兼工兵学校在南京成立。1951 年 8 月，中央军委决定华东军区工兵指挥部兼工兵学校分建。分建后，工兵学校称中国人民解放军南京工兵学校。1951 年 3 月 8 日，中央军委决定，第四野战军工兵司令部与中南军区工兵学校合并，组建中国人民解放军高级工兵学校。

新中国成立时，人民解放军共有 5 所通信兵学校，分别是：军委机要通信干部学校（又称军委工程学校）、华北军区电信工程专科学校、东北军区通信学校、山东军区交通学校和第二野战军电信专科学校。1950 年 1 月，中央军委决定，各大军区各改建或新建通信学校 1 所，使各大军区均拥有通信学校 1 所，全军共有通信学校 7 所。1950 年 9 月 15 日，总参谋部决定，人民解放军通信学校执行统一番号，各大军区所属各通信学校：西北军区所属西安通信学校、西南军区所属重庆通信学校、华东军区所属南京通信学校、中南军区所属汉口通信学校、东北军区所属抚顺通信学校、华北军区所属宣化通信学校，依次改称为中国人民解放军第 1、第 2、第 3、第 4、第 5、第 6 通信学校。

1950 年 12 月 30 日，人民解放军化学兵学校在四川省江津县成立。学校的主要任务是负责培养化学兵排长以上干部及化学参谋指挥人员。1951 年 9 月，化学兵学校迁址至北京市昌平县。

（二）海军院校的组建

为培养人民海军各级指挥人才和专业技术人才，中央军委在组建人民海军的同时，就着手创办海军院校。1949 年 5 月，中央军委决定：以“黄河部队”（国民党军海军起义的原“重庆”号舰员）为基础，组建安东海军学校，行使军级职权。原“重庆”号舰长邓兆祥任校长，辽西军区副司令员朱军任政治委员，东北行政委员会副主席、辽宁省政府主席、辽宁军区司令员张学思任副校长。学校隶属于东北军区领导。1949 年 12 月，中央军委决定以安东海军学校为基础，在大连组建中国人民解放军海军学校（通称大连海校）。行使军级权限。这是人民海军第一所培养舰艇初级指挥军官的正规的高等学校。萧劲光兼任校长和政治委员，张学思任副校长兼副政治委员。

1949 年 8 月 15 日，中央军委批准以华东军区海军训练团为基础，在南京组建中国人民解放军华东军区海军学校（简称华东海校）。隶属华东军区海军建制领导，行使军级权限。张爱萍兼任校长和政治委员。1950 年 8 月，华东军区海军学校改归海军建制领导。12 月 29 日，改称“中国人民解放军海军联合学校”（简称海军联校，通称南京海校，曾先后改称第 2 海校、第 5 海校）。夏光任校长，孔繁彬任政治委员。

在此基础上，人民海军又相继建立快艇学校（后改称第 3 海校），海岸炮兵学校，第 1、第 2 航空学校等。

（三）空军院校的组建

1949 年 10 月 6 日，中央军委批准创办 6 所航校的方案（2 所轰炸机航校、4 所歼击机航校）。鉴于东北老航校尚有一批日籍航空技术人员和飞机、器材，经中央军委 11 月 18 日批准，在牡丹江再建立一所航校，培训运输机空、地勤人员。中央军委将 7 所航校依次定名为中国人民解放军空军第 1 至第 7 航空学校。第 1 航校校长刘善本、政治委员姚克祐；第 2 航校校长刘风、政治委员李世安；第 3 航校校长陈熙、政治委员王学武；第 4 航校校长吕黎平、政治委员李发应；第 5 航校校长方子翼、政治委员王绍渊；第 6 航校校长安志敏、政治委员张百春；第 7 航校校长魏坚、政治委员罗野岗。

第六节　建立统一的后勤保障体制

一、统一全军后勤组织体制

人民解放军的发展建设长期处于被分割的战争环境中，后勤供应工作长期实行“分散经营，独立保障”的方针，由各根据地、各部队负责筹划和组织实施。解放战争时期，人民解放军的后勤供应工作逐步发展为战略区统一组织。当时的后勤组织系统是：中央军委设总后勤部、总卫生部和只担负军委机关及直属部队后勤保障的供给部。军委总后勤部主要负责收集反映情况，参与制定政策，指导全军后勤工作。各级军区设后勤部，下辖供给、卫生、兵站、军工等部门。各野战部队按兵团、军、师、团序列编组，分别设置后勤机构。各战略区后勤供给的独立性较强，基本上能够满足本区的后勤保障工作。这与当时的情况是相适应的。但是，各级后勤机构特别是各战略区后勤机构都是依据自身情况编设的，部门不统一，也不健全，没有建立起统一的后勤工作领导关系。

新中国成立后，军队的供应发生了历史性的变化，后勤保障由过去分散的就地取给和取之于敌，转变为由国家集中统一供应。因此，全军必须实行集中统一的后勤保障。总后勤部在《一九五〇年后勤工作大纲》中提出了 1950 年全军后勤工作的总任务：一是保证一般供应与作战供应；二是走向后勤正规化建设。针对全军各级后勤组织尚不统一，有些组织尚不健全或尚未建立（如营房管理部门、干部部门、某些区的军需部门等）等情况，总后勤部确定：1950 年后勤工作计划的第一项任务是统一与健全各级组织并制定工作条例。至 1950 年底，中央军委从各大军区抽调力量，对军委总后勤部进行了较大的充实和加强。全军后勤编制体制初步实现了统一。军委总后勤部在中央军委领导下，根据国家提供的人力、财力、物力，统一组织、计划、管理全军的后勤工作和后勤建设。各大军区、各军兵种的后勤部门与军委总后勤部，各军区、各军兵种和部队在隶属建制内的后勤部门，在后勤工作和后勤建设业务上均是垂直的关系，并受本级部队首长领导。

全军后勤编制体制的健全，适应了新中国成立后后勤供应关系的变化，适应了建设统一正规的强大国防军的需要。

二、统一全军后勤供应标准和规章制度

新中国成立后，人民解放军逐步由战争状态转入了和平时期建设的环境，后勤工作的任务由作战供应转到保证部队平时建设的一般供应与部分作战供应。从1949年12月~1950年6月，总后勤部先后召开全军性各种业务会议，研究制定全军后勤统一的供应标准、统一的供应制度、统一的管理制度等。

1949年12月11日~1950年1月13日，总后勤部召开第一次全军财务会议。会议贯彻了“服从国家全局，照顾各区不同情况，克服困难，改进供给”的精神，着重讨论和研究了供应标准的修订、供给关系与供给制度的确定和1950年预算经费的分配办法，确定了供应标准的基本原则，即：根据各地区的不同条件，采取分别照顾，合理解决，求得在全国范围内，各部队在生活上基本一致。1950年6月，总后勤部召开第二次全军财务会议。会议初步拟定了财务工作制度。总后勤部强调，在制度问题上，首先要求各区按时造送预决算，9月中旬将上半年账目结清。其次是检查工作制度，这一工作是后勤中心工作之一。各区要把检查机构很快建立起来，配备得力的干部到各处去检查执行制度和标准情况。要求各大军区每年将所属单位普遍检查两次，层层负责。总后勤部特别强调：这些制度，就是全军财务执行工作的准则。虽然以前也有制度，但执行不彻底。因此统一制度是一项艰巨的工作，一方面要从工作上去着手，另一方面还要与破坏制度的不良倾向作斗争，应该从思想上

去认识统一制度的重要性。

1950 年 4 月 13 ~ 27 日，总后勤部召开第一次全军军需会议。会议分析了过去军需工作中存在的弊端，例如由于过去军需生产都是在分散的情况下进行工作的，因此造成各自为政的局面，过去由上对下只有一种供给关系，由下对上只有一种请领关系。所谓由下对上请领关系，就是从连队起只是到时候向上级要军需，甚至存在着一种愈多领愈好的想法，从来不做报销。为了解决这些弊端，总后勤部在统一思想的基础上，与各军区等研究制订了军需制度、工厂管理制度规则和成本会计制度。根据各区的军需生产情况，统一分配各区的军需生产任务，使各区生产能力得以较合理的发挥，并对军需部门的组织机构提供了初步方案。这次会议制定了各种规章制度和服装样式标准化。从此，全军军需工作走上统一，全军服装统一了样式和标准。

1950 年 5 月 16 日 ~6 月 3 日，总后勤部召开第二次全军军械会议。会议针对军械工作各项标准制度尚未统一等问题，特别强调，加强对军械仓库物资的清查整理，加强对仓库的管理检查制度及有计划地训练干部。会议决定建立统一的军械工作制度、标准和规则，使部队军械工作逐步走上统一与正规。

1950 年 5 月，总后勤部卫生部确立 1950 年药品器械材料费统筹统支的方针，要求全军药费统一分配，药材统一采购，生产任务统一分配。6 月 10 日，总后勤部卫生部召开会议，初步建立了军队卫生部门统一的编制、名称、工作职责、标准、制度等。

1950 年 7 月，总后勤部召开第一次全军营房管理会议。会议确定了总后营房管理部的基本任务，即：一是根据整个国防的需要和部署，进行一切军事工程的建筑工作，如兵营、仓库、工厂、学校、医院、军港、要塞等。由于这些建设项目必须适合部队的装备和国防的需要，因而有它的特殊的规格标准，并要充分保证其秘密性。因此要有自己材料的来源和储备，要有自己专门可靠的工程人员和工程队，并组织和指导部队本身参加建筑工作。二是对一切军事建筑进行管理，包括对一切军事建筑的调查统计、登记、分配、维修、检查以及建立和执行与此相适应的规章制度和住房纪律，以保证公共建筑的完整和合理使用。会议拟制了营房工作规章制度，建筑工程方面包括设计规范、施工规范、工程管理制度及其报表格式等；营房管理方面包括登记和统计制度、营房修补规定、移交制度以及住房纪律等；财务方面包括预算制度和决算制度。

海、空军建立初期，后勤供应没有专用的标准制度，与陆军相似的项目，套用陆军标准；特殊需要的项目，则以陆军标准为基础另加补助。海、空军后勤部成立后，在调查研究的基础上，分别拟制了《一九五〇年海军试行供应标准》和《一九五〇年空军试行标准制度》，经总后勤部审定并报军委批准后颁布实行。海、空军建立之初都穿着陆军服装，后来设计了专用服装，于1950年下半年报经军委批准后，海、空军改穿各自的制式军服。1951年，海、空军后勤部又相继制定和试行了一批标准制度。海军后勤部在总结华东军区海军后勤工作经验的基础上，制定了海军供给、被服、油料、舰艇材料配件供应标准和水中武器擦洗标准，制定了国防经费预算、决算和仓库管理制度。空军后勤部相继制定了《空勤、地勤人员伙食标准》、《空军系统财务工作制度》、《作战、训练弹药供应方法暂行规定》等20多项标准制度。

至此，全军初步制定了统一的陆、海、空军供应标准和统一的后勤规章制度。各业务部门拟订了各种规章制度以及统一的编制与名称，从上到下均进行了后勤机构的调整。在后勤供给问题上，由于各区物价不同，根据各区的实际情况、生活指标等，进行了经费的调整，按照各区的实际情况抽多补少，生活标准基本达到一致，各区均认为合理，保证了部队生活。

全军执行统一的供应标准以及统一的后勤规章制度后，各级后勤部门严格按照统一的供应标准和规章制度搞好后勤保障。部队财务供应及时，且能有计划地统一采购，加上部队的农副业生产，大大地改善了部队的生活，普遍地超过了所规定的伙食标准，增强了部队官兵的体力。1952 年和 1953 年，总后勤部又对供给标准和规章制度作了进一步调整、修订和充实，并增加了特种兵的标准制度。至此，军队后勤的供应标准和规章制度已初步统一起来。

统一全军后勤供应标准和规章制度，是人民解放军后勤正规化建设的一个重要步骤。从此，人民解放军实施集中统一的后勤工作有了基本的依据。

三、组织实施统一的后勤供应

到 1950 年初，随着全国大陆基本解放，各级人民政权先后建立并得到稳固，社会秩序也逐步稳定。为了平衡国家财政收支和市场物资供求，稳定物价，解决财政经济困难，3 月 3 日、4 月 1 日，中央人民政府政务院先后作出了《关于统一国家财政经济工作的决定》和《关于统一管理一九五〇年度财政收支的决定》，决定国家财政统一于中央人民政府。按照中央人民政府政务院的以上决定，全国实现了财政经济工作的统一管理，初步确定了全国调度集中统一的财政管理体系的基本格局。

统一财经政策的实施，为人民解放军实行全军统一的后勤供应提供了必要的基础。中央军委要求军队必须坚定地贯彻中央人民政府的决定，采取各种措施，将后勤供应由分区负责，转变为集中统一实施。军委还决定，从 6 月份起，开始实施各项统一供应的工作。

据此，全军后勤开始组织实施统一的供给，并首先从统一经费供应开始。总后勤部在 6 月份召开的第二次全军财务工作会议上，确定全军一切费用，由总后勤部向中央人民政府财政部领取与报销，即：拨各大军区之事业费（通信、医药、军工修械、运输、被服等）统经各事业部门定期确定拨付计划，交军委财务部统一向国家财政部领取，拨发各大军区财务，签名盖章报总后勤部。[①] 从

---

① 中国人民解放军总后方勤务部：《后勤工作文件汇编》第 1 辑，382 页，总参谋部出版部，1959。

1950 年 6 月份起，全军各部队的经费供应，由过去的各大行政区财政委员会分头供应，改由总后勤部财务部统一计划和供应。这样，全军初步统一了经费供应。经过半年多的实践，1951 年 2 月 19 日，总后勤部又发出《关于自一九五二年起全军经费统由总后掌握及向下划拨的通知》，规定 1952 年度全军经费统由总后勤部掌握计划、分拨。因此军委各部门向下拨款时，一律由财务部向下拨款，其具体做法：先由各部门根据各区预算或需要的实际情况，提出每月分配支拨计划，于每月上旬交总后财务部审核批准拨付各大军区财务部；各部门不得直接向下汇拨。4 月 27 日，总后勤部财务部又在《关于一九五一年财务工作方针》中再次强调，必须加强集中统一的财务管理方法。所有部队一切费用之预算拨发、决算，必须经过财务系统，办理财务手续。从此，全军经费供应，形成了由国家统一供应军队，再由军队财务系统归口供应和管理的体制。

在统一全军经费管理的基础上，总后勤部即着手统一全军军用物资的供应。从 1950 年开始，总后勤部相继对粮秣、被装、医药、油料等军用物资的供应实行统筹统支，即：由总后勤部负责对全军各种物资器材所需经费进行统一分配，生产任务统一安排，国内物资统一采购，进口物资统一订货、接运和分发。

1950 年 3 月 16 日，政务院发布《关于全国仓库物资清查调配的决定》，要求军事系统所有仓库，其物资器材，不论是接管的或历年积存的，应一律加以清查，清查完毕后，造具清册，报全国仓库物资清理调配委员会，其所有物资器材由中央人民政府人民革命军事委员会后勤部统一调配。据此，总后勤部组织全军后勤系统对军队所有仓库及其物资器材进行全面清查。各大军区由参谋长、政治部主任、后勤部长及有关人员组成清理仓库物资调配委员会；各省军区、各兵团、各军在各大军区下设立分会；各军分区、各师设立清理组。按规定，除 1950 年度预算中已经批准拨付数内的物资（弹药、服装、布匹、电信、卫生药品器材、运输车辆油料材料）不在清理之列外，全军对现存的一切军属仓库物资及从敌伪缴获、接收而尚未入库的军属物资（包括军械、军需、通信、卫生、运输、海空、特种部队等物资在内），一律进行清理。1950 年共清理调出旧存衣被 120 万件、军械物资 163.5 万吨及大量其他物资，其价值折合 15 亿公斤小米，由军委总后勤部统一调配。在全面清理的基础上，全军于 1952 年 6 月实现了库存物资的统一调度。同时，总后勤部对全军军械、汽车的修理也实行了统一管理。

组织实施统一的后勤供应，不仅较好地克服了过去分区供应的弊端，有效地保障了军队作战和建设的需要，而且为形成集中统一的后勤体制打下了良好基础。

第七节　加强部队政治建设

一、加强大转变中的思想作风建设

解放战争在全国胜利后，人民解放军的建设由长期的战争环境进入相对的和平环境，担负的任务从以作战为主转变为以教育训练为主。这个大转变为加强军队的正规化、现代化建设提供了许多有利条件，但部队中也产生了和平麻痹思想和战斗意志涣散的问题。骄傲自满，以功臣自居，贪图安逸，享乐腐化等现象在部队官兵中时有发生，并且带有一定的普遍性。因此，加强大转变中的思想作风建设成为新中国成立之初人民解放军政治建设的首要课题。为了克服存在的问题，保持和发扬人民军队的优良传统和作风，巩固提高部队的战斗意志，依据中共中央和中央军委的指示，全军相继进行了树立永远是战斗队思想的教育、整风，开展向英模人物学习的活动和“三反”运动，从而为全军顺利完成历史性转变奠定了坚实的思想基础。

（一）进行保持艰苦奋斗作风和树立永远是战斗队思想的教育

毛泽东早在 1949 年 3 月中共七届二中全会上，就预见到因为胜利和环境的改变，党内可能出现骄傲、以功臣自居、不求进步、贪图享乐等消极情绪，告诫全党全军，务必继续地保持谦虚、谨慎、不骄、不躁的作风，务必继续保持艰苦奋斗的作风。随着新中国的成立，特别是全国性大规模战争的结束，党内、军内确实有些同志产生了以功臣自居的骄傲情绪，停顿起来不求进步的情绪，贪图享乐不愿再过艰苦生活的情绪。部队中部分来自老解放区的基层干部和战士，希望早日回乡安家立业，过上“三十亩地一头牛，孩子老婆热炕头”的安乐生活；有的干部羡慕“灯红酒绿”的城市生活，开始讲排场、摆阔气，甚至贪污腐化；有的担负生产任务的部队刀枪入库，枪炮生锈，个别连队甚至半年不出操。这些问题的存在，削弱了部队的战斗意志，妨碍了国防军建设和部队各项任务的执行。

针对这些问题，全军依据中央军委和总政治部的有关指示精神，普遍进行了保持艰苦奋斗作风和树立永远是战斗队思想的教育。主要是重温毛泽东在中共七届二中全会上的报告和全会决议，分析胜利后军队面临的新环境、新任务和产生的新问题，使大家认识到，这样的历史性巨大变化，对全军每一个同志都是一次严峻的考验。此次教育从思想上明确了五个问题：一是夺取全国政权，在整个革命行程中只是万里长征走完了第一步，以后革命的路程还要更长、更复杂、更伟大、更艰苦，这就要防止和克服一切骄傲自满情绪、厌倦情绪、麻痹思想、“歇一歇”的思想，树立长期革命斗争的思想，保持谦虚谨慎、不骄不躁的作风。二是虽然全国大规模的战争已基本结束，但人民解放军永远是战斗队，还要担负肃清残匪、巩固治安、抵御侵略、保卫国防的任务，只要世界上还存在帝国主义，就需要军队永远保持高度警惕，保持充沛的战斗意志，决不能松懈斗志从思想上解除武装。三是人民解放军是人民军队，要永远保持密切联系群众、与人民同甘共苦的作风，发扬艰苦奋斗的优良传统。这就必须克服和防止任何贪图个人享受，不愿再过艰苦生活的情绪，坚决反对在人民群众面前骄傲蛮横和任何违背人民利益的行为。四是胜利以后，人民解放军要参加新中国的各种建设，要建设现代化的军队，要懂得过去不懂的东西，要做过去不会做的事，这就要虚心学习，不断进步，反对骄傲自满，故步自封。五是夺取全国政权以后，资产阶级的“糖衣炮弹”的袭击将成为党和军队的主要危险，许多同志在战场上经受住了血与火的生死考验，不愧英雄的称号，但有可能在“糖衣炮弹”面前败下阵来，必须警惕这种情况，过好“和平关”。

在教育中，引导干部战士联系自己的思想实际，查找存在的问题，分析思想根源，广泛开展批评和思想互助，使上述消极情绪在实践中得到了逐步克服，艰苦奋斗的作风和战斗队的思想在整个部队得到了很好的保持和发扬。

（二）在全军干部中开展整风运动

1950年5月1日，中共中央发出《关于在全党全军开展整风运动的指示》，根据党内、军内思想作风上存在的严重问题，决定在全党全军进行一次大规模的整风运动，严格整顿全党作风，首先是整顿干部作风。要求在1950年夏、秋、冬三季内完成整风。据此，人民解放军在干部中进行了整风教育。6月15日，毛泽东审定聂荣臻在中国人民政治协商会议第一届二次会议上的军事报告稿时，就军队的整风问题特意加上了这样一段话：“人民解放军的各部分，包括起义部队在内，必须巩固地团结起来。全军必须维持良好的纪律，改善官兵关系和军民关系。全军应在今年复员工作做好之后，从今年冬季开始，来一次从上至下的整风运动，克服一切不良现象。必须教导人民解放军的指战员不要骄傲自满，不要以功臣自居，不要看不起起义部队和地方部队，而要谦虚谨慎，耐劳耐苦，对敌人很勇敢，对同志对人民则很和气，借以团结全军全民完成自己光荣伟大的任务。”① 10月，总政治部又专门作出了《关于整风工作指示》，决定部队于冬季展开普遍深入的整风运动。

这次整风，以整顿与提高战斗意志、保持与发扬人民军队的光

① 《毛泽东军事文集》第6卷，83页，北京，军事科学出版社、中央文献出版社，1993。

荣传统作风为中心内容，以团以上干部和机关为重点，从高级领导机关和领导干部开始，由上而下，分级召开整风会议。整风的基本做法是，首先学习文件，针对美国侵略朝鲜，侵入台湾海峡阻止中国人民解放军解放台湾，对新中国的安全形成严重威胁的情况，进行形势教育，明确朝鲜的安危与中国的安全是紧密相连的，朝鲜一旦被美国占领，它的下一个侵略目标就是中国。接着，围绕提高战斗意志，保持与发扬人民军队的优良作风这个中心，联系部队和个人的工作、思想实际，进行批评与自我批评。在切实触动思想、提高认识的基础上，各级党委抓住关键问题，研究克服和解决办法，并将形成的措施以党委决定的形式上报下发。

通过这次整风，部队中特别是干部队伍中不正确的思想观念和不良作风得到了较好地纠正。第一，加深了对帝国主义本质的认识，认清了只要帝国主义存在就有战争，只有坚决粉碎帝国主义的侵略，才能保卫国家安全和世界和平的道理，从而增强了战争观念，克服了和平麻痹思想。第二，批评检讨了骄傲自满、居功享受、闹地位、争待遇、衣锦还乡等各种个人享乐思想及脱离群众、违法乱纪的行为，增强了战斗意志和艰苦奋斗的精神，提高了工作积极性，改进了军民关系。第三，揭露了领导上的官僚主义、文牍主义和军阀主义残余，改进了领导作风和领导方法，增强了部队的团结。

（三）召开全国英模会议，开展向英模学习的活动

根据中央军委、政务院的决定，1950 年 9 月 25 日 ~10 月 2 日，全国战斗英雄代表会议和全国工农兵劳动模范代表会议在北京召开。出席会议的正式代表共计 350 名，其中战斗英雄 258 人，工作模范 44 人，模范单位代表 5 人，民兵代表 43 人。另有起义部队代表 64 人列席会议。陈云副总理致开幕词。毛泽东代表中共中央向两个会议致祝词，指出：“中国必须建立强大的国防军，必须建立强大的经济力量，这是两件大事。这两件事都有赖于同志们和全体人民解放军的指挥员、战斗员一道，和全国工人、农民及其他人民一

道，团结一致，协同努力，方能达到目的。”① 毛泽东还为全国战斗英雄代表大会题词：“战斗英雄们，你们是人民解放军的模范人物，希望你们继续努力，更加进步，为建设强大的国防军而奋斗。”朱德在会上讲话，并题词：“发扬革命的英雄主义。”会议总结了解放战争以来开展立功运动的主要经验，表彰了33个突出的英雄模范人物，并通过报纸、广播、座谈会、报告会等形式对战斗英雄和劳动模范进行了广泛宣传，不但使英雄、模范代表本身深受教育和鼓舞，而且全军广大指战员也深受教育。

总政治部主任罗荣桓和副主任傅钟、萧华10月10日在给毛泽东的会议总结报告中提出：“此次会议贯彻了提高战斗意志的精神，也大大提高了人民军队的光荣地位，故规定各部队应以军师为单位，首先在干部中进行严肃隆重地传达，传达的中心内容是树立战斗队思想、新爱国主义思想②，及贯彻反对美帝侵略阴谋的动员，并纠正‘武装斗争不重要了’、‘军队工作太单调没意思’、‘军人地位不高’等认识。在战士中，今年秋冬季教育亦应以检讨战斗意志、整顿战斗意志为中心。”③ 10月12日，毛泽东将此件批发全军执行。

根据这一指示精神，全军掀起了学习英模人物、发扬光荣传统的热潮，并把学习英雄模范人物的先进思想和先进事迹同战斗队教育和整风运动相结合，对照英模找差距，订措施，对全军的战斗意志起到了很好的激励作用。

（四）开展“三反”运动

1951年12月1日，中共中央作出了《关于实行精兵简政，增产节约，反对贪污、反对浪费和反对官僚主义的决定》。8日，中央

---

① 《毛泽东军事文集》第6卷，103～104页，北京，军事科学出版社、中央文献出版社，1993。

② 此处的新爱国主义思想，是区别于旧中国所提的爱国主义思想而言的。

③ 中央人民政府人民革命军事委员会总政治部秘书处编印：《政治工作文件汇编》，第1辑，53、55页，1952年12月。

发出了毛泽东亲自起草的《关于反贪污斗争必须大张旗鼓地去进行》的指示。据此，总政治部在1951年12月发出的《关于一九五二年政治工作任务的指示》中，要求全军把“三反”斗争作为1952年政治工作的中心任务之一，将其同部队的整编、整党工作结合起来，贯彻到底。当月，全军各大单位相继对所属部队的“三反”斗争作出部署和指示，毛泽东向全军批转了华北军区和华东军区党委关于开展反贪污反浪费反官僚主义斗争的指示，推动全军的“三反”运动迅速开展起来。

全军的“三反”运动，大体分三阶段进行。第一阶段，学习动员。组织干部战士学习有关文件，由领导干部进行动员，阐明开展“三反”运动的意义。动员中普遍列举了初步检查出来的贪污、浪费和官僚主义问题，让大家看到这些问题在部队中确实存在，且危害很大，不反不行；部署本单位的“三反”安排，号召干部战士积极投入运动。第二阶段，发动群众，坦白、检举。明确宣布主动坦白从轻处理的有关政策，号召有问题的人主动交代问题。同时进行普遍的摸底，确定重点对象，由领导亲自挂帅，对重点对象采取查账、算账、派人调查、群众揭发、个别谈话等方法，揭露和弄清贪污分子的问题。第三阶段，进行甄别定案、处理和总结提高。在弄清有关人员所犯贪污、浪费、官僚主义错误事实的基础上，依据多数从宽、少数从严，过去从宽、今后从严，坦白从宽、抗拒从严，一般者从宽、恶劣者从严，党外从宽、党内从严的方针进行处理。据统计，对被查出犯有贪污错误的人员中，88.25%的人免予一切处分，10.89%的人受到行政处分，0.86%的人受到刑事处分。在总结提高过程中，普遍组织干部检查自己所受到的资产阶级思想影响。同时，结合整党，对党员进行登记、审查和处理，并对干部进行适当调整，撤换了个别官僚主义严重和居功自傲、不求上进、消极疲沓、很不称职的人，大胆提拔了一批优秀分子到领导岗位上来，从政治、思想、组织、作风上巩固“三反”成果。

1952年8月，全军的“三反”运动基本结束。“三反”运动，对于在部队中扫除贪污、制止浪费、避免官僚主义的成效是明显的，对于提高部队思想政治素质，改进工作作风，完善各种制度都起到了重要作用。但是在“三反”运动中，也存在对部队中的问题估计过于严重、打击面过宽、人为规定“打虎”[①]指标和斗争方式上违反政策的问题，使一些没有问题的同志受到了伤害。中共中央和中央军委察觉这些问题后及时作了纠正。

二、加强新建军兵种的政治工作

新建军兵种现代化程度高，政治工作的对象和内容有许多新的特点，因此，加强新建军兵种的政治建设，是人民解放军现代化建设进程中的一个重要课题。为明确各自的政治工作方向和原则，各军兵种先后召开了政治工作会议，根据1949年9月毛泽东在中国人民政治协商会议第一届全体会议上关于军队建设的指示精神，研究如何适应军兵种建设的需要，开展政治工作，在军队建设的实践中较好地解决了一系列带有普遍性、根本性的重大问题。

（一）确立正确的建军方针和原则

确立正确的建军方针和原则对于海军和空军来说，显得尤为重要。由于海军和空军完全是新创建的，其人员主要是两大部分：一部分是从陆军调来的人员，他们经过长期革命战争的考验，有着坚持人民军队宗旨、性质和发扬人民军队优良传统的高度自觉性，但科学文化水平普遍较低，不懂得海、空军技术。另一部分是原国民党海、空军人员，他们都具有一定的海、空军专业技术知识和经验，大多数人也有为建设新中国现代化海、空军出力的愿望，但对于革命理论和人民军队的建军原则和作风，有些格格不入。因此在海、空军创建之初，对于应该确立什么样的建军方针问题，两部分人员中存在着不同的认识。人民解放军第一支海军部队华东军区海

---

① “三反”运动中称贪污分子为“老虎”，揭发批判贪污分子为“打虎”。

军组建之后，提出了“以共产党为领导，以人民解放军[①]为基础，团结一切海军人员，共同组成人民海军”的建军方针。对此，有的原国民党海军人员提出了不同意见。他们认为，海军和陆军不一样，不能小米加军舰。解放军文化低、无技术，以他们为基础不行，应该以懂得海军的原海军人员为基础。有的人还援引国民党海军任用不懂海军的桂永清当海军司令，结果把海军搞得一团糟的历史教训，提醒共产党要引以为戒。对于在舰艇上设政治委员或政治指导员，强调政治工作的保证作用，一些原海军人员也表示不满，认为是共产党不信任他们。为端正这些人员的认识，华东军区海军党委专门召开党委扩大会进行研究，随后在全体人员中进行耐心的说服教育，从而逐步统一了对华东军区海军提出的海军建军方针的认识。海军领导机构成立后，十分重视华东军区海军在确立和端正建军思想上的经验，在反复调查研究和广泛讨论的基础上，于1950年8月召开的海军建军会议上研究规定：“人民海军的建军路线[②]应该是：在我党的绝对领导之下，以工农为骨干，以解放军为基础，吸收大量的革命青年知识分子，争取团结和改造原海军人员，建设人民的海军。”1951年8月召开的海军首届政治工作会议上，确定把科学技术人员包括进去，将其中一句改为“吸收大量的革命青年知识分子和科学技术人员”。

空军在创建初期，将确立正确的建军方针并以此统一和指导官兵的行动作为空军根本建设来抓，先后在1949年10月召开的第一次航校负责人会议、1950年3月召开的空军政治工作会议、12月召开的空军机务工作会议和1951年2月召开的空军第一次党委扩大会议上，不断深入研究讨论空军的建军方针问题，最后确立了“在陆军基础上建设空军”的方针，强调空军建设必须以马克思列宁主义、毛泽东思想为指针；以中国人民解放军的建军、作战方针、原

---

① 指人民解放军陆军。

② 海军后来又称之为组织路线或组织原则。

则、制度和优良传统为基础，贯彻党委制，坚持集体领导，加强政治思想工作，充分发挥政治工作的保证作用。空军司令员刘亚楼在《人民空军》杂志上发表的《在陆军基础上建设空军》一文中指出：在以什么为建设空军的基础的问题上必须反对两种倾向，一种是脱离人民解放军的优良传统而企图另搞一套，以为空军是新军种，陆军的建军原则和经验不适用，要另起炉灶；另一种是满足已有的陆军经验，不注意空军的具体特点，机械地搬用陆军的经验。正是由于海军和空军在创建的过程中确立和坚持了正确建军方针，才使海、空军建设既坚持了人民军队的建军思想、原则、传统和作风，又结合各自的具体特点作了充实和发展。

（二）正确处理政治与技术的关系，发挥政治工作对学习和掌握技术的促进和保证作用

新的军、兵种技术性强，掌握技术是建设新的军兵种的关键，如何正确认识和处理政治建设与技术建设、政治工作与技术工作的关系，是军兵种建设中遇到的一个重要问题。因此，在各军兵种组建后召开的政治工作会议上，都对这一问题进行了深入研讨，形成的共同认识是：政治工作应与技术密切结合，而不应该与技术脱节，应钻到技术中去，了解其特点、规律，以便进行工作；应鼓励大家努力学习、掌握技术，热爱和尊重技术，而不是排斥、轻视技术。朱德在 1950 年 3 月空军政治工作会议上指出：“在一定的意义上，技术决定一切。如果我们别的都好，就是技术不好，那也不能完成任务。空军作战的胜负，有时往往是一分钟一秒钟的事情。只有掌握了技术，才能战胜敌人，不然就为敌人所打败。因此，所有的人员都应当学会技术；政治工作人员也要懂得技术，因为你要人家掌握技术，你自己首先要懂得技术。”“政治工作人员要作保证。不仅要保证空军的成员忠实可靠、勇敢坚定，还要保证他们学会技术，把政治和技术很好地结合起来。”① 1951 年 8 月召开的海军首届

① 《朱德军事文选》，717、718 页，北京，解放军出版社，1997。

政治工作会议提出：海军建设，首要的问题是建设海上战斗力量，这是我们一切工作应该共同围绕的重心，政治工作必须从思想上、政治上和组织上保证这个任务的实现。陆军各兵种领导机构组成后，也先后对各自兵种政治工作进行了研究，确立了具有自身特点的政治工作原则。由于正确地处理了政治与技术、政治工作与技术工作的关系，政治工作紧密结合技术工作去做，一方面帮助一些人克服了单纯的技术观点，另一方面也克服了一些政治工作者脱离技术谈政治的倾向，大大地促进了新建军兵种官兵学习技术的积极性。各军兵种部队结合各自武器装备、编制体制、战术技术的特点，研究新的工作与方法，建立新的工作制度，经过几年的探索和总结，都在人民解放军政治工作优良传统的基础上，建立起适合各自特点的政治工作，在加强部队建设和保证任务完成中，发挥了巨大作用。

三、加强军队党的基层组织建设

支部建在连上，是加强党对军队绝对领导的一项根本措施，人民解放军历来重视党的基层组织建设。新中国成立之后，新的社会环境和军队任务使军队中党的基层组织建设面临许多新的情况，中央军委和总政治部始终把适应新的形势，加强基层党组织建设作为全军党的建设和政治工作的中心环节，通过组织和思想作风整顿、健全党的生活制度、加强党的教育、有计划有控制地发展党员等工作，使全军的基层党组织建设在人民解放军从低级建军阶段向高级建军阶段转变的过程中得到了加强。

（一）进行整党

1951 年 3 月底至 4 月初，中共中央在北京召开全国组织工作会议，作出《关于整顿党的基层组织的决议》。总政治部于同年 4 月召开全军组织工作会议，对军队党的状况进行了分析，认为全军党的组织状况和思想状况总体上是好的，但由于部队发展迅速，加上在和平环境中受到的一些消极影响，有些部队党的组织不纯与思想不纯的情况也是相当严重的，因而整党是完全必要的。会议提出军队整党的原则：在普遍加强党员教育的基础上，提高一般党员的思想政治水平，教育改造那些有毛病和毛病较大的党员，淘汰少数确实不可救药的分子，及时发现与消除混入党内的各种坏分子。会议确定1951年下半年完成整党的思想准备和组织准备，由大军区和军分别开办整党骨干训练班，培养准备派到基层党组织或下级党委去帮助整党工作的人员，进行整党试点，取得经验。随后，总政治部又于1951年9月、10月，先后发出《关于整党准备工作的通报》和《关于整党工作的指示》，就整党中需要把握和解决的有关问题提出了进一步的要求，确定整个整党工作于1952年4月底以前完成。各部队遵照中央和总政治部的指示，首先进行了整党的思想动员，通过传达上级指示，分析本单位党组织的基本状况，指出过去党内思想教育上的缺点以及党员中存在的问题，说明党内思想不纯和组织不纯对军队建设的危害；明确整党的中心目的是教育与提高党员，把自己提高到党员标准的水平，不仅是党组织的事，也是每个党员自己的事，克服漠不关心、担心挨整等消极心理和抵触情绪，提高党员对整党的责任感和积极性。然后按照总政治部编印的课本在全体党员中进行了“怎样做一个共产党员”的教育，使大家明白做一个共产党员的标准，认识农民、小资产阶级思想同无产阶级思想的区别和界限，从而普遍提高了党员的觉悟。1951年12月以后，按照中央指示，整党与“三反”运动结合进行，“三反”运动中揭露出来的种种贪污、浪费、官僚主义的事实，丰富了整党的内容，也进一步提高了广大党员检查和改正错误的自觉性。在“三反”运动的思想提高阶段，全军按照总政治部的统一布置，对包括党员在内的全军指战员进行系统的《共产主义与共产党》的教育，进一步从理论上思想上提高了觉悟水平。在这一阶段，党组织对每个党员都进行了登记、审查、评定，对问题严重的党员进行了处分。通过这次整党，不仅淘汰了一些确实不够党员条件的党员，清除了极少数混入党内的坏分子，纯洁了党的组织，更主要的是向党员进行了一次人民解放军历史上少有的系统的共产主义思想教育，普遍提高了党员的思想和理论水平，增强了抵御资产阶级思想侵蚀的能力，为建设强大现代化国防军提供了政治思想保证。

（二）加强连队党支部的经常性建设

1951 年 4 月召开的全军组织工作会议指出，加强支部工作的建设，是军队党的建设与政治工作建设的中心环节，并对如何加强党支部的经常性建设提出了具体的要求。依据总政治部的指示，各级党委和政治机关通过召开支部书记联席会议、组织工作会议、宣传工作会议或党的积极分子会议等方法，加强对连队党支部工作的业务指导；各级政治机关派工作组深入连队，直接帮助连队党支部的工作；团以上政治机关，选择一至两个连队党支部，建立经常性的联系，摸索加强连队党支部经常性建设的经验；每个团都树立了模范连队党支部典型，以指导和推动整个部队党支部的建设。全军在抓连队党支部经常性建设中，突出解决了四个方面的问题。其一，提高连队党支部成员对于连队党支部任务作用的认识，明确连队党支部是党在军队中的基层组织，是连队领导和团结的核心，是党与群众联系的桥梁；支部最主要的任务，就是根据上级党委的决定，根据上级首长和机关的命令指示，领导全连的行动，无条件地保证执行上级的决定、命令和指示，保证部队高度的集中领导。其二，切实贯彻执行党的民主集中制原则，活跃党内民主，健全组织生活。普遍做到了定期民主改选支部委员会；定期召开支委会和党的小组会，讨论检查连队和每个党员的工作和生活，开展批评与自我批评，订出改正措施；在所有党的会议上，都贯彻少数服从多数的原则和集体讨论决定重大问题的精神，反对和克服干部包办会议和首长说了算的倾向。其三，采取各种措施，密切党支部与群众的联系。除了抓好党员自身的模范带头作用外，还要求每个党员积极主动地与非党员建立互帮互助关系，使连队的每一个干部战士都团结在党支部的周围。其四，切实调动和发挥连队党支部工作的主动性和创造性，每一个支委和每一个党员，都为完成好连队的各项任务，加强连队的全面建设出主意、想办法，整个部队连队党支部的建设呈现出健康发展的局面。

（三）系统地进行党的基本知识和共产主义思想教育

鉴于新中国成立前的战争环境中，党的教育往往偏重于当时的形势、任务和党的政策教育，系统的党的基本知识和共产主义思想教育不足，许多党员的政治、思想水平提高不快的情况，1951 年 4 月全军组织工作会议确定，改进党的教育，将党的教育重点放在系统的党的基本知识教育和共产主义思想教育上。具体内容为：怎样做一个共产党员（即党员标准的八个条件）、党纲、党章、共产党员的修养、军队党的任务、中国共产党的历史、党的领袖毛泽东同志、党的基本政策等八个方面。要求每个党员都必须了解这些基本内容，以确立马克思列宁主义的立场、观点和作风，提高共产主义觉悟，加强党性修养。在系统的党的基本知识教育中，注意联系党内的实际状况和党员思想，采取多种为党员所容易接受的方法，力求生动活泼，直观形象，避免空洞、枯燥。为此，总政治部还于 1952 年 8 月发出《关于经常收集和表扬党员模范事迹的指示》，要求全军注意以党员的模范事迹教育党员，教育干部和群众，以充实教育内容，更好地培养党员的优良品质和作风。考虑到党课教员水平的高低对于提高教育质量具有关键作用，全军组织工作会议还要求各级党委负责同志作为党内教育的当然教员，同时由各级党委选派一批党性强、理论水平高的干部兼任党课教员，并采取开办训练班的办法，给予培养和提高。

全军组织工作会议以后，经过各级党组织的不断探索，全军逐步形成了一套坚持党的教育的行之有效的制度和方法。主要有：第一，坚持党课教育制度。即由全军统一规定：每星期六下午作为党日活动时间，并以其中每月两个党日来进行党课教育，长期坚持，无特殊情况不得变动。第二，定期分批轮训党员。由团负责轮训一般党员，由师负责轮训支部书记、支部委员和小组长，军以上政治机关进行指导帮助。第三，有领导地组织党员自学。即由党组织规定下发党课教材、读物或文件，组织有阅读能力的党员进行自学，并定期举行测验，检查其学习成绩。因为有了这些措施，党的基本知识教育和共产主义思想教育取得了很大成效，对提高党员觉悟水平，改进思想作风，起了很好的作用。

（四）有计划、有指导、有控制地发展党员队伍

1951年4月，全军组织工作会议总结以往经验教训提出："今后军队党的发展工作，应该是巩固的发展，吸收党员时须采取慎重的方针。经过严格的审查，充分的教育，坚持党员条件，并要有领导有计划地进行。"① 会议确定：在党员数量已经达到30%以上的连队和达到40%以上的机关学校，一般停止发展，只能个别吸收；今后党的发展工作必须由领导机关加以控制和指导，首先由团一级党委作出计划，经军以上党委批准后才能实施，师、团党组织不得自行决定发展党的工作；25岁以下青年积极分子入党，应先经过新民主主义青年团的教育；一切新党员在入党前，都要经过周密考察和认真教育，对于符合入党条件的申请人，由师以上党委派人谈话教育，确认条件成熟后，才经组织正式通过、批准入党。

由于全军多数单位党员的数量都达到总政治部规定的百分比，此后一年多中基本上停止了发展，加上部队在"三反"、整党和整编中又减少了一批党员，所以到1952年10月，全军党员人数已下降到只占全军人数的29.22%，在部队中约有80%的连队党员不满30%，其中38%的连队党员还不满20%，部分连队中有些战斗班没有党员，同时基层官兵中已经涌现了一大批具备入党条件的优秀分子。为保证部队党员数量，保持"连有支部、排有小组、班有党员"的传统，总政治部于1952年发出《关于发展党员的工作指示》，提出采取积极而又慎重的方针进行发展党员的工作，以连队为重点，尽可能做到每个战斗班有党员。要求从1952年10月～1953年底，有步骤地吸收10%的非党群众入党；规定部队党员的数

① 萧华在全军组织工作会议上关于军队中整顿党和建党工作的报告，1951年4月13日。

量，陆军部队可发展到30%～50%，技术兵种部队可发展到35%～40%；师以上的机关，凡现有党员已超过35%以上者，基本上不再发展，只作个别的吸收。强调发展党员工作中最重要的问题，就是必须坚持党员条件。

根据总政治部指示精神，各部队在发展新党员中都注意做到把好三个关口：一是认真确定发展对象，把好教育考察关，做到成熟一个，发展一个。二是严格履行入党手续，把好审批关。在连队战士团员中发展党员，一般由团支部推荐，党小组提名，支委会审查。在培养教育成熟的基础上，经支委会讨论认为合格者再提交支部党员大会讨论通过，并报上级组织审批。三是加强对预备党员的考察教育，把好转正关。除基层党支部抓紧教育和考察外，团或营组织短期集训，使他们进一步解决从思想上入党的问题。这一系列措施进一步提高了党员队伍的质量。

四、加强部队的政治理论建设

人民解放军从建军以来就十分重视马克思列宁主义的基本理论教育，但是由于长期处于频繁流动的战争环境，没有条件进行系统的基本政治理论教育，许多干部缺乏基本政治理论知识，理论落后于现实。新中国成立后，逐渐具备了系统学习基本理论的环境和条件，同时军队建设由低级阶段转变到高级阶段，也要求干部必须具有更高的马列主义、毛泽东思想的理论水平，以能科学地观察和处理面临的复杂问题。1950年11月，总政治部主任罗荣桓在全军第一次宣教文化工作会议的讲话中，首次提出了在全军范围内加强干部理论教育的问题。他指出：为了培养干部，为了部队建设的长远打算，必须在各级干部中有领导有系统地进行马列主义、毛泽东思想的政治理论教育，这是提高干部政治觉悟水平和工作能力的根本建设，是提高部队战斗力，完成各项任务的重要保证。经过这次会议认真讨论，统一认识，总政治部在同年12月所发《关于一九五一年全军政治工作方针与任务的指示》中，即把加强干部理论教育，有计划地培养干部作为全军政治工作的一项重要任务，要求各部队根据干部的不同理论水平编成不同的班次和学习小组，打破干部学习中的职位观念，提倡老老实实的虚心学习态度。1951 年 1 月和 4 月，总政治部又在《关于一九五一年部队政治教育指示》和《关于一九五一年部队干部理论教育的补充通知》中强调："干部政治理论水平高低、党性强弱，思想意识与领导作风是否正派，对部队的工作有决定影响。政治理论教育是提高干部工作能力、思想政策水平、纠正各种偏向和工作缺点的根本环节，因此干部政治理论教育须占部队政治教育的首要地位。"同时指出，战士政治教育，亦须注意打好基础，首先深入进行阶级观点、群众观点和劳动观点的教育，弄清劳动创造世界、劳动人民是社会的主人，用阶级和阶级斗争的观点，弄清为谁当兵为谁打仗等问题，进而系统、深入地进行以反对美帝国主义、保卫祖国、保卫东亚及世界和平为中心的爱国主义和国际主义教育。文件规定所有干部，凡文化程度在高小以下者，以学习文化为主，高小毕业以上者，均以政治理论学习为主，按其理论程度分别编入初级、中级、高级三个班次。初级班学习《政治常识》；中级班学习《社会发展史》；高级班选修《毛泽东选集》、《联共（布）党史》、《政治经济学》、《思想方法论》，并于本年内首先学好毛泽东的《实践论》。要求学习每一课程必须按部就班，由浅入深，稳步前进，以求获得实际效果，提高思想，改进工作，反对马虎潦草，急于求成的现象。院校理论教育的内容，也与在职干部基本相同，按照规定的时间比例，学习一定的马克思主义基本理论课程。

全军各级党委和政治机关根据总政治部指示，制订计划，加强对干部理论学习的领导。许多单位都专门分工一名领导同志负责干部学习，并在政治机关增设一名副主任或宣传部门的副职管理干部教育。全军绝大多数单位都根据总政治部的规定配备了理论教员，基本上做到团级单位有一名初级班教员，师级单位有一名中级班教员，军级单位有一名学习顾问。采取开办理论教员训练班等多种措施，加强对他们的培养训练。总政治部从 1950 年底起，先后举办了

4 期理论教员训练班，为全军培训了 800 多名理论骨干。总政治部宣传部还集中人力编写了《历史唯物论》和《中国共产党党史》教学提纲，供院校和部队学习使用。总政治部和各大军区都在宣传部门内设置了专管院校学员和在职干部政治教育的机构和讲师团、组，负责组织和指导干部理论学习。有些单位还与地方党委一起在一个地区内建立理论教育站，负责训练理论教员，检查学习情况，指导学习，解答疑难问题。新中国成立伊始建立的这支理论队伍，以后又不断扩大，在当时和后来都对提高全军的马克思主义理论水平发挥了重要作用。

在干部理论教育中，全军各级领导都反复强调必须贯彻理论联系实际的原则。在实际学习中往往存在两种偏向：一是满足于书本字句，不注意联系当前斗争；二是要求过急，还没有弄懂理论原则就去联系具体工作事务或进行思想反省。鉴于全军系统理论教育还刚刚开始不久，干部缺乏理论仍然是主要问题，而许多同志习惯于还未弄懂理论就急于联系实际，检查思想的问题，总政治部副主任傅钟在 1952 年 11 月召开的全军学校理论教育座谈会上的报告中指出，学习理论是必须联系实际的，不联系是错误的，但不是一学就联，每学必联，“理论学习往往不能像‘立竿见影’那样，过分性急的要求是办不到的”。因此，只有首先认真读书，系统地、稳步前进地学习理论，领会马克思列宁主义的立场、观点和方法，才能实现联系实际和运用的目的。由于正确地坚持了理论联系实际的原则，从而形成了一个较好的学风。

新中国成立之初的这次全军政治理论教育效果是明显的，多数干部经过几年的坚持，系统学完了总政治部规定内容，至少也学了 2～3 门课程，初步弥补了理论知识不足的缺陷，增强了继续学习理论的兴趣和信心。经过学习，许多同志懂得了历史唯物论的基本观点，由新民主主义革命过渡到社会主义革命的历史必然性；弄清了共产党的性质和历史使命，因而开阔了眼界，进一步增强了革命人生观和全心全意为人民服务的思想。不少人感到，因为提高了理论水平，现在对于毛泽东提出的“夺取全国胜利，这只是万里长征走完第一步”，“人民解放军永远是一个战斗队”等重要思想，有了进一步的领会；对于干部本身所存在的居功骄傲、停滞不前、革命到头等错误思想，也能从理论上分析其产生的原因和危害，从而进一步提高了改造思想和执行党的任务的自觉性。同时，也为正确处理军队现代化建设中的各种矛盾和问题提供了科学的思想方法。

1949 年 10 月 ~1951 年底，是人民解放军作为中华人民共和国的国防军进行正规化、现代化建设的起步阶段。中共中央、中央军委在指挥人民解放军胜利完成解放全国大陆、剿匪、军管等巩固新生政权任务和支援国家经济建设任务的同时，为适应新中国成立后人民解放军的根本任务、地位作用和军队建设的历史性转变，明确提出了建设一支强大的正规化、现代化国防军的军队建设指导思想，并以此为指导迈出坚实的第一步：很快建立了具有中国特色的国家军事领导体制；初步统一了全军的编制体制和后勤保障制度；迅速组建了海军、空军和一大批陆军技术兵种及军事院校；有针对性地进行了“大转变”中的思想教育和作风整顿。人民解放军在向高级建军阶段过渡的历史性转变中呈现出一个良好的发展势头，为此后全面推进军队的革命化、现代化和正规化建设奠定了坚实的基础。

第二章　解放全国大陆，巩固新生人民政权

第一节　解放除西藏以外的全国大陆和部分沿海岛屿

中华人民共和国宣告成立时，东北、华北的全境，华东、西北的大部分地区和中南的部分地区业已获得解放，国民党正规军已大部被歼灭。西南地区全部和中南地区大部，西北、华东的部分地区及沿海岛屿，尚为国民党军队所占据。人民解放军各野战军根据中共中央、中央军委关于向全国进军的统一部署，遵照朱德总司令在开国大典上发布的中国人民解放军总部命令，继续完成全国解放战争的任务，肃清国民党反动军队的残余，解放一切尚未解放的国土。

一、解放华东沿海大部岛屿

新中国成立时，华东地区除福建的闽南大陆、闽浙沿海岛屿和台湾尚未解放外，其余已全部解放，第三野战军正在进行漳厦战役和解放舟山群岛作战。

第三野战军以第 10 兵团 3 个军于 9 月 19 日发起漳厦战役，至 10 月 28 日结束，共歼敌 5 万余人，解放了闽南大陆和厦门、大小嶝岛等沿海岛屿。解放舟山群岛的作战，以第 7 兵团一部于 1949 年 8 月 18 日开始发起，至 11 月 6 日，解放了舟山本岛外围 30 余个岛屿，歼敌万余人。鉴于国民党军增加了舟山的防御兵力，人民解放军也相应增加了兵力，进行攻占舟山本岛的准备。1950 年 4 月，人民解放军第四野战军解放海南岛后，国民党军慑于人民解放军的强

大压力，为集中兵力确保台湾，于5月13日将舟山群岛守军秘密撤往台湾，人民解放军遂于5月19日全部占领舟山群岛。

至此，华东地区除台湾等少数沿海岛屿尚未解放外，其余已全部获得解放。

二、解放中南全境

新中国成立时，中南地区除河南、江西全境和湖南、湖北部分地区已解放外，广东、广西两省全部和湖南、湖北的部分地区尚未解放，第四野战军正在进行衡宝战役和准备发起广东战役。

衡宝战役。于9月13日发起，至10月16日结束，第四野战军共9个军参战，歼灭国民党军3个军部、5个整师共4.7万余人，解放了湘南、湘西大部地区，白崇禧部大部逃入广西境内。

广东战役。于10月2日发起，至11月4日结束，第四野战军以第4、第15兵团共5个军和两广纵队、粤赣湘边纵队、粤中纵队和粤桂边纵队参战，歼敌余汉谋部6.2万余人，除雷州半岛和沿海岛屿外广东大陆全部解放，残敌一部逃往金门，一部逃往广西境内。

广西战役。于11月6日发起，至12月14日结束，第四野战军以第4、第12、第13、第15兵团共9个军参战，白崇禧部除2万人逃往越南或溃散山区藏匿外，其余17.3万余人全部被歼，解放了广西全境。

海南岛战役。在4次成功组织偷渡的基础上，于1950年4月15日发起，至5月1日结束。第四野战军以第15兵团2个军并配属加农炮和高射炮各1个团及工兵一部，共10万余人，组成渡海作战兵团，由第15兵团司令员邓华、政治委员赖传珠统一指挥，在琼崖纵队配合下，共歼灭国民党军3.3万余人，解放了海南岛全境，残敌逃往台湾。人民解放军在没有海空军配合的情况下，创造了以木帆船为主、配以机帆船成功进行大规模渡海登陆作战的范例。

至此，除西沙、中沙、南沙群岛尚未解放外，中南地区全部解放。

三、解放西南

1949 年 10 月，云南、贵州、四川、西康诸省和西藏地区仍处于国民党军的统治与控制之下。此时，国民党军在西南地区有宋希濂、胡宗南等部正规军 8 个兵团，共 37 个军（以后又新编 2 个兵团、12 个军）约 45 万人。蒋介石判断人民解放军最大可能是从陕西越秦岭入川，决定以陇南、陕南为决战地带，以川、陕边为防守重点，沿秦岭、大巴山、巫山、武陵山组成所谓“西南防线”，阻止人民解放军进入大西南。

第二野战军司令员刘伯承、政治委员邓小平根据中央军委提出的大迂回大包围的作战方针和部署，于 1949 年 8 月 19 日发布《向川黔进军的基本命令》。

当年 11 月 1 日开始了解放大西南的作战。第二野战军第 3、第 5 兵团和第四野战军 3 个军，在北起鄂西巴东、南至贵州省天柱约 500 公里的战线上，出敌不意，开始多路向川、黔进军。11 月 15 日解放贵州省会贵阳，21 日，解放黔北重镇遵义。11 月 30 日，解放西南重要城市重庆。至 12 月 8 日，解放川东、川南广大地区。在中国共产党的政策感召和人民解放军的军事压力下，12 月 9～11 日，卢汉、刘文辉、邓锡侯、潘文华、王伯勋、郭汝瑰等西南国民党军高级将领纷纷通电率部起义，云南、西康两省大部宣告和平解放。

从 12 月 11 日起，人民解放军第 3、第 5 兵团和第四野战军的 3 个军从川东、川南直逼成都，调归第二野战军指挥的第 18 兵团从北面川陕边、川甘边向南直逼成都。12 月 30 日，成都被围之敌大部起义，一部顽抗被歼，小部逃往西昌，成都宣告解放。

滇南战役。1949 年 12 月下旬，中央军委电令第 4 兵团归还第二野战军建制，并指挥第四野战军 2 个师挺进滇南。第 4 兵团等部于 12 月 27 日和 1950 年 1 月 1 日向滇南挺进，至 1950 年 2 月 19 日，共歼敌 2.7 万余人。至此，云南全境解放。

西昌战役。西南军区以 13 个团的兵力，于 1950 年 3 月 12 日发起西昌战役，27 日，解放西昌。至 4 月 7 日，川、黔、滇、康 4 省除西康的昌都外，全部宣告解放。

进军大西南的作战，历时5个多月，第二野战军在第一、第四野战军各一部的配合下，共歼国民党正规军、地方保安团队和游杂武装90余万人，彻底粉碎了蒋介石妄图以西南为基地待机反攻的美梦，为和平解放西藏奠定了基础。

四、和平进军新疆

1949年9月25、26日，驻守新疆的国民党军新疆警备总司令陶峙岳，国民党新疆省政府主席包尔汉、新疆省政府委员兼迪化市（今乌鲁木齐）市长屈武等，愿意接受中国共产党和平解放新疆的条件，先后通电宣布起义，新疆宣告和平解放。

为接管新疆，巩固国防，中央军委决定第一野战军第1兵团率第2军、第6军（欠1个师）进驻新疆。从10月10日起，第2、第6军部队由酒泉、玉门、安西等地向新疆进军，11月6日，王震率第1兵团部飞抵迪化。至1950年3月底，第2、第6军部队在新疆民族军的接应下，先后进驻南疆的阿克苏、喀什、和田、库尔勒、若羌和北疆的哈密、吐鲁番、迪化、伊宁等地，胜利完成了进军新疆的任务。

从1949年10月～1950年5月共8个月时间，人民解放军解放了除西藏、台湾和沿海少数岛屿外的全部国土。除华东军区和西南军区各一部分别准备解放台湾和进军西藏外，全国解放战争已基本结束，人民解放军已转入维护新生人民政权、支援国家建设和按国防军建设要求进行复员整编工作。

第二节　和平解放西藏

西藏位于祖国的西南边陲，自古以来就是中华民族不可分割的一部分。西藏是青藏高原的主体，面积120多万平方公里，平均海拔4000米以上，素有“世界屋脊”之称，高山缺氧，气候寒冷，地广人稀，交通不便。藏族占西藏地方总人口的94%以上，除藏族外，还有汉、回、门巴、珞巴、蒙古、纳西、独龙等族。藏族人民普遍笃信佛教，达赖喇嘛和班禅额尔德尼是藏族的宗教领袖。西藏社会长期保持政教合一的封建农奴制度，在官家（政府）、贵族、寺院三大领主的统治下，政治、经济、文化极其落后，西藏人民过着极其悲惨的奴隶生活。18 世纪末，英帝国主义侵入西藏后，长期控制西藏上层统治集团，策划西藏独立，企图将西藏从中国分裂出去，变为英国的殖民地。

一、和平解放西藏的决策与准备

1949 年 7 月，西藏地方政府上层少数分裂主义分子在英、美帝国主义的支持下，以“遣走一切可疑的共产党秘密工作人员”为借口，在拉萨制造“驱汉事件”，英、美等国趁机鼓吹“西藏独立”。西藏地方政府当局公然草拟出所谓《西藏独立宣言》，积极策划西藏独立，筹备派出“亲善使团”赴美、英、印等国活动，并准备派员去联合国呼吁，谋求支持。

对于帝国主义侵略势力染指中国西藏的侵略行径，中国共产党立即表示严正的立场。9 月 2 日，新华社发表题为《决不容许外国侵略者吞并中国的领土——西藏》的社论，揭露“驱汉事件”的本质与目的，严正指出：中国人民解放军必须解放包括西藏在内的中国全部领土。7 日，《人民日报》又发表题为《中国人民一定要解放西藏》的社论，号召：“西藏人民和西藏少数民族应该团结起来，揭穿英美帝国主义的阴谋，摆脱帝国主义所加以西藏的束缚，准备迎接人民解放军进军西藏，解放西藏，解放全中国。”1950 年 1 月，中央人民政府外交部发言人发表谈话指出，西藏当局派出的外交使团是非法的，任何接待这种非法“使团”的国家，将被认为对于中华人民共和国抱有敌意。

中共中央的号召得到西藏人民的响应。在新中国成立的 10 月 1 日，西藏十世班禅额尔德尼·确吉坚赞率先致电毛泽东、朱德，表示拥护中央人民政府，希望西藏早日解放。1950 年 1 月 31 日，班禅堪布会议厅代表西藏爱国人士致电毛泽东、朱德，遣责拉萨当局的倒行逆施，“谨代表西藏人民，恭请速发义师，解放西藏，肃清反动分子，驱逐帝国主义势力，巩固西南国防，解放西藏人民。本厅誓率西藏爱国人民，唤起西藏人民配合解放军，为效忠人民祖国奋斗到底”①。慑于中国政府的严正警告和中国人民特别是藏族各界的坚决反对，英国等国出于自身利益的考虑，均表示不接纳西藏“使团”，这就使西藏赴英、美、尼泊尔的“使团”未能成行，只有赴印度的“使团”秘密前往新德里。

为粉碎帝国主义制造的西藏独立的阴谋，完成全国大陆的解放，在新中国成立前夕的1949年8月，当第一野战军进行兰州战役时，毛泽东即致电彭德怀，要求第一野战军在解放西北地区的同时，“十分注意保护并尊重班禅及甘青境内的西藏人，以为解决西藏问题的准备”②，考虑如何进军西藏的问题。11月23日，毛泽东就经略西藏问题再次致电彭德怀并告贺龙、习仲勋、刘伯承，指出：“西藏问题的解决应争取于明年秋季或冬季完成之。就现在情况看来，应责成西北局担负主要的责任，西南局则担负第二位的责任。”“解决西藏问题不出兵是不可能的，出兵当然不只有西北一路，还要有西南一路。”③ 西北局经研究后认为，由青海、新疆进入西藏的困难甚大、需时太长，且入藏道路在一年中只有4个月可通行。因此，12月30日，彭德怀致电中共中央，建议入藏任务由西南军区担负。正在苏联访问的毛泽东同意彭德怀的意见，于1950年1月2日致电中共中央、彭德怀并告邓小平、刘伯承、贺龙，指出：“西藏人口虽不多，但国际地位极重要，我们必须占领，并改造为人民民主的西藏。由青海及新疆向西藏进军，既有很大困难，则向

① 转引自西藏军区政治部编：《世界屋脊风云录——纪念和平解放西藏四十周年》，64页，北京，解放军文艺出版社，1991。

② 《毛泽东军事文集》第5卷，655页，北京，军事科学出版社、中央文献出版社，1993。

③ 《毛泽东军事文集》第6卷，44页，北京，军事科学出版社、中央文献出版社，1993。

西藏进军及经营西藏的任务应确定由西南局担负。”“如果没有不可克服的困难，应当争取于今年四月中旬开始向西藏进军，于十月以前占领全藏。”对进军西藏的有关问题作出布置：西南局于最近期内会商决定入藏的部队及领导经营西藏的负责干部等项问题，并立即开始布置一切；迅即占领打箭炉（今炉城），以此为基地筹划入藏事宜；在3个半月内，被指定入藏的军队，应争取由打箭炉分两路，推进至西康、西藏的接境地区，修好汽车路或大车路，准备于4月中旬开始入西藏；收集藏民，训练干部；入藏部队只需要一个充足的军或4个师共约4万人左右的兵力，加以特殊政治训练，配备精良武器。

据此，西南局于1月上旬决定由第二野战军第18军（军长张国华，政治委员谭冠三）、云南军区第126团担负进军西藏任务。同时，根据中共中央、中央军委的指示，西北局决定由青海骑兵支队和新疆军区独立骑兵师一部，从青海、新疆两个方向，配合西南军区进军西藏。1月24日，中共西藏工作委员会经中共中央批准成立，张国华任书记，谭冠三任副书记，王其梅、昌炳桂、陈明义、刘振国、天宝（藏族，全国政协委员）为委员，负责统一领导和经营西藏工作。

为保证进军西藏任务顺利完成，2月1日，第18军党委发出《进军西藏工作指示》，对进军西藏的各种准备提出明确要求，号召部队指战员为解放西藏人民立大功。2月15日，中共中央西南局、西南军区暨第二野战军司令部联合发布《解放西藏进军政治动员令》，号召进军部队全体官兵和共产党员深刻认识进军西藏的伟大政治意义，并从思想上、组织上、工作上做好充分准备，发扬人民军队对革命事业无限忠诚，英勇顽强、艰苦奋斗的光荣传统，发扬团结互助的阶级友爱精神，坚决完成进军西藏的任务。动员令要求进军部队亲密团结西康、西藏地区的同胞，忠实地正确地执行共同纲领规定的民族政策，严格执行三大纪律、八项注意和约法八章。①动员令最后号召每个指战员树立长期建设西藏的思想和决心，共同建设民主繁荣的新西藏。

2 月中旬，第 18 军拟制出分两步进军西藏的方案。第一步，军前指、第 52 师及第 157 团进入西藏，军主力集结于甘孜，修公路，组织支援工作；第二步，在补给求得解决的情况下，后续部队再进驻西藏。

为了实现这一计划，3 月 14 日，第 18 军党委决定组织南北两路先遣支队，由军副政治委员王其梅和参谋长李觉组成前进指挥所（简称前指），统一指挥先遣行动。北路先遣部队由第 52 师师长吴忠、中共西藏工委委员天宝率第 154 团组成。南路先遣部队由第 53 师副政委苗丕一率第 157 团组成，分别进至甘孜、巴塘地区。先遣部队的主要任务是对西藏政治、经济、文化、军事、兵志等情况进行调查研究，为进军部队和西南军区提供可靠资料和政策建议；开展对西康藏族上层的统战工作和对广大藏族人民的接触，宣传我党我军和平解放西藏的方针、政策，取得当地上层人士和群众对我进军西藏的支持，并通过适当的关系和方式对西藏上层进行政治争取工作；囤积物资，准备翻译，训练藏族青年；积累高原行军、作战经验，策划进军方案。

① 约法八章，是 1949 年 4 月 25 日发布的《中国人民解放军布告》中提出的，主要内容是：一、保护全体人民的生命财产。二、保护民族工商农牧业。三、没收官僚资本。四、保护一切公私学校、医院、文化教育机关、体育场所和其他一切公益事业。五、除怙恶不悛的战争罪犯和罪大恶极的反革命分子外，凡属国民党中央、省、市、县各级政府的大小官员，“国大”代表，立法、监察委员，参议员，警察人员，区镇乡保甲人员，凡不持枪抵抗、不阴谋破坏者，人民解放军和人民政府一律不加俘虏，不加逮捕，不加侮辱。六、为着确保城乡治安、安定社会秩序的目的，一切散兵游勇，均应向当地人民解放军或人民政府投诚报到。七、农村中的封建的土地所有权制度，是不合理的，应当废除。但是废除这种制度，必须是有准备和有步骤的。八、保护外国侨民生命财产的安全。

进军西藏的任务能否顺利完成，关键之一在于能否实施顺畅的运输补给。为达此目的，西南军区根据毛泽东“进军西藏，不吃地方”的指示精神，成立支援司令部，全面规划后勤支援工作；抽调7个工兵团、11个辎重团，另有空军1个空运队，负责进藏的筑路和运输，先后修筑公路700公里，运送物资万余吨。

中共中央和中央人民政府为慎重解决进军西藏所涉及的政治、宗教、民族等复杂问题，确定了和平解放西藏的方针。1950年5月17日，中共中央就进军西藏问题指示西南局：“军事进攻的同时，利用一切可能，进行政治争取工作是十分必要的。这里基本的准备问题是西藏方面，必须驱逐英美帝国主义的侵略势力，准许人民解放军进入西藏。我们方面则可承认西藏的政治制度，连同达赖的地位在内，以及现有的武装力量、风俗习惯概不变更，并一律加以保护。”

根据中共中央5月17日的指示，中共中央西南局研究并提出和平解放西藏的十项政策，作为同西藏地方政府谈判基本条件：（1）西藏人民团结起来，驱逐英美帝国主义侵略势力出西藏。西藏人民回到中华人民共和国祖国大家庭里来。（2）实行西藏民族区域自治。（3）西藏现行各项政治制度维持原状，概不变更。达赖活佛之地位及职权，不予变更，各级官员照常供职。（4）实行宗教自由，保护喇嘛寺庙，尊重西藏人民的宗教信仰和风俗习惯。（5）维持西藏现行军事制度，不予变更。西藏现有军队为中华人民共和国国防武装之一部分。（6）发展西藏民族的语言、文字和学校教育。（7）发展西藏的农牧工商业，改善人民生活。（8）有关西藏的各项改革事宜，完全根据西藏人民的意志，由西藏人民及西藏领导人员采取协商方式解决。（9）对于过去亲英美和亲国民党的官员，只要他们脱离与英美帝国主义和国民党的关系，不进行破坏和反抗，一律继续任职，不究既往。（10）中国人民解放军进入西藏，巩固国防；人民解放军遵守上列各项政策。解放军的经费，完全由中央人民政府供给。解放军实行买卖公平。[①] 中共中央西南局于5月27日将和平解放西藏的十项政策上报中央，29日获得中央批准。

西南军政委员会委员、西康省人民政府副主席格达活佛（甘孜白利寺活佛），以西南军政委员会代表身份前往拉萨联络谈判，于7月24日到达昌都。然而，西藏地方当局拒绝谈判，格达活佛被软禁于昌都，惨遭杀害。

8月1日，由来自7个民族的135名官兵组成的新疆军区独立骑兵师先遣连，从昆仑山脚下的于田出发，向阿里进军。面对极端恶劣的自然环境，他们战胜高山反应、风雪严寒，忍饥挨饿，经过两个半月的艰难行程，于10月底到达扎麻芒保（即江索郭）开展争取藏族上层、宣传党的政策的工作。先遣连坚持藏北10多个月，为解放阿里打下了基础。

二、昌都战役

与此同时，西藏地方分裂势力加紧扩军备战，将藏军原14个代本[②]扩编为17个代本，并将10个代本所辖的兵力调往昌都、那曲一线，摆开阵势，企图以武力阻止人民解放军进入西藏。

8月23日，毛泽东电示中共中央西南局："如我军能于十月占领昌都，有可能促使西藏代表团来京谈判，求得和平解决（当然也有别种可能）。"[③] 为打击西藏地方政府中的顽固势力，分化其内部，促成西藏的和平解放，经中共中央批准，第二野战军以第18军部、青海骑兵支队和云南军区第14军第42师第126团等部共6个

① 参见《毛泽东军事文集》第6卷，93页注［3］，北京，军事科学出版社、中央文献出版社，1993。

② 代本，藏语音译。原西藏地方政府军职名称。清乾隆五十七年（1792年），清政府规定西藏设藏军3000名，代本6名，每一代本率兵500名，沿为定制。代本职务一般由贵族出身的俗官担任。1913年后，西藏地方政府大量扩军，藏军人数随之增加。

③ 《毛泽东军事文集》第6卷，92页，北京，军事科学出版社、中央文献出版社，1993。

团的兵力，于10月6~24日举行昌都战役。

针对藏军防线长、纵深大、兵力不足而且分散的特点，人民解放军参战部队组成北、南两个作战集团，北线集团由第52师和军直炮兵营、侦察营、工兵营、第54师炮兵连和青海骑兵支队组成，南线集团由第53师第157团和云南军区第14军第42师第126团组成，采取正面攻击和翼侧迂回相结合的战法，多路攻击，力求聚歼藏军于昌都及其以西地区。

10月6日，人民解放军参战各部队分路向昌都地区挺进，19日晚进占昌都。20日，昌都总督阿沛·阿旺晋美率4个代本和总署机关、卫队等2700余人放下武器，向解放军投诚。24日，昌都战役结束。

此役歼灭藏军6个代本所辖的全部兵力、3个代本所辖的大部兵力，争取第9代本所辖部队起义，共计5700余人，解放了昌都地区，打通了进军西藏的通道，粉碎了帝国主义和西藏分裂分子以武力阻挠解放军进军西藏的企图，为和平解放西藏创造了条件。

三、和平解放西藏协议的签订

昌都战役之后，西藏地方当局发生严重分化，顽固派势力开始动摇，爱国力量大大加强，并且主张谈判的态度更加坚定。1951年1月18日，西藏地方政府派凯墨·索安旺堆、土丹旦达及翻译尧西·平措札西等前往印度，求见中国驻印度大使袁仲贤，转交达赖喇嘛、西藏地方政府和西藏地方官员会议签署的致中华人民共和国中央人民政府表达和谈愿望的3封信。此后，西藏地方政府当局派遣以阿沛·阿旺晋美为首席代表的5人全权代表团，分两路于4月下旬到达北京，与以中共中央统战部部长、中央民族事务委员会主任委员李维汉为首席代表，中央军委办公厅主任张经武、中国人民解放军第18军军长张国华、西南军政委员会秘书长孙志远为代表的中央人民政府代表团举行谈判。谈判内容以中共中央西南局的十项政策为基础。至5月23日，双方签署《中央人民政府和西藏地方政府关于和平解放西藏办法的协议》。协议由前言和17项条文组成，故而简称《十七条协议》。

协议的主要内容包括：(1) 驱逐帝国主义侵略势力出西藏，西藏人民回到中华人民共和国祖国大家庭中来，西藏地方政府积极协助人民解放军进入西藏，巩固国防。西藏军队逐步改编为人民解放军。(2) 在中央人民政府统一领导下，西藏人民有实行民族区域自治的权利。(3) 对于西藏的现行政治制度，中央不予变更。达赖喇嘛的固有地位及职权，不予变更。班禅额尔德尼的固有地位及职权，应予维持。(4) 中央人民政府统一处理西藏地区的一切涉外事宜，并在平等互利和互相尊重领土主权基础上，与邻邦和平相处，建立和发展公开的通商贸易关系。(5) 有关西藏的各项改革事宜，中央不加强迫。西藏地方政府应自动进行改革，人民提出改革要求时，得采取与西藏领导人协商的方法解决。(6) 实现西藏民族内部的团结统一，主要是达赖和班禅两方面之团结。(7) 实行宗教信仰自由政策，尊重西藏人民的宗教信仰和风俗习惯。(8) 依据西藏的实际情况逐步发展西藏的农牧工商业和文化教育。(9) 中央人民政府在西藏设立军政委员会和军区司令部，除中央人民政府派去的人员外，尽量吸收西藏地方人员参加工作。(10) 军政委员会、军区司令部及入藏人民解放军所需经费由中央人民政府供给。

四、西藏的和平解放

根据和平解放西藏办法的协议，1951 年 5 月 25 日，毛泽东发布《军委关于进军西藏的训令》，令中国人民解放军立即派出必要兵力进驻西藏，以保证协议的实现与巩固国防的需要。训令对进军的主要部署是：(1) 西南军区的第 18 军除留 2 个师（第 53、54 师）于甘孜、昌都地区担任修筑甘孜机场与甘孜、昌都段公路任务外，第 52 师进军西藏任务不变。该师应以 1 个团进驻拉萨，2 个团（缺 1 个营）进驻丁青、乌所、黎嘉、太昭地区，师部进驻太昭，另以 1 个营编成独立支队，由硕督地区出发，沿雅鲁藏布江之贡布地区西进，担任宣传与侦察任务。(2) 西南军区的第 14 军第 126 团应由德钦地区进驻察隅地区。(3) 西北军区的骑兵支队应由玉树进驻囊谦地区，仍属西北军区建制。（4）西北军区由新疆准备入藏的部队，除先头部队继续侦察到达噶大克的道路外，主力继续修通公路，以备随时入藏。训令除明确各部队修筑道路和机场的任务区分外，强调指出："此次进军系在和平协议下的战备进军，各部万勿以和平协议已成而松懈战斗意志与战斗准备，因协议虽然签字，但尚未付诸实施，同时帝国主义必会用各种阴谋手段来破坏我们和平解放西藏的实现，因此应提高警惕性，随时都有应付意外情况的充分准备，同时必须加强部队的政策纪律教育，以保证解放西藏巩固国防任务的圆满实现。"①

根据中共中央的决定，6 月 7 日，中共中央西北局组建中共西北西藏工作委员会，以范明、慕生忠、牙含章、白云峰为委员，范明为书记，负责具体组织领导西北军区担负的进军后藏和阿里地区的任务。在青海方向，第 1 军抽调近万名官兵修筑西宁至黄河沿段的公路，第 3 军抽调 4500 余人修筑西宁至享堂、大坂山的公路，为进军西藏做准备。与此同时，第 1 军抽调骑兵团机关、第 2 营和特务营的 700 多名干部战士组成青海骑兵支队，在支队长孙巩、政治委员冀光春率领下，由西宁出发，向西藏进军。

经过必要准备，7 月 25 日，中国人民解放军第 18 军首先派出以王其梅副政治委员为司令员兼政治委员、陈竞波为参谋长、林亮为政治部主任，并配有部分专门从事统战、公安、外事工作的干部共约 400 人的队伍，作为解放军入藏的先遣支队。9 月 9 日，先遣支队到达拉萨并举行入城式，受到拉萨各界人民的热烈欢迎。

根据中央军委指示，西南军区决定将第 18 军第 52 师分为 2 个梯队：军部率第 52 师第 154 团为第一梯队，经丁青、沙丁、墨竹工卡进驻拉萨；第 52 师师部率第 155 团为第二梯队，进驻嘉黎、所

① 《毛泽东军事文集》第 6 卷，279 页，北京，军事科学出版社、中央文献出版社，1993。

宗、则拉宗等地。[1] 8 月 28 日，第 18 军军长张国华、政治委员谭冠三率军直机关、警卫营从昌都出发，向拉萨进军。10 月 26 日到达拉萨，行程 1200 余公里。随后，第 18 军第 52 师的 3 个团，于 11 月 7 日、11 月 15 日和 1952 年 6 月 23 日，分别进入太昭、江孜、日喀则和山南地区。

第 18 军独立支队（原青海骑兵支队）、云南军区第 14 军第 42 师第 126 团、新疆军区独立骑兵师（一部）等部，也先后进入指定地区。

1951 年 12 月 20 日，中央人民政府驻西藏代表张经武一行、西藏地方政府和谈代表团和进藏部队在拉萨举行大会，庆祝西藏和平解放。人民解放军终于将红旗插上“世界屋脊”，实现西藏和平解放。

西藏的和平解放，是中国共产党民族政策的伟大胜利，是以和平方式实现祖国统一的一个创举。西藏的和平解放，实现了全国大陆领土主权的统一，给西藏人民带来了光明的前途。

第三节 解放台湾的军事准备

国民党政权在中国大陆的统治被推翻以后，台湾成为其维护残余军事力量、伺机反扑的基地。早在 1948 年，蒋介石即为其撤往台湾做准备，任命陈诚为台湾省政府主席兼警备司令，蒋经国为台湾省党部主任。国民党政府撤往台湾后，即开始整饬军队，加强对台湾的防守。1949 年 5 月 19 日，台湾国民党政府颁布戒严令，宣布台湾地区处于战时动员状态，封闭台湾全省，限制出入境，实行军事管制，封锁大陆消息，严禁一切违禁的言论、出版和罢工、游行等活动。

---

① 根据实际需要，第 52 师第 156 团此时与第 53 师、第 54 师继续修建公路和机场。

当时国民党军在台湾岛和大陆沿海岛屿地区设立的所谓“防守机构”的兵力部署情况大致是：东南军政长官公署（长官陈诚）下辖台湾防守司令部2个兵团共计7个军16个师，金门守军3个军11个师，澎湖防守司令部1个军3个师，舟山指挥部4个军12个师，海南岛防卫司令部4个军12个师。海军总司令部下辖3个海军军区，4个舰队，2个机动艇队。空军总司令部下辖8个大队，1个独立中队。至1950年5月，共计从大陆撤往台湾的国民党残余部队约50万人，空军作战飞机约300架，海军舰艇约200艘。蒋介石国民党政府在美国的支持下，决心将台湾作为“反攻大陆、复兴党国”的基地。

一、解放台湾任务的提出

解放台湾、实现全国统一，这是新中国成立后的一项既定政策和基本任务，也是人民解放军的一项重大作战任务。

早在人民解放军刚刚取得战略决战的胜利之后，毛泽东就开始筹划解决包括台湾在内的大陆以外的海岛问题。由于预见到台湾问题的复杂性，对于在什么时候、用什么方式解决台湾问题，毛泽东认为不但需要考虑到国民党的残余力量，还要考虑到美国的干预。1949年2月初，毛泽东在与秘密来华的苏共中央政治局委员米高扬的谈话中指出：目前，中国还有一半的领土尚未解放。大陆的事情比较好办，把军队开过去就行了，海岛上的事情就比较复杂，需要采取另一种较灵活的方式去解决，或者采取和平过渡的方式，这就需要花较多的时间了。毛泽东还特别指出，比较麻烦的有两处，台湾和西藏。其实，西藏问题也并不难解决，只是不能太快，不能过于鲁莽。台湾是中国的领土，这是无可争辩的。现在估计国民党的残余力量大概全要撤到那里去，以后同我们隔海相望，不相往来。那里还有一个美国问题，台湾实际上就是在美帝国主义的保护之下。这样台湾问题比西藏问题更复杂，解决它更需要时间。

1949年3月15日，新华社发表《一定要解放台湾》的声明。但是，此时在军事上尚未作出攻台作战的安排。鉴于随着渡江战役的胜利结束，特别是上海、宁波、青岛等沿海大城市的解放，整个战局发生重大变化，国民党在大陆的残余力量被彻底消灭已指日可待，且美国出兵干涉的可能性大大减小了，毛泽东即于6月上旬指示原来为对付美国武装干涉而部署在东南休整的第二野战军准备进军西南，于中旬提出解放台湾的任务。6月14日，毛泽东在中央军委致第三野战军副司令员粟裕、参谋长张震的电报中指示："请开始注意研究夺取台湾的问题，台湾是否有可能在较快的时间内夺取，用什么方法去夺取，有何办法分化台湾敌军，争取一部分站在我们方面实行里应外合，请着手研究，并将初步意见电告。如果我们长期不能解决台湾问题，则上海及沿海各港是要受很大危害的。"①

6月21日，毛泽东再次电示粟裕、张震等，指出：在目前几个月内，你们面前有四件大工作：经营以上海为中心的苏皖浙赣新占城乡广大地区；占领福建及厦门；帮助二野西进；准备占领台湾。前三项工作你们已充分注意，用了大力或正在用大力进行中，后一项工作你们尚未来得及注意，但从现在起即开始加以注意。电报强调：不占领台湾，则国民党海军、空军基地不能拔除，时时威胁上海及沿海各地；不占领台湾，则数十万吨船只不能取得，沿海沿江贸易受制于外商航业界。我们希望能于夏秋两季完成准备，冬季占领台湾。7月10日，毛泽东又在给中央军委副主席周恩来的信中指出，我们必须准备攻台的条件，建立空军，组成一个攻击部队，掩护渡海，准备明年夏季夺取台湾。这时毛泽东提出的两个不同的攻占时间，是从有无内应两种情况来考虑的。8月2日，毛泽东在致粟裕的电报中指出："攻台时间，如有内应，则可早日举行，否则必须推迟到我方空海两军（特别是空军）条件充分具备之时，故具体时间目前不能确定。"1950年1月1日，《人民日报》发表元旦社

① 中国人民解放军军事科学院毛泽东军事思想研究所：《毛泽东军事年谱》，759页，南宁，广西人民出版社，1994。

论，将解放台湾作为新中国1950年的主要任务之一。3月，中央军委鉴于对台作战的装备物资需要量非常大，海空军的准备无法在短期内完成，决定将攻台作战的时间推迟到1951年。

自1949年6月中央军委赋予第三野战军攻台作战任务后，即确定由第三野战军副司令员粟裕负责，开始制订台湾战役计划，进行解放台湾的各项准备。1950年6月，粟裕在北京参加中共七届三中全会期间，向全会汇报了攻台作战的基本设想，考虑到解放台湾的作战不仅是第三野战军的部队参加，还有其他野战军部队参加，建议中央军委直接指挥，或派刘伯承或林彪主持攻台作战，自己作为华东地区的军事领导人全力协助战役的组织指挥。毛泽东出于对粟裕的信任，明确指示：攻台战役，仍由粟裕负责指挥。

二、"逐岛攻击、最后夺取台湾"作战方针的确定

台湾位于中国大陆架东南缘，东临太平洋，西隔台湾海峡与福建省遥遥相对，与大陆最近距离为70余海里，一般距离均在80～110海里之间。舟山群岛（定海）、金门岛、万山群岛和海南岛等岛屿互为犄角，构成了防卫台湾的海上屏障。解放台湾，首先面临的任务是全部或部分夺取这些岛屿或群岛。当时在夺取台湾的步骤上有两种意见，一种意见是逐岛攻击，即首先解放靠近大陆的各沿海岛屿，最后解放台湾；另一种意见是仿效美军在太平洋战争中的越岛攻击方式，即在解放福建的厦门、金门（甚至金门也不一定夺取）以后，以福建沿海为出发阵地，置舟山群岛和海南岛等敌占岛屿于不顾，以重兵直出台湾，批亢捣虚，解放台湾。

对这两种意见，中央军委决定采纳第一种意见，即逐岛攻击，在夺取沿海各主要岛屿后再进攻台湾。这是因为，第二种意见虽有其可取之处，但在人民解放军海空力量不占优势的情况下，是难以实现的。其一，因为当攻台部队渡海时，很可能刚出发即遭到沿海敌占岛屿上国民党军海军和空军的海上拦截和空中袭击，不经过严重的海战、空战就难以抵达目的地，而这正是攻台部队欲尽量避免的。其二，逐岛攻击可以将国民党军主力歼灭于沿海岛屿，防止其

猬集台湾，减小尔后攻台的难度。其三，沿海敌占岛屿距大陆近，较有利于机帆船和木帆船航渡，对人民解放军海、空军优势的要求相对较低，可以利用夜暗渡海攻击，国民党军海空优势难以有效发挥。其四，逐岛攻击可以锻炼部队，积累渡海作战的经验。

在解放沿海岛屿的顺序上，中央军委也考虑到为以后的攻台作战创造条件。第三野战军由于运输船只不够等原因，不可能同时夺取金门和舟山，毛泽东指示粟裕确定先打定海再打金门的方针。“待定海攻克后拨船拨兵去福建打金门”[①]。这样，攻克定海后，即可大举南下福建，直扑金门，金门解放后，即可直接准备对台湾的攻击。

三、攻台作战的兵力准备

中央军委确定，攻台作战兵力，海军与空军由军委负责建设和准备，陆军主要由第三野战军进行准备。

根据中央军委的指示，第三野战军迅速调整部署，决定以一个兵团先行攻台准备。1949 年 7 月中旬，第三野战军解除第 9 兵团（辖第 20、第 26、第 27 军）担负的淞沪警备任务，令其开始进行渡海登陆训练，后来又调第 23 军归第 9 兵团建制，预计以这 4 个军作为渡海登陆作战的突击力量。8 月初，第 9 兵团由上海市区撤至郊外，集中全力进行攻台整训。

随着对盘踞沿海岛屿国民党军作战的逐步开展，人民解放军对渡海登陆作战的认识也不断深化。1949 年秋，第三野战军修正攻台兵力投入方案，制定了以 8 个军攻台的作战计划。其中，以第 9 兵团的 4 个军为第一梯队，另 4 个军为第二梯队。同年底，第三野战军再次决定增加攻台作战兵力，准备以 12 个军约 50 万人参加攻台作战。第一梯队在原来 4 个军的基础上再增加第 24 军。1950 年 1 月 17 日，中共华东军区暨第三野战军前委做出《关于一九五〇年

---

① 《建国以来毛泽东文稿》第 1 册，282 页，北京，中央文献出版社，1987。

六大任务的决定》，规定部队首要任务是“彻底歼灭东南沿海及台湾的蒋匪军，并配合各兄弟兵团，完成全国解放的光荣任务”。随后，第三野战军召开师以上干部会议，要求部队的各种工作以台湾作战为中心。1950 年 3 月 11 日，粟裕与新上任的海军司令员萧劲光会商关于攻台作战的意见，设想以 50 万部队用于渡海攻台，分两批运送。中央军委同意了这一方案。3 月下旬，第三野战军召开陆海空联合作战座谈会，研究攻台作战中的有关问题，第三野战军司令部汇总各方面意见，拟定初步作战计划并编制出预算，上报中央军委后得到批准。4 月下旬，第三野战军发出《陆海空军两栖作战训练纲要》，部署第 7、第 9、第 10 兵团和军区兵种部队及指挥机关的渡海登陆作战训练。纲要规定，从 1950 年 7 月开始，到 1951 年 5 月，训练期为 11 个月。训练与作战进程为：1950 年 7 月 ~ 1951 年 3 月，各军兵种部队分别训练；1951 年 4 ~ 5 月，进行陆海空协同登陆进攻合练，然后三军协同解放台湾。

1950 年 5 月，鉴于原驻海南岛和舟山的国民党军 10 多万人撤至台湾的情况，第三野战军前委研究认为，原定 5 个军担任攻台第一梯队已不够强大，决定将第一梯队增加到 2 个兵团。5 月 17 日，第三野战军前委给各兵团、各军下达《保证攻台作战胜利的几个意见》并报告华东局和中央军委，一方面“决定除九兵团照旧担任攻台第一梯队之任务外并同时给七兵团以担任第一梯队之任务，其余各军（二十四、二十五及十兵团各军）则分别当作七、九兵团之第二梯队”，确定部队转入渡海登陆作战训练，“三野全军拟利用舟山敌人之设备协同海空军作几次较大的联合演习”；一方面指示“十兵团对金门敌军应严加监视并加紧攻击准备，如发现敌人确有撤退行动，则适时发起攻击以期截歼敌人之一部或大部，如敌人尚无撤退意图，则该兵团亦不应轻易发起攻击或吓走敌人，以让金门敌人争取在我有计划的攻击下歼灭于金门较有利”。

此时台湾国民党军约为 50 万人，其中陆军 30 多万。在攻台作战兵力上，第三野战军准备参加兵力虽达 50 万，但战斗部队也只有

30 多万人，与国民党守岛陆军在兵力对比上不占明显优势。不仅如此，蒋介石还正在加紧补充和组建新的部队。为改变这一状况，粟裕向中央军委建议，从第四野战军或其他野战军抽出 4 个军参战的设想，使攻台总兵力增加到 16 个军。

四、攻台作战的保障准备

为保障攻台作战的战费，在国家经济十分困难的情况下，中共中央政治局研究决定，准备拿出 60 亿～70 亿斤粮食作为攻台的战费，占全国粮食总产量的 1/10，另以 3 亿美元作为军事借款，购置装备。

渡海登陆作战，需要大量船只，而当时海军的船只很有限，陆军还要依靠自身解决部队渡海船只，解决“过得去”的问题。为此，第三野战军对部队人员、武器装备、车辆、马匹等所需要的吨位和面积进行了反复的预算和论证。“以第一梯队最小限度为六个军计算，则需中字号登陆艇（约一千四百吨）一百七十五艘，美字号登陆艇（八百五十吨）八十五艘，联字号登陆艇（约五百吨）一百二十艘，总共为三百八十四艘。此外，为减少敌人炮火杀伤，在近海登陆时仍须用小艇（每艇三十人左右）装驳以行接敌运动。以第一梯队最前线之各先遣团计算，共需小艇二千六百四十只，第二梯队及运输补给尚需大量船只。依我们初步计算，每个兵员平均需两吨半的运动位置，如以五十万兵员计算，则需一百二十五万吨以上之运输船只。虽然不需要同时将五十万运至，但至少在第一次登陆时应同时（四五小时以内）有十五万人左右登陆，并有相当数量的第二梯队船只，才能保证第一梯队登陆后站得住脚和补充第一梯队所损失的船只。”① 而到 1949 年 11 月下旬，所征集到的第一梯队用于登陆船只只有 600 艘，不及所需的 1/3，中央军委和第三野战军采取多种措施在华东华南等地筹集、建造，并决定向苏联购买一批船只，两次与苏联签订海军装备订货协定，总金额达 1.5 亿多美

① 《粟裕文选》第 3 卷，47 页，北京，军事科学出版社，2004。

元，向香港购买旧船48艘，约2.547万吨。华东地区各级地方政府给予很大支持，不仅浙江、福建两省就地筹集了许多船只，山东、江苏等省也动员了大批船只经铁路陆续运到杭州、上海。到1950年3月，所征集到的船只约为所需要的56%。中央决定将攻台作战的时间推迟到1951年，其中的一个重要原因就是运输船只问题。

海洋水文气象条件对渡海登陆作战有着至关重要的影响，因此第三野战军组织对东南沿海10年来水文气象资料进行分析，研究潮汐、气候、沿海地形及对作战的影响。粟裕在1949年12月份召开的华东军区暨第三野战军军教、政工、后勤会议上，对此作了强调："部队要熟悉水性，熟悉民情和风俗习惯，要吃苦耐劳，要懂得天文、气象，掌握气候和地理情况。如了解什么时候来潮，什么地方有暗礁，以及风向、风力、潮汛、云雾的高低、厚薄；研究和解决制高点的夺取，航速的控制，船只的装修与组织，民船与机帆船的结合，以及条件许可下的强行的办法，偷摸与强袭的结合，强行登陆的必要条件；加强水手训练、技术训练、上下船训练等等。我必须将第一梯队编为海军陆战队。"① 经过认真研究和训练，不仅各级指挥机关熟悉掌握了台湾海峡海象气候变化规律和台湾岛的地形特征，而且还对所有参战部队进行了有关知识的教育。

五、渡海登陆作战经验教训的总结与攻台作战指导原则的逐步确立

大兵团渡海攻台作战，是一场以陆军为主的陆海空三军协同的联合作战，无论在作战方式上、战役力量上，还是在指挥协同上，较之解放大陆的作战都发生了重大的变化，对人民解放军来说是一个全新的课题。因此，从中央军委主席毛泽东到攻台作战主帅粟裕，从第三野战军指挥机关到各攻台部队的主要指挥员，都特别注意研究人民解放军解放沿海岛屿的渡海登陆作战经验教训，并以此为借鉴，研究探讨攻台作战的指导原则。特别是在第三野战军金门

---

① 《粟裕文选》第3卷，19页，北京，军事科学出版社，2004。

作战和登步岛作战失利后，毛泽东和粟裕以极大的精力探索陆军渡海作战的规律，在此后指挥解放沿海岛屿的作战中，提出了一系列重要原则。

为使参战部队指挥员和指挥机关深刻了解渡海登陆作战的特点和规律，1949年12月18日～1950年1月17日，第三野战军在南京召开军事教育会议，专题研究渡海登陆作战的指导问题，以统一参战部队的思想。会前，第三野战军参谋长张震于11月下旬组织有关人员学习渡海登陆作战的理论知识，并在华东军政大学召开学术研讨会，请国民党军起义将领王晏清[①]介绍第二次世界大战的登陆作战概况及经验教训，请原国民党陆军大学教授赵秉衡讲解两栖作战的基本原则，与海空军和有关教研室的教员讨论渡海登陆作战中三军协同的有关问题。同时，张震还到担任攻台作战第一梯队任务的第9兵团，了解部队在渡海登陆作战准备和训练中遇到的难题，从而为这次会议做了较充分的准备。在为期一个月的会议中，第三野战军副司令员粟裕、参谋长张震、政治部主任唐亮、后勤部部长邝任农、华东军政大学副校长陈士榘等领导作了报告。华东军区司令部作战处、第31军、第21军和第28军的有关领导分别介绍了金塘、厦门、登步岛和金门战斗的详细情况和经验教训；第22军的领导报告了攻击定海作战的准备情况；第9兵团副参谋长王斌报告了部队两栖作战训练情况；华东海军副司令员林遵报告了海陆协同作战的问题，介绍了舰船的性能、战术原则和敌我舰船对比情况等；华东军区航空处报告了华东空军情况及陆空协同问题；赵秉衡教授和原国民党伞兵第3团团长刘农畯报告了地面部队与空降部队配合作战的有关问题。第三野战军司令部还在南京附近长江燕子矶江段组织破障、登陆演习和试验，请与会人员参与现场研究。通过这次会议，与会人员对渡海登陆作战理论、前段渡海登陆作战的经验教

① 王晏清，原任国民党军“首都警卫师”（第45军第97师）师长，1949年3月24日在南京率部起义。

训及中央军委和第三野战军首长对台作战指导的基本原则有了较为深入的了解。这些原则主要是：

第一，必须“以充分准备确有把握为原则”，准备重于战机。1949 年 10 月 29 日，毛泽东在为中央军委起草的关于攻击金门岛作战失利教训的通报中指出：“当此整个解放战争结束之期已不在远的时候，各级领导干部中主要是军以上领导干部中容易发生轻敌思想及急躁情绪，必须以金门岛事件引为深戒。”① 11 月 4 日，毛泽东在给粟裕等关于定海作战的电报中指出：“我们认为你们采取慎重态度，集中优势兵力，事先作充分准备，力戒骄傲轻敌的方针是正确的。”② 10 天后，毛泽东再次指示粟裕重视对定海作战的兵力部署、准备情况及攻击时机等问题。提出：“如果准备未周，宁可推迟时间。”③ 11 月 14 日，粟裕在总结金门失利的教训时也指出：金门失利“其主要原因为轻敌、骄傲与急躁，因而强调争取战机，却放松了充分准备所致。……自我大军南进以来，蒋匪整个兵力及政治条件虽已处于绝对劣势，但其防线缩短与垂死挣扎，其抗击力已适当增强。而我们干部却忽视此点，并机械强调内线作战时及运动战时之争取战机，而忽视对已设防敌人的充分攻击准备”。他强调：“在我军已占绝对优势的整个形势下，战机之意义已有变更。因此，今后机动发起攻击之权限应加以缩小，以收统一之效。”④ 12 月，粟裕在全军教育工作会议上又指出：“关于争取战机，在敌我力量悬殊，时间紧迫的条件下，应争取战机，现在我主动，敌被动，时间在我手里，如此不能单独强调战机，应照顾到充分的准备

① 《建国以来毛泽东文稿》第 1 册，100～101 页，北京，中央文献出版社，1987。

② 《建国以来毛泽东文稿》第 1 册，118 页，北京，中央文献出版社，1987。

③ 《毛泽东军事文集》第 6 卷，42 页，北京，军事科学出版社、中央文献出版社，1993。

④ 《粟裕文选》第 3 卷，12～13 页，北京，军事科学出版社，2004。

工作。”

第二，在作战兵力的运用上不但总兵力上要占优势，而且应主要集中于第一梯队。1950 年 1 月 10 日，毛泽东在指导海南岛战役中，第一次比较系统地总结了陆军凭借木帆船渡海作战的规律：“渡海作战完全与过去我军所有作战的经验不相同，即必须注意潮水与风向，必须集中能一次运载至少一个军（四、五万人）的全部兵力，携带三天以上粮食，于敌前登陆，建立稳固滩头阵地，随即独力攻进而不要依靠后援。因为潮水需十二小时后第一次载运船只方能返回运第二次，而敌可用海空军切断我之运输，故非选择时机一次载运一个军渡海登陆，并能独力攻进，建立基地，取得粮食，便有后援不继，遭受重大损失之危险。”① 海南岛敌守军共约 10 万余人。毛泽东要求渡海第一梯队必须至少一个军有四五万人的兵力，即占敌守军的一半左右。这里，毛泽东还考虑到了海南岛上原有坚持斗争的琼崖纵队一万多人。所以，毛泽东认为：“海南岛与金门岛情况不同的地方，一是有冯白驹②配合，二是敌军战斗力较差。只要能一次运两万人登陆，又有军级指挥机构随同登陆……就能建立立足点，以待后续部队的继进。”③ 第三野战军前委在关于登步岛失利原因与教训中也认为：“依敌我兵力对比，第一梯队使用同时登陆部队兵力较少，致未能收到突然一举登陆，迅速歼敌之效，而形成敌我双方陆续增援，反复多次争夺的拉锯消耗战，因丧失制敌先机、使敌凭其残余固守阵地，依其优势海空军配合条件下，得以增援反击，为敌各个击破。”“在兵力使用上未能一举登陆，形成逐次增加。”更重要的是，由于运载工具落后，逐次登陆易受风向潮汐限制，使原定计划难以实现。粟裕在指导攻台作战准

① 《毛泽东军事文集》第 6 卷，62 页，北京，军事科学出版社、中央文献出版社，1993。

② 冯白驹，时任第四野战军琼崖纵队司令员兼政治委员。

③ 《毛泽东军事文集》第 6 卷，73 页，北京，军事科学出版社、中央文献出版社，1993。

备时也一再强调，在无空军掩护条件下，“第一次登陆部队，应有足以独立作战之力量”。“能一次登陆成功，并有足够兵力，单独进行作战”。

第三，必须在有足够运载工具的前提下进行，运载工具的集中重于兵力的集中。中央军委和第三野战军都认识到，渡海作战，最大的难题在于渡海。金门、登步两岛作战失利的原因之一，就是船只不够，载去兵力不足。在解放军制海制空力量较为薄弱的情况下，运输工具的准备和集中意义更为重要。金门、登步作战，“既未充分准备足够装运该部作战部队登陆的船只，及其预备船只，亦无适当的制海、制空力量，致使第一梯队登陆后，第二梯队为敌海空军遮断，无法增援，而第一梯队船只暴露在敌陆、空、海炮火下几乎全部损失，无力作第二次运输。第二梯队船只，在敌第一线空军轰炸之下亦无法完整保存。于是，使前后方脱节，交通运输瘫痪”①。从这些教训中，粟裕多次强调，不但必须保证第一梯队渡海有足够的船只，而且第二梯队亦需要控制相当船只，最好不依赖第一梯队船只回来再去，这样即使在第一梯队的船只不能回来时，第二梯队仍能按时渡海。

第四，必须建立以陆军为主的三军密切协同的作战指挥，组织“精密、准确、科学”的协同。中央军委强调，攻台作战是陆海空三军的现代化联合作战，这不但完全与过去我军所有作战的经验不同，而且与攻占沿海岛屿的情况也有很大的不同。在作战指挥上，最大的问题是如何使整个渡海登陆作战实现统一的坚强有力的组织指挥。毛泽东在总结金门作战失利的教训时指出，原因之一是“金门岛是三个不同建制的团又无一个统一的指挥官，由三个团长各自为战”②。粟裕在华东军区陆海空联合作战短训班结束时的讲话中指出：“要发挥现代化技术和兵种的特性，必须密切协同。这表现于

① 《粟裕文选》第 3 卷，12 页，北京，军事科学出版社，2004。

② 《毛泽东军事文集》第 6 卷，73 页，北京，军事科学出版社、中央文献出版社，1993。

各种兵器的协同，同时也表现于各兵种的协同。如此点做不好，则将大大减弱各种技术和各种兵器的威力，形成浪费，或者发生错误，自己打自己，出乱子，造成战斗的失利。需知愈科学愈进步的兵器，愈是现代化，其‘协同’的组织越要求精密、准确、科学，只有如此，才能发挥最大威力。”他从人民解放军攻台作战力量构成的实际出发，强调攻台三军联合作战要树立以陆军为主的协同思想。对于渡海过程中的组织指挥，1950 年 1 月 17 日，张震在第三野战军军事教育会议的总结中提出了必须解决五个具体矛盾：分散起渡与同时攻击的矛盾、宽正面的多处登陆与登陆后的集中作战的矛盾、高速度航行与航行管制的矛盾、涨潮起渡与退潮攻击的矛盾、超短波无线电多配与相互干扰的矛盾。

为保证渡海作战一举成功，粟裕建议必须加强人民解放军海、空军建设。粟裕在就台湾作战问题于 1950 年 6 月 23 日给毛泽东并中央军委的报告中指出：“为补助我海军之不足和发挥陆军的威力，建议除建设两百三十架之海军航空队（性能及设备与陆军航空队不同）外，陆军航空队最好能扩充八百架左右飞机，并有足够之运输机以运输跳伞部队。”同时建议将 4000 伞兵“扩编为二万五千人”。①

正当人民解放军加紧解放台湾的准备时，1950 年 6 月下旬，朝鲜内战爆发，美国立即进行武装干涉，同时派海军第 7 舰队入侵台湾海峡，公然宣称将阻止中国人民解放军解放台湾的作战行动，这使得人民解放军正在准备的解放台湾的作战面临更大的困难。与此同时，东北地区的安全受到严重威胁，而东北地区在全国的国防部署中兵力最少，只有十几万人。中共中央和中央军委遂根据形势的变化，决定“支援朝鲜人民，推迟解放台湾”②。

从 1950 年 7 月起，中央军委即解除人民解放军准备解放台湾的任务，而将军事斗争重点转到抗美援朝战争的准备。9 月 7 日，原

① 《粟裕文选》第 3 卷，50 ~ 51 页，北京，军事科学出版社，2004。

② 《周恩来军事文选》第 4 卷，43 页，北京，人民出版社，1997。

定担任解放台湾的主攻部队第三野战军第9兵团正式解除解放台湾的任务，奉命从上海前往山东曲阜地区集结，后改编为中国人民志愿军第9兵团赴朝作战。

第四节　对城市实施军管和参加农村土改及基层政权建设

一、对新解放城市实施军事管制

全国解放战争后期，随着大中城市的陆续解放，中国共产党开始将如何接收管理好城市问题提上重要工作日程。新解放的城市，由于国民党政府溃逃前的严重破坏和潜留的国民党特务、各种反动势力的捣乱而破烂不堪，秩序混乱。

（一）军事管制的方针与政策

中共中央1948年2月发出《关于注意城市工作经验的指示》，指示各中央局、分局、前委：为了将党的注意力从偏重于战争与农村工作，引导到注意城市工作，为了使已取得的城市的工作在我们手里迅速做好，为了对今后取得的城市的工作事先有充分的精神准备与组织准备，对于各自已占领的城市，凡有人口5万以上者，3～4个月内逐一作出简明扼要的工作总结，报告中央。6月10日，中共中央东北局为管理好新解放的城市，发出《关于保护新收复城市的指示》，决定：“在新占领城市实行短期的军事管理制度。在占领城市初期，必须由攻城部队直接最高指挥机关担任该城的军事管理，所有入城工作的地方党政机关及工作人员，一律听其指挥。为此，可以组织军事管理委员会，吸收地方党政负责人参加，将保护新占领城市的全部责任，交由军事管理机关担负。”从此，在新解放城市出现了军事管制制度。1948年底东北全境解放，对城市均实施军事管制。同年9月，济南解放后也实施了军事管制。

1948年11月15日，中共中央根据各地新解放城市的管理经验，发出《关于军事管制问题的指示》，指出“实施军事管制的办法，甚为有效”，要求新解放的城市一律成立由党、政、军负责干部及各界人士参加的军事管制委员会，作为城市在解放初期的最高权力机关，由当地最高军事首长任军事管制委员会主任。指示规定了军事管制的9项任务：（1）肃清反革命的一切残余势力；（2）接收一切公共机关、产业和物资；（3）恢复和维持正常的社会秩序，消灭一切混乱现象；（4）收缴一切隐藏在民间的反动分子的武器及其他违禁物品；（5）解散一切反动党团组织，收缴他们的各种反动证件，登记各级负责人，登记后对少数反动分子实行管制；（6）逮捕战争罪犯和罪大恶极的反动分子，没收那些应没收的官僚资本；（7）建立系统的革命政权机关；（8）整理、建立共产党的组织；（9）在工人职员和青年学生中，进行切实的宣传组织工作，在可靠的基础上，建立工会、学生会及新民主主义青年团等群众组织，作为城市革命政权可靠的群众基础。

1949年中央军委先后颁布《关于新解放区军事管制条例》和《关于新解放城市军事管制时期的各项政策》等，对军事管制的任务、方式、期限、各项政策等作出明确具体的规定和要求。

1949年9月29日，中国人民政治协商会议第一届全体会议通过的《中国人民政治协商会议共同纲领》中规定：“凡人民解放军初解放的地方，应一律实施军事管制，取消国民党反动政权机关，由中央人民政府或前线军政机关委任人员组织军事管制委员会和地方人民政府，领导人民建立革命秩序，镇压反革命活动，并在条件许可时召集各界代表会议。”“军事管制时间的长短，由中央人民政府依据各地的军事、政治情况决定之。”从此，军事管制制度以临时宪法条文的形式确定下来。

（二）军事管制的实施

随着关内各大城市的相继解放，各大城市的军事管制委员会（简称军管会）相继建立。从1948年12月～1949年9月，中共中央和中央军委先后任命叶剑英为北平市军事管制委员会主任兼市长，黄克诚为天津市委书记兼军事管制委员会主任，刘伯承（后粟裕）为南京市军事管制委员会主任，谭震林为杭州市军事管制委员会主任，谭政为武汉市军事管制委员会主任，贺龙为西安市军事管制委员会主任，陈毅为上海市军事管制委员会主任，萧劲光为长沙市军事管制委员会主任，韦国清为福州市军事管制委员会主任，张宗逊为兰州市军事管制委员会主任，冼恒汉为西宁市军事管制委员会主任，杨得志为银川市军事管制委员会主任等。

新中国成立后，新解放的中南、西南各大城市也先后建立军事管制委员会。1949 年 10 月 21 日，广州市军事管制委员会成立，叶剑英任主任，赖传珠任副主任。11 月 22 日，贵阳市军事管制委员会成立，苏振华任主任，赵健民任副主任。12 月 3 日，重庆市军事管制委员会成立，张际春任主任，陈锡联、张霖之任副主任。1950 年 1 月 1 日，成都市军事管制委员会成立，李井泉任主任，周士第、王新亭、阎秀峰任副主任。3 月 4 日，昆明市军事管制委员会成立，陈赓任主任，周保中任副主任等。

为维护城市社会治安，打击国民党特务和各种反动势力的破坏活动，在军管会领导下，新解放的城市普遍成立警备司令部，由军队相当一级的领导任警备司令部司令员和政治委员。南京警备司令部，陈士榘任司令员，袁仲贤任政治委员。上海警备司令部，宋时轮任司令员，郭化若任政治委员。西安市警备司令部，张经武任司令员，徐立清任政治委员。武汉市警备司令部，萧劲光任司令员，谭政任政治委员。兰州市警备司令部，郭宝珊任司令员，李宗贵任政治委员。西宁市警备司令部，兴中任司令员，曹光琳任政治委员。银川市警备司令部，阮平任司令员，杨银生任政治委员。贵阳市警备司令部，汪乃贵任司令员，胡华居任政治委员。重庆市警备司令部，王近山任司令员兼政治委员。成都市警备司令部，张祖谅任司令员，袁子钦任政治委员，等等。

新解放城市的军管会成立后，立即张贴各种布告，召开各界进步人士座谈会，宣传中国共产党和人民解放军的各项方针、政策，稳定人心，并按照“各按系统，自上而下，原封不动，先接后分”

的方法和事先确定的分工，对城市中原有的国民党政府各部门、企事业单位进行全面接管。在接管过程中，各接管人员依靠人民群众，严格执行中共中央、中央军委和各战略区规定的各项方针、政策。对反动党团组织和特务机关，明令其一律解散，没收其一切公产、档案，严禁其进行任何活动，饬令其成员到军管会指定的专管机关进行登记。对国民党各级政府部门，采取彻底破坏，按其原有系统全部接收的方针，分别接收。对物资、档案等进行清查整理，对旧公务人员，进行登记、审查、组织学习，根据“清除少数的首要坏分子，改造多数的有用人员”的方针，除对少数劣迹昭著而为群众所不满者加以清洗及依法处理外，一般均给予妥善安置，或教育后留用，或送教育机关去学习，或协助转业、就业，或资遣还乡生产。在接管工商企业过程中，严格区分了民族资本与官僚资本的界限，对民族资本中小工商业和手工业坚决给予保护和扶持；对官僚资本，严格执行不打乱企业原有组织系统的原则，只派军代表去进行监督和领导，但不直接管理生产，对其一切组织、制度、人员、待遇，均暂不变动，企业原有负责人，只要不是破坏分子，并愿意继续服务者，仍令其担任原职务，继续工作，只有在企业负责人已逃跑，或者劣迹昭著，为大多数人所反对者，才从本企业另选代理，以保障生产能够继续进行；对一时搞不清其全部所有权性质的企业，则分别采取军管、监理和代管的办法处理。政教卫生部门，除撤换个别坚决反动的负责人，封闭反动的报刊、杂志，禁演内容极其反动的电影、戏剧外，均采取严格保护、暂维现状、逐渐改良的方针，争取这些部门能尽快出版、复课、演出、开业。

各接管部门和人员严格执行中共中央、中央军委确定的方针、政策和接管原则、方法，使得接管工作得以顺利完成。一般城市用1个月左右的时间即完成接管。例如，南京市军管会共接管原国民党行政、立法、司法、党、宪、警等单位749个，原南京市政府及下属单位174个；文教机关、科研、大中学校45所，小学173所；工厂、银行、邮电、交通部门等50个；接管房产994处，代管936

处；各种火炮 800 余门，枪 10 万支，子弹 2000 万发；金圆券 715 亿元，以及大量物资。安置、处理旧职员和失业人员 12 万人。

在全面系统接管城市的同时，军管会为维护治安、安定秩序、稳定人心、恢复生产，做了大量的工作。

打击国民党特务、残余军警以及其他坏分子的破坏活动，安定社会秩序。各城市解放后，均存留有大量的国民党军散兵游勇、警察、帮会组织、惯匪等，还有一批国民党计划留下的特务。他们有的公开持枪抢劫；有的公然收罗残兵败将，建立反动武装；有的流窜街头巷尾，纵火、投毒、暗杀、袭击哨兵，为非作歹；有的还冒充军管会接管组织和接管人员，到一些单位进行所谓的接管，偷劫财物，制造混乱。一些惯匪流氓、封建会道门人员也乘机作恶。因此，军管会和警备司令部一经成立，即张贴布告，饬令一切特务、帮会成员、反动分子停止作恶，解散组织，收缴武器，到军管会或警备司令部指定的地点登记，等候处理。警备司令部则大力加强城市的警卫工作，保卫首脑机关、仓库、重要设施和企事业单位的安全。警备部队还在公安部门的配合下，采取武装追捕、秘密侦破和公开搜捕等方法，严厉打击和镇压国民党特务和坏分子的各种破坏活动。经过种种努力，新解放城市的社会治安状况有了很大的好转。

打击奸商投机，稳定市场物价。针对进城之初通货膨胀、物价飞涨、金融投机严重威胁经济运转和社会秩序安定的状况，各城市军管会首先加强对金融的管理，成立中国人民银行，以人民币为本位币，市民持有的金圆券等旧币按一定比价兑换人民币，对金融投机分子实施严厉打击。上海市军管会实施统一部署，1949 年 6 月 10 日出动 2 个营的部队和 400 余名便衣公安人员，一举查封奸商和投机分子的集中活动地上海证券大楼，将 250 余名主犯一网打尽。南京市军管会则在 6 月 9 日前登记 1400 余名银元贩子的基础上，于 6 月 10 日 ~7 月 10 日开展大规模的禁止银元交易的活动，解散银元交易所，查获违法买卖银元分子 1143 人。武汉市军管会动员数千名工人、学生上街开展群众性拒用银元的宣传活动，并抽调 250 余人组成“便衣金融检查队”，严厉打击金银投机活动，6 月 22 日 ~7 月 8 日期间即逮捕 300 余名投机商，没收银元 1 万余块，黄金 100 余两。广州市军管会于 12 月 5 日出动警务部队、公安总局干部和工人纠察队共 5000 余人，搜查太平南路的 130 余家地下钱庄和分布在全市各街道的专门贩卖银元外币的街边当铺 700 余家，拘获进行大规模金融投机活动的老板、柜头 1100 余人，震慑了奸商。与此同时，人民政府派出大批人员，检查以人民币为本位币的使用情况。在打击奸商和金融投机分子的同时，各城市的军管会还一方面从老解放区和农村调集大量生活必需品，供应市场，一方面紧缩开支，开办合作社，动员市民储蓄。这一系列有效措施，使各城市的金融秩序得以迅速恢复，人民币的信誉日益提高，市场物价日趋稳定，保证了人民群众的正常生活。

协助人民政府恢复和发展生产。旧中国的城市工商业基础十分薄弱，发展缓慢，再加上国民党在逃离各城市前，对城市的工商企业和基础设施进行了疯狂破坏，使得各城市工商业到解放时已处于解体、瘫痪的状态。因此，各城市军管会和人民政府自接管城市之日起即把恢复和发展生产作为城市工作的中心。主要举措包括：依靠工人阶级，迅速恢复电力、交通，保证各工矿企业能尽快开工；没收官僚资本企业为国家所有；根据“公私兼顾，劳资两利，发展生产，繁荣经济”的指导方针，积极帮助和扶持私营企业和民族工商业恢复和发展生产。至 1949 年底，没收和开工的官僚资本企业，已占全国大型工业总产值的 40%，控制了全国电力、煤炭、钢铁、水泥、交通运输业的绝大部分或大部分。私营工商企业也有了很大发展。在恢复和发展生产过程中，各城市军管会派出大批经过训练的干部到工矿企业担任领导职务或军代表，组织学习和贯彻执行中国共产党的各项方针、政策，团结一切可以团结的力量，解决工人的工资问题、工人失业问题、劳资之间的关系问题；人民解放军派出大批部队担任重要工矿企业的警卫任务，清除城市中影响生产的各种障碍，抢修被毁坏的发电厂、钢铁厂、粮食加工厂和被炸毁的铁路、公路、桥梁、港口、机场、通信设施和其他重要市政设施，对城市恢复生产发挥了重要的作用。

在军管会的统一领导下，参加城市接管和担任警备任务的人民解放军机关和部队，不仅以高度的责任感和警惕性，胜利完成了城市接管和警备任务，保护了人民生命财产的安全，维护了城市正常的工作和生活秩序，而且模范地执行城市政策和纪律，赢得了人民群众的赞誉、爱戴、拥护和支持，从而为顺利接管城市和建设城市奠定了群众基础。

至1952年底，随着全国镇压反革命运动的结束和土地改革的基本完成，各级人民代表会议和人民政府已逐步健全。1953年1月，中央人民政府委员会第20次会议通过《关于召开全国人民代表大会及地方各级人民代表大会的决议》，确定在1953年召开由人民用普选方法产生的地方各级人民代表大会，并在此基础上召开全国人民代表大会。至此，对新解放城市的军事管制工作遂告结束。

新中国成立初期对新解放城市实行的军事管制，卓有成效地保证了城市各项工作的开展，保证了新旧政权交替过程中社会秩序的稳定，保证了国民经济的迅速恢复和各项社会改革的顺利进行。“军管会在一定时期内，不但担负着实施人民民主专政的职能，同时又为发扬人民民主创造条件，成为大中城市解放初期，打碎反动阶级旧的国家机器和建立人民民主专政新的国家机器最好的组织形式。”①

二、参加土地改革和基层政权建设

新中国成立初期，根据中共七届二中全会关于把军队作为工作队参加新区社会改革的精神，人民解放军遵照中共中央和中央军委的命令，在1950年前后，从全军抽调数十万干部战士参加新解放地

① 薄一波：《七十年奋斗与思考》上卷（战争岁月），503页，北京，中共党史出版社，1996。

区的土地改革运动。华东军区把参加和保卫土地改革作为1950年全军的六大任务之一，专门下达《关于全军参加土改的八项命令》。中南军区仅驻河南、湖北两省部队就抽出18万干部战士参加土地改革。西南军区部队在1950年11月～1951年5月期间，协助地方在减租退押的基础上完成1200万人口地区的土地改革任务。西北军区仅第3、第4军和第19兵团即抽出2500余名干部参加地方土地改革。

参加土地改革的干部战士按照地方党委和政府的统一部署和安排，在土地改革中认真贯彻执行中共中央规定的“依靠贫农、雇农，团结中农，中立富农，有步骤地分别地消灭封建剥削制度，发展农业生产”的总路线和各项政策，通过访贫问苦、举办农民积极分子短训班、组织农民协会等形式，深入广泛地发动群众，与地主进行说理斗争，把没收来的地主的土地财产分给雇农和贫下中农。与此同时，参加土地改革的干部战士注重组织和武装群众，把土改和清匪、反霸结合起来，从而有力地打击了阶级敌人的破坏和地主分子的反攻倒算，保证了土地改革运动的顺利进行。1953年春，全国除新疆、西藏和尚未解放的台湾外，土地改革基本完成。人民解放军在土地改革运动中发挥了重要作用。

在新解放区剿匪斗争和后来的土地改革中，人民解放军还主要通过三种方式大力参加地方政权建设。

一是军队兼管地方政务，为建立和健全政权机构打好基础。在中南、西南、西北地区，各部队大批抽调师、团、营干部兼任地、县、区的领导，部分军长、军政治委员还兼任主管一个地区工作的工委书记。此种划分区域由军队干部兼管地方政务的方法，有利于各级人民政权的尽快建立。广西广大农村解放后，广西军区为帮助加强地方政权建设和武装建设，在10个地区建立带地方工作性质的军分区，从部队抽调师、团、营、连干部，兼任地、县、区、乡的领导工作，协助地方各级建立人民政府。

二是军队派出工作队，到农村筹建基层政权。华东军区，在南京、上海、杭州、宁波等城市解放后，根据中央军委和华东局的部署，于1949年7月起，抽调1.4万余人，组成570个工作队，到50个专区、53个县、340个区、乡帮助建立党的组织和农村政权，组织农民协会和民兵自卫队。共帮助建立32个区、320个乡、2031个村的基层政权组织；选拔地方干部8200余人，发展党、团员3680余人；建立农民协会2070多个，发展会员50多万人；建立民兵自卫队25个，发展民兵15万多人。贵州军区，1950年起调集2万多名干部组成工作队下乡，帮助17个县、71个区、132个乡建立基层人民政权，工作时间长达20个月。新疆军区，共协助地方建立7个专员公署、53个县和迪化市人民政府。

三是部队人员转业到地方，充实和加强政权建设。西北军区在1950年～1951年4月间，先后有7159名干部和老战士转业到地方，加强各级政权建设。川南军区在1950～1952年间，先后有1118名干部就地转业到地方各级政府机关工作。贵州军区有4000余名干部转业到地方政府工作。截至1952年12月，新疆军区有8400余人参加地方政权建设，后来则正式转业。在华东、中南、西北的广大地区，各野战军派到地方参加政权建设的干部战士，有许多人后来都脱下军装，转业到地方政权机关工作，不少人成为人民政权机关的骨干。

第五节　开展大规模剿匪斗争

新中国成立时，大陆一些边缘省区和沿海岛屿还盘踞着国民党的军队。在人民解放军的猛烈追击下，除少数逃往台湾外，大部相继被歼灭。然而，国民党当局有计划地在大陆一些新解放区和部分沿海岛屿留置了大量土匪特务武装。这些土匪特务武装与溃散的国民党残余部队相结合，网罗旧官僚、恶霸地主、散兵游勇、地痞流氓、反动会道门成员及惯匪，聚众结伙，打着“救国军”、“自卫军”、“保民军”等旗号进行破坏活动，企图以此推行“游击计划”，建立“大陆游击根据地”，伺机配合台湾国民党军反攻大陆。1949年下半年，部分地区虽陆续开展了剿匪斗争，但到1950年初，全国仍有土匪特务武装约108万人。其中，华东地区约5.9万人，中南地区约28.8万人，西南地区约有土匪65.5万人，西北地区约4.2万人，华北地区约3万人。朝鲜战争爆发后，这些土匪特务武装活动更为猖獗。其活动方式和斗争手段是：袭击基层人民政权，封锁或占领小城镇，控制农村；破坏城乡交通，抢掠物资；杀害地方党政干部和百姓，绑架勒索，奸淫妇女，扰乱社会秩序；骚扰和妨碍人民解放军的作战行动，偷袭、抓捕和残杀人民解放军零星外出人员；散布谣言，蛊惑人心，发展武装，组织暴乱等。因此，剿灭匪患，是人民解放军巩固新生政权，稳定社会秩序，保护人民群众生命、财产安全的重要任务。

一、剿匪决策、方针与政策

中共中央、中央军委对各地匪情极为重视，适时作出了坚决剿灭土匪的决策。早在1949年3月5日的中共七届二中全会报告中，毛泽东就指出，在南方，人民解放军的任务是消灭国民党的反动武装力量等，在乡村中则是首先有步骤地展开清剿土匪的斗争。后来，毛泽东又指出：“当前全国人民的任务是迅速肃清残余反动力量与有步骤的进行政治、经济、文化和国防的建设。剿匪是肃清残余反动力量的一个重要部分，又是保障实施各种政治、经济、文化、国防建设的先决条件。”[①] 5月27日，中共中央发出《关于注意防止敌人破坏加强肃反和剿匪工作的指示》，要求各地加强肃反和剿匪的工作，并作出具体部署。6月26日，中共中央向各中央局、各中央分局和各前委、省区党委和解放军军师团党委、地方地县委及各政府部门、各群众组织的党组转发6月25日新华社发表的短评《消灭麻痹倾向扑灭特务匪徒》和《保护人民祖国的财产》，

① 转引自华东军区、第三野战军：《关于剿匪政治工作指示》，1949年8月10日。

要求各级党组织和政府部门“针对社论所指出的问题，检讨自己的工作，并做出简明决议，指示全党实行”，特别指出“这是一个极重要的问题。必须提起高度的警惕性并拿出具体解决的办法，千万不可采取轻忽态度”。10 月 1 日，朱德在开国大典上向全军发布命令，要求“中国人民解放军全体指战员、工作员，坚决执行中央人民政府和伟大的人民领袖毛主席的一切命令，迅速肃清国民党反动军队的残余，解放一切尚未解放的国土，同时肃清土匪和其他一切反革命匪徒，镇压他们的一切反抗和捣乱行为”①。

中共中央、中央军委在作出剿灭土匪决策的同时，确定了剿匪的方针和政策：必须抓紧时机，建立统一领导，有计划地配备力量，确实掌握情况，展开全面的而又有重点的清剿，务期一网打尽，斩草除根；必须发动群众，争取一切社会力量，组织剿匪反恶霸的统一战线，使整个斗争成为轰轰烈烈的群众运动；实行剿匪的地区，必须做到肃清潜匪，收尽匪枪，捕尽匪首，瓦解匪众，摧毁匪特指挥机关，打倒通匪窝匪的反动恶霸。剿匪部队不要打击溃战，而要打歼灭战，必须与政治斗争和群众运动相结合，城市与乡村相结合，全面展开而又有重点地进行；必须进行短期的政治和政策教育，确立为民除害，为人民服务的决心，成为顽强的战斗队和能干的工作队；必须军政结合，剿抚兼施，确实掌握首恶必办，胁从不问，立功受奖的原则，打击和瓦解土匪，最后达到消灭土匪的目的。对付武装的土匪特务，一定要采取主动的军事行动，予以沉重打击；同时必须展开政治攻势，宣传人民政府处理土匪问题的政策，并通过各种社会关系，特别是自新土匪和土匪家属，利用各种形式，对土匪进行瓦解争取工作。区分首从，对于作恶多端，死不悔改分子，予以坚决镇压；对于作恶不多的胁从分子，予以自新机会；对立功自赎的分子，予以宽大待遇。1950 年 6 月 6 日，毛泽东在《为争取国家财政经济状况的基本好转而斗争》的报告中进一步

① 《朱德军事文选》，710 页，北京，解放军出版社，1997。

指出："必须坚决地肃清一切危害人民的土匪、特务、恶霸及其他反革命分子。在这个问题上，必须实行镇压与宽大相结合的政策，即首恶必办，胁从不问，立功者受奖的政策。"①

二、各战略区的剿匪斗争

遵照中共中央和中央军委的指示和部署，从1949年下半年开始，中国人民解放军先后投入6个兵团部、41个军部、140个师、2个旅另20个团和海军、空军各一部，共150万余人，在地方武装和人民群众的支援配合下，在华东、中南、西南、西北和华北股匪严重地区，展开大规模的剿匪斗争。尽管各区剿匪作战各有其特点，但总的来说，剿匪作战一般都经历3个阶段，即：集中优势兵力，重点进剿大股土匪；实行分区驻剿，歼灭小股土匪；结合农村土地改革和镇压反革命运动，肃清潜藏散匪。

（一）华东地区剿匪

华东军区、第三野战军先后抽调5个军部、19个师、1个旅又15个团以及海军一部参加剿匪作战。

渡江战役结束前后，华东军区、第三野战军即开始抽调部队在新解放地区展开剿匪作战。1949年7月，苏南、浙江大陆全部解放后，中共中央华东局于7月29日发出剿匪指示，要求凡是有大股国民党匪帮和土匪活动的地区，各军区和军分区应迅速定出全盘清剿计划和部署，指定坚强的军政干部并结合有关部门组成统一剿匪指挥机构，以便协同动作、统一步骤，达到彻底消灭一切反革命武装的目的；各地接合部之山区和湖沼地带的剿匪必须由上级党委军区统一指挥和领导；野战军应有计划地以团、营、连为单位，分散到农村进行清剿；对各种不同的土匪应有不同的对待，但基本方针则是采取政治军事双管齐下，同时必须遵守争取多数、打击少数、利用矛盾、各个击破的策略指导原则；强调广泛发动群众，深入宣传

① 《建国以来毛泽东文稿》第1册，395页，北京，中央文献出版社，1987。

党的方针、政策，揭露敌人的欺骗、谣言，必须使每个干部了解，正确执行党的政策、取得群众的支持，是肃清匪患的关键。[①] 8月9日，华东军区、第三野战军下达秋季剿匪作战命令，决定在进军福建和解放浙江沿海岛屿的同时，抽调一部主力（第25、第24、第35、第23、第20军各一部），结合地方武装基干，配合地方党政工作，统一组织部署，采取合围进剿、驻剿、以游制游之方针手段，有重点有步骤地普遍开展华东全境剿匪作战，求得于秋季3个月（9月～11月）大体剿灭华东境内股匪；秋季剿匪作战第一步以浙皖边区和皖北大别山的立煌（今金寨）地区为重点清剿区域，尔后视情况向浙赣边、浙赣线、或浙闽边、浙东地区延伸清剿。第一步剿匪作战部署主要包括：浙皖边区首先以杭徽公路两侧地区为重点，集中第25军2个师另军部特务团共7个团，在浙江军区第4军分区、第9军分区和皖南军区的宣城军分区、徽州军分区协同下，剿灭区内股匪散匪，尔后再视机转向浙赣边清剿；皖北地区首先以金寨地区为重点，集中第24军第71师和野战军直属骑兵团、皖北1个团，由皖北军区指挥，协同鄂豫皖边区剿匪指挥部，进剿立煌地区股匪；苏南军区（配属华东海军炮艇队），以剿灭太湖匪特为重点；第20军酌情派出部队协同苏州军分区，继续清剿苏州至上海铁路沿线地区的土匪；第23军抽调部分兵力，协助浙江第1军分区重点清剿嘉兴、天兴、海宁、海盐、平湖和嘉善地区散匪，并先派出1个团控制长兴、吴兴地区，防止匪特南窜；钱塘江以南、浙闽赣边及浙江沿海地区的剿匪，以第35军为主，由浙江军区统一部署；其他地区的土匪，由各地方武装负责清剿。

8月27日起，各剿匪部队按预定计划，开始在各自责任地区对大股匪特展开重点清剿。至1950年2月，华东地区共歼匪5.4万余人。除福建外，华东大陆的大股土匪基本被剿灭，社会秩序初步稳定。

---

① 参见华东局：《华东局关于剿匪指示》，1949年7月29日。

1950年初，在大股土匪被剿灭以后，华东军区、第三野战军主力转入解放闽浙沿海岛屿。由于地方政权及地方武装初建不久，特别是刚解放地区的地方工作比较薄弱，台湾国民党当局趁机向大陆及沿海地区回派武装特务。在国民党特务煽动、操纵下，各地土匪利用春旱灾荒，乘势又起，华东股匪迅速发展，尤以福建地区最为严重。

1950年3月，华东军区、第三野战军作出新的部署：在福建、浙江、苏南匪情严重的地区，以主力部队为主，地方武装配合，实施有重点、有步骤地进剿；在匪情一般的地区，以地方武装为主，民兵配合进行清剿；在鲁苏、浙皖、苏浙和浙闽4个边区，成立剿匪治安委员会，并把部分主力部队转为军分区和县级武装。剿匪斗争发挥党政军民兵整体力量，采取分片包剿的办法，迅速扩大了剿匪战果。3～6月，华东地区又歼股匪“中华民族自救军闽北总指挥部”、闽西“反共救国军第6纵队”、闽南“漳厦游击司令部”，浙江“国防部第3纵队”，苏南“苏皖军区第3纵队”，皖北“青年反共救国军”等共2.7万余人。

1950年6月朝鲜战争爆发后，台湾国民党当局叫嚣反攻大陆，加紧派遣特务武装窜入大陆，土匪人数再次回升。针对此种情况，华东军区于1950年8月召开剿匪作战会议，总结交流一年来剿匪作战的经验教训，进一步重申剿匪方针、政策，要求各剿匪部队切实做到军事清剿与政治攻势、剿匪与反霸、长期驻剿和分散清剿紧密结合起来；首先打掉主要股匪，然后再消灭边沿地区的土匪。为达成剿灭大股土匪的目标，华东军区决定再抽调第22军第65、第66师分别进驻浙江穿山半岛和象山半岛清剿，第23军第67师进驻天台地区清剿，将福建剿匪兵力由8个团增加到12个团。各清剿部队灵活运用奔袭、合围、伏击、搜捕等战术，积极开展剿匪斗争。1950年10～11月，第32军第95、第96师部队，在福建闽北地区歼灭“突击司令部特务团”和“闽北自救军第2支队”等重要股匪10余股。第29军第85师第253团在地方武装配合下，在连城地区连续进行19天清剿，歼灭“中国人民自由军闽粤赣边区总司令部”400余人。抗美援朝战争开始后，为保证抗美援朝和土地改革工作的顺利进行，不使东南地区的剿匪牵扯太多的精力，11月17日，毛泽东指示陈毅、饶漱石：“闽浙两省剿匪工作极为重要，特别是福建匪患必须使用四五个主力师用全力穷追猛打、限期肃清。”[1] 华东局和华东军区根据毛泽东的指示，将福建剿匪兵力增加到5个师，并从各部队抽调1.2万余名干部组成工作队，深入乡村宣传发动群众，加强地方武装，扩大民兵队伍，使剿匪和土地改革以及镇压反革命、镇压恶霸斗争紧密地结合起来。到1951年6月，华东大陆又剿灭新老土匪11.4万人。

此后，华东地区剿匪工作即由集中剿灭股匪，进入肃清散匪、潜匪时期。1951年6月，华东军区确定清匪工作主要由地方武装、公安部队和民兵承担，主力部队转入整训，下达《深入贯彻肃清散匪工作的指示》，要求各清剿部队必须坚持长期作战思想，克服松劲情绪；各地党组织应加强对清匪工作的统一领导；加强地方武装与公安部队、民兵的密切协同，实施有效地搜捕挖根；认真发动群众，坚决贯彻镇压与宽大相结合的方针，做好匪属工作，订立清匪公约，组织好清匪联防，挖掉匪特赖以寄生的土壤。还要求各地党组织，加强对地方武装和民兵组织的整训，纯洁内部，不断提高战斗力。

在清剿散匪的斗争中，各地区清剿部队采取分区包干和区间联防的办法，普遍建立群众性的情报网，组成“飞行组”和武工队，配合公安部门对残匪进行追踪缉捕。从各部队抽调大批干部组成工作队，深入农村开展群众工作。在福建地区，部队先后抽调1万余名干部参加地方工作；驻浙江部队则帮助地方加强基层政权建设，建立起316个武工队。到1953年底，华东大陆基本平息了匪患。

---

① 《建国以来毛泽东文稿》第1册，669页，北京，中央文献出版社，1987。

在此期间，华东地区清剿海匪的作战也大获全胜。1949 年 11 月，华东军区、第三野战军针对海匪登陆内窜活动日益增多的严重情况，指示有关军区把清剿陆匪和消灭海匪结合起来，分区包歼登陆窜扰的海匪。1950 年夏至 1952 年底，华东沿海地区军民先后阻歼大小海匪 370 多股。1951 年 1 月，华东地区即击溃和歼灭登陆海匪 120 股，歼灭海匪 1500 余人。1952 年，浙江沿海全年歼灭登陆海匪 1613 人。与此同时，华东军区海防巡逻部队和军区海军舰艇部队在海上多次实施歼灭海匪作战。1951 年上半年，海防巡逻部队在海上与海匪作战 33 次，歼灭海匪 369 人，俘获海匪船只 26 艘。1951 年全年，海军剿匪部队单独进行剿匪海战 56 次，歼灭海匪 246 人，配合陆军歼灭海匪 298 人，击沉、击伤和俘获海匪船只 52 艘。不仅如此，华东军区还注重主动进剿岛上海匪。1949 年 11 月，华东军区先后派出部队进剿浙江沿海的洞头、状元岙、高塘、南田等岛海匪。1950 年 6 月，华东军区命令海防部队加紧进剿岛上股匪。6 ~7 月，海防部队剿灭岛上海匪 2200 余人，接连解放 10 多个岛屿。但是，1950 年 10 月，台湾国民党当局为了挽回败局，整编浙江沿海海匪，重新夺占了浙江和福建沿海的 10 个岛屿。针对此种情况，华东军区部队继续以主力部队进剿岛上海匪。至 1952 年 1 月，全部解放曾被海匪夺占的 10 个岛屿。1950 年 6 月 ~1953 年 12 月，华东军区沿海剿匪部队共歼灭海匪 7800 余人，解放大小岛屿 50 余个。

华东地区在历时 4 年的剿匪作战中，共歼各类土匪 24. 6 万余人。华东剿匪的胜利，摧毁了国民党企图“反攻大陆”的社会基础，为支援抗美援朝战争、在新区顺利实行民主改革、巩固新生人民政权和发展社会经济作出了重要贡献。

（二）中南地区剿匪

1949 年 12 月 29 日，第四野战军兼中南军区发出《关于一九五〇年上半年剿匪指示》，指出 1949 年底中南地区大陆作战已全部结束，从 1950 年 1 月起，所属各部队的一项重要任务是肃清残匪；决定以第45、第49军参加广西剿匪，第46、第47军参加湖南剿匪，第48军参加赣南及粤北部分地区剿匪，第41、第44军参加广东剿匪，其余部队必须根据不同的情况和需要，采取不同的地方化组织形式，剿灭所属地区之匪；要求各军区根据总的要求、当地匪情以及自己的兵力情况，提出1950年上半年内完成剿匪任务的计划和步骤。

1950年3月10日，中南军政委员会就剿匪问题作出决议，提出争取在半年时间内将全区残存的土匪完全肃清，并为此将剿匪力量进一步作出调整：将第158、第159、第160、第162、第165共5个师拨归湖南军区建制指挥，将第151、第152、第154师拨归广西军区建制指挥。3月17～28日，中南军区召开高级干部会议，进一步部署1950年剿匪工作任务，指出："在匪情严重与匪性刁难的地区，应相对地集中进剿的兵力，减少守备的兵力，采取重点进剿（即是采取重点区的进剿，由一个重点区到另一个重点区），多路合围，或迫匪离开巢穴，使之丧失耳目脱离熟悉的地形道路，在其不利地区歼灭之。"4月29日，中央军委向各大军区转发中南军区清匪工作会议的总结报告，告诫各地区"要防止大股土匪剿灭之后，轻视散匪、潜匪并满足于一时平静现象的麻痹思想生长"。

为消灭匪患，中南军区在3年中先后抽调4个兵团部、12个军部、1个纵队（两广纵队）、46个师，以划区包干的办法，对中南地区的土匪展开大规模清剿。

1949年7月中旬，河南军区以第42军和第58军各一部，在军区所属地方武装的配合下对豫西伏牛山区土匪展开清剿，历经2个月的合围追剿，歼灭土匪新编第1师、保安第6旅及"黄河"、"绥远"2个特务支队，给予土匪新编第2师和新编第3师以歼灭性的打击。至10月，伏牛山区大股土匪被基本歼灭，共歼匪3万余人。

7月30日，湖北军区在黄冈地区组成鄂豫皖边区工作委员会和剿匪指挥部，由湖北军区副司令员王树声任总指挥，统一指挥第42军、第24军各一部，湖北军区独立第3师和安徽警备部队一部，以及军分区地方武装，对大别山区股匪展开围剿。至1950年3月，全歼大别山地区股匪1.5万余人，俘获“鄂豫皖边区人民自卫军”总司令汪宪等匪首。与此同时，湖北军区独立第1、第2、第4师等部队歼灭“湘鄂赣反共救国军”第2军直属纵队等股匪。1950年1～3月，湖北军区剿匪部队歼灭“川陕鄂游击纵队”等部土匪近万人，基本肃清湖北境内的大股土匪。

江西军区剿匪的重点是赣东北地区的鄱阳湖和南浔铁路两侧地区，兼顾赣西北地区的云山、赣西的武功山和赣南的翠微峰、井冈山地区。1949年7月15日，剿匪部队采取湖内进剿与陆地截击相结合的战术，先后对盘踞各地的股匪发起进剿。至月底，剿匪部队先后于慕阜山、棋坪山地区和永新、永丰、泰和等县，歼灭“湘鄂赣边反共自卫军第6纵队”、“赣西绥靖司令部”、“青年救国军”第18、第20支队等股匪1100余人。9月，担负赣南剿匪任务的第48军第144师对翠微峰地区的“豫章山区绥靖司令部”股匪展开进剿，全歼土匪1800余人。到1949年底，全省共歼股匪4万余人。

湖南军区的剿匪作战是从1949年8月开始的。此时的湖南军区先以收编的方式解决了4.3万余人的游杂武装。10～11月，第46、第47军部队分赴湘西、湘南地区开展重点进剿，先后歼灭国民党交警“湘南纵队”、保安第1师和“湘赣反共救国军”等，共2.1万余人。到1949年12月，湖南军区部队共歼灭股匪12.6万余人（其中收编8万余人，歼灭4.6万余人），为下一步开展湘西剿匪打下了基础。1950年1月，中共湖南省委员会第一次代表大会确定放手发动群众，大力开展剿灭股匪的斗争，要求在半年内歼灭全部匪特武装。会后，湖南军区集中第46、第47军和第38军第114师等部队及各地方武装共20万余人，先后对有关地区的股匪展开多次大规模合围作战。经过3个月的进剿，歼灭股匪2.2万余人，解放湘西8座县城及广大农村。4月上旬，湖南军区剿匪工作会议总结前段剿匪工作，决定暂时放弃湘西边缘地区的进剿，以湘西的大庸、永顺、保靖以南，会同、黔阳以北，凤凰、麻阳以东等为下一阶段的剿匪重点地区。会后，第47军等部再次对湘西地区的股匪进行大规模会剿，至6月底，相继剿灭暂编第2、第4师等股匪1.5万余人，活捉暂编第1军军长陈子贤等匪首，基本肃清湘西中心区的股匪。接着，在湖北、四川、贵州军区部队的配合下，对盘踞在湘鄂川黔桂边缘区及湘南地区的股匪展开会剿，到1950年底，先后歼灭“湘鄂川反共救国军”和“华南反共救国军”等股匪2.3万余人。第46军等部则在湘南剿匪指挥部的统一指挥下对湘南地区的股匪展开重点清剿，歼灭“交警东南办事处”、“湘赣辖区反共救国军”、新编第8军等股匪共1.2万余人。湖南地区的大股土匪遂被基本剿灭。

1949年11月，中共华南分局召开党代表会议，华南分局第一书记叶剑英在会议报告中提出将剿匪肃特、巩固治安作为当前军事工作的重要任务。12月12日，华南分局和广东军区联合发出《剿匪指示》，明确规定剿匪第一阶段以军事进剿为主，配合政治争取，对土匪开展分化瓦解工作的方针。1950年1月，广东军区又下发《一九五〇年剿匪计划》。第41、第43、第44军和第48军剿匪部队，在10万民兵的配合下，从1949年12月开始，集中兵力，先后对西江、北江、东江及潮汕等匪情严重地区展开重点会剿。至1950年5月，相继剿灭“交警教导第2纵队”、“西江反共救国军”、“粤中师管区第1纵队”、“粤南工作站”、“粤西忠义救国军第7支队”等股匪共5万余人，基本平息了广东地区的匪患。

广西地区是中南地区解放最晚、匪情最为严重的地区之一。1949年12月，中共广西省委和广西军区下发《关于肃清匪特的指示》，明确规定“搜剿匪特，迅速安定社会秩序为全省工作的重点”。第45、第49军和第38、第39军各一部奉命担负广西境内剿匪任务。1950年1月起，广西军区各部队对盘踞各地的股匪展开全面进剿，积极开展政治攻势，至4月，共歼灭国民党军残余武装1.5万人，收降国民党残余武装1.4万余人。5～7月，广西军区又对桂东南的股匪进行重点清剿，但效果不佳。1950年11月中旬，毛泽东致电批评广西剿匪工作，“希望广西全省主要匪患六个月内能够肃清”。中南局和中南军区据此要求广西省委和广西军区以剿匪为压倒一切的首要任务，一切工作皆应服从剿匪的利益和要求。为此，从11月中旬起，中南军区政治部主任陶铸、华南分局第一书记叶剑英先后到广西帮助、指导工作。广西省委和广西军区则召开第3次剿匪工作会议，深刻检讨广西剿匪工作中的失误，决定调整部署，集中兵力，全力以赴，首先消灭十万大山、大容山、大瑶山地区股匪。为加强广西地区剿匪力量，11月27日，中南军区决定抽调第21兵团前往广西剿匪，使广西剿匪兵力达到15个师、12个独立团，共约20万人。1950年12月～1951年5月，广西军区剿匪部队经过艰苦努力，先后于大瑶山、六万大山、十万大山、灵山、永淳和钦州等重点进剿地区歼灭“粤桂边反共救国军”、“两广反共救国军”、“广西游击联军”等股匪33万余人，胜利完成剿灭股匪的任务，受到毛泽东的嘉勉。

剿灭大股土匪后，中南军区于1951年5月发出《关于今后清匪肃特的指示》，对清剿潜伏残余匪特的斗争作出部署和指导。根据中南军区的指示，6月起，中南各省清剿部队先后抽调2.7万名干部和3000名老战士，组成若干精干“飞行”捕捉小组和便衣队，捕捉匪首、散匪。据不完全统计，至1952年3月底，歼灭土匪11万余人。在搜捕作战中，各省民兵也发挥了重要作用。清剿散匪作战结束后，在各地区党组织的统一领导下，各地普遍成立以地方武装和公安机关为骨干的“清匪治安委员会”，巩固剿匪成果。

中南剿匪历时3年零1个月，共歼土匪115万余人。剿匪斗争的胜利，使国民党企图在中南大陆建立游击根据地的梦想彻底破灭，稳定了社会秩序，保证了土地改革的顺利实行，为中南地区的经济恢复和政权建设铺平了道路。

（三）西南地区剿匪

西南地区是全国解放较晚的地区。在解放西南过程中，国民党军除大部被歼外，尚有一小部分溃散为匪，使得西南地区的匪情更加严重。

为迅速平息匪患，西南军区遵照中央军委的统一部署，先后调集第3、第4、第5、第18兵团和西北军区第2兵团第7军，共13个军部、37个师另2个团的兵力，采取划地区包干的办法，展开大规模剿匪作战：第18兵团负责进剿川西、川北和西康地区土匪；第3兵团负责清剿川东、川南地区土匪；第4兵团和桂滇黔边纵队负责进剿云南地区土匪；第5兵团除第18军担负进军西藏任务外，其余部队进剿贵州土匪。各进剿部队从1950年1月下旬开始剿匪作战，至2月初，歼灭土匪2.3万余人。

1950年2月，中共中央西南局举行第一次会议，指出剿匪已成为西南地区的中心任务，不剿灭土匪，一切无从着手；农村工作的中心任务是“剿匪生产”；剿匪工作应坚决贯彻“军事打击，政治瓦解，发动群众三者相结合”的方针，正确执行镇压和宽大相结合（即“首恶者必办，胁从者不问，立功者受奖”）的政策；应加强对各主要交通干线的守备，采取分段包干办法，集中兵力首先歼灭平原富庶地区大股土匪，尔后再逐步向边沿山区扩展；迅速净化四川腹地，以保证春耕生产。3月，西南局和西南军区联合发出《关于组织一元化剿匪斗争的指示》。1950年3月起，各进剿部队按部署对各地股匪展开重点进剿。

四川的川东进剿部队集中兵力实行围剿、清剿、会剿，至7月底，歼灭股匪9.5万人。此后，部队主力移师黔东北地区清剿和会剿，歼灭包括“黔东北人民自卫军”、“川黔湘鄂人民自卫军”、“西南剿共总指挥部”等在内的股匪3.2万余人。至1950年12月，川东地区大股土匪被肃清，共歼匪19.3万余人。川南进剿部队主要集中兵力对兜子山、螺观山、古楼山和桐子林、马边股匪以及川康黔滇边股匪实行清剿，至1950年12月，川南地区共歼灭股匪29.3万余人。川西进剿部队在镇压了龙潭寺、西板滩地区大规模土匪暴乱后，又对邛崃、大邑、总岗山区和双流地区的土匪实施多次进剿作战。至7月底，共歼股匪5万余人。基本平息了腹心区和部分边沿地区的匪乱。8 月以后，进剿部队又对盘踞在川西汶州、灌县、彭县交界地区，川康边羊儿岗、天台山地区和懋功（今小金）、抚边、绥靖（今丹巴）等少数民族地区的股匪进行会剿，歼匪 2.6 万余人。至 12 月底，川西地区共歼股匪 8.3 万余人。川北进剿部队先平息川北腹地股匪，再清剿北部地区的股匪，至 1950 年 12 月，共歼灭股匪 8 万余人。

贵州进剿部队开始阶段因军区所辖范围宽广、兵力不足、没有实施重点清剿，因而剿匪成效不大。3 月，贵州军区召开剿匪会议，对剿匪部署作出调整。至 1950 年 12 月，共歼灭包括“黔东北反共人民自救军”、“黔东南绥靖司令部”、“贵州人民反共救国军”、“川黔湘反共自救军”、“黔桂边区人民反共救国军”等在内的股匪 19 万余人。

云南和平解放之初，对匪情估计不足，加上起义部队不断发生叛乱，致使土匪数量迅速增加。云南军区决定采取集中兵力，分片包干的办法，展开重点围剿。各清剿部队按照统一部署，在积极开展军事清剿的同时，大力发动群众，开展政治攻势，瓦解匪部。至 1950 年底，共歼灭股匪 6.2 万余人。

西南地区剿匪成绩显著，1950 年共剿灭土匪 92 万余人，受到毛泽东的表扬。

西南地区的主要股匪被歼灭之后，大量残匪便流窜至省县接合部山区和滇缅边境地区。1951 ~ 1953 年，西南军区通过清剿斗争，在四川、西康、云南、贵州地区共歼灭土匪 24 万余人，基本肃清西南地区的土匪。

西南剿匪历经 3 年，共歼匪特 116 万余人。剿匪斗争的胜利，为稳定社会秩序、巩固新生的人民政权、保证土地改革的顺利进行和经济的恢复发展奠定了基础。

（四）西北地区剿匪

第一野战军暨西北军区根据中央军委指示，从西北地区少数民族众多的实际出发，制定了适合西北地区情况的特殊政策和策略。

即：军政兼施、区别对待；对少数民族中的反革命武装叛乱首恶分子坚决镇压，以保护广大人民群众的利益。针对西北匪情严重、自然环境艰苦、剿匪任务艰巨的实际情况，提出各部队要树立长期剿匪的思想，军事上要打得稳、打得狠。朝鲜战争爆发后，西北军区针对匪情变化，将剿匪斗争转入分片包干，联防驻剿；打破原有的区域界限，成立联防剿匪指挥部，实施统一领导，军地协同。同时，结合减租、反霸、土改等社会改革，发动群众，摧毁匪特的社会基础。在历时 5 年的时间内，第一野战军暨西北军区先后调集 2 个兵团部、11 个军部、39 个师（旅）、70 个团，开展大规模剿匪作战。

在陕西，1949 年 5 月，西北军区召开有关的 6 个分区领导干部参加的剿匪会议，对陕西剿匪工作作出部署。会后，陕西各分区部队即对各地股匪开展清剿。至 1950 年 8 月，歼灭“川陕鄂绥靖公署”余部、“西安绥靖公署第 3 纵队”、“川陕救国军”、“川陕边区人民自卫军”、保安第 4 旅、“忠义救国军”、“反共救国军”等股匪。与此同时，陕北军区于 1949 年下半年调集 3 个团对境内主要股匪展开 3 次连续清剿，至 1950 年 6 月，将其歼灭于内蒙古东乌审地区。至此，陕西地区除川陕甘边尚有小部股匪活动外，主要股匪基本被肃清。

在甘肃，西北军区于 1949 年 5 月 23 日发出剿匪指示，要求甘肃各进剿部队在实行坚决军事打击的同时，应不放松政治瓦解工作，特别应注意争取广大少数民族群众，保护少数民族群众利益。遵照西北军区的指示，甘肃省委和甘肃军区组成平凉剿匪指挥部和工作委员会，统一指挥清剿部队，进至平凉地区清剿。至 1950 年 7 月底，歼灭叛乱股匪，击毙匪首马云山，俘股匪 1200 余人。在此期间，第 4 军平息临夏股匪暴乱，歼灭股匪 2000 余人。进入河西走廊地区的第 3 军，对酒泉、玉门、张掖、敦煌等地股匪发起 9 次围剿，剿灭匪特 2100 余人。

在宁夏，1950 年初宁夏军区清剿部队对盘踞在同心县西南的武当、黄麻沟、惠安堡一带的“贺兰剿共总部”、“仁义军”等股匪展开进剿。至3月下旬，将其全部歼灭。3月，宁夏军区又集中3个多团，采取分片包干的办法，深入贺兰山区对匪首郭栓子部展开围剿，于11月全歼该匪。1952年4月，甘肃陇东地区和宁夏西吉、海源、固原地区土匪发动暴乱。第3军并指挥骑兵第6师和宁夏军区一部进剿。至7月底歼匪6240余人，其中3000人投诚，平息了暴乱。

在青海，兰州战役后，马步芳残部逃往青海，与当地反动势力相互勾结，形成几股较大的土匪，共约6万人，成为西北地区最为严重的匪患。1949年12月，第1军一举平息西宁周围地区股匪的暴乱，歼灭土匪4000余人。1950年初，原马步芳新编军参谋长马忠义率“新编第82军”组织暴乱。第1军和第4军一部奉命对股匪展开围剿。2~7月，各进剿部队历经大小战斗200余次，终于将该股匪剿灭。1951年5月，贵德昂拉地区藏民千户项谦纠集匪特1980人、裹胁群众6700余人叛乱。经谈判、劝说无效后，西北军区抽调5个多团的兵力，从5月开始，经连续追剿，歼灭股匪1595人，解救出被裹胁的群众。7月11日，匪首项谦向青海省人民政府投降。

在新疆，新疆和平解放后，乌斯满、斯拉木和贾尼木汗等匪首，在美英帝国主义分子的支持下，策划新疆“独立”，并纠集匪徒6000余人，裹胁哈萨克族群众4.5万余人，在新疆地区发动大规模暴乱。1950年3月，中央军委指示西北军区，坚决消灭乌斯满匪徒。新疆军区成立以王震为总指挥、赛福鼎为副总指挥的剿匪指挥部，在北疆成立以罗元发任总指挥的北疆剿匪前线指挥部，抽调第2、第5、第6军各一部与公安部队、地方武装，共计1.5万余人，从4~7月实施剿匪作战，歼灭乌斯满匪部主力（毙俘股匪2700余人，股匪1.7万余人投降，生俘贾尼木汗等匪首30余人），解救哈萨克群众8.6万余人，取得剿匪作战的初步胜利。1951年2月，新疆残匪乌斯满等率部5000余人流窜至甘、青、新三省交界处。西北军区调集第1、第2、第3、第4军共25个步（骑）兵连实施会剿，历经48天的作战，俘虏匪首乌斯满等，共歼灭土匪1458人。

1950年7月中旬，新疆景化（今呼图壁）、绥来、迪化（今乌鲁木齐）地区和吐鲁番等地先后发生乌拉孜拜、司迪克股匪暴乱，土匪裹胁16个部落的哈萨克群众2万余人，成立“保卫哈族人民革命军”。北疆剿匪前线指挥部立即抽调第5、第6、第9军各一部对股匪展开大规模清剿。至10月4日，进剿部队转战8000余公里，歼股匪近6700人，解救被土匪裹胁的全部群众，迫使匪首乌拉孜拜、司迪克等投降。从1951年9月～1952年9月，新疆剿匪部队还在奇台、迪化、木垒、孚远地区追歼谢尔德曼、哈通拜克、季奎、哈依沙、刹尼牙孜等6股土匪。至此，新疆清剿大股土匪工作基本结束，共歼匪特4.8万余人，解救群众约11万人。

1952年12月，西北地区大部股匪基本被歼灭之后，西北军区召开剿匪会议，决定对甘肃、青海、四川边界地区的残匪马良、马元祥部实施清剿作战。为此，西北军区成立甘青剿匪指挥部，调集剿匪部队1.9万人，在西南军区一部的配合下对残匪发起清剿。1953年3～7月，剿匪部队通过追击搜剿，歼灭股匪1860余人。至此，西北五省（区）清剿匪特斗争胜利结束。

西北剿匪历时5年，共歼匪特12.9万人。剿匪斗争的胜利，为巩固西北地区新生政权，稳定社会和保卫各族人民的生命、财产安全作出了重大贡献。

（五）华北地区剿匪

1949年4月，华北军区召开剿匪工作会议，制定了剿匪的方针和政策。提出积极发动群众，开展政治攻势，地方武装与正规部队联合剿匪；实行“首恶者必办，胁从者不问，立功者受奖”的原则，宽大与镇压相结合，以达到瓦解、分化、争取的目的。

华北军区剿匪部队根据该区土匪特点和分布情况，决定以绥远（今属内蒙古）、平原（今分属山东、河南省）和察哈尔（今分属内蒙古自治区和河北省）北部地区为重点，采取灵活战术，用大包围、暗掏窝等方法对股匪实施清剿。从1949年下半年开始，剿匪部队采取时集、时分的方式，在地方党委的统一领导下，对河北、察哈尔、山西、平原等省股匪展开进剿。1950年3～12月，华北军区又组织骑兵第1、第3、第4、第5师，步兵第22、第202师和3个骑兵支队，以及各军分区武装等，开展大规模进剿作战。

1951年1月起，华北军区转入全面驻剿和清剿。至年底，潜、散匪特基本被肃清。

在河北省，1950年5月，河北军区组织分区独立营、县大队，对匪特猖獗的大清河以北、天津南北及保定地区实施重点清剿，消灭土匪12股2400余人。至1951年12月，全省共歼匪特7600人，清除了匪患。

在平原省，淮海战役后，国民党军零散溃兵流窜在陇海路以北的民权、曹县、考城（今属兰考）、荷泽、东明以及邳县、铜山、丰县地区，烧杀抢掠，扰乱社会秩序。平原军区组织部队和民兵清剿，歼匪1200余人。解放安阳和新乡时，大量国民党还乡人员流窜为匪。平原军区和省党政领导宣传剿匪政策，开展政治攻势和争取工作；同时，对顽匪实施军事打击，消灭国民党军第10纵队300余人，保安队1000多人，其他匪特1100多人，并一网打尽以文宪章为首的“地下军”。至1951年底，平原全省土匪基本肃清，共歼匪特3300余人，登记自首者1.3万余人。

在察哈尔省，土匪多是绥远、大同地区流窜的国民党残军与察北的惯匪，主要活动于察北的商都、尚义、察南的万全、宣化、怀安和雁北的天镇、阳高、浑源、左云、右玉、广灵一带。1949年5～11月，察哈尔军区组织部队进行大规模围剿，共歼匪特3200余人，基本剿灭大股土匪。1950年下半年起，又对潜散匪特进行清剿。至1951年，散匪被肃清，全省共歼匪特4480余人。

在山西省，从1948年下半年开始，军民结合开展剿匪斗争。至1951年，歼灭阎锡山的残余武装近2000人。

在绥远省，伊克昭盟乌审旗、乌兰察布盟西部、包头、萨拉齐、后套、绥中之武川、绥东等地区土匪较为集中。1950年起，绥远军区集中2个步兵师、5个骑兵师另3个骑兵支队及部分地方武装，开展大规模剿匪作战。至1951年底，共歼匪特7200余人，基本肃清全省匪特。

华北地区在两年多剿匪作战中，共歼匪特5.3万余人。剿匪斗争的胜利，保证了全区的政权建设、土地改革、经济恢复和抗美援朝运动等项工作的顺利进行。

人民解放军的剿匪作战，至1953年底基本完成，共毙伤俘土匪和争取土匪投降自新270余万人。历时4年的清剿匪特的斗争，结束了中国匪患久远、危害甚深的历史，粉碎了国民党当局在大陆建立“游击根据地”以策应“反攻大陆”的企图。剿匪斗争的胜利，安定了社会秩序，巩固了新生的人民政权，为国家顺利地进行社会主义革命和建设打下了坚实的基础。

第六节　粉碎国民党军的袭扰与回窜

国民党当局败退台湾之后，即不断派遣军队从海上和空中对大陆（特别是东南沿海地区）进行各种袭扰破坏活动。逃往缅甸的国民党军残部，也不断窜扰云南边境地区。国民党军的窜扰活动，严重地影响大陆沿海地区和云南边境地区的经济建设与政权巩固，危害人民群众的生命、财产安全，破坏了正常的生产、生活秩序。

人民解放军在公安部队、民兵和人民群众的支援配合下，对国民党军的窜扰活动予以沉重的打击，保卫了革命的胜利成果，巩固了人民民主专政的政权制度，也使人民解放军经受了长期反窜扰作战的锻炼和考验，提高了作战能力。

一、打击登陆窜扰活动

（一）打击袭扰沿海地区的窜犯活动

1950年上半年，国民党军为了牵制人民解放军向岛屿进军，曾对浙江、上海、福建和广东等省市的东部地区进行多次袭击。1月

15 日，国民党军残部回窜雷州半岛南端的徐闻，被人民解放军全歼。25 日，金门国民党军派出“两龙（龙谈、龙岩）游击队”窜扰大陆，在平和、南靖地区被人民解放军全歼。3 月 15 日，大陈岛国民党军派遣“浙南突击第一大队”王相义部 900 余人在浙江温岭县松门地区沿海登陆窜犯，遭到人民解放军温州军分区警备 6 团 1 营和温岭县大队一部的顽强阻击，被毙伤 100 余人，后来又遭到人民解放军 2 个团的包围和打击，余部仓皇下海逃窜。5 月 13 日，从台湾出发的“山东地区人民反共救国军第 2 纵队”104 人在山东省胶南县大珠山登陆，被人民解放军和公安部队与民兵歼灭。

针对国民党军的登陆窜犯活动，1950 年 5 月 24 日，总参谋部指示“加强沿海各区警备，严防匪特登陆”。沿海各军区根据这一指示要点，按照重点守备与全线控制相结合、反击与进剿相结合的原则，统一区分地段，实行军民联防，分段担负守备任务；对重点地区，部署足够兵力，充实粮弹，构筑工事，使之具有独立持久的作战能力，以作为海防警备支撑点；对一般地区和小岛、孤岛、远岛，组织精干部队或武装工作队机动控制；对占岛的国民党军，则组织力量主动进剿，做到“敌占我歼，再占再歼”。与此同时，大陆上的机动部队则随时准备支援作战。正确的决策和部署，初步解决了战线漫长与守备兵力有限的矛盾，避免了处处分兵和消极把守，在实战中显示出特有的威力。

1950 年 6 月，朝鲜战争爆发后，美国第 7 舰队和第 13 航空队侵驻台湾，随后即开始“侦察巡逻”。国民党当局对台湾、澎湖、金门的国民党军实行整编，将原有的 20 个军的番号缩编为 12 个军又 6 个独立师，将海匪武装“东南人民反共救国军”改编为“中华反共救国军”，准备伺机反攻大陆。经过整编，国民党军在福建、浙江沿海尚未解放的 20 多个岛屿上部署 7 万余人的兵力，其中金门、马祖两岛即有正规军 6 万余人，其余为台湾当局掌握的海匪武装。在广东沿海，国民党军当时尚占据南鹏岛及万山群岛中的几个小岛。国民党军队以这些岛屿为基地，对大陆及沿海已解放的岛屿进行各种骚扰破坏活动。

根据国民党军以沿海岛屿为窜犯重点、力图扩展海上阵地的情况，人民解放军以攻守结合的办法，一边进剿逃往岛屿的残余国民党军，一边打击国民党军对已经解放岛屿的窜犯活动。6 月 2 日，浙江披山海匪吕渭祥部 600 余人偷袭玉环岛坎门镇。守岛人民解放军第 74 师第 220 团 8 连及增援部队奋勇阻击，歼灭其 100 余人，其余海匪被迫撤逃。7 月 12 日，乘国民党军从披山和一江山岛密调兵力增防大陈岛之机，人民解放军第 62 师 2 个营分乘 2 艘登陆艇，在 4 艘炮艇的掩护下星夜渡海，奔袭披山，歼灭国民党军 500 余人，击沉国民党军炮艇 1 艘，俘获炮艇、机帆船各 1 艘，帆船 2 艘。7 月中旬至 8 月中旬，人民解放军驻浙江部队剿灭北麂岛国民党守军 600 余人，驻福建部队进袭西洋、浮鹰两岛，驻广东部队解放了南鹏岛。11 月 20 日凌晨，披山海匪吕渭祥率 800 余人分三路在玉环岛登陆，一度占领玉环县城及该岛大部。人民解放军玉环县警备大队 2 个班独立阻击达 7 个小时，驻楚门的第 61 师第 183 团 2 个多连徒涉浅滩并登岛激战 6 小时，配合岛上驻军夺回玉环岛。

（二）围歼内窜武装

1951 年 1 月，为配合美军在朝鲜战场向中朝军队准备发动的全线进攻，美国政府与台湾国民党当局密谋对厦门、汕头等地进行大规模进犯。1 月 13 日，毛泽东电示华东、中南军区陈毅、邓子恢等领导人迅速研究对策。华东军区和中南军区根据中央军委指示，按照“确保要点，诱敌深入，聚而歼之”的作战原则，立即调整野战军的部署。2 个军区的海防部队在重点岛屿和地段，修建了必要的防御工事。台湾当局见人民解放军战备加强，防范严密，只好放弃大规模进犯大陆的企图。

此后，台湾国民党军把登陆窜扰活动的主要目标从沿海地区转向内陆山区。台湾当局先后在金门岛组建“福建反共救国军总指挥部”，在大陈岛组建“江浙人民反共救国军总指挥部”，在台湾组建“敌后工作委员会”和“大陆游击总指挥部”，举办“游击首领训练班”。美国军事顾问团于5月抵达台湾以后，帮助装备和训练1万名土匪武装，准备分头潜入大陆活动，待机配合国民党军反攻大陆。6~9月间，台湾当局除以小股海匪多次登陆内窜外，还先后4次派出6股共约800人的武装，从广东海南岛的琼东县（今属琼海县），浙江的象山、乐清县和福建的惠安县，登陆内窜。6股内窜武装上岸不久，即大多被人民解放军、民兵和人民群众歼灭。

对于内窜的国民党军，人民解放军采取迅速追击、就地歼灭的方针，使用精干部队堵击、围剿、追歼成股武装；组织民兵联合清剿，搜捕流窜分子，力求将其全歼。福建晋江地区成功围歼两支内窜“纵队”，便是执行这一方针的典型战例。9月4日，乌丘岛“福建省反共救国军”370多人，分两路从福建惠安县登陆，于次日越过福厦公路西进，企图窜到戴云山一带，“遂行反攻大陆之先遣任务”。福建军区派出第74、第87师和地方武装的23个连队、9个区中队，以及几个县的上万名民兵，在预定地区布成一个多层“大口袋”。经过晋江地区军民半个多月的围剿，这两支经过美国军事顾问精心训练、号称由“全美式装备万能情报员”组成的武装纵队，除8人乘隙从海上逃跑外，其余全部被歼灭。

（三）挫败“以大吃小”的突然袭击

武装登陆内窜活动屡遭失败后，从1952年起，台湾当局变换手法，采取所谓“以大吃小，速进速退”的战术，以几倍、十几倍的优势兵力，在海军、空军的配合下，突然袭击大陆防御力量薄弱的海岸突出部或沿海岛屿，企图歼灭人民解放军守备分队，得手后或发现人民解放军的大部队增援时，即迅速撤离。这种“以大吃小”的突然袭击，直到1953年7月进犯东山岛惨败后才被迫收场。

人民解放军驻扎海岸突出部及沿海岛屿的守备分队，在纵深部队的增援下，坚守阵地，顽强抗击突然来犯的国民党军。1952年3月28日，驻大陈岛的胡宗南部1000余人突袭临海县白沙山岛。守岛人民解放军1个排顽强抗击，在增援部队配合下，歼灭其200余人。6月10日，胡宗南亲率所部1200余人，袭击温岭县黄焦岛。

守岛人民解放军第62师第186团9连，扼守要点，激战18个小时，后来又在增援部队配合下，将未及上船逃跑的国民党军全部歼灭。人民解放军以伤亡46人的代价取得歼灭胡宗南部310人的战果。战后，9连荣获“海防战斗模范连”光荣称号。10月19日晚至20日晨，中南军区第41军组织的1个加强步兵营（4个连）和1个炮兵营，利用夜暗时机，经过近4小时的顶风破浪航渡和6个小时的登陆激战，将被国民党军乘虚袭占的南澎岛收复，歼灭岛上守军118人，其中击毙纵队少将司令以下79人。参战部队因此受到中央军委和中南军区的嘉奖和表扬。12月14日，人民解放军驻福建漳浦县六鳌的1个边防排，英勇抗击十几倍于己的国民党军的袭击，歼灭其100余人，并配合援军进行追击。

但是，这种“以大吃小”的突然袭击，也曾有几次一度得逞。1952年，国民党军先后对福建莆田县湄洲岛、南日岛和浙江平阳县乌岩、雾城的袭击，都使人民解放军的驻守部队和当地人民群众遭受一定的牺牲和损失。是年10月11日，驻金门的国民党军第14师和第75师各2个团及海上突击大队共9000多人，分乘舰艇、机帆船，在8架飞机掩护下，第三次窜犯南日岛。驻岛人民解放军第249团1连以寡敌众，激战终日，大部壮烈牺牲。南日岛因此一度被国民党军控制。11日傍晚后，大陆增援部队先后赶到，强攻登岛。13日24时，国民党军全部撤退。

国民党军“以大吃小”窜犯活动的几次得逞，使台湾当局一度得意忘形。在1952年12月召开的“战略会议”上，台湾当局宣称，1953年是“反攻年”。人民解放军沿海各军区根据总参谋部的指示，认真吸取经验教训，严密注视敌情，进一步做好反袭扰的各项准备工作。1952年冬，沿海省、地、县三级也迅速建立海防对敌斗争委员会，统一部署海防工作，加强军民联防。1953年，人民解放军在民兵和群众的支持下，接连挫败国民党军的登陆窜犯活动，使国民党军的“反攻年”变为“失败年”。

人民解放军驻浙江部队收复羊屿等4岛，粉碎国民党军反扑。

羊屿、鸡山和大、小鹿山等 4 个岛屿，处于温州湾的出海口，地位重要。浙江解放后，人民解放军在 3 年之内曾与国民党军几度争夺四岛。1953 年 5 月 29 日，人民解放军第 60 师 179 团和公安第 17 师 50 团各一部及温台巡逻艇大队，一举攻克四岛，歼灭国民党军 230 多人，俘获“浙江人民反共突击军”第 42 纵队少将司令何卓权。6 月 19 日深夜，胡宗南率国民党军 1600 多人搭乘 50 余艘帆船和机帆船，在 9 艘作战舰艇的掩护下实行反扑。他们先以舰艇实施火力急袭，继而兵分两路攻上羊屿和小鹿山，企图向大鹿山发展，进而合击鸡山。守卫羊屿的公安第 50 团 9 连 3 排和第 60 师野炮连 1 个班，连续打垮国民党军的 8 次冲击，并组织了 6 次反击。守卫小鹿山的 179 团 1 连，在东北部打垮国民党军的轮番攻击后，因主峰被国民党军占领，被迫撤至大鹿山。第 60 师前线指挥所发出命令：坚守大鹿山和鸡山，集中兵力首先反击在羊屿登陆的国民党军，尔后三面围歼占据小鹿山的国民党军。公安第 50 团和公安第 47 团的 3 个排登上羊屿后，在西南角突出部的高地上同国民党军展开激战。21 日 9 时，守卫大鹿山的人民解放军向小鹿山发起攻击。经过一天半的激战，人民解放军粉碎了国民党军的反扑，歼灭 736 人，击伤舰艇 5 艘，击沉船只 12 艘。从此，羊屿等 4 个岛屿便牢牢地控制在人民解放军手里。

东山岛保卫战，打破国民党“反攻大陆”的梦想。东山岛是福建的第二大岛，面积为 165 平方公里，人口约 8.3 万，是闽南的海上屏障。驻守东山岛的人民解放军公安第 80 团 3 个营共 1200 人。1953 年 7 月 15 日，国民党军第 19 军军长陆静澄率领第 45 师和第 18 师一部以及海上第 1、第 2 突击大队等部共约 1.3 万人，分乘 13 艘舰艇，由金门起航驶向外海。接到福建军区的敌情通报和立即做好战斗准备的命令后，公安第 80 团当即召开作战会议，部队进入一级战备。负有作战指挥任务的第 31 军则命令第 91 师 272 团迅即奔赴漳浦旧镇集结待命，准备执行机动增援任务。驻东山岛北侧八尺门渡口的海军水兵第 1 团 1 连，则担负输送作战部队进出岛和转移东山县地方人员出岛的任务。

16 日拂晓，国民党军在海军和空军配合下在东山岛亲营、白埕、湖尾等处登陆，继而以主力分两路向核心阵地牛犊山和王爷山、公望山方向实施重点进攻，部分兵力则向东山城和陈城方向进攻。另有 2 个伞兵中队在八尺门渡口附近的后林地区实施空降，企图阻止人民解放军增援部队进岛。公安第 80 团团长游梅耀根据国民党军的进攻态势和岛上的地形情况，果断改变机动守备方针而定下坚守待援的作战决心。第 31 军命令该团收拢部队并坚守核心阵地，令第 272 团向东山岛疾进。福建军区命令第 28 军第 82 师和军榴炮团、军区高炮营等部队火速增援东山岛。与此同时，中央军委命令驻广东饶平县黄岗的第 41 军 122 师急速增援，配合作战。

公安第 80 团在滩头杀伤部分国民党军后主动后撤，并利用外围阵地阻击、迟滞国民党军。与此同时，驻守八尺门渡口的水兵 1 连在后林村民兵的配合下，对国民党军伞兵适时展开反空降战斗，坚守住了渡口。10 时 10 分，增援的第 272 团 3 营率先登岛，一举攻克 59.3 高地，解除了敌伞兵对八尺门的威胁。3 营在随后进岛的 3 连配合下，激战至 13 时 30 分，将国民党伞兵大部歼灭。

当国民党军正面进逼霞湖、西港、石坛一线时，公安第 80 团的前沿阻击分队迅速与增援部队会合。紧接着，该团在牛犊山、公望山和王爷山等核心阵地，与国民党军展开殊死战斗。16 日 7 时 30 分，国民党军 1000 多人在猛烈炮火掩护下，分三路向公望山轮番攻击。在公安第 80 团和 272 团 1、3 营部分连队的顽强抗击下，核心阵地始终掌握在人民解放军手中。17 日凌晨，272 团全面接替公安第 80 团的防务，第 82 师和第 122 师的先头团也渡海进入东山岛。5 时，第 122 师 365 团向王爷山方向出击，第 82 师 244 团也开始向国民党军反击。7 时，国民党军开始动摇，匆忙收缩兵力。福建军区首长决定，不待增援部队全部到达即发起全面反击，反击部队分 3 路出击，最后围歼国民党军于湖尾以西地区。10 时 30 分，人民解放军的全面反击开始。

18 时，各路反击部队逼近湖尾沙滩。国民党军官兵被迫夺船逃命，舰艇不等装满便匆忙起航，未能上船的国民党军只好交枪投降。19 时，战斗胜利结束。

东山岛保卫战，人民解放军共歼灭国民党军 3028 人，炸毁坦克 2 辆，击沉小型登陆艇 3 艘，击落飞机 2 架，缴获大批武器弹药和军用物资，沉重打击了国民党军“以大吃小”的登陆窜犯活动，打破了国民党军揭开“反攻大陆的序幕”的迷梦。人民解放军也付出伤亡、失踪 1324 人的代价。毛泽东高度评价东山岛保卫战，指出：“此次反击战，打破了国民党反攻大陆的梦想，美帝国主义也挨了当头一棒。”① 中央军委于 7 月下旬通电嘉奖参加东山岛作战的部队。

据不完全统计，1949 年秋至 1953 年 7 月，国民党军对大陆进行的上百人至上万人的中、小规模登陆窜犯活动有 71 次，出动的总兵力为 4.7 万余人，被大陆军民歼灭 7900 余人。东山岛战斗之后，国民党军被迫改变策略，主要以小股武装对大陆进行袭扰。

二、打击海上窜扰活动

新中国成立以后，特别是人民解放军海军初建时期，台湾国民党军凭借其海上优势，不断对大陆沿岸海域进行窜扰活动，给沿海地区军民的安全造成严重威胁，给大陆的航运和渔业生产造成严重破坏。人民解放军遵照中央军委的指示，打击并粉碎了国民党军的海上封锁与袭扰活动，有效地保卫了沿海群众、航运和渔业生产的安全。

承担着护渔护航海上作战任务的人民解放军海军，在打击海上窜扰活动中创造出许多以小艇战胜大舰、以劣势装备战胜优势装备的战例。

1951 年 6 月 23 日，华东财政经济委员会所属的 3 艘运粮船由

---

① 转引自黄瑶、张明哲：《罗瑞卿传》，291 页，北京，当代中国出版社，1996。

浙江坡坝港开往海门（今椒江市），同时有900余艘渔船由舟山经石浦返回台州。为保障这些船只的航行安全，华东军区海军命令驻石浦的温台巡防大队派一个分队担负护航任务。温台巡防大队决定由分队长张家麟和指导员陈立富率领由411、413、414、416号炮艇组成的炮艇分队，进至南、北泽岛海域隐蔽待机。24日早晨，3艘运粮船途经白沙山以东海域时，被设伏的4艘国民党军机帆船（配备有92、62毫米火炮和机枪，200余人）拦截包围，情况十分危急。人民解放军炮艇分队闻讯后高速出航。陈立富率414号炮艇最先赶到战区，与国民党军船队激战。上午10时，人民解放军4艘炮艇会合，国民党军见势不妙，慌忙逃跑。陈立富率部紧追不舍，将落在后面的1艘二桅船包围并将其击沉。在此次海战中，人民解放军炮艇击沉国民党军机帆船1艘，击伤3艘，击毙国民党军30多人。战后，414号炮艇被华东军区海军授予“头门山海战英雄艇”光荣称号，指导员陈立富、枪炮兵王维福被授予“战斗英雄”称号。

国民党军在海上猖狂抢劫大陆渔船和商船，对渔业生产和海上交通造成严重危害。针对这种情况，中央军委和政务院于1952年1月20日发出关于武装护航、保证海上安全的命令，要求海军加强巡逻，打击国民党军的海上骚扰，保证航运安全；各商船也要建立自己的武装。海军、中南军区、华东军区坚决执行这一命令，分别对武装护航护渔问题作出周密布置：一是派出武装人员随船掩护；二是划分海区，分段由海军、陆军武装船艇伴随护航；三是由海军派出舰艇，隐蔽待机，随时打击国民党军的破坏活动；四是在海岸突出部和岛屿上配置护航炮兵，随时支援海上战斗。沿海军区和海军部队的指战员，在武装护航护渔斗争中，发扬敢打敢拼的精神，给国民党海军以沉重打击。1953年，仅在东海海域，人民解放军即作战52次，俘获国民党军船艇26艘，击沉16艘，击伤10艘，歼灭国民党海军人员1300余名，有效地完成了保卫海防安全的任务。

三、打击空中窜扰活动

台湾国民党空军飞机对大陆进行骚扰活动，沿海地区首当其冲。人民解放军打击国民党军的空中袭扰活动是从沿海地区开始的。

（一）保卫上海

上海，地处中国大陆东部长江入海口，是中国最大的城市。台湾国民党军把上海作为袭扰破坏的主要目标，1949 年 11 月 ~1950 年 2 月间共进行过 26 次轰炸和骚扰。其中，规模最大的是 1950 年 2 月 6 日的空袭。是日，国民党军出动 B－24、B－25 轰炸机和 P－51、P－38 战斗机（驱逐机）共 17 架，轮番轰炸上海电力公司、沪南和闸北水电公司等目标，致使发电厂遭到破坏、大部分工厂被迫停产，房屋 2000 多间被炸毁，居民 1400 余人死伤。

面对来自空中的严重威胁，中央军委决定加强全国特别是上海等重要地区的防空力量，坚决打击国民党军飞机的袭扰。1950 年 2 月 8 日，中央军委急调在防空学校受训的高炮第 17、第 18 团驻防上海，担负防空作战任务。3 月中旬，人民解放军上海防空司令部组建，由淞沪警备司令部司令员郭化若兼防空司令部司令员，负责统一指挥上海地区的防空作战。3 月 14 日 ~5 月 11 日，上海防空部队通过 4 次防空作战，击落国民党空军入窜飞机 5 架。1950 年 6 月，中国人民解放军空军第 4 混成旅组建，经过 3 个月突击训练之后于 10 月 19 日开始担负上海地区的防空任务。在人民解放军空军相继组建大批航空兵部队之后，上海地区又增加一批歼击航空兵部队和高炮部队，建立起雷达情报网和指挥系统，防空作战能力有明显提高。

1952 年 11 月，国民党空军为配合美国扩大侵朝战争，加紧了对大陆的窜扰。总参谋部 1953 年 1 月 17 日电令各军区加强防空作战的组织指挥，命令华东军区于 1 月底完成上海地区探照灯部队的部署并配合高炮部队进行夜间防空作战。2 月 4 日，毛泽东指示：担负上海防空作战的部队均须提高警惕，加紧整顿，准备随时对敌作战，确保上海一带的安全。

7 月 25 日，国民党空军连续出动 3 批 6 架次 P－47 和 P－51 型飞机袭扰上海地区，驻上海地区的人民解放军空军航空兵部队先后起飞米格－15 型和拉－11 型飞机 10 批 26 架次迎击。航空兵第 2 师的宋中文、杨宝海双机在奉贤正南约 10 公里处上空发现国民党空军 P－47 型飞机 2 架，遂分头发起攻击。长机宋中文击落 1 架，僚机杨宝海击伤另 1 架。此次空战表明人民解放军防空作战能力已有显著提高。遭受打击后的国民党空军，对上海地区的窜扰活动有所收敛。

（二）东南沿海地区的反轰炸反侦察

浙江、福建、广东沿海地区与台湾邻近，国民党空军飞机经常窜入这一地区上空袭扰。这些地区的防空作战任务由人民解放军高炮部队担任。

1951 年 2 月 14 日下午，国民党空军 1 架 P－47 型飞机窜至汕头市进行袭扰。驻汕头地区的人民解放军高炮部队因装备陈旧、没有雷达情报保障，导致多数连队因发现目标太晚或未发现目标而没有开炮，仅 1 个连队开炮却没有战果。此后，高炮部队连战多次，仅击伤 1 架 P－47 型飞机。针对存在的问题，驻汕头地区的高炮部队增加地面监视哨，改进高炮射击方法，加强战前准备工作，拟订作战预案，反复进行演练，使官兵的指挥能力和操作技术都有了很大的提高。1952 年 3 月 22 日 13 时，国民党空军 2 架 P－51 型飞机从汕头市东南窜入大陆，绕至汕头机场西南上空后突然下降，企图对机场实施侦察。人民解放军地面对空监视哨早已掌握飞机的航迹，高炮部队也已做好战斗准备。当 2 架飞机飞临高炮阵地上空时，5 连首先开炮击中 1 架飞机的左翼，其他连队的点射则使这架飞机再次中弹，坠入海中。另 1 架飞机仓皇逃窜。12 月 27 日，高炮第 521 团在厦门地区击落 1 架 P－47 型飞机。

人民解放军高炮部队的对空作战连战连胜，打击了国民党空军的嚣张气焰。

（三）歼灭美蒋空降特务

朝鲜战争期间，台湾国民党当局在美国的支持下，不断派遣飞机侵入大陆东北、沿海等地区领空实施侦察、轰炸、扫射，空投特务以收集情报和组织破坏活动。各地区的军民对此进行了有力的打击。

1952年，美国飞机在吉林省长白山地区活动频繁，表现出明显的空降征候，引起当地驻军和公安机关的高度重视。7月18日，吉林省公安总队根据东北军区公安司令部的命令，在神武城组建长白山防务指挥所，负责组织领导防奸防特和反空降斗争；以边防第15团（1952年11月改编为公安第84团）1个营进驻长白山地区，加强该地区的防务。

歼灭以李军英为首的美蒋空降特务。1952年9月26日，吉林省安图县六区（今松江镇）二道白河护林防火检查站的执勤女民兵发现并扣留了1个号称“志愿军指导员”却无法证明其身份的可疑人物。经过审问得知，此人系美国中央情报局驻日本厚木间谍机关特务李军英（原为国民党军副团长），9月20日空降到老岭山区，任务是视察7月13日空降到老岭山区的由5名特务组成的“文队”的活动情况。为搜剿这批空降特务，维护当地治安，9月28日，延边朝鲜族自治区（今延边朝鲜族自治州）在安图县成立反特指挥部，组织指挥搜剿行动。10月6日，在老岭成立长白山区反特联防指挥部，由省公安总队调省公安大队2个连、延边公安大队、吉林市公安大队共423人加强搜捕力量。10月下旬，捕获4名“文队”敌特。

此后，反特联防指挥部通过争取一名“文队”报务员立功赎罪，得知美国间谍机关将在指定时间以“空取”的方式接回李军英。11月29日晚，东北公安部队副司令员谭友林率吉林省公安总队、公安第84团、东北军区防空部队各一部以及安图县民兵在设伏地区击落1架企图“空取”李军英的C－47型美国间谍飞机，击毙2名美国飞行员，俘获美国间谍约翰·T. 唐奈和理查德·G. 费克图。

歼灭“沈队”、“长白山气象队”等特务分队。1952 年 10 月 4 日，美国中央情报局驻日本厚木间谍机关由 5 名特务组成的“沈队”空降到靖宇县龙泉区猴石山区。次日，由县区干部、公安队组成的搜捕队和由村干部带领的民兵搜捕队开始搜捕行动。至 11 日，“沈队”被全歼。

1952 年 10 月 5 日夜晚，台湾“国防部保密局”派遣的 2 名特务空降到吉林蛟河县横道子区瑟河口屯附近山区，任务是联络武装匪特进行“敌后游击”。当地民兵、公安队人员、森林公安处武装、省公安总队 1 个连，共同实施搜捕。8 日，俘获特务 1 名、击毙 1 名。

1952 年 10 月，美国中央情报局驻南朝鲜间谍机关“朝鲜联合顾问委员会”派遣由 20 名特务组成的“长白山气象队”分两批（13 日夜晚 8 人，30 日夜晚 12 人）空降到安图县长白山天池附近地区。11 月 4 日，长白山防务指挥所组织部署搜捕。8 日，公安 84 团以 4 个排的兵力在天池附近围攻特务基地，俘获队长、副队长、情报官等 4 名，击毙特务 1 名，缴获大部电台、武器和物资。在附近的 15 名特务闻讯即携带电台、武器和粮食向长白县（当时属于辽东省）方向逃跑。10 日，指挥所决定组成追捕队，实施跟踪追捕。14 日，追捕队在长白县公安队、民兵、公安 85 团 6 连配合下，历经 3 次战斗，俘获特务 13 名、击毙 1 名。20 日，将越过鸭绿江逃到朝鲜的另 1 名特务捕获。

1951 年 10 月 10 日，台湾国民党武装特务“竹步山小组”和“华顶山小组”共 9 人，乘 C－46 运输机 1 架于 21 时从台湾桃园机场起飞，先后在浙江宁海县竹步山岩头罗附近和临海县双港区龙泉乡太平臼空降。当地部队和民兵立即进行搜捕。至 15 日，将该股空降特务消灭。

1952 年 1 月 15 日，台湾国民党“国防部大陆工作处”第 3 组和第 4 组武装特务 10 人，在安徽霍山县千笠寺地区空降。当地人民解放军出动1个排和民兵1700余人进行搜捕，击毙特务1名、俘虏8名。1月19日，“国防部大陆工作处”第1组和第2组武装特务9人，在安徽广德县誓节渡地区空降。当地人民解放军出动2个班和民兵1.5万余人进行搜捕，俘获全部特务。

1953年2月3日，台湾国民党“国防部安全局兰花小组”武装特务6人，在安徽金寨县梅山水库附近空降。当地人民解放军1个排和民兵1.3万余人进行搜捕，俘获全部特务。4月30日，台湾国民党“中美联合中心威廉小组”武装特务4人，在安徽金寨县土门子、龙王庙地区空降。当地人民解放军700余人和民兵1000余人进行搜捕，击毙特务1名，俘虏3名。

1953年2月26日～7月28日，驻湖北来凤县、广西马山县和湖南永绥县、桑植县的人民解放军中南军区有关部队，在当地民兵的配合下，先后歼灭4组国民党空降特务共17人，缴获电台8部。

四、打击逃缅国民党军残部对云南边境的窜扰活动

新中国成立以后，驻云南的人民解放军部队遵照中共中央、中央军委的有关政策和命令，紧紧依靠人民群众，采取军事打击与政治瓦解相结合的方法，挫败了逃往缅甸的国民党军残部对云南边境地区的窜扰活动，巩固了云南边防，维护了云南地区的社会安定。

1950年1月，人民解放军在解放大西南的进军中，赢得了滇南战役的胜利。国民党军第8、第26军主力被基本歼灭，其残部乘隙逃往缅甸：第8军709团李国辉残部600余人，逃往缅甸北部大其力以北地区；第26军278团罗伯刚残部800余人，逃往缅北邦桑以南地区。同年3月，西双版纳地区的地主恶霸武装张伟成、蒙宝业、罗成、吴运煖等部500余人也逃往缅北景栋东北的三岛地区。盘踞缅北的3支反动武装力量逐步勾结起来，利用人民解放军不能出境作战、缅甸政府又无力清剿的条件，经常对云南边境地区进行武装窜扰。同年9月，台湾国民党当局派遣原第8军军长李弥到缅北整顿残部并大量收编外逃的地主、土匪武装，组成“云南人民反共救国军”，李弥为总指挥，直属“国防部”领导。从此，逃缅国民党

军开始加强对云南边境地区的武装窜犯和情报、策反等破坏活动。

1951 年夏季，逃缅国民党军乘大陆人民全力进行抗美援朝、剿匪和土地改革等中心工作，边防工作尚未全面开展之机，对云南边境实施了中等规模的武装窜犯，企图进占云南澜沧（今募乃）、沧源、西盟等县，建立“反共根据地”，进而夺取耿马县、孟撒机场以及缅宁（今临沧）、双江等县，作为“反攻大陆的第一步”。人民解放军云南军区先后两次集中优势兵力，围剿入窜的逃缅国民党军残部，击败了其武装窜犯，粉碎了其建立“反共根据地”的企图。

5 月初，李弥指挥国民党军 1 万余人窜至云南省西南的国境线附近，准备入境袭扰。根据李弥部的动向，云南军区以 7 个团的优势兵力开赴相应位置待机。5 ~ 6 月间，李弥部出动 6000 余人，分成 4 路，分别从西盟县境外的允恩、孟连县腊福、勐海县打洛以北和镇康县南伞附近等 4 处窜入国内，先后占领耿马、孟连、勐海、镇康等县的部分地区。6 月 3 日，云南军区发布作战命令，决定采取诱敌深入的战术，在入窜部队进入国境一定深度时断其后路，以优势兵力进行围剿、追剿和清剿；首先歼灭其危害最大者，尔后集中兵力全歼其他的入窜部队。6 月上旬，人民解放军第 13 军第 39 师第 117 团 1 个营向腊福出击，第 14 军第 41 师第 121 团一部向耿马县青塘出击，以封锁入口，断其退路。6 月下旬，第 14 军第 120、第 121、第 123 团和第 13 军第 115、第 117 团以及公安第 2 团、思茅军分区基干第 2 团，分别进剿窜入耿马、西盟、沧源、孟连、勐海等县的国民党军。

第 121 团进至甘塘后，于 6 月 20 日发现国民党军第 8 军先头部队一部，当即进行攻击，俘虏国民党军 10 余人，其余仓皇逃窜。人民解放军第 123 团 3 营立即向西跟踪追击，在国境线附近与逃军展开战斗，全歼该股国民党军。27 日，第 121 团 2 营、3 营经耿马县勐定街，插至沧源西北国境线附近的班洪与国民党军交战，活捉敌团参谋长 1 名。28 日，第 121 团经过快速迂回，在党坝追上南逃的国民党第 8 军残部，激战半小时，击毙国民党军团参谋长以下 20 余人，俘虏2人。人民解放军通过此次作战，共歼灭国民党军549人。除第26军残部800人潜伏于孟连以北山区企图“打游击”以外，其余国民党军均于6月底撤往国外。

7月中旬，国民党军经过短期整编后，分两路再次入窜云南：第8军第193师师长李国辉率领1000余人于7月10日窜占沧源县城，第26军军长吕国铨率领所属的1300余人从云南境外孟片入境并于7月20日攻占孟连县城。此外，李弥还派国民党中央“第二行政专员”廖蔚文秘密入境，率领6月间留在孟连以北山区的第26军残部800人向北突袭，于7月13日占领澜沧县城。云南军区再次抽调第115、第117、第121、第123团4个团的兵力，于7月21日围剿三路国民党军，歼灭200余人。国民党军余部于7月下旬再次逃往国外。

逃缅国民党军在窜扰活动受挫以后，退缩到缅北果敢至三岛一线。1951年10月，逃缅国民党军将总指挥部由班阳南移至缅泰边境的孟撒，修建机场，开办“反共抗俄军政大学”，扩大地盘，充实兵力，进行整训。1952年2月，台湾国民党当局空运军官、特务700人，以加强逃缅国民党军残部。逃缅国民党军残部对云南边境地区的小股袭扰活动又开始增多。仅1952年上半年，其小股武装对云南腾冲、龙陵、镇康三县边境地区就袭扰60余次，杀害区、乡干部和人民群众100多人。

1953年1月，逃缅国民党军发展到1个总部、1个指挥所、3个军区、4个师、16个纵队，共约1.85万人。此时，云南省的土地改革已经完成，土匪基本肃清，边防工作也已全面展开。逃缅国民党军很难在云南边境地区进行活动，而留在缅甸又危及缅甸安全和中缅关系，导致缅甸政府对其采取军事行动并向联合国提出控诉。在这种情况下，台湾国民党当局只得将逃缅国民党军的番号改为“东南亚自由人民反共联军”，并于1953年11月~1954年5月期间将李弥总部和第8、第26军的部分兵力共5400多人先后撤往台湾。

第七节　组成援越军事顾问团及援越抗法

中国和越南是山水相连的邻邦，中越两国人民之间有着世代相传的传统友谊。19 世纪下半叶，越南沦为法国殖民地。20 世纪 30 年代，越南革命者胡志明创建越南共产党（后改称印度支那共产党），开始越南的民主主义革命。第二次世界大战期间，日本在侵略中国的同时，也侵入东南亚，占领越南。1945 年日本投降后，越南民主共和国宣告成立，但是法国为恢复其在越南的殖民统治而发动侵越战争。越南人民在印度支那共产党（1951 年 2 月改称越南劳动党，1976 年 12 月改称越南共产党）和胡志明主席的领导下，奋起开展抗法斗争。应越南党和国家领导人的邀请，中国组织军事顾问团进入越南，帮助越南人民进行抗法斗争。

一、援越抗法的决策

新中国成立后，中越两国于 1950 年 1 月 18 日正式建立外交关系。此时，越南人民的抗法斗争进入十分困难时期。为了寻求援助，越南民主共和国主席胡志明于 1 月下旬秘密访问新成立的中华人民共和国，以印度支那共产党中央的名义向中国共产党提出支援越南抗法斗争的请求。当时在苏联访问的毛泽东电告主持中共中央工作的刘少奇：对越南要求援助事项，凡可能者均应答允之。①

为了支援兄弟党和友好邻邦争取国家独立和民族解放，尽管新中国的经济尚未恢复，战争创伤急需医治，但中共中央和毛泽东毅然作出援越抗法的决策，明确表示将尽全力向越南人民提供抗法斗争所需要的一切援助。1 月中旬，中共中央即派遣中央军委办公厅主任罗贵波作为中共中央联络代表常驻越南，与印度支那共产党中央协商援越抗法的重大事宜。

① 参见《建国以来刘少奇文稿》第 1 册，347 页注［3］，北京，中央文献出版社，1998。

4 月，越共中央请求中国派出军事顾问团，到越共总军委、越南人民军总部和师以上高级指挥机关担任顾问，介绍中国军队建设和作战的经验，全面帮助越南加强军队建设，协助组织指挥作战，还要求派出一批团、营干部，到越南人民军中担任团、营指挥员。对于越共的请求，中共中央经过认真考虑后，同意向越南派出军事顾问，但明确表示只当顾问，不当指挥员。4 月上旬，原第三野战军第 10 兵团政治委员韦国清根据刘少奇的指示，就赴越军事顾问团组织编制问题向聂荣臻提出报告，很快即得到聂荣臻、刘少奇和毛泽东的批准。报告的主要内容包括：（1）由第二野战军抽调一个师的全套顾问（师、团、营三级顾问工作人员），由第三野战军抽调一个师的全套顾问及顾问团团部工作人员（包括译电员、报务员及机器），第四野战军抽调一个师全套顾问及一个军政干部学校的全套顾问和教员。（2）军事顾问团的组织编制考虑有甲乙两种方案。甲种分军事与政治工作两个系统。乙种以军事为主，组织较精干，政治工作仅设立政治工作组，住在野战军政治部提供帮助，师、团、营三级不专设政治顾问，由军事顾问在可能范围内兼顾。报告倾向于采用乙种方案。（3）根据执行任务的需要提出选调干部的条件，包括政治思想、军事指挥与军事教育、文化水平等方面。[①]

4 月 17 日，中央军委下达通知，从第二、第三和第四野战军选调干部组成赴越军事顾问团。

二、军事顾问团的组成与协助越南人民军指挥抗法作战

根据中央军委的指示，第二、第三和第四野战军各挑选出能构架一个师（包括师、团、营三级）的全套顾问，并从第四野战军选调一些教员，组成赴越军事顾问团，任务是协助越南人民军进行军队建设和作战指挥。在组建军事顾问团的过程中，中央军委又指示西北、西南、华东、中南军区和军委炮兵司令部，抽调 13 名营以上

① 参见韦国清：《关于赴越军事顾问团组织编制问题给聂总长报告》，1950 年 4 月；《赴越南军事顾问团组织机构表》，1950 年 4 月。

干部参加顾问团，担任越军高级指挥机关和部队的军事、政治、后勤顾问或助理顾问。军事顾问团共选调具有一定实战经验和政治水平的军事、政治、后勤方面的营以上干部59人，其中兵团职1人、军职2人、师职6人、团职17人、营职33人，连同其他工作人员共计281人。

6月27日，毛泽东、朱德、刘少奇在中南海颐年堂接见即将赴越担任顾问的团以上干部。此后，又请原越南第4联区司令员洪水就越南的风土人情、地理气候、敌我态势和越军基本情况向顾问人员作了介绍。

7月下旬，中国赴越军事顾问团（代号为“华南工作团”）在广西南宁正式组成，韦国清为团长，梅嘉生、邓逸凡为副团长。军事顾问团成立党委会，由韦国清、邓逸凡、梅嘉生、马西夫、李文一、邓清河6人组成，韦国清任书记，邓逸凡任副书记。韦国清组织顾问团传达学习中央领导的指示精神；制定出《军事顾问团工作守则》，要求严格遵照执行。

在军事顾问团组成的同时，中共中央决定派西南军区副司令员兼云南军区司令员陈赓作为中共中央代表赴越，在军事顾问团的配合下，协助越南人民军进行边界战役的组织指挥。陈赓7月7日即率由第二野战军抽调的顾问人员从昆明出发，19日进入越南境内。

中国赴越军事顾问团于8月9日由南宁启程，途经田东、百色、靖西，12日，抵达越南高平省广渊地区人民军边界战役前线指挥部。越南人民军请韦国清担任越南总军委和越南人民军总司令顾问，梅嘉生、邓逸凡、马西夫三人分别担任越南人民军总参谋部、总政治局和总供给局顾问。军事顾问团根据这一情况，决定下设军事顾问组、政治顾问组和后勤顾问组，梅嘉生任军事顾问组组长，邓逸凡任政治顾问组组长，马西夫任后勤顾问组组长。与此同时，向越军3支主力部队第304、第308、第312师分别派出顾问组，协助越南人民军进行作战和军队建设。

1950年11月，政治顾问团成立，罗贵波任团长。军事顾问团和政治顾问团在工作上互通情况、密切配合。1952 年 3 月 18 日，中共中央指示，因韦国清在国内治病，军事顾问团的工作由罗贵波兼管。5 月 29 日，中央军委任命罗贵波兼任军事顾问团团长，梅嘉生为第一副团长，邓逸凡为第二副团长。6 月 15 日，中共中央批准军事顾问团与政治顾问团机构合并。1953 年 10 月 10 日，中共中央电告越南劳动党中央：决定韦国清为军事总顾问，负责帮助作战和军队建设方面的工作；罗贵波为政治总顾问，负责帮助地方党政建设和政策方面的工作。1954 年 5 月，军事顾问团与政治顾问团机构再次分开。

中国援越军事顾问团根据中共中央、中央军委的指示和越南斗争的实际，把协助越南人民军组织指挥作战、打败法国侵略者作为中心任务。从 1950 年 8 月赴越，到 1954 年越南抗法战争结束，先后协助越南人民军组织指挥边界战役、红河中游战役、东北（18 号公路）战役、宁平战役、西北战役、上寮战役、奠边府战役等 7 次较大规模的战役。这些战役，从决策到具体组织实施，都是在中国援越军事顾问团帮助下进行的。在越南劳动党中央和总军委领导下，越南人民军英勇作战，打败了法国侵略军，赢得了抗法战争的胜利。特别是边界战役、西北战役、奠边府战役三次大捷，军事顾问团适时提出战略性的建议，帮助拟定周密的作战计划和实施灵活机动的组织指挥，对夺取战役的胜利起到了决定性的作用。

边界战役。法国殖民者为了控制越南全境，镇压越南人民的反抗，不断增派军队，并重点加强对中越边界的封锁，阻止中国援越物资进入越南。1950 年 3 月中旬，中共中央联络代表罗贵波到达越共中央所在地后，即与越南方面商讨如何打破法军对中越边界的封锁，取得中国的直接援助，以巩固和扩大越北根据地问题。越共中央决定组织边界战役，决心首先攻占高平。

为协助越南人民军进行边界战役，中共中央除派陈赓为中共中央代表具体帮助越南人民军组织实施这次战役外，中央军委还责成中南军区和西南军区从 4 月初开始对援助越南人民军所需武器弹药及调集、运输、交付等做出计划。中南军区据此组成以广西军区副司令员李天佑为主任的支援委员会具体负责此事，同时由广西军区抽调1个汽车团开辟从柳州经南宁进入越南的运输线，运送援越物资，为边界战役提供后勤保障。

陈赓入越后，在调查研究的基础上于7月22日致电中共中央，提出越北边界作战方针的设想。陈赓在电报中指出：越军主力一部经整训后情绪甚高，但营以上干部实战指挥经验较少，“据此，目前越北作战方针，应争取于野战中歼敌之机动部队，并首先拔除一些较小的孤立据点，取得首战胜利，积累经验，提高与巩固部队情绪，争取完全主动，逐步转入大规模作战。对于越方决定打高平，建议采取围城打援，先夺取外围孤立据点，取得经验，再夺取高平”。7月26日，中央军委复电同意陈赓的意见，指出：“目前不要直打高平，先打小据点，并争取围城打援是适当的。”

7月28日，陈赓一行抵达在太原、宣光两省交界处的越共中央所在地，胡志明等越共中央领导人完全同意陈赓关于边界作战的方针，并要求陈赓到越军前指，帮助越南人民军总司令制订作战计划和进行战役的组织指挥。

8月14日，陈赓一行抵达高平省广渊越南人民军前线指挥部，与先期到达的由韦国清率领的军事顾问团会合。经与越南人民军总司令和前线指挥员协商后，决定首战不打工事较为坚固、法军守卫力量较强的高平，而先打高平外围法军守卫兵力较弱的孤立据点（各为1个营的兵力），切断连接高平与谅山的4号公路，孤立高平，迫使谅山法军出援，并在野战中将其歼灭。陈赓和军事顾问团一道帮助越南人民军前线指挥部拟制出作战计划。

8月下旬，陈赓应越南人民军总司令武元甲之邀，在人民军前指召开的参战部队团以上干部会议上对战役的方针和作战指导原则作进一步的说明，并着重介绍中国人民解放军攻坚作战的夜战、近战的经验，解答人民军干部提出的一系列问题。会后，为了协助人民军打好这一仗，陈赓、韦国清分驻在武元甲的前线指挥部附近，帮助人民军前指掌握整个战役的发展动向。

9月10日，胡志明来到越南人民军前线指挥部看望陈赓、韦国清和军事顾问团。胡志明委托陈赓全权指挥。

1950年9月16日拂晓，越南人民军发起边界战役，至10月12日战役结束，历时27天。在陈赓以及韦国清率领的中国援越军事顾问团协助指挥下，边界战役大获全胜，共歼灭法军8个营，毙俘敌8000余人，缴获大批武器弹药，收复高平、东溪、七溪、那岑、同登、谅山等5个市和13个县镇。

边界战役是越南人民军建军以来一次空前的胜利，是越南人民抗击法国殖民主义者的斗争由被动防御转入主动进攻、由游击战转入运动攻坚战与游击战相结合的新阶段的重要标志。边界战役的胜利，打破了法军对越北根据地的包围和对中越边境的封锁，改变了越南北部的战场形势，也大大鼓舞了越南人民军取得抗法斗争胜利的信心。中国军事顾问团协助越南人民军组织指挥作战，取得首次战役的胜利，提高了中国共产党和人民解放军在越南人民和人民军中的声望。

西北战役。越南人民军边界战役胜利后，因中国国内军队建设和抗美援朝战争的需要，陈赓奉命于11月1日启程回国，协助越南人民军组织指挥作战的任务即全部由韦国清率领中国援越军事顾问团承担。从1950年底至1951年6月，中国援越军事顾问团协助越南人民军组织指挥，先后取得红河中游战役、东北（18号公路）战役和宁平战役的胜利。1951年底至1952年初，中国援越军事顾问团经过对越南抗法斗争发展形势的研究，向越共中央和越南总军委提出进行西北战役的建议。

越西北地区是越南、老挝、中国三国交界的三角地带，战略地位重要。山高林密，地广人稀。法国殖民者将这里视为“安全地带”，守备兵力较为薄弱分散，只有8个营又41个连的兵力，分散据守144个据点，其中约有40个据点驻守1～2个连，其余据点的兵力通常只有1～2个排，且大部为当地伪军，战斗力不强。越南人民军尚未在此建立根据地。中国援越军事顾问团认为，只要解放越西北地区，即可解除法军对越南人民军越北根据地的侧背威胁，使其与越北根据地连成一片，形成背靠中国，南连上寮，地域辽阔的稳固的战略后方。虽然越西北地区距越北根据地较远，越南人民军进行越北战役部队行动和后勤保障都有一定困难，但如果充分动员，周密计划和准备，取得越西北战役胜利是有把握的。

中国军事顾问团的建议引起胡志明的高度重视，定下实施西北战役的决心。1952 年 4 月，越共中央第三次全会正式作出将主力部队主攻方向转向西北山区的决定。中国援越军事顾问团帮助越南人民军制订西北战役计划，并向中共中央作出报告。9 月下旬，胡志明秘密访问北京，就西北战役的计划与中共中央领导人交换意见。

10 月 14 日，西北战役揭开序幕，至 12 月 10 日结束，历时近两个月，取得战役胜利，共歼敌 1. 38 万人，解放约 2. 85 万平方公里土地和 25 万人口，使越北根据地得到巩固和扩大，改变了抗法战争的战略态势。

奠边府战役。奠边府靠近老挝边界，是越西北高原上一块南北长约 18 公里、东西 6 ~8 公里的盆地平原。法军视奠边府为联结越西北和上寮的战略十字路口，是建立控制整个印度支那的陆、空军重要基地的理想处所。侵越法军总司令决心不惜一切代价，集中力量守住奠边府，进而重占越西北地区，与越南人民军决战。1953 年底，法军增加防御兵力，在越西北奠边府和越、老边境一带修筑 49 个据点，并分为 8 个据点群，3 个防御分区。

中国援越军事顾问团团长韦国清获悉法军意图后，即召集随越军前线指挥部行动的中国顾问组进行认真的分析和研究，提出发起奠边府战役以歼灭奠边府法军的设想，并报告中央军委。中央军委同意军事顾问团的设想，指示顾问团帮助越南人民军总部定下决心，协助指挥好奠边府战役。在中国军事援越顾问团的帮助下，1953 年 12 月上旬，经越共中央政治局批准，奠边府战役的作战方案即告确定。

1954 年 3 月 13 日，奠边府战役发起。整个战役分为三个阶段。

第一阶段，从 3 月 13 日晚开始至 3 月 17 日结束。越南人民军攻克奠边府北面法军 2 个据点，歼法军 3 个营，通向奠边府集团据点的中心大门被打开。为了守住奠边府，法军空降 3 个营的兵力前来增援。

第二阶段，从 3 月 30 日晚开始，经过一个星期作战，越南人民军攻克奠边府东面法军 5 个据点，歼敌 3 个营，控制了奠边府东面的大部重要高地。在此期间，法军又空降 1 个营的兵力前来增援。美国也紧急支援法军 100 架轰炸机和战斗机、50 架运输机，并派出 2 艘航空母舰进入北部湾，公然宣称准备以 B－29 战略轰炸机轰炸围攻奠边府的人民军。

第三阶段，从 5 月 1 日午夜开始至 5 月 7 日黄昏结束。中国为支援越南人民军进行这次战役的弹药物资源源运到，在中国境内训练的越军 75 毫米无坐力炮和火箭炮各 1 个营相继赶到，参加了总攻。越南人民军全歼奠边府法军和伪军，其中俘虏奠边府法军司令德卡斯特莱少将以下 1.09 万余人，奠边府战役告捷。

至此，历时 55 天的奠边府战役以人民军的全胜结束。人民军共歼灭法军 3 个主力兵团的 17 个步兵、伞兵营和 3 个炮兵营，连同工兵、装甲、运输部队及少量非正规部队约 1.62 万人，击落击伤各型飞机 62 架，击毁坦克 4 辆，缴获重炮 30 门、坦克 6 辆及大量武器弹药和军用物资。奠边府战役的胜利，宣告了法国侵越战争的彻底失败，迫使法国在日内瓦协议上签字。同年 7 月，法军开始撤出越南和整个印度支那，北纬 17 度线以北的越南北方全部解放。

三、帮助越南人民军整训

援越抗法期间，中国援越军事顾问团根据中共中央和毛泽东等领导人的指示，在协助越南人民军组织指挥作战的同时，还从多方面帮助越南人民军进行军队建设。

在军事工作方面，中国援越军事顾问团根据作战任务和形势发展的要求，有计划地帮助越南人民军在作战和建军指导思想上实现了3次转变。

第一次是由游击战向运动战的转变。从1950年边界战役开始，中共中央代表陈赓和军事顾问团结合越南人民军实际情况，提出发展更多主力部队的建议，并帮助人民军总部拟制《建设主力部队方案》和编制装备计划，在已经建立起来的第308、第312、第304师的基础上，由中国提供武器装备，又组建3个师（第320、第316步兵师和第351工炮师）。同年年底，人民军又在中部战场组建第325步兵师。至此，人民军在一年多时间内发展到6个步兵师和1个工炮师。随着战局的发展和部队的扩大，军事顾问团又向人民军提出加强军事训练和对部队进行正规化教育，建立各项规章制度的建议，并帮助起草《战斗条令》、《队列条令》和《内务条令》，经越南总军委讨论修改通过后，颁布执行。这些举措使人民军顺利地实现了由游击战向运动战的转变。

第二次是由小规模攻坚战到大规模攻坚战的转变。西北战役后，针对人民军攻克坚固防御据点能力较弱的情况，军事顾问团与越方共同研究后，采取两项措施：一是加强炮兵建设，二是加强部队攻坚战术技术训练。这些举措使人民军攻坚能力得到较大提高，实现了由小规模攻坚战到大规模攻坚战的转变。人民军攻坚能力的加强，使人民军在边界、奠边府等战役中取得了重大的胜利。

第三次是由战争时期建设向和平时期建设的转变。越南实现停战后，越南劳动党中央决定全军实施整编，人民军总部请求军事顾问团帮助提出全军整编方案。1954年8月，军事顾问团提出实现越军全部主力部队整编工作的意见，得到越南方面采纳。整编方案确定人民军编为10个步兵师、1个公安师、1个边防总队、1个海防总队、4个炮兵师、3个工程兵团和若干个独立团、地方武装营，有步骤地分期分批完成。此外，军事顾问团还根据人民军总部的请求，帮助制定出人民军总部整编方案以及各兵种部队、公安部队和海边防总队的组织编制、职责范围等方案的草案，均被越南方面采纳。这些整编计划均付诸实施，基本达到预期的目标，逐步实现人民军由战争时期建设向和平时期建设的转变。

在政治思想建设方面，军事顾问团不仅将中国人民解放军行之有效的政治工作经验，有针对性地介绍给越南人民军，而且帮助越南人民军建立起一整套政治工作制度和业务机构，并有步骤地协助组织了四次重大政治思想教育，开展政治整军，对保证越南人民军作战的胜利和完成各项任务都发挥了积极作用。

在后勤建设方面，军事顾问团帮助越南人民军建立健全各级后勤组织，完善各项规章制度，提高了保障能力，使后勤工作走上了正规。

四、培训越南军事人员和进行物资援助

在越南人民抗法战争期间，中国人民解放军还在中国境内帮助越南人民军训练部队，开办军官学校和驾驶、通信等专业技术人员培训班，培训军事、技术干部1.5万余人。越南人民军的许多建制部队都是首先在中国境内接受装备，进行训练，尔后回国参战的。1953～1954年，军委炮兵责成高射炮兵学校和第5炮兵学校为越南人民军培训高射炮兵和反坦克炮兵人员2754名，其中干部568名，技术骨干2186名。在此期间，还为越南人民军装备训练了4个37毫米高炮营，派赴越南顾问和技术人员33人。中央军委总后勤部于1950年8月在南宁设立办事处，专门负责越南人民军整训部队的后勤保障和加强援越物资的运送。在此期间，还向越南提供了大量的武器装备物资。据不完全统计，援助越南人民军枪支15.5万余支（挺），枪弹5785万发，炮3600余门，炮弹108万余发，手榴弹84万余枚，汽车1200余辆，军服140万余套，粮食和副食品1.4万余吨，油料2.6万余吨，以及大量的医药和其他军用物资，有力地保证了越南人民军抗法战争的需要。

1954年7月越南实现停战后，中国政府经与越南政府协商，于8月25日确定建立中国驻越南大使馆，并拟撤销中国援越军事顾问团和政治顾问团。顾问团成员于1955年9月起开始撤回国内。中国

军事顾问团在越南度过 5 年多的时间，认真执行中共中央、中央军委的指示，尊重越南劳动党、政府和胡志明主席的领导，同越南人民患难与共，艰苦奋斗，为越南人民取得抗法战争的胜利和越南人民军的军队建设作出了积极贡献。

新中国成立之初，人民解放军解放了中南、西南和华东沿海大部分岛屿，并和平进军新疆以及和平解放西藏，胜利完成了解放全国大陆的任务；对新解放城市实行军事管制，保证了城市政权建设和各项工作的开展；参加新解放地区的土地改革运动，并在基层政权建设中发挥了重要作用；开展大规模剿匪斗争，在全国范围内消除了历代从未解决的匪患；进行了解放台湾的军事准备；有力打击了台湾国民党军对大陆沿海地区登陆、海上、空中窜扰和逃缅国民党军残部对云南边境的袭扰活动。人民解放军胜利完成了从夺取全国政权到保卫人民政权的职能转换，巩固了新生的人民政权，保证了各项建设事业的顺利开展。同时，应邀派遣军事顾问团赴越南协助越南人民军抗法作战，帮助越南人民取得了抗法战争的胜利。

第三章　组成中国人民志愿军，进行抗美援朝战争

第一节　中国人民志愿军组成

一、美国侵略朝鲜与台湾，中国组建东北边防军

朝鲜是中国的邻邦。第二次世界大战结束时，美国和苏联对长期被日本占领的朝鲜划分受降范围，两国军队以北纬 38 度线（以下简称三八线）为界分别进驻。1948 年 8 月 15 日，朝鲜南方李承晚集团在美国的支持下，成立大韩民国政府。同年 9 月 9 日，朝鲜北方成立了以金日成为首相的朝鲜民主主义人民共和国。9 月 10 日，朝鲜最高人民会议致函美、苏两国政府，要求两国军队同时撤出南北朝鲜。苏军于同年底从朝鲜北部撤出。次年 6 月，美军也从朝鲜南部撤出。南北朝鲜继续处于分裂和对立状态。

1950 年 6 月 25 日，朝鲜南北双方围绕国家统一问题，爆发大规模内战。

朝鲜内战爆发是朝鲜的内部事务，但美国出于称霸全球和遏制共产主义的全球战略，不顾联合国宪章关于“不得干预本质上属于任何国家内部管辖之事件”的规定，公然武装干涉朝鲜内战。6 月 26 日，美国驻日本的空军飞机和海军舰船，即出动支援南朝鲜军作战。同时出动海军舰队，侵入台湾海峡。27 日，美国总统杜鲁门公开发表声明，宣布美国武装干涉朝鲜内战和侵入台湾海峡。公然背弃有美国参加的有关台湾归属中国的《开罗宣言》和《波茨坦公告》，声称台湾“未来地位的决定必须等待太平洋安全的恢复，对

日和约的签订或经由联合国考虑”。

7月1日，美军第一批地面部队进入朝鲜。7月7日，美国操纵联合国安理会，通过了组成以美国军队为主的侵朝“联合国军”的决议，要求联合国各成员国为支援南朝鲜提供军事部队，并交由美国指挥下的统一司令部使用，由美国任命“联合国军”司令官，授权“联合国军”司令部在对北朝鲜部队作战时除使用参加各国的旗帜外同时使用联合国旗帜。

7月10日，美国总统杜鲁门任命美国远东军总司令道格拉斯·麦克阿瑟为侵朝“联合国军”总司令。派出部队参加“联合国军”侵朝行动的共有16个国家，其中美国军队占90%以上，英国为2个旅，加拿大和土耳其各1个旅，另有12个国家只是象征性地派出1个排到1个营。南朝鲜不是联合国成员国，但7月14日，南朝鲜总统李承晚也将南朝鲜军交“联合国军”指挥。此外，有5个国家为“联合国军”派出了医院或医疗船。除美国军队在朝鲜内战爆发第二天即侵入朝鲜外，其他国家的军队于1950年8月开始到达朝鲜，最迟的于1951年5月到达朝鲜。

侵朝“联合国军”的组成，使美国对朝鲜的侵略行动，披上了“合法”的外衣，扩大了朝鲜战争。本来是朝鲜南北双方为解决统一问题的内战，变成了侵略和反侵略的战争，并使朝鲜一国的战争变成了国际性的局部战争。

美国在武装干涉朝鲜内战的同时，还将朝鲜问题与中国的台湾联系在一起，派出海军第7舰队侵入台湾海峡，公然干涉中国内政，阻挠中国完成国家统一。这不能不引起中国政府和人民的强烈反应。针对美国侵略朝鲜与台湾，6月28日，毛泽东在中央人民政府委员会第八次会议上发表讲话，严正指出：“中国人民早已声明，全世界各国的事务应由各国人民自己来管，亚洲的事务应由亚洲人民自己来管，而不应由美国来管。美国对亚洲的侵略，只能引起亚洲人民广泛的和坚决的反抗。……全国和全世界的人民团结起来，进行充分的准备，打败美帝国主义的任何挑衅。”[①] 同一天，周恩来代表中华人民共和国中央人民政府发表声明，抗议、谴责美国侵略台湾和在亚洲其他地区的侵略行径，宣布：“不管美国帝国主义者采取任何阻挠行动，台湾属于中国的事实，永远不能改变；这不仅是历史的事实，且已为开罗宣言、波茨坦公告及日本投降后的现状所肯定。我国全体人民必将万众一心，为从美国侵略者手中解放台湾而奋斗到底。战胜了日本帝国主义和美国帝国主义走狗蒋介石的中国人民，必能胜利地驱逐美国侵略者，收复台湾和一切属于中国的领土。”[②]

鉴于美国海空军部队入侵台湾海峡，直接支援蒋介石军队阻止人民解放军解放台湾，使人民解放军正在准备的解放台湾作战，面临更加巨大的困难。而中朝两国山水相连，美国武装侵略朝鲜，不仅具有重大的国际影响，而且已经直接威胁到了中国的安全。在这种情况下，中共中央和中央军委对时局进行了慎重的分析，重新考虑了国防部署、国防战略和军事斗争重点。

中共中央认为，美国侵略朝鲜，是企图在朝鲜打开一个缺口，准备世界大战的东方基地。因此，“朝鲜确实已经成为目前世界斗争的焦点”。“朝鲜战争至少是东方斗争的焦点”。“美帝国主义利用朝鲜战争，将联合国旗帜拿到手，以对付和平阵线”，并大肆扩充军备，动员欧洲盟国，重新武装日本、西德。美国如果压服朝鲜，“下一步必然对越南及其他原殖民地国家进行压服……它是企图从此一步一步地发展为世界大战”。因此，“我们对于朝鲜不仅看作兄弟国家问题，不仅看作与我东北相连接而有利害关系问题，而且应该看作重要的国际斗争问题。只要利用朝鲜战争把美国的阴谋揭破，就可以使美帝国主义动员国内人民和动员它的盟国更加困难；

---

① 《建国以来毛泽东文稿》第1册，423页，北京，中央文献出版社，1987。

② 《周恩来军事文选》第4卷，29～30页，北京，人民出版社，1997。

如果朝鲜能够获得胜利，我们的台湾问题也就容易解决了”①。

在全面分析国际、国内形势，全面衡量各种利弊后，中共中央作出了一个重大决策：“支援朝鲜人民，推迟解放台湾。”② 据此，中央军委重新调整了国防部署和军事战略，将全国国防重点由上海、天津、广州三点为中心的三个区域转向东北地区，将军事斗争准备的重点由解放台湾转为保卫东北边防和在必要时支援朝鲜抗击美国侵略。

7 月 7 日和 10 日，主持军委日常工作的中央军委副主席周恩来，根据毛泽东主席的指示，两次主持召开保卫国防会议，讨论调整国防部署和保卫东北边防，在必要时支援朝鲜人民事宜。根据两次国防会议讨论的意见，中央军委于 7 月 13 日作出《关于保卫东北边防的决定》：

（1）以部署在中原地区作为国防机动部队的第 13 兵团（辖第 38、第 39、第 40 军）和在东北地区从事农业生产的第 42 军以及在其他地区的炮兵第 1、第 2、第 8 师等部，共 25.5 万余人，北上进至中朝边境地区，组成东北边防军。

（2）以粟裕为东北边防军司令员兼政治委员，萧劲光为副司令员，萧华为副政治委员，李聚奎为东北边防军后勤司令员；同时以第 15 兵团部与第 13 兵团部对调，以第 15 兵团部为基础组成新的第 13 兵团部，以邓华为司令员、赖传珠为政治委员、解沛然（解方）为参谋长、杜平为政治部主任。以中南军区特种兵司令员万毅负责指挥边防军特种兵部队；以东北军区副参谋长段苏权为司令员组成东北空军司令部。

（3）后勤工作准备，步机枪弹药按 5 个基数，炮弹按 20 个基数准备，各先行运抵集中地区 2 个基数和 5 个基数，每团携带炸药 2000 斤；从中南军区和东北地区共抽调汽车 1000 辆，从东北地区

---

① 《周恩来军事文选》第 4 卷，43 ~ 44 页，北京，人民出版社，1997。

② 《周恩来军事文选》第 4 卷，43 页，北京，人民出版社，1997。

动员大车4000辆，担任运输；按31万人员、3万牲口、1000辆汽车、4000辆大车，准备3个月的粮草、汽油，在部队完成集结前，先运1个月的粮草、汽油；总后勤部负责按朝鲜人民军服装样式赶制服装，每人单衣、棉衣各1套，另准备其他装具；按收容4万伤员准备医院，准备5000副担架；等等。

（4）拟由中南军区减少10万人的复员，准备补充。如再需要，东北尚有地方师参加生产，可以补充。

（5）在保卫国防安全的口号下进行政治动员，由总政治部拟定动员令，核定后实施。

确定组成东北边防军之后，被任命为边防军主要领导人的粟裕正在患病无法到职，萧劲光主持海军工作，萧华主持总政日常工作，一时也难以离京就职。同时，边防军后勤指挥机构和东北军区后勤指挥机构力量单薄，对组织边防军所需后勤保障也有困难，而边防军集中后的统一指挥和后勤供应是大事，急需解决。因此，7月22日，周恩来与代总参谋长聂荣臻向毛泽东提出建议：东北边防军集结后，先归东北军区高岗司令员兼政治委员指挥并统一一切供应，待边防军主要领导人到职后，再成立边防军司令部。同时，以李聚奎兼任东北军区后勤部长，边防军后勤指挥机构与东北军区后勤部合并，这样“部队指挥既可免生脱节，供应问题也较易解决”①。毛泽东批准了这一建议。

在此前后，7月19日和8月上旬，中央军委先后任命第40军军长韩先楚为第13兵团副司令员、第15兵团副司令员洪学智为第13兵团第一副司令员。8月下旬，决定第42军编入第13兵团建制。因赖传珠身体有病，9月25日，中央军委批准其离职休养一个时期，由邓华兼任第13兵团政治委员。

8月下旬，根据聂荣臻的建议，中央军委决定以准备参加攻台作战的第三野战军第9兵团北上进至津浦铁路两侧山东曲阜、兖州

① 《周恩来军事文选》第4卷，38~39页，北京，人民出版社，1997。

地区，以第一野战军第19兵团东进至陇海铁路两侧机动位置，作为东北边防军的二线部队。

此后，根据毛泽东的指示，周恩来在与中央军委有关部门协商后，最后确定了东北边防军第一、第二、第三线的部署计划，于9月3日呈报毛泽东、刘少奇。计划确定：边防军部队编入11个军36个师，连同特种兵和后勤部队，共约70万人。“第一线五个军十五个师（除东北已集中四个军①外，再调中南现在广州一个军集中东北②）；第二线三个军十二个师③，从华东调出，十月底可集中于济［南］徐［州］之线；第三线三个军九个师④，拟从西北调出，集中时间约在年底。”同时为边防军部队准备补充兵员20万人。⑤

9月6日，中央军委决定调中南军区第50军北上，编入东北边防军序列。

为了应付时局和准备可能发生的战争，中共中央和中央军委对军队的工作也作了重新部署，决定解除军队的生产任务，全面转入军事整训，准备作战。8月25日，中央军委致电中南军区和华南分局，指出：“加强党政军民各方面的作战准备，清除干部中的和平思想，军队及地方武装解除其生产任务，集全力于准备作战。”⑥ 9月16日，中央军委致电中南军区并各军区党委，进一步指出：“凡有匪的地方，必须争取于明年彻底剿灭；文化教育⑦须用大力推行；军事训练亦须占有一定时间完成一定整训任务，务使武器不生锈，

---

① 指第38、第39、第40、第42军。

② 指第48军，后改调在湖北的第50军。

③ 指第9兵团3个军，每军4个师。

④ 指第19兵团3个军，每军3个师。

⑤ 参见《周恩来军事文选》第4卷，51页，北京，人民出版社，1997。

⑥ 《毛泽东军事文集》第6卷，95页，北京，军事科学出版社、中央文献出版社，1993。

⑦ 关于全军文化教育，中央军委已于1950年8月1日发出指示，准备于1951年1月开始用3年时间进行。

装具不遗缺，战斗意志不降低。为达上述目的，则生产任务不能太多，应以改善部队生活为主，不以增加国家财富为主。如不减少生产时间，则文训与军训两项任务即不能完成。此问题为全军共同问题，除请你们考虑外，亦请西北，西南，华东，华北，东北各军区负责同志加以考虑。”① 据此，人民解放军野战部队基本解除了大规模生产任务，转为以军事整训为主的备战。

东北边防军各部队于8月上旬全部到达东北中朝边境地区完成集结。8月13～14日，东北军区司令员兼政治委员高岗受毛泽东主席和中央军委的委托，主持召开东北边防军师以上干部会议，说明组建边防军的目的、部队未来任务，并对政治动员、军事准备和物资准备等工作进行了部署，提出了要求。会议确定，8月19日之前，部队主要进行政治动员和教育；从8月20日开始，转入军事训练。装备和编制的调整工作，与政治动员和军事训练同步进行。

8月26日，周恩来专门主持国防会议，对边防军的各种作战准备进行专题检查和督促，并指定第13兵团负责统一组织边防军部队的军事训练。

在中央军委的直接指导和东北军区、第13兵团的领导下，边防军部队从8月中旬开始转入突击整训。整训工作主要分作军事训练、政治教育、装备与编制调整、后勤准备四个方面。

在军事训练方面，边防军未来作战的战场在朝鲜，主要作战对象是拥有高度现代化装备的美国军队，所进行的是现代战争，与国内战争有很大的不同。因此，毛泽东主席对边防军的军事训练工作明确指示：“必须以现代战争观点教育部队，切记不可轻敌。”② 据此，边防军从部队实际出发，确定采取“多用老办法，多想新办法”的训练方式，以“宁可备而不用，不可用而不备”的训练原则，既强调熟练掌握传统战法，又要求结合未来作战特点，学习现

① 《毛泽东军事文集》第6卷，102页，北京，军事科学出版社、中央文献出版社，1993。

② 毛泽东致高岗电，1950年9月3日。

代战争和诸军兵种协同作战知识，一切训练工作着眼于提高部队战斗力。

从8月下旬到10月上旬，东北边防军部队以美军为主要作战对象，分两期进行了军事训练。师以上首长和机关干部训练，以学习和讨论为主要形式，主要是学习联合兵种协同作战一般原则和知识，研究山地进攻作战的协同战术。团以下干部训练，采取轮流集训的方法进行，重点是训练组织队属和配属的兵力、火力使用。其中连、排干部侧重于对第四野战军部队传统战法的学习和研究，团、营干部侧重于战术指导思想和合同战术，主要是步炮协同战术的学习与研究。

部队训练包括技术训练、战术训练和防空、反坦克教育四个部分。第一期训练从8月20日开始，至9月10日结束，主要进行班以下战术训练和单兵射击、投弹、爆破、土工作业基本技术训练，以及反坦克、防空教育，重点是班长和单兵的训练。第二期训练从9月11日开始，到10月2日结束，以排、连、营进攻战术训练为主要内容，其中以排、连战术为重点。

从总体上讲，边防军部队的军事训练基本达到了要求。在技术训练方面，对已配备的武器基本可以达到熟练使用，技术普遍提高一步。在战术方面，营团干部明确了战术思想，连以下分队的战术动作比较熟练。这些训练都为入朝以后的作战胜利奠定了基础。

编制和装备调整工作是与军事训练和思想政治教育同步进行的。东北军区和第13兵团从部队装备现状、作战原则和国家、军队的实际情况出发，确定边防军部队编制装备调整的基本原则是：立足部队现有装备，适应未来作战的要求，着重加强和充实师以下部队的火力，重点是连、营两级的迫击炮火和军一级的反坦克炮火，并切实保证师的高度机动作战能力，重装备尽量放在军一级。同时确定，编制装备的调整步骤是，先把现有装备修好、配好，然后再视情予以加强。

在中央军委的统一组织下，总后勤部、东北军区、中南军区为尽量缩小边防军与对手在装备上的悬殊差距，想尽一切办法，从全军部队调整武器装备，尽最大可能加强边防军部队的装备。东北行政区全力支持这一工作，区内各大兵工厂和有关企业昼夜加班为边防军部队抢修装备。到10月中旬，边防军部队的编制、装备调整工作基本结束。每军编制3个步兵师，1个野炮营（火炮18门，第39军还编有1个6管火箭炮连），平均编制员额5万人；每师编制3个步兵团，1个山炮营（火炮12门）；每团编制3个步兵营，2个炮连（九二步兵炮和重迫击炮共10门）；每步兵营编制3个步兵连，1个机炮连（八一或八二迫击炮3门，火箭筒3具，重机枪6挺）；每步兵连编制3个步兵排，1个迫击炮排（六〇迫击炮3门）；每步兵班编制轻机枪1挺，步枪、冲锋枪共8支。边防军特种兵有炮兵3个师共10个团，野炮、榴弹炮共320门，1个高炮团，中、小高炮共36门，另有4个工兵团。

边防军的后勤保障工作，在总后勤部统一调度组织下，由东北军区后勤部具体负责实施。根据中央军委的指示和边防军未来作战的需要，东北军区后勤部在中朝边境地区安东至辑安、凤城至通化、本溪至梅河口、沈阳至四平等“四线八点”，建立和完善了物资储备体系，储备了各种枪弹各5个基数，各种炮弹各20个基数，粮食1.67万吨，食油400吨，各种干菜9200吨，随时准备启运，前送至预定作战地区。同时，确定和部署了通往预定战区的3条兵站运输线，并确定作战物资沿兵站线分作三线做纵深梯次配置，每线各囤积1个弹药基数、3000~4000桶汽油和1个月的生活物资。

同时，东北军区后勤部完成了边防军部队棉装、枪弹的调拨和发放工作，按编制要求为边防军部队补充了马匹，并筹集了大批战救药品、器材，准备了4.55万张床位。另从军委总后勤部和东北军区共调集运输汽车1100辆，其中配属4个军每军100辆。此外，为保障部队出国作战，根据中央军委指示，东北军区后勤部开始组建3个后勤分部（至10月19日，志愿军入朝时，组建完成1个后勤分部）。

尽管受当时条件限制，东北边防军武器装备与美军相比仍很落后，没有海、空军，没有坦克，也缺乏防空和反坦克作战武器，运输车辆严重不足，但东北边防军的组建和突击整训，为后来中共中央作出抗美援朝、保家卫国的重大战略决策，准备了必要的军事力量。这是中共中央和中央军委战略上的高瞻远瞩和英明预见，为保卫中国的国防安全和必要时支援朝鲜人民军作战，争取了军事上的主动。同时也避免了临急应战，为志愿军尔后在朝鲜战场上的作战胜利奠定了基础。

二、调整军队建设重点，制订军兵种三年建设计划

新中国成立之初，为准备解放台湾作战，人民解放军建设的重点是海军、空军部队。在 1950 年 2 月中旬中国政府同苏联政府签订的苏联向中国贷款 3 亿美元贸易协定中，有 1.5 亿美元用于购买海军装备。

美国侵朝后，中央军委决定将军事斗争准备重点转向东北边防的同时，也调整了军队建设重点，由重点建设海军、空军转为重点加强空军、炮兵（含高射炮兵）和装甲兵的建设，迅速扩编空军和陆军技术兵种部队，加快现代化建设步伐，并确定将原计划用于购买海军装备的苏联贷款大部分改为购买空军飞机和陆军武器装备，以保证部队未来作战需要。

8 月 26 日，周恩来在检查东北边防军准备工作的国防会议上指出：由于美国的武装干涉，朝鲜战争长期化的形势已经非常明显，“朝鲜进行长期战争的基本条件是存在的。但最后将美军各个歼灭，看来这个任务势必落在我们肩上”。“我们这次作战是对付美帝国主义者，而不是单单对付李承晚伪军。美军是依靠大炮、飞机等火力……我们的装备对付国内敌人是够了，但对付美帝国主义是不够的”。“美帝国主义总是想将世界大战一步步地推动起来，但现在还不能发动，主要原因是还没有准备好。……但其总企图是不断地由一个一个的局部战争推动为世界大战。在我们方面，就要将它发动起的战争，一个一个地打下去，使它不能发展为大规模战争”。“在

这种情况下，我们的军事建设应该有一个较长远的计划。如果今天订不出长远计划，也必须先订出一个短期的至少三年的建军计划，作为准备阶段的计划”。①

根据这一精神，会议在充分讨论的基础上，确定了空军与陆军技术兵种的扩编计划，决定：

空军在已有7个航空兵团的基础上，到1951年1月底，增编3个轰炸团和1个海军飞机团，1951年下半年再增大编制，具体计划责成空军司令部拟制。同时确定，空军部队至迟到1951年1月底要完成作战准备，能够出动作战。

装甲兵在1950年9月底前编成3个旅共9个坦克团，360辆坦克，年底前完成训练，准备1951年能够出动作战。3个旅9个团的编成及所需坦克、汽车、汽油、器材、人员编制、干部配备、部队训练、聘请顾问等，责成装甲兵司令部作出计划。

炮兵部队，按照配足10个军队属炮兵部队所需榴弹炮、野炮、火箭炮、战防炮等装备的要求，所需火炮、汽车、器材和弹药等，责成炮兵副司令员苏进在3天内作出详细计划；高射炮兵部队编成18个团，中小口径高炮428门，3个月内分两批完成训练。这些部队组编后，1950年年底前完成训练，能够在1951年出动作战。②

这次会议还确定，海军、空军、炮兵、装甲兵等军兵种立即着手拟订各自的三年建设计划，9、10、11月讨论决定，1951年开始实施。

为加强东北边防军部队的作战力量，适应未来现代化作战的要求，会议结束后，周恩来根据毛泽东的指示，与军委有关部门多次开会，最终于8月31日形成《关于加强东北边防军的计划》，其中对增强东北边防军的炮兵力量和空军扩编建设计划作了新的调整，最后确定：

---

① 《周恩来军事文选》第4卷，45～46页，北京，人民出版社，1997。

② 参见《周恩来军事文选》第4卷，45～48页，北京，人民出版社，1997。

炮兵：东北边防军（含第二、第三批部队），每个步兵师配1个战防炮营，每营12门炮，36个师共432门炮，另组建1个战防炮师，4个团，每团144门炮，总共576门炮；每个军配1个野榴炮团，合计4个重炮师，每团36门中型野榴炮，共432门炮。除此之外，野战炮兵部队，组建1个加农炮师、3个105或155毫米口径榴弹炮师；组建2个“喀秋莎”火箭炮师216门炮；组建26个高炮团，每团36门炮，共936门炮，连同现有10个团共36个团，其中在后方控制20个团，前方随军行动16个团。另需增加12.7毫米高射机枪360挺，探照灯250架，雷达60部。以上在1950年底完成2/3，1951年底前完成其余部分。

空军：在原拟1951年1月底组成11个团（其中5个喷气式歼击机团）330架飞机的基础上，1951年7月后增至23个团（其中再增3个喷气式歼击机团），使作战飞机总数达到810架。1952年春再增9个团，1952年夏再增22个团，部队总数达到54个团（含6个运输团），飞机达到1560架。另在长春、成都、杭州增设3个空军学校，在校学员增至9000人。

海军领导机关也根据军委会议的精神于8月召开建军会议，决定开始制订海军3年建设计划。此后，为保证其他军兵种抗美援朝的需要，海军建设计划多次进行调整修订，到10月下旬，确定了海军1950年及1951年建设计划和3年建设计划。

调整军队建设重点，加速空军和陆军技术兵种建设步伐，以及制定各军兵种三年建设计划，实际上是人民解放军现代化建设的重要起步。在中央军委和各军兵种所确定的一系列计划中，除东北边防军部队每师配置1个战防炮营的计划未能如期实现外，其他方案基本都得到了落实。新组建的空军和陆军技术兵种部队先后参加抗美援朝战争，对取得这场战争的胜利发挥了重要作用。同时，也使得人民解放军的现代化建设有了长足的发展与进步，大大加快了人民解放军由单一陆军向诸军兵种部队转变的步伐。

三、东北边防军改为中国人民志愿军开赴朝鲜战场

尽管有美军支持南朝鲜军作战，但是，在朝鲜战争初期，朝鲜人民军的作战行动势如破竹，发展较为顺利。到 1950 年 8 月中旬，已经解放了朝鲜南部 90% 的地区和 92% 的人口，将美军和南朝鲜军压缩至朝鲜半岛东南部洛东江以东约 1 万平方公里的狭小地域。美军为挽回败局，于 9 月 15 日，以美第 10 军和南朝鲜军等部队共 7 万余人，在 230 余艘海军舰船和近 500 架飞机的支援下，在朝鲜西海岸的仁川实施登陆，随即向汉城发展进攻，截断了在洛东江一线作战的朝鲜人民军主力的后路。在洛东江一线以东的美第 8 集团军和南朝鲜军部队趁势转入反攻。朝鲜人民军腹背受敌，被迫于 9 月下旬转入战略退却。朝鲜战争形势发生了逆转。

9 月 28 日，仁川登陆的美军部队占领汉城。29 日，美第 8 集团军指挥的美军和南朝鲜军全线进抵三八线，并准备越过三八线继续北进，占领全朝鲜。

中共中央和中央军委密切注视着朝鲜战局的发展。9 月 30 日，中国政务院总理周恩来公开表明中国政府的立场：“中国人民热爱和平，但是为了保卫和平，从不也永不害怕反抗侵略战争。中国人民决不能容忍外国的侵略，也不能听任帝国主义者对自己的邻人肆行侵略而置之不理。”① 10 月 3 日，周恩来又紧急召见印度驻华大使潘尼迦，通过印度政府转达，再次向美国发出了明确的警告：“美国军队正企图越过三八线，扩大战争。美国军队果真如此做的话，我们不能坐视不顾，我们要管。”②

然而，美国政府却完全低估了中国人民的决心和力量，完全漠视中国政府的严重警告，认定中国的警告只是“虚声恫吓”，毫无意义。从 1950 年 10 月 7 日开始，美国地面部队大举越过三八线，向中朝边境进攻。

---

① 《周恩来外交文选》，24 页，北京，中央文献出版社，1990。

② 《周恩来军事文选》第 4 卷，66 页，北京，人民出版社，1997。

与此同时，从8月27日开始，侵略朝鲜的美军飞机不断侵入中国东北边境领空，对中国边境的城乡进行轰炸扫射，杀伤中国人民，破坏中国的财产，把战火直接烧到了中国的领空和领土，中国的安全受到严重威胁。

10月1日，朝鲜劳动党中央总书记、朝鲜民主主义人民共和国内阁首相金日成和朝鲜劳动党中央副书记、内阁副首相兼外务相朴宪永联合署名致函毛泽东，请求中国出兵援助朝鲜。信函中写道："在目前，敌人趁着我们严重的危急，不予我们时间，如要继续进攻三八线以北地区，则只靠我们自己的力量，是难以克服此危急的。因此我们不得不请求您给予我们以特别的援助，即在敌人进攻三八线以北地区的情况下，极盼中国人民解放军直接出动援助我军作战！"

10月3日，毛泽东接到金日成和朴宪永的求援信，4日和5日即主持召开中共中央政治局扩大会议，讨论出兵援朝问题。会议认为：中朝是唇齿相依的邻邦，如果听任美军占领全朝鲜，那么，中国的东北也将不得安宁，中国根本无法正常进行经济建设。同时，朝鲜要胜利，必须得到国际的援助。只有朝鲜胜利了，和平阵营才不会被打开一个缺口。"所以，从朝鲜在东方的地位和前途的展望来说，我们不能不援助；从唇齿相依的关系来说，我们也不能不援助"。"现在对美帝如果不抵抗，一着输了，就会处处陷入被动，敌人将得寸进尺。反之，如果给以打击，让它在朝鲜陷入泥坑，敌人就无法再进攻中国，甚至会影响它派兵到西欧的计划。……总之……只有管，才能使敌我力量的对比发生变化。不过，我们过去的管法现在已经无效，只有拿出力量来管，才能起作用"。[①]

中共中央政治局全面分析权衡出兵援助朝鲜的利弊后，作出了一个具有历史意义的伟大战略决策：组成中国人民志愿军，抗美援朝、保家卫国。

---

① 《周恩来军事文选》第4卷，74、75页，北京，人民出版社，1997。

“抗美援朝、保家卫国”的战略决策，是中共中央政治局根据当时的形势作出的，是基于支援朝鲜人民反抗美国侵略和保卫中国国家安全的共同需要作出的。这一决策，正确地把握了局部的当前的利益与根本的长远的利益的关系，是马克思主义革命气魄和科学态度相结合的产物，是爱国主义和国际主义相结合的产物。

10 月 8 日，毛泽东签署组成中国人民志愿军的命令，全文如下：

彭高贺，邓洪解[①]及中国人民志愿军各级领导同志们：

（一）为了援助朝鲜人民解放战争，反对美帝国主义及其走狗们的进攻，借以保卫朝鲜人民、中国人民及东方各国人民的利益，着将东北边防军改为中国人民志愿军，迅即向朝鲜境内出动，协同朝鲜同志向侵略者作战并争取光荣的胜利。

（二）中国人民志愿军辖十三兵团及所属之三十八军、三十九军、四十军、四十二军，及边防炮兵司令部与所属之炮兵一师、二师、八师。上述各部须立即准备完毕，待令出动。

（三）任命彭德怀同志为中国人民志愿军司令员兼政治委员。

（四）中国人民志愿军以东北行政区为总后方基地，所有一切后方工作供应事宜，以及有关援助朝鲜同志的事务，统由东北军区司令员兼政治委员高岗同志调度指挥并负责保证之。

（五）我中国人民志愿军进入朝鲜境内，必须对朝鲜人民、朝鲜人民军、朝鲜民主政府、朝鲜劳动党（即共产党）、其他民主党派及朝鲜人民的领袖金日成同志表示友爱和尊重，严格地遵守军事纪律和政治纪律，这是保证完成军事任务的一个极重要的政治基础。

（六）必须深刻地估计到各种可能遇到和必然会遇到的困难情

---

① 彭，指被任命为中国人民志愿军司令员兼政治委员的彭德怀；高，指东北军区司令员兼政治委员高岗；贺，指东北军区副司令员兼参谋长贺晋年；邓，指东北边防军第 13 兵团司令员兼政治委员邓华；洪，指第 13 兵团副司令员洪学智；解，指第 13 兵团参谋长解方。

况，并准备用高度的热情，勇气，细心和刻苦耐劳的精神去克服这些困难。目前总的国际形势和国内形势于我们有利，于侵略者不利，只要同志们坚决勇敢，善于团结当地人民，善于和侵略者作战，最后胜利就是我们的。

中国人民革命军事委员会主席　毛泽东

一九五〇年十月八日于北京

同日，毛泽东将组成中国人民志愿军的有关情况通过中国驻朝鲜大使馆通报给了金日成。当天，彭德怀即从北京赶赴沈阳，紧急上任。10 月 9 日，彭德怀和高岗在沈阳主持召开边防军军以上干部会议，传达了中共中央政治局的决策，正式宣布了中国人民志愿军的组成，同时进行动员和研究部队出动的部署。

此时，除中央已任命彭德怀为中国人民志愿军司令员兼政治委员外，志愿军的组织领导机构尚未组成，改编为志愿军的部队情况如下：

第 38 军，军长梁兴初、政治委员刘西元，辖第 112、第 113、第 114 师；第 39 军，军长吴信泉、政治委员徐斌洲，辖第 115、第 116、第 117 师；第 40 军，军长温玉成、政治委员袁升平，辖第 118、第 119、第 120 师；第 42 军，军长吴瑞林、政治委员周彪，辖第 124、第 125、第 126 师。

炮兵司令部辖 3 个野战炮兵师（10 个团，野炮、榴弹炮共 320 门）、1 个高射炮兵团（中、小型高炮共 36 门），另有 1 个工兵团。

第 38、第 39、第 40、第 42 军每军为 5 万～5.5 万人，炮兵司令部和 3 个野战炮兵师另 1 个高炮团、1 个工兵团约 4 万人，连同第 13 兵团部，此时确定的志愿军总兵力约为 25 万余人。

10 月中旬，中央军委和彭德怀制定了志愿军入朝后的作战方针和部署。10 月 18 日，毛泽东主席签发命令，命令“志愿军四个军及三个炮师决按预定计划进入朝北作战，自明十九日晚从安东和辑安线开始渡鸭绿江”①。

10 月 19 日，中国人民志愿军在彭德怀司令员兼政治委员的率领下，开始从安东（今丹东）、长甸河口和辑安（今集安）3 个口岸，秘密渡过鸭绿江，开入朝鲜战场，开始了伟大的抗美援朝战争。

此时，彭德怀的指挥部只是一个简便的机构，由军委总参谋部和西北军区司令部的部分人员组成。10 月 21 日，毛泽东致电第 13 兵团司令员兼政治委员邓华并告彭德怀等，指出：“我意十三兵团部应即去彭德怀同志所在之地点和彭住在一起并改组为中国人民志愿军司令部，以便部署作战。”②

10 月 24 日中午，邓华率第 13 兵团部与彭德怀在朝鲜北部昌城郡的大榆洞会合。10 月 25 日，中共中央决定：为适应目前伟大战斗任务的需要，第 13 兵团司令部、政治部及其他机构，立即改组为中国人民志愿军司令部、政治部及其他机构，任命邓华为中国人民志愿军副司令员兼副政治委员，洪学智、韩先楚为副司令员，解方为参谋长，政治部（主任杜平）、后勤部及其他机构的负责同志均照旧负责。同时决定，成立中共志愿军委员会，彭德怀为书记，邓华为副书记。朝鲜劳动党中央派遣朴一禹常驻志愿军总部，以便双方联络。中共中央任命朴一禹为志愿军副司令员兼副政治委员，并任志愿军党委副书记。③ 至此，志愿军总部正式组成。

四、调整国内防务部署

中共中央在作出出兵抗美援朝决策时，即对中国人民志愿军出动后可能会出现的各种情况作了充分估计，并确定了各种应对方

---

① 《建国以来毛泽东文稿》第 1 册，423 页，北京，中央文献出版社，1987。

② 《毛泽东军事文集》第 6 卷，130 页，北京，军事科学出版社、中央文献出版社，1993。

③ 参见《毛泽东军事文集》第 6 卷，152 页，北京，军事科学出版社、中央文献出版社，1993。

案。其中，中共中央最为关注的是两个问题：

第一，志愿军出动后，将会在朝鲜战场上打出什么局面。中共中央分析有三种可能，一是在朝鲜境内歼灭和驱逐美国及其他国家的侵略军队，从而根本解决朝鲜问题；二是由于志愿军武器装备落后，无法在朝鲜战场大量歼灭美军部队，战争形成僵局，甚至被迫撤回国内；三是在缺乏空军支援地面作战的情况下，志愿军实施灵活的战术指导，充分发挥自己的作战特点，不仅能够在朝鲜坚持作战，而且能够攻打除大、中城市以外的其他地区，并大量歼灭美军部队，从而迫使美国知难而退，通过谈判解决问题。中央认为，由于苏联方面已经表示苏联空军不能出动到朝鲜战场支援志愿军作战，而出现第一种可能性很小，后两种可能又以出现第三种可能更大些。因此，中共中央的态度是，争取第三种可能，并“相信自己的力量是可以争取这种可能的实现的”①。实际上，这就是抗美援朝战争的基本军事战略目标。

第二，战争会不会打到中国境内。中共中央认为，“如果美帝国主义真正进攻我们的大陆，那就不只是中国一个国家的战争问题，我们和苏联已签订了中苏友好同盟互助条约，一打起来，就是全面性的打”，那就是世界大战，而美国事实上还没有准备好。②“追随美帝的国家毕竟是少数。在朝鲜战场，和美国在一起的虽然有十五个国家，可是万一战争发生在中国，是否也有那么多国家参加对中国作战呢？这是很值得怀疑的。敢于和我们敌对并走上战场的究竟还是少数。”③ 因此，美国铤而走险，把战争打到中国境内的可能性虽然存在，但从美国自身的准备和美国的盟国情况看，美国走出这一步是很困难的。但是，中共中央也对美国可能对中国宣战或对中国大陆采取军事行动的严重情况予以充分估计。决定以志愿军名义参战，很重要的考虑就是不给美国对中国宣战的借口。同时

① 《周恩来军事文选》第4卷，109页，北京，人民出版社，1997。

② 参见《周恩来军事文选》第4卷，92页，北京，人民出版社，1997。

③ 《周恩来外交文选》，53页，北京，中央文献出版社，1990。

认为，美帝也有疯狂的一派，对于它铤而走险，我们也必须有所防备，“既然中国军队在朝鲜境内和美国军队打起来（虽然我们用的是志愿军名义），就要准备美国宣布和中国进入战争状态，就要准备美国至少可能使用其空军轰炸中国许多大城市及工业基地，使用其海军攻击沿海地带”①。“邻境战争，国内被炸”；“邻境战争，敌人在我海口登陆，全国转入战争”。② 中共中央对此种情况的态度是，“在思想上准备敌人长打、大打，在战争中把敌人消灭”③。

据此，中共中央和中央军委立足于应付最严重的情况，特别是美国可能将战争扩大到中国境内的严重情况，在志愿军出动后，采取措施保证志愿军作战胜利的同时，主要进行了以下5个方面的部署。

一是部署筹备全国防空，防范美国飞机对中国大陆的空袭。10月31日，周恩来召集聂荣臻、中央财经委员会副主任兼财政部部长薄一波、劳动部部长李立三、公安部部长罗瑞卿、中共中央办公厅主任杨尚昆、中共北京市委副书记刘仁开会，研究了全国防空问题。会议决定：（1）由周恩来、彭真、聂荣臻、薄一波、李立三5人组成全国防空筹委会，并以李立三兼秘书长、杨尚昆为副秘书长，负责研究和计划全国防空之各种准备。一旦发生美国飞机空袭中国大陆事件，即成立全国防空委员会，并吸收部分党外人士参加，同时按照预定计划进行教育、动员和采取各种必要措施。（2）立即进行防空的组织与训练，首先抽调全国主要城市负责干部约200人开办防空短训班，以便负责教育组织群众，做好各地的人民防空工作。（3）北京市的防空工作，责成彭真筹划。（4）军事防空责成军委防空司令部拟出计划，报经军委批准后实施。（5）全国防空准备责成李立三会同罗瑞卿、杨尚昆以及中央人民政府办公厅主

---

① 《毛泽东军事文集》第6卷，106页，北京，军事科学出版社、中央文献出版社，1993。

② 《陈云文选（1949～1956年）》，111页，北京，人民出版社，1984。

③ 《周恩来军事文选》第4卷，95页，北京，人民出版社，1997。

任齐燕铭、中央人民政府财经委员会计划局局长宋劭文、中央军委办公厅主任张经武开会研究，于11月初拟出计划，报经中央批准后实施。会议同时确定了必要时进行人员与物资疏散的原则，即一般人员与物资不作大的远距离疏散，特殊的少数人员和物资可作较远距离疏散，在不影响生产的情况下，对贵重机器和物资作部分迁移。[①] 根据会议的决定，辽南地区的部分工厂向北作了迁移，共迁移到松江省[②]和黑龙江省20个工厂。[③]

11月22日，毛泽东以中央军委名义指示各中央局、华南分局、各大军区并转各所属分局、大市委、省委、区党委及军区，指出：美国军队已向台湾派遣空军人员，图假以台湾蒋介石军队的名义轰炸大陆，“是完全可能的，你们应即加紧准备防空，特别是沪、宁、杭、榕、厦、穗、汕、青、济、京、津[④]等处要迅速准备妥当，战胜敌人的空袭，切勿麻痹疏忽，是为至要”[⑤]。

二是部署防空作战力量。中央军委决定，在空军第4混成旅的基础上突击扩建空军歼击机航空兵部队，分别部署于上海、广州、青岛、天津、北京、唐山等城市，担负防空任务。此外，还将国内仅有的高射炮兵部队部署于沈阳、鞍山、本溪、北京、天津、上海、南京、杭州、广州等沿海大中城市。鉴于中国人民解放军空军航空兵作战力量弱小，不足以担负沿海各主要城市和工业基地的防空任务，中国政府商请苏联出动歼击机航空兵部队，协助中国担负

---

① 参见《周恩来军事文选》第4卷，84～85页，北京，人民出版社，1997。

② 1954年松江省撤销，并入黑龙江省。

③ 参见《当代中国》丛书编辑部：《当代中国黑龙江》，76页，北京，中国社会科学出版社，1990。

④ 指上海、南京、杭州、福州、厦门、广州、汕头、青岛、济南、北京、天津。

⑤ 《毛泽东军事文集》第6卷，211页，北京，军事科学出版社、中央文献出版社，1993。

防空任务。苏联先后派遣11个歼击机航空兵师，驻扎中国境内，协助中国担负吉林、公主岭、安东、沈阳、辽阳、鞍山、唐山、青岛、广州等地的防空任务，从1951年7月起，陆续回国。

三是部署和加强海岸防御。为防范美军和台湾国民党军队对沿海地区发动攻击，根据中央军委的指示，人民解放军海军将海岸炮兵建设作为当务之急，于10月21日组建了第一个海岸炮兵营。与此同时，根据中央军委的统一部署，在沿海各军区的大力支援下，海军在沿海主要防御地段抢修了一批海岸炮阵地，其装备主要是向苏联购买的130毫米海岸炮，另暂时利用了部分陆炮。①

10月下旬，周恩来指示海军司令部制订海岸炮和海岸防御布雷计划，从上海开始，北到长山列岛、营口、安东海岸，选择要点布置水雷。特别加强营口至安东沿海的布置。根据海军司令部制订的计划，整个沿海要地地段布防，共需4500枚水雷，而当时国内只有1500枚。周恩来指示，首先布置安东鸭绿江口的水雷防御，所缺的3000枚水雷从苏联订购。②

四是部署部队，准备粉碎美国和台湾蒋介石集团的联合登陆进犯。在志愿军进入朝鲜境内抗击美国侵略之后，为了防范美国扩大战争，派遣军队与台湾蒋介石军队对中国大陆实施联合登陆进攻，中共中央和中央军委决定，以广东、广西和福建、江浙沿海为主要防御方向，进行抗击美蒋军队联合登陆进攻的准备。

11月17日，毛泽东连发3份电报，一份发给中共中央中南局、中南军区党委会并告中共华南分局，一份发给中共华南分局第一书记、广东军区司令员兼政治委员叶剑英和华南分局第三书记方方，一份发给华东军区司令员陈毅和政治委员饶漱石。

在给中南局和叶剑英、方方的电报中，毛泽东指出："你们必须统筹两广，将两广作为一个对付帝国主义和蒋介石登陆进犯的统

---

① 参见《当代中国》丛书编辑部：《当代中国海军》，56页，北京，中国社会科学出版社，1987。

② 参见《周恩来军事文选》第4卷，80页，北京，人民出版社，1997。

一的单位。”“为了对付敌人可能在广东登陆进犯，必须准备使用五个至七个军。”以 5 个军部署广东，另在湖南部署两个军作为机动。①

在给陈毅、饶漱石的电报中，毛泽东要求：“华东一切工作要以美国和蒋介石登陆进犯为假想的基础去作布置。”并指示，“目前军事工作极为重要”。②

根据毛泽东的指示，中南军区和华东军区对防范美蒋军队登陆进攻，作了精心部署和周密准备。毛泽东同意他们的部署，于 12 月 29 日电告中南军区负责同志，对广东方向的军事部署作进一步指示，指出：“广东有事须由四野负责独力应付，保证战胜可能入侵之台湾匪军，巩固广东防务。”③

1951 年 1 月 16 日，毛泽东又电示陈毅：“福建有四个军已很够了。厦门必须确保……厦门必须多储粮弹，布置积极防空（不是消极防空），对守军指战员进行深入的政治动员，加强纵深工事，务必长期确保厦门。”“除福建首先是厦门为敌人进攻重点已有部署外，江浙两省沿海亦需准备对付敌人进袭……华东全军除剿匪者外，均须提高警惕，加强整训，准备对敌。”“华东全军应完全自力担负歼灭蒋匪进攻部队，不要希望外援。”④

华东军区和中南军区根据中央军委和毛泽东主席的指示，在全力剿灭土匪，稳定秩序的同时，进行了部署调整，做了迎击美军和国民党军登陆进攻的充分准备。

---

① 参见《毛泽东军事文集》第 6 卷，202 页和《建国以来毛泽东文稿》第 1 册，666 页。

② 《毛泽东军事文集》第 6 卷，204 页，北京，军事科学出版社、中央文献出版社，1993。

③ 《毛泽东军事文集》第 6 卷，255 页，北京，军事科学出版社、中央文献出版社，1993。

④ 《毛泽东军事文集》第 6 卷，262 页，北京，军事科学出版社、中央文献出版社，1993。

五是加速剿匪，以便早日调出机动部队。东南沿海地区，是防范美军和国民党军登陆进攻的重点地区，也是匪患猖獗的地区之一。为早日集中部队防备美国和蒋介石集团联合登陆进犯，以及能够早日调出部队置于机动位置，以便随时准备入朝参战或向南支援海防，从11月中旬起，中央军委和毛泽东主席督令新解放区，特别是华东和中南地区，加速剿匪，限期剿灭股匪。从1950年11月～1951年1月，3个月中，毛泽东给华东、中南、西南地区发出数十份有关加速剿匪的电报指示，尤为关注浙江、福建、广东、广西、湖南、江西等省的剿匪情况，督令上述各省加大剿匪力度，限6个月内即到1951年5月底前，务期彻底剿灭匪患。在中央军委的统一部署下，华东和中南地区剿匪步伐明显加快，至1951年5月底，该两地区土匪基本被剿灭，担负剿匪作战任务的部队也先后转入担负战略防御或集结机动位置，进行军事整训。

所有这一切，使得中共中央和中央军委的抗美援朝、保家卫国战略决策建立在稳妥、可靠的基础之上，既保证了抗美援朝战争的胜利，又对防范美国将战争扩大到中国境内和台湾国民党军可能的登陆进攻进行了周密的部署和准备，从而使抗美援朝和国内防务在发生各种严重情况时，都可以从容应付。

第二节　中国人民志愿军取得抗美援朝战争的胜利

一、帮助朝鲜人民军实行战略反攻

中国人民志愿军经过中国革命战争的长期锻炼和考验，具有以劣势装备战胜优势装备强敌的传统，具有同国民党军队和侵华日军作战的丰富经验。但抗美援朝战争却遇到了不同以往作战的许多新情况。

第一，作战对手不同。志愿军的主要对手是美军。美军拥有高度现代化的武器装备，掌握整个战场的制空权和制海权，其地面部队全部机械化或摩托化，拥有大量先进的火炮和坦克，火力强，机动快。而志愿军入朝时，既无空军，也无海军，地面部队也没有坦克，并严重缺乏防空和反坦克武器。陆军装备的火炮数量和质量都弱于美军，并没有摩托化装备，火力、机动力很弱。敌我双方武器装备优劣悬殊。

第二，战场不同。朝鲜战场不同于国内，地幅小，三面环海，南北狭长，志愿军作战回旋余地较小，不便于展开更多的部队。而朝鲜的地理条件，则有利于美军依靠其海空军优势，实施侧后登陆进攻。

第三，志愿军首次出国作战，对朝鲜战场人生地疏，语言不通。朝鲜在经济上本来就很贫穷，又经过美军的疯狂轰炸破坏和掠夺，几乎已是一贫如洗。志愿军难以就地解决作战物资的补给。

这些都给志愿军作战增加了困难，敌我双方武器装备优劣极为悬殊，特别是志愿军没有制空权，严重限制了志愿军整个作战机器的运转，同现代化装备的美军作战困难极为突出。根据敌我双方军队武器装备对比强弱优劣极为悬殊的情况，中共中央和中央军委为志愿军确定了“在稳当可靠的基础上争取一切可能的胜利”的基本方针。同时确定志愿军第一个时期只打防御战，在平壤、元山铁路线以北，德川、宁远公路线以南地区构筑两至三道防御阵线，采取阵地战与运动战相结合的作战形式，歼灭小股敌军。待6个月以后，购买苏联的武器装备到达，志愿军装备训练完毕，在空中和地上均具有压倒优势时，再配合朝鲜人民军举行战略反攻，歼灭美国侵略军。

然而，中国人民志愿军入朝后，朝鲜战场形势的变化，已不允许志愿军在预定地区打一个时期的防御战，美军和南朝鲜军已进占或接近志愿军预定防御的地区。中央军委遂改变了原定防御作战计划，实行以运动战为主，与部分的阵地战、游击战相结合的方针，帮助朝鲜人民军立即转入战略反攻。从1950年10月25日~1951年6月10日，连续进行五次战役（运动战），将以美国为首的“联合国军”从鸭绿江边打回到三八线，并将战线稳定在三八线地区，迫使美国接受停战谈判。

（一）第一次战役

第一次战役从1950年10月25日开始至11月5日结束。此次战役，“联合国军”在第一线担任进攻的部队共10个师又1个旅和1个团，总兵力13万余人。志愿军参战共6个军，除已改编为志愿军的第38、第39、第40、第42军和炮兵参战外，在战役打响后，第50、第66军奉命入朝，加入中国人民志愿军序列，参加了第一次战役。连同志愿军炮兵等，总兵力约29万余人。

第50军，军长曾泽生、政治委员徐文烈，辖第148、第149、第150师，全军3.5万人，共有16门山炮和部分迫击炮。该军于9月6日编入东北边防军序列，10月上旬到达东北，10月26日，从安东、辑安入朝作战。

第66军，军长萧新槐、政治委员王紫峰，辖第196、第197、第198师，全军3万余人，火炮编制更少，该军在天津、廊坊、唐山、沧县（现沧州）地区从事生产任务，在志愿军出动后，中央军委于10月22日紧急电令该军北上，该军于23日紧急收拢部队北运入朝参战。

“联合国军”对中国人民志愿军入朝毫无察觉，以团或营为单位，多路向中朝边境冒进，给志愿军在运动中各个歼敌提供了极好的机会。毛泽东和彭德怀根据战场形势的变化，果断改变了原定第一个时期只打防御战的作战计划，改取在运动中各个歼敌的方针，决定抓住战机，立即实施反击。

10月25日，志愿军在开进中与敌军遭遇，打响了抗美援朝战争第一次战役。这次战役分为东西两线，主要战场在西线清川江以北地区。志愿军以5个军又1个师部署于西线，从25~29日，给予越过清川江北进的南朝鲜第6师以歼灭性打击。11月1~3日，志愿军首次与美军交战，重创美军“王牌”部队骑兵第1师，并在云山歼其第8团大部。在东线，志愿军以2个师在长津湖以南的黄草岭、赴战岭地区，阻击美军和南朝鲜军的北进、西援，有力地保证了主力在西线的作战。

此次战役，志愿军共歼敌 1.5 万余人，自身伤亡 1 万余人，将“联合国军”部队从鸭绿江边打回到清川江一线以南，粉碎了“联合国军”于“感恩节”（1950 年为 11 月 23 日）前占领全朝鲜的计划，初步稳定了朝鲜战局，为朝鲜人民军后撤和整顿赢得了时间。同时，取得了与美军和南朝鲜军作战的初步经验，为尔后作战创造了有利条件。

经过第一次战役的作战，特别是歼灭美骑兵第 1 师 1 个团大部，志愿军大大增强了胜利的信心。从作战中看到，美军虽然火力强，但作战精神差，离开飞机大炮，就攻不能攻，守不能守，尤其怕近战、夜战，怕抄后路。南朝鲜军更是一击即溃。只要志愿军很好地运用近战、夜战和迂回包围战术，先打掉敌军指挥机关和炮兵阵地，就能胜利，并可通过搜剿扩大战果。

（二）第二次战役

第二次战役从 1950 年 11 月 6 日开始至 12 月 24 日结束。“联合国军”在遭到志愿军第一次战役的打击后，虽然知道中国军队参战，但对在朝鲜参战的兵力和意图则作出了错误的判断，认为中国只是“象征性出兵”，因而于 11 月 6 日重新发起试探性进攻，并于 11 月 24 日发起了圣诞节前结束战争的总攻势。其在第一线担任进攻的地面部队为 13 个师又 3 个旅和 2 个团，总兵力 34.4 万余人。同时，其空军部队也倾巢出动，猛烈轰炸鸭绿江上的所有桥梁和靠近中国的朝鲜边境地区。因此，对志愿军来说，整个战场形势仍然严峻。根本的问题是要粉碎“联合国军”的总攻势，以进一步打开战局，站稳脚跟。

毛泽东和彭德怀根据战场情况决定，志愿军充分利用敌军的错觉，故意示弱，能而示之不能，用而示之不用，骄纵敌人，以逸待劳，“于东西两线均采诱敌深入，先歼其侧翼一路，尔后猛烈扩张战果之方针”[①]。此次战役中，志愿军投入作战的总兵力为38万余人。主战场仍在西线，由参加第一次战役的6个军担负作战任务。同时第9兵团3个军奉命开赴朝鲜，加入志愿军序列，全力担任东线作战任务。

第9兵团，司令员兼政治委员宋时轮、副司令员陶勇、参谋长覃健、政治部主任谢有法，辖第20、第26、第27军，每军均辖4个师，兵团总兵力共15万余人。

第20军，军长兼政治委员张翼翔，辖第58、第59、第60、第89师；第26军，军长张仁初、政治委员李耀文，辖第76、第77、第78、第88师；第27军，军长彭德清、政治委员刘浩天，辖第79、第80、第81、第94师。

战役第一阶段为诱敌深入阶段。西线从11月6日、东线从11月7日开始，主力后撤，隐蔽休整，进行反击准备，而以一部兵力在第一线采取节节阻击方式诱敌深入。至11月下旬，“联合国军”在西线被诱至定州、龟城、泰川、云山、德川地区，进入了志愿军既设战场。

第二阶段为战役反击阶段。在完成诱敌深入和战役反击准备后，西线志愿军部队于11月25日黄昏突然发起反击。首先抓住“联合国军”部署上的薄弱环节，以2个军在1个师的配合下，歼灭德川、宁远地区的南朝鲜军2个师大部，打开了战役缺口。尔后，以该2个军对西线“联合国军”部队侧后实施双层战役迂回，以正面4个军抓住当面之敌进行攻击。担任战役迂回的第38军第113师，昼夜兼程，14小时前进70余公里，于28日晨抢占了三所里地区，当晚又抢占了三所里以西的龙源里，随即坚守阵地，顶住了“联合国军”部队的南北夹击，牢牢封闭了美第9军的后撤通路，震撼了西线美第8集团军的整个布势。第38军在第二次战役中，英

① 彭德怀等志愿军首长致第9兵团、炮司、各军首长的电报，1950年11月8日20时。

勇作战，对战役的顺利发展起到了重要作用。彭德怀于12月1日与邓华等志愿军首长联名发出嘉奖令，嘉奖第38军："此战役，克服了上次战役中个别同志某些过多顾虑，发挥了三十八军优良的战斗作风，尤以一一三师行动迅速，先敌占领三所里、龙源里，阻敌南逃、北援。……特通令嘉奖，并祝你们继续胜利。中国人民志愿军万岁！三十八军万岁！"

从11月29日晨至12月1日，志愿军西线部队在清川江南北地区，对美第9军所属部队发起了围歼战，歼灭土耳其旅大部，给予美第2师以歼灭性打击，重创美骑兵第1师、第25师，胜利结束西线作战。

在东线，志愿军第9兵团于11月27日晚突然发起反击，一夜之间，即将美陆战第1师大部和美第7师1个多团分割包围于长津湖地区，随即展开勇猛进攻。第27军主力于11月30日晚至12月1日拂晓，在新兴里全歼美第7师1个多团3100余人，创造了一战全歼美军1个加强团的范例。

第三阶段为战役追击阶段。"联合国军"在遭到志愿军东西两线的打击后，于12月1日开始向平壤、元山一线撤退。12月3日，又开始向三八线总撤退。志愿军展开战役追击。

西线志愿军部队于12月5日帮助朝鲜人民收复平壤，并于12日起向三八线推进，至12月23日，逼近三八线。朝鲜人民军一部解放了三八线以南延安半岛和瓮津半岛。

东线志愿军第9兵团部队在缺乏高寒地区作战经验和御寒准备极不充分、冻饿交加的情况下，冒着零下20～30°C的严寒，在长津湖地区对南撤的美军展开围追堵截。美第10军部队和南朝鲜军在付出沉重伤亡后，方于12月24日在近300艘海军舰船的接应下，由兴南港从海路狼狈撤往釜山。

此次战役志愿军共歼敌3.6万余人，其中美军2.4万余人，自身伤亡3.07万人，把美国军队从鸭绿江边打回到三八线，彻底粉碎了"联合国军"占领全朝鲜的企图，帮助朝鲜人民收复了三八线以北国土。志愿军不但站稳了脚跟，而且还从根本上扭转了朝鲜战局。此次战役的胜利，也使中国人民声威大震，改变了美国人对中国的看法，改变了西方人对中国的看法，甚至也改变了社会主义阵营对中国的看法。

同时，连续两次战役的胜利也证明，虽然没有空军和海军参战，武器装备与美军相比劣势悬殊，给作战造成很多困难，但志愿军仍然可以同美军作战，并且可以取得作战的胜利。12 月 18 日，毛泽东向各中央局、分局、省市区党委和各级军区、各兵团、各军及正在组建之中的军事学院转发第 38 军的作战经验时指出："在志愿军的作战经验中证明，我军对于具有高度优良装备及有制空权的美国军队，是完全能够战胜的。"①

（三）第三次战役

第三次战役从 1950 年 12 月 31 日开始至 1951 年 1 月 8 日结束。为统一中国人民志愿军和朝鲜人民军的作战指挥，经中朝两党、两国政府协商，决定组成中国人民志愿军和朝鲜人民军联合司令部，凡属作战范围和前线一切活动统由联合司令部指挥。12 月上旬，组成中国人民志愿军和朝鲜人民军联合司令部（简称中朝联合司令部），彭德怀任司令员兼政治委员，朝鲜方面由金雄和朴一禹分别任副司令员和副政治委员（1952 年 7 月，朝鲜方面以崔庸健接替金雄任副司令员，1953 年 2 月又接替朴一禹在联合司令部的工作）。志愿军副司令员邓华随后任联合司令部副司令员。从此，中国人民志愿军和朝鲜人民军开始在统一指挥下并肩作战。

"联合国军"退至三八线及以南后，在第一、第二线共部署 13 个师又 3 个旅和 1 个团，兵力为 25 万人，其中第一线部署南朝鲜军 8 个师。美国当局为挽回败局，玩弄"先停火、后谈判"阴谋，企图争取喘息的时间，卷土重来。为了打破这一阴谋，毛泽东电示志

① 《毛泽东军事文集》第 6 卷，243 页，北京，军事科学出版社、中央文献出版社，1993。

愿军："我军必须越过三八线。如到三八线以北即停止，将给政治上以很大的不利。"①

参加第三次战役的中朝军队为志愿军6个军、朝鲜人民军3个军团，共约30万余人，由中朝联合司令部统一指挥。根据战场实际情况，中朝联合司令部决定采取"稳进"的方针，首先突破"联合国军"在三八线的既设阵地，尔后向纵深稳步推进，相继占领汉城，如不顺畅则适时收兵。

1950年12月31日晚，志愿军和人民军发起第三次战役。在西线担负主要突击任务的志愿军4个军和人民军1个军团，徒涉强渡临津江、汉滩川；在中线实施突击的志愿军2个军攻占加平、春川地区，割裂了"联合国军"防线，从右翼威胁汉城。人民军另2个军团在东线展开了攻击。激战一夜，志愿军和人民军全线突破"联合国军"在三八线地区的既设阵地。"联合国军"的第一道防线全面崩溃，被迫放弃汉城，实施全线退却。志愿军和人民军乘胜扩大战果，展开战役追击，占领汉城，继而以一部兵力渡过汉江，向南推进，将"联合国军"驱至三七线附近地区，胜利结束第三次战役。

此次战役，志愿军和人民军经8昼夜作战，前进80~110公里，歼敌1.9万余人（其中志愿军歼敌1.2万余人），志愿军和人民军伤亡8500余人（其中志愿军伤亡5800人）。此战的胜利，大大加深了美国及其盟国的失败情绪，进一步扩大了中国人民志愿军和朝鲜人民军的国际影响。

（四）第四次战役

第四次战役从1951年1月25日开始至4月21日结束。第三次战役结束后，志愿军和人民军以一部兵力与"联合国军"保持接触，主力转入休整，计划进行两个月的充分准备，然后发动春季攻

---

① 《毛泽东军事文集》第6卷，239页，北京，军事科学出版社、中央文献出版社，1993。

势。然而，“联合国军”退守三七线之后，依靠先进的武器装备和完善的补充体系，迅速整顿队势，于1951年1月15日开始进行试探性进攻，随即于1月25日，集中其地面部队16个师又3个旅和1个团，计25万余人，在空军支援下，采取“磁性战术”[①]发动全线反扑。志愿军和人民军被迫停止休整，转入防御作战，“力争停止敌人前进，稳步打开战局”。整个战役经过两个阶段。

第一阶段从1951年1月25日开始至2月16日结束。志愿军和人民军采取“西顶东打”的部署。在西线，以志愿军2个军和人民军1个军团，于汉江南岸地区进行坚守性质的防御，抗击“联合国军”对汉城方向的主要突击，钳制美英军主力。在东线，集中志愿军主力4个军和人民军2个军团，于横城地区展开猛烈反击，歼敌1.2万余人，迫使“联合国军”在东线后撤26公里。

第二阶段从1951年2月17日开始至4月21日结束。经过第一阶段作战，志愿军和人民军虽给“联合国军”以沉重打击，但并未彻底制止其进攻。志愿军一线部队此时已经极度疲劳，而战略预备队开赴前线尚需时日，志愿军和人民军遂于2月17日全线转入运动防御作战，在南起汉江北岸至横城、江陵一线，北迄三八线一线，部署三道防线，以空间换取时间，迟滞“联合国军”的进攻，掩护了志愿军第二番作战部队的开进集结。

为解决志愿军作战与休整的矛盾、坚持长期作战，中央军委提出轮番作战的方针。按照中央军委的部署，志愿军第二番作战部队第19、第3兵团，分别于2月中旬和3月中旬开始入朝参战。

第19兵团，司令员杨得志、政治委员李志民、副司令员兼参谋长郑维山、政治部主任陈先瑞，辖第63、第64、第65军。第63军，军长傅崇碧、政治委员龙道权，辖第187、第188、第189师；第64军，军长曾思玉、政治委员王昭，辖第190、第191、第192

① 磁性战术，是“联合国军”依靠现代化装备机动快、火力强的优势，始终同志愿军和人民军保持接触，以消耗、疲劳志愿军和人民军的一种战术。

师；第 65 军，军长萧应棠、政治委员王道邦，辖第 193、第 194、第 195 师。

第 3 兵团，司令员兼政治委员陈赓、副司令员王近山、副政治委员杜义德、参谋长王蕴瑞、政治部主任刘有光，辖第 12、第 15、第 60 军。第 12 军，军长曾绍山，辖第 34、第 35 师和原第 11 军的第 31 师；第 15 军，军长秦基伟、政治委员谷景生，辖第 44、第 45 师和原第 10 军的第 29 师；第 60 军，军长韦杰、政治委员袁子钦，辖第 179、第 180 师与原第 61 军的第 181 师。

第四次战役，志愿军在极为困难的条件下，发扬特别能吃苦，特别能战斗的精神，和人民军一起连续奋战，灵活地运用坚守防御、战役反击、运动防御等多种作战样式，把运动战与阵地战紧密地结合起来，从被动中争取了主动，赢得了时间，掩护了战略预备队集结，为第五次战役创造了有利条件。这次战役，志愿军和人民军共歼敌 7.8 万余人（其中志愿军歼敌 5.3 万余人），超过前三次战役歼敌数量的总和。志愿军和人民军共伤亡 5.3 万余人（其中志愿军伤亡 4.2 万余人）。

这次防御作战，其规模之大，时间之长，不但在志愿军抗美援朝战争的历史上是少有的，而且在中国人民解放军的历史上也是罕见的，为志愿军依靠劣势装备抗击“联合国军”依靠优势火力的立体进攻积累了重要经验，为后来阵地战阶段的坚守防御作战提供了重要借鉴。

（五）第五次战役

第五次战役从 1951 年 4 月 22 日开始至 6 月 10 日结束。志愿军和人民军为了掌握战场主动权，粉碎“联合国军”可能以侧后登陆配合正面进攻，在平壤—元山一线建立新防线的企图，以志愿军第二番作战部队为主，集中志愿军 11 个军和人民军 3 个军团等共 68 万余人，发起了第五次战役。此时，“联合国军”地面部队第一线为 12 个师另 2 个旅，第二线为 5 个师另 1 个旅和 1 个团，共 34 万余人。战役经历两个阶段。

第一阶段从 4 月 22 日开始至 29 日结束。主要作战方向在春川以西的三八线以南、汉江以北地区。志愿军采取战役分割与战术分割相结合，战役迂回包围同战术迂回包围相结合的方针，实施多路突破、两翼向心迂回包围的战法，包围“联合国军”营、团规模的部队 10 股之多，其中全歼英第 29 旅 1 个营。该阶段共歼敌 2.3 万余人，予“联合国军”西线部队以沉重打击，迫使其撤至汉城周围及汉江两岸地区。

第二阶段从 5 月 6 日开始至 21 日结束。主要作战方向在东线的县里地区。以志愿军 3 个军和人民军 1 个军团在西线佯攻汉城，钳制美军主力，掩护志愿军主力隐蔽东移。5 月 16 日，志愿军 3 个军和人民军 3 个军团，采取多路突破，多层迂回包围的战法，向县里地区的南朝鲜军发起攻击，至 21 日，歼灭南朝鲜军 3 个师大部，再次歼敌 2.3 万余人，并缴获许多重装备。

在战役第二阶段作战结束后，志愿军和人民军主力向后转移准备休整时，“联合国军”先后在第一线展开 14 个师又 1 个旅和 2 个团的兵力，在空军支援下发起了全线反扑。志愿军和人民军展开阻击作战，至 6 月 10 日，在阻击中歼敌 3.6 万余人，将“联合国军”阻止在三八线南北地区，战役结束。

第五次战役，是抗美援朝战争期间规模最大的一次战役，交战双方投入的总兵力达 100 万人，连续激战 50 天。志愿军和人民军歼敌 8.2 万余人（其中志愿军歼敌 6.7 万余人），自身伤亡 8.5 万余人（其中志愿军伤亡 7.5 万余人），粉碎了“联合国军”以正面进攻配合侧后登陆，在朝鲜蜂腰部建立新防线的企图。经过此次战役，迫使“联合国军”对志愿军和人民军的力量重新作出估计，彻底破灭了其占领全朝鲜的幻想。

第五次战役期间，志愿军调整兵力部署。第三番部队的第 47 军于 4 月入朝，军长曹里怀、政治委员李人林，辖第 139、第 140、第 141 师。第 20 兵团第 67、第 68 军在司令员杨成武、政治委员张南生的率领下于 6 月入朝。第 67 军，代军长李湘、政治委员旷伏兆，辖第199、第200、第201师；第68军，军长陈坊仁、代政治委员李呈瑞，辖第202、第203、第204师。

此外，第23兵团率第36、第37两军共4个师于9月入朝，在朝鲜清川江以北地区担负机场修建任务。兵团司令员董其武、政治委员高克林、副司令员姚喆、政治部主任裴周玉。第36军，军长王建业、政治委员康建民，辖第106、第107师；第37军，军长张世珍、政治委员帅荣，辖第109、第110师。

中国人民志愿军在武器装备处于悬殊劣势的情况下，连续进行五次战役，经过反复较量，与人民军一起共歼敌23.3万余人（志愿军和人民军作战减员共18.9万余人），把“联合国军”从鸭绿江边打回到三八线及以南地区，并将战线稳定在三八线南北地区，迅速打出了有利的战争形势，奠定了抗美援朝战争胜利的基础。

二、以打促谈，迫使美军签订停战协定

中国人民志愿军连续进行五次战役，彻底粉碎了美国占领全朝鲜的企图，迫使“联合国军”由战略进攻转为战略防御。美国当局认识到，不可能实现占领全朝鲜的军事战略目标，仅仅依靠军事手段不可能解决朝鲜问题。基于这种判断，美国不得不调整朝鲜战争政策。1951年5月16日，美国国家安全委员会通过一个有关朝鲜问题的政策备忘录，即美国国家安全委员会第48/5号文件。5月17日，美国总统杜鲁门批准了这个文件。文件确定“联合国军”的作战，不再以实现军事占领全朝鲜为目标。美国在朝鲜的当前目标是在三八线地区建立一条有利的防线，寻求缔结停战协定，结束朝鲜战争。

5月底，美国政府通过苏联常驻联合国代表向中国和朝鲜传递了通过谈判实现停战的愿望。6月上旬，毛泽东和金日成在北京进行了协商，根据战争形势的新变化，决定实行边打边谈的方针，政治斗争和军事斗争双管齐下，一方面同美国方面举行停战谈判，争取以三八线为界实现停战撤军；另一方面对谈判成功与否不抱幻想，在军事上必须作长期持久的打算，并以坚决的军事打击粉碎

“联合国军”的任何进攻，以配合停战谈判的顺利进行。

依据朝鲜战场形势的发展，中共中央为志愿军确定了“充分准备持久作战和争取和谈达到结束战争”① 的战略指导方针。中央军委在军事上则确定了“持久作战、积极防御”和作战“应与谈判的要求相配合、相适应”② 的方针，并确定实行“零敲牛皮糖”战术，对美英军实行战术的小包围，打小歼灭战，逐步向打大歼灭战过渡的作战原则。据此，志愿军做了持久作战和谈判的动员及各种准备。

为便于指挥部队和加强志愿军领导力量，6 月，中央军委任命陈赓、宋时轮为志愿军第二、第三副司令员，仍分别兼任第 3、第 9 兵团司令员；8 月，任命西北军区副政治委员甘泗淇为志愿军副政治委员兼政治部主任，杜平改任志愿军政治部副主任，调军委装甲兵参谋长张文舟代理志愿军参谋长（解方参加停战谈判），任命西北军区副参谋长王政柱为志愿军副参谋长。

随着朝鲜战场相持局面的出现，战争双方都转入了战略防御。7 月 10 日，朝鲜停战谈判在开城举行。此后，战场上敌对双方的作战围绕停战谈判斗争的需要而展开，朝鲜战争开始了旷日持久、军事斗争与政治斗争交织进行的边打边谈局面。作战特点是战线稳定，依托阵地进行攻防，阵地战成了主要作战形式。

美国虽然由于在战场上的失败而被迫谋求通过谈判结束朝鲜战争，但朝鲜停战谈判开始后，仍霸气十足，不愿公平合理地解决朝鲜问题。因此，停战谈判一开始就举步维艰。美方故意拖延，设置障碍，直至 7 月 26 日，用了半个月的时间双方才达成谈判议程问题的协议。谈判议程共为五项：（1）通过议程；（2）作为在朝鲜停止敌对行为的基本条件，确定双方军事分界线，以建立非军事地区；（3）在朝鲜实现停火与休战的具体安排，包括监察停火休战条款实

---

① 转引自彭德怀致毛泽东的电报，1951 年 7 月 1 日。

② 中央军委致彭德怀并告高岗的电报，1951 年 8 月 19 日。

施机构的组成；（4）关于俘虏的安排问题；（5）向双方有关各国政府建议事项。

在谈判进入实质性问题的讨论后，美方代表团不但表现得霸道无理，而且极力炫耀美军的武力，企图以其海空军和武器装备上的强大优势，迫使朝中方面在谈判中让步，接受其无理要求。因此，在战场上，“联合国军”连续发动地面和空中攻势，对朝中方面施加军事压力。朝中方面本着有理、有利、有节的原则，针锋相对，严词驳斥美方的无理要求。中国人民志愿军与朝鲜人民军一起，连续粉碎了“联合国军”的局部攻势，以及“绞杀战”和细菌战等各种军事压力，并且越战越强，越战越主动，逐步夺取了战场的主动权。

（一）1951 年夏秋季防御作战

朝鲜停战谈判开始以后，“联合国军”企图以军事压力迫使中朝方面在停战谈判中接受其无理要求，于 8 月 18 日 ~9 月 18 日，对朝鲜人民军防守的西起北汉江、东至东海岸正面 80 公里的地段上，发动了夏季攻势。与此同时，其空军以摧毁朝鲜北方铁路系统为主要目标发动了空中攻势，即“绞杀战”。9 月 29 日 ~10 月 22 日，“联合国军”地面部队又先后以中国人民志愿军防守的临津江东西地区和北汉江东西地区正面各 40 公里的地段上发动了秋季攻势。中国人民志愿军和朝鲜人民军依托野战阵地实行了带有坚守性质的防御作战，粉碎了“联合国军”的夏季攻势和秋季攻势，歼敌 15.7 万余人，“联合国军”仅在局部地区推进了 2 ~9 公里。“联合国军”得不偿失的进攻，遭到了美国国会和参谋长联席会议的指责。

其间，为防止“联合国军”在朝鲜东西海岸登陆，并统一指挥朝鲜东西海岸志愿军和人民军部队，9 月下旬，经中朝双方协商，在中朝联合司令部之下成立了东西海岸联合指挥机构。西海岸联合指挥所由志愿军副司令员韩先楚任司令员（1952 年 8 月，西海岸指挥所改为指挥部，韩先楚调任第 19 兵团司令员），人民军第 4 军团军团长朴正德任副司令员，统一指挥志愿军 4 个军和人民军 2 个军团；东海岸联合司令部由志愿军第 9 兵团司令部兼任，宋时轮兼任司令员，人民军第 7 军团军团长李离法和志愿军第 9 兵团副司令员陶勇分别兼任第一、第二副司令员，统一指挥志愿军 2 个军又 1 个师和人民军 1 个军团。

10 月底至 11 月底，中国人民志愿军为显示力量，收回一些放弃的阵地，促进停战谈判，以第一线的 7 个军，先后对“联合国军”营以下兵力防守的 26 个阵地，攻击 34 次，攻克 21 个阵地，经反复争夺后，巩固占领 9 个阵地，歼敌 1 万余人；担负保卫开城任务的 1 个军，在开城以南，汉江以北地区，进行两次扫荡作战，推进阵地 280 余平方公里；担负西海岸防御任务的 1 个军在空军的直接支援配合下，连续组织 4 次渡海登岛作战，攻占西朝鲜湾大、小和岛等 10 余个岛屿。朝鲜人民军海防部队 2 个旅也在大同江口等处，收复数个岛屿。这些作战有力地促进了停战谈判，美方被迫放弃了在军事分界线问题上的无理要求。11 月 27 日，按朝中方面提出的以双方实际接触线为军事分界线，双方各从此线后撤 2 公里作为军事停战期间的非军事区，达成了关于分界线问题的协议。协议同时规定：如在本协议签字 30 天内停战实现，则此时校订的军事分界线不再变动，如在本协议签字 30 天以后停战实现，届时则按双方实际接触线所发生的变化进行重新校订。

（二）反“绞杀战”和反细菌战

反“绞杀战”和反细菌战都是志愿军部队在以往战争中从未遇到的新情况。

1951 年 8 月 18 日，美国空军集中其 80% 以上的作战力量，在其地面部队发动夏季攻势的同时，即以摧毁朝鲜北方铁路系统为主要目标发动了“绞杀战”，企图瘫痪朝鲜北方的铁路运输，迫使朝中方面在谈判中让步。在反“绞杀战”斗争中，志愿军空军、高射炮兵、铁道兵、工兵、后方勤务部队和在第二线的各军等共同奋战，至 1952 年 6 月，彻底粉碎了美军的“绞杀战”。

美军在实施“绞杀战”的同时，从 1952 年 1 月开始，对朝鲜北方和中国东北等地区秘密实施了细菌战，以造成疫区，残害中朝人民和削弱中朝军事力量。中朝两国政府在判明美国进行细菌战之后，分别发表声明，抗议美国细菌战的罪行。中朝两国政府和人民、国际舆论对美国细菌战的罪行进行了充分揭露、控诉和谴责。中国人民志愿军和朝鲜人民军在前方采取了许多防疫治疗措施，中国政府向前方紧急运送了大批药品和器材，供志愿军和朝鲜军民使用，还派出了防疫治疗队和专家检验队，协助前方防疫治病。至1952年冬，反细菌战斗争告一段落。美国实施的细菌战不但未能达到军事上的目的，而且在政治上、道义上遭到了可耻的失败。

（三）1952年秋季战术反击作战

经过反“绞杀战”斗争和1952年春夏巩固阵地斗争，以及国内各族人民开展的捐献飞机大炮运动，到1952年夏，中国人民志愿军已是阵地巩固，供应充足，武器装备有了明显改善。为消耗“联合国军”有生力量，锻炼部队，并配合停战谈判，从9月18日开始，在中朝联合司令部统一计划组织下，志愿军和人民军第一线部队发起了全线战术反击作战。整个反击作战经过两个阶段：

第一阶段从9月18日开始至10月5日结束。参加反击作战的有志愿军6个军、人民军2个军团，采取“不等齐”发起进攻的方式，共对“联合国军”营以下兵力防守的18个目标攻击19次，全部攻克敌军阵地，歼灭了守敌，并在与反扑之敌反复争夺后，巩固占领6处阵地，共歼敌8300余人。

第二阶段从10月6日开始至10月底结束。参加反击作战的志愿军7个军，在志愿军司令部的统一号令下，采取同时发起攻击的方式，共对“联合国军”营以下兵力防守的48个目标，攻击58次，歼敌1.89万余人，巩固占领阵地11处。

整个秋季战术反击作战，志愿军和人民军共对“联合国军”60个阵地攻击77次（其中人民军对3个阵地攻击3次），经过反复争夺后，志愿军巩固地占领了其中17个阵地，共歼敌2.7万余人，自身伤亡1.07万余人，“联合国军”处处被动，完全处于疲于应付的状态。

这次战术反击作战，是以战术的动作、战役的规模，贯彻“零敲牛皮糖”、打小歼灭战指导方针最为典型的作战，是志愿军转入阵地战阶段以来，统一计划组织规模最大的一次主动出击。中共中央、中央军委于10月24日特致电志愿军，祝贺秋季反击作战的胜利，指出：“此种作战，在若干个被选定的战术要点上，集中我军优势的兵力火力，采取突然动作，对成排成连成营的敌军，给以全部或大部歼灭的打击；然后在敌人向我军举行反击的时机，又在反复作战中给敌以大量的杀伤；然后依情况，对于被我攻克的据点，凡可以守住者固守之，不能守住者放弃之，保持自己的主动，准备以后的反击。此种作战方法，继续实行下去，必能制敌死命，必能迫使敌人采取妥协办法结束朝鲜战争。”①

（四）上甘岭战役

“联合国军”为摆脱被动局面，对志愿军的战术反击作战进行报复，于10月14日~11月25日，动用3个多师共6万余人的兵力，在3000余架次飞机、300余门大炮、170余辆坦克的支援下，对上甘岭以南597.9高地和537.7高地北山志愿军各1个连防守的两个不足4平方公里的阵地，进行了43天的猛烈攻击，投掷炸弹5000余枚、发射炮弹190余万发，将阵地土石炸松2米深。志愿军先后投入3个多师4万余人的兵力、140余门火炮，依托坑道工事与“联合国军”展开激烈的争夺，虽然表面阵地工事几次被“联合国军”占领，但地下坑道工事始终被我军控制并最终将“联合国军”全部赶出阵地。上甘岭战役共歼敌2.5万余人，志愿军伤亡1.1万余人，创造了坚守防御的典范。

至此，志愿军已完全掌握了正面战场的主动权。“联合国军”虽然拥有现代化的武器装备，但“铁多气少”，士气低落，在正面

---

① 《毛泽东军事文集》第6卷，324页，北京，军事科学出版社、中央文献出版社，1993。

战线上已是进攻屡屡受挫，防御往往人地两失，完全陷入了被动挨打的境地。抗美援朝战争发展到这时，正如毛泽东所讲的："我们方面发生的问题，最初是能不能打，后来是能不能守，再后是能不能保证给养，最后是能不能打破细菌战。这四个问题，一个接着一个，都解决了。我们的军队是越战越强。""美国人攻不动我们的阵地，相反，他们总是被我们吃掉。"①

(五) 反登陆作战准备

到1952年冬天，美军在朝鲜正面战场已处于无能为力的状态。朝鲜停战谈判，自1952年10月8日美方单方面宣布无限期休会以来已处于中断。朝鲜战争结束时日仍遥遥无期，不但美国人民和在战场上的美国士兵早已厌倦和不满，企盼战争早日结束，美国的盟国早就想从这场战争中脱身，而且美国当局也认为，不能再这样令人难以忍受地无限期地拖下去了。此时，正值美国总统换届大选。在德怀特·艾森豪威尔当选美国第34届总统前后②，美国军政当局开始酝酿实施一次新的军事冒险，企图以在朝鲜北部东西海岸实施大规模两栖登陆行动，配合正面进攻，迫使志愿军和人民军屈服，从而实现"光荣地停战"。时任"联合国军"总司令的马克·克拉克为此制订了陆、海、空军联合进攻的作战计划。

有鉴于此，12月20日，中共中央给志愿军党委发出指示，要求志愿军"准备一切必要条件，坚决粉碎敌人登陆冒险，争取战争更大胜利"，并强调指出："美帝国主义采用了很多办法和我们斗争，没有一样不遭到失败。现在剩下从我侧后冒险登陆的一手，它想用这一手来打击我们。只要我们能把它这一手打下去，使它的冒险归于失败，它的最后失败的局面就确定下来了。中央坚决相信我

---

① 《毛泽东军事文集》第6卷，353～354页，北京，军事科学出版社、中央文献出版社，1993。

② 美国总统大选年的大选时间在11月第一个星期一之后。1952年的大选时间是11月5日。

志愿军协同朝鲜人民军是能够粉碎敌人的冒险计划的。”①

据此，志愿军从 1952 年 12 月下旬起到 1953 年 4 月，以打好“过关仗”的姿态与朝鲜人民军一起进行了规模空前的反登陆作战准备。其主要工作包括：

（1）充实海岸防御联合指挥机构和调整战场部署。在西海岸，由志愿军代司令员兼代政治委员邓华兼任联合指挥部司令员和政治委员，梁兴初、方虎山（人民军）、吴信泉任副司令员，杜平（志愿军政治部副主任）任副政治委员兼政治部主任，王政柱任参谋长。担任西海岸防御的部队共有志愿军 6 个军又 1 个师，地面炮兵 14 个团又 9 个营，高射炮兵 2 个团又 13 个营，坦克 6 个团；人民军 1 个军团又 1 个旅。在东海岸，由志愿军第 3 兵团司令部兼任东海岸联合司令部，第 3 兵团副司令员（代司令员）王近山兼任联合司令部代司令员，第 3 兵团副政治委员杜义德兼任联合司令部政治委员，朝鲜民族保卫省副相金雄任联合司令部副司令员，第 3 兵团参谋长王蕴瑞兼任联合司令部参谋长，第 3 兵团政治部主任刘有光兼任联合司令部政治部主任。担任东海岸防御的部队共有志愿军 2 个军另 1 个师，地面炮兵 2 个团另 3 个营，高射炮兵 5 个营，坦克 1 个团；人民军 2 个军团和 2 个旅。正面战线部署有志愿军 10 个军（其中 3 个军为二梯队），地面炮兵 14 个团另 28 个营，高射炮兵 24 个营，坦克 4 个团；人民军 3 个军团和 2 个旅（其中 1 个军团为二梯队）。志愿军总预备队 2 个军，地面炮兵 4 个团另 2 个营。

志愿军空军歼击机 9 个师又 1 个夜航大队，强击机 2 个师，轰炸机 2 个师，计 630 架飞机，海军 2 个海岸炮兵连、1 个鱼雷艇大队和 1 个海上巡逻大队等也参加了反登陆作战准备。

此时，志愿军在朝鲜战场的兵力达 135 万人，达到了战争中的最高峰。经过此次战场部署调整，志愿军和人民军无论东西海岸的

① 《毛泽东军事文集》第 6 卷，331、332 页，北京，军事科学出版社、中央文献出版社，1993。

防敌登陆，还是正面战线防御，都有了充足的作战力量。

（2）以东西海岸为重点全面加强防御工事。1953 年 1～4 月，在中朝两国政府和人民的大力支援下，志愿军和人民军共挖掘坑道 8090 条，总长 720 余公里；挖堑壕、交通壕 3100 余公里；构筑 600 余个永备工事和 10.9 万个各种掩体。加上在此之前构筑的工事，坑道总长达 1250 余公里，堑壕和交通壕总长 6240 公里，各种工事总长 7490 公里，超过中国的万里长城（6700 公里）。从而在朝鲜东西海岸和正面战线，形成了绵亘 1130 公里、纵深 20～30 公里的以坑道和永备工事为骨干的完整防御体系，真正形成了“铜墙铁壁”。

（3）改善交通运输条件和储运作战物资。为改善朝鲜境内铁路交通状况，经中朝双方商定，1952 年 12 月和 1953 年 1 月，中央军委命令 6 个铁道工程师入朝，并从铁道部抽调铁路员工和技术干部共 5000 人，和朝鲜人民军 1 个铁道工程旅，在中朝新建铁路指挥局的统一指挥下，担负新建铁路工程。1953 年 2 月 1 日～4 月 5 日，抢建完成从龟城经价川至殷山的铁路（龟殷线），全长 129.33 公里。使朝鲜北方京义（汉城至新义州）、满浦（满浦至西浦）、平元（平壤至元山）三大铁路干线在纵深地区连为一体，减轻了西海岸平壤以北新安州、价川、西浦三角地区铁路运输的压力。

与此同时，志愿军抽调 6 个工兵团又 1 个营，1 个步兵师，担负维护整修公路、桥梁任务。新修 8 条公路，连同整修、加宽的公路，总长共 566 公里。在各后勤分部所属兵站之间都有一至两条纵深公路，分部与分部之间有一至两条主要公路，兵站至各军、各军至各师各有一至两条汽车路，师到团至少有汽车路和马车路各一条，团到营和营到阵地有马车路和不少于两条人力运输路。各部队左右邻之间至少有一条横贯路，从而在整个战区内形成了一个前后贯通、左右衔接、此断彼通、彼断此通的交通运输网络，有力地保证了运输。

至 1953 年 3 月底，志愿军弹药总囤积量达 12.38 万余吨，比 1952 年 12 月末弹药囤积量多 65.2%；粮食总囤积量达 24.8 万余吨，可供志愿军食用8个半月；马料囤积可供全军马匹食用5个半月；食油囤积可供全军食用6个半月，食盐8个半月，菜类5个半月，肉类3个月零5天；汽油储备了4个月的消耗量。

到1953年4月底，志愿军反登陆作战准备全面完成。此次反登陆作战准备，不仅是一次直接的战役准备，而且也是从根本上掌握整个战场主动权的重大战略措施。从此，美军在战略上处于完全被动的地位，攻则无法承受巨大的损失，守则难以承受长期的僵持，处于无可奈何的境地。其大规模军事冒险计划胎死腹中，转而于4月26日与朝中方面恢复停战谈判。而志愿军则力量空前强大，可攻可守，在战略上处于主动的地位，完全掌握了战场主动权，为抗美援朝战争的最后胜利铺平了道路。

（六）以打促谈，迫使美军签订停战协定

为促成朝鲜停战早日实现，4月底和5月初，志愿军党委决定以打促谈，在正面战场举行战役性反击作战，配合停战谈判。这一决定得到中央军委批准。毛泽东指示志愿军："争取停，准备拖，而军队方面则应做拖的打算，只管打，不管谈，不要松劲，一切仍按原计划进行。"①

志愿军在经过充分准备之后，于5月13日开始，采取稳扎狠打，由小到大的指导方针，发起1953年夏季反击战役。

5月13～25日为第一阶段。志愿军先后以4个军的各一部分，对"联合国军"连以下兵力防守的20个阵地（其中1个连或1个加强连防守的阵地5个，1个排防守的阵地12个，1个班防守的阵地3个）攻击29次，共歼敌4100余人。志愿军的作战，对谈判的进行起了重要促进作用。美方代表基本上接受了朝中方面关于战俘

① 转引自邓华致杨得志、崔庸健、解方、李志民并报军委电，1953年4月20日。

遗返的具体方案。①

然而，南朝鲜李承晚集团却公开叫嚣“反对任何妥协”，要“进军鸭绿江”，“单独打下去”，并指使其谈判代表退出谈判。为打击李承晚集团，密切配合停战谈判，志愿军首长将已经开始的第二阶段作战原定的以打击美军为重点改以打击南朝鲜军为重点，并将打击的规模扩大到南朝鲜军营、团兵力防守的阵地。从5月27日开始至6月15日结束。志愿军6个军和人民军2个军团的各一部，先后对“联合国军”团以下兵力防守的51个阵地攻击65次，在金城以东北汉江两侧占领了南朝鲜军3个团正面12公里、纵深3～6公里的防御阵地，连同其他巩固占领的阵地，共扩大阵地面积58平方公里，共毙伤俘敌4.1万余人，志愿军伤亡1.7万余人。在这次作战的有力配合下，停战谈判进程加快，6月8日，谈判双方最终就战俘问题达成协议，至此停战谈判各项议程全部达成协议。17日，双方代表团大会确认了重新校订的军事分界线。朝鲜停战协定签字在即。

但是，李承晚集团却公然破坏停战谈判刚刚达成的关于战俘遣返的协议。从6月18日凌晨开始，以就地“释放”为名强迫扣留朝鲜人民军被俘人员2.7万余人，并宣称将他们强行编到南朝鲜军队。为惩罚李承晚集团的破坏行为，保证实现有效的朝鲜停战，志愿军于6月24日～7月27日又发起第三阶段作战。其中第20兵团指挥5个军分为3个作战集团，在第9兵团1个军的配合下，于7月13～27日进行了金城战役，突破南朝鲜军4个师防守的正面25公里的坚固设防阵地，突入纵深最远达18公里，共歼敌5.3万余人，将南朝鲜军4个师打残，收复阵地160余平方公里。金城战役的胜利充分表明了志愿军作战能力大大增强。毛泽东在1953年9月讲到这次战役时曾说：“我们的军队是越战越强。今年夏

① 至1952年5月初，朝鲜停战谈判除战俘问题因美方顽固坚持所谓“自愿遣返”原则、企图强迫扣留志愿军和人民军被俘人员而未达成协议外，其他议程已全部达成协议。

天，我们已经能够在一小时内打破敌人正面二十一公里[①]的阵地，能够集中发射几十万发炮弹，能够打进去十八公里。如果照这样打下去，再打它两次、三次、四次，敌人的整个战线就会被打破。”[②]

整个第三阶段作战，共歼敌7.8万余人，收复土地192.6平方公里。志愿军和人民军伤亡3.3万余人。沉重地打击了南朝鲜李承晚集团，加深了美国同南朝鲜当局的矛盾，有力地配合了停战谈判，促进了朝鲜停战的实现，对停战后维护朝鲜局势的稳定起了重要作用。

在朝中方面政治上强烈抗议、谴责和军事上沉重打击的双重压力下，“联合国军”总司令克拉克和美方谈判代表团，均对停战后将遵守停战条款作出保证，并建议尽快签订停战协定。

7月24日，双方代表团核准最后校订的军事分界线和非军事区位置。同1951年11月27日的军事分界线相比，中国人民志愿军和朝鲜人民军将战线共向南推进332.6平方公里。

1953年7月27日，朝鲜时间上午10时，在板门店举行了朝鲜停战协定签字仪式。根据朝鲜停战协定的规定，朝鲜时间1953年7月27日22时，敌对双方在朝鲜的一切战斗行动完全停止。全世界人民渴望已久的朝鲜停战终于实现了，历时两年零九个月的抗美援朝战争至此胜利结束。中国人民志愿军在两年零九个月的抗美援朝战争中，共毙伤俘敌71万余人，自身作战减员36.6万余人；共击毁和缴获飞机4268架、坦克1492辆、装甲车92辆、汽车7949辆，缴获（不含击毁）各种炮4037门。志愿军损失飞机231架、坦克9辆、汽车6060辆、各种炮（含被击毁）4371门。

---

① 这里未计算第9兵团指挥的第24军攻击的3公里正面。

② 《毛泽东军事文集》第6卷，354页，北京，军事科学出版社、中央文献出版社，1993。

第三节　实行轮换作战的方针

一、轮换作战方针的确定和步兵部队的轮换

中央军委确定志愿军在朝鲜实行轮番作战方针之后，随着第19、第3兵团的入朝参战，志愿军副司令员邓华即于1951年4月16日致电中央军委和毛泽东主席，建议："由于战争的长期性，部队轮番应与换班相结合。……轮番是很好的，但因朝鲜战争伤亡大而体力消耗亦特别厉害，尤其伤了元气的部队短期休整很不容易恢复……长期坚持下去是很困难的（部队再精锐，也必成强弩之末，何况补的主要是新兵）。另一方面，与这种高度现代装备的敌人在朝鲜作战是有许多新的经验，故全国军队和干部来轮流实践学习，根据今后形势的发展和我军建设来说都是很必要的，同时照顾运输情况，故建议在朝部队视情况每满十月至一年则大换一次，干部亦应如此，这样，各方面都有好处。"

1951年6月，根据朝鲜停战谈判形势的出现，中共中央确定在朝鲜实行边打边谈的方针。中央军委和志愿军总部同时也确定了在兵力使用上，采取"轮番与换班相结合"的方针。当时，志愿军入朝作战才8个月，时间并不算太长，加之7月10日开始了停战谈判。中央军委没有立即作出部队换班的计划。

11月中旬，在朝鲜停战谈判即将达成关于军事分界线问题的协议时，中共中央分析认为，"谈判的中心问题，是确定军事分界线"，在军事分界线问题达成协议后，关于其他议程的谈判可能要容易些，争取年内达成协议，但也准备敌人拖延甚至使谈判破裂，至少准备"朝鲜战争还要拖延半年甚至一年"。[①] 然而，在进入其他议程的谈判以后，美方代表仍是蛮不讲理，百般拖延。至1952年5

---

① 《周恩来军事文选》第4卷，249～250页，北京，人民出版社，1997。

月初，虽除战俘问题外，其他议程均已先后达成协议。但美方在战俘遣返问题的谈判中节外生枝，大做文章，无理坚持所谓“自愿遣返”原则，企图强行扣留朝中战俘，致使这个问题自1951年12月11日开始谈判以后，5个月没有明显进展，而美方代表则开始以一种流氓无赖的态度对待谈判，经常无端宣布休会，甚至中途逃会。停战谈判因此陷于停顿状态。

鉴于这种形势，1952年5月15日，周恩来副主席主持召开中央军委会议，对朝鲜战场形势进行了分析，认为美国对谈判是在采取拖延阴谋，至少可能拖过1952年底美国总统大选。因此，我们也必须作战争可能拖过1952年底的各种准备，其中很重要的一项战争准备工作，就是实行作战部队的轮换。会议责成总参谋部与正在北京治病的彭德怀司令员共同研究后提出方案。

此时，在朝鲜作战的志愿军共有17个军，早期入朝部队作战时间最长的已达19个月，入朝稍晚的部队在朝鲜作战也已近一年。这些部队长期过着艰苦紧张的战争生活，已很疲劳，需要很好休整，同时也需按国内国防军的编制进行整编。而国内已有一部分部队按照中央军委精简整编方针完成了整编，并统一改装苏式装备。这部分部队在国内战争中战功卓著，富有战争经验，但还没有经过现代化战争的考验，缺乏与现代化敌人进行现代条件下作战的经验，因此也需要到朝鲜经受现代战争的锻炼，取得经验。

5月16日，代总参谋长聂荣臻、副总参谋长粟裕，就志愿军部队和干部的轮换问题，向毛泽东、朱德、刘少奇、周恩来、彭德怀、林彪呈送了报告。6月29日，中央军委确定了志愿军第一期部队轮换计划，决定以国内完成整编的第23、第24、第46军轮换在朝作战的第20、第27、第42军，并对入朝部队的编制人数、武器配备以及入朝和回国部队的交接都作了明确规定。这一计划预定于9月上旬开始实行。

7月22日，志愿军代司令员兼代政治委员邓华建议，不仅轮换3个军，而应全部轮换。从1952年9月至1953年底，分四期进行，每期轮换 4 个军（第 26 军已于 6 月间调回国内担任防务）。同时，还提出了各技术兵种部队、技术兵种指挥所、各兵团指挥员和兵团机关的轮换设想。中央军委原则同意了邓华的建议。8 月 4 日，毛泽东在全国政协常委会上说："我们过去打了二十几年仗，从来没有空军，只有人家炸我们。现在空军也有了，高射炮、大炮、坦克都有了。抗美援朝战争是个大学校，我们在那里实行大演习，这个演习比办军事学校好。如果明年再打一年，全部陆军都可以轮流去训练一回。"① 总参谋部于 8 月制订了第二期轮换计划，决定以国内完成整编的 7 个军轮换在朝鲜作战的 7 个军，为免冬装改换的困难和浪费，拟于 1953 年 3 月开始，每月轮换 2 个军，6 月底前轮换完毕，入朝比较晚的军暂不轮换。毛泽东于 9 月 2 日批准了这个计划。此外，总参谋部还先后制订了炮兵、装甲兵、工兵、防空部队、公安警卫部队、各军兵种指挥员、各兵团以上指挥员和指挥机关的轮换计划，经中央军委批准后实施。

9 月 5 ~ 15 日，第一期轮换计划完成。第 23、第 24、第 46 军先后入朝，轮换第 20、第 27、第 42 军回国。第 23 军入朝时军长钟国楚、政治委员卢胜，辖第 67、第 69、第 73 师。第 24 军入朝时军长兼政治委员皮定均，辖第 70、第 72、第 74 师。第 46 军入朝时军长萧全夫、政治委员吴保山，辖第 133、第 136、第 137 师。入朝轮换的 3 个军于 1953 年 1 月开始担负第一线作战任务。

1952 年末，为防备"联合国军"在朝鲜北方实施登陆进攻，志愿军和人民军进行了大规模的反登陆作战准备。中央军委决定调整第二期轮换计划，志愿军现有 16 个军不作变动，计划第二期入朝轮换的西北军区第 1 军、中南军区第 54 军、华东军区第 21 军与在东北地区的第 16 军提前入朝，全力进行反登陆作战准备。据此，上述 4 个军于 1953 年 1 月开始入朝，另第 11 军第 33 师（编有 1 个坦克

① 《毛泽东军事文集》第 6 卷，316 页，北京，军事科学出版社、中央文献出版社，1993。

团）于 1952 年 11 月入朝，参加反登陆作战准备。1953 年 4～7 月，先后担负了第一线作战任务。

第 1 军入朝时军长黄新廷、政治委员梁仁芥，辖第 1、第 2、第 7 师。第 16 军入朝时军长尹先炳、政治委员陈云开，下辖第 32（第 11 军的第 32 师调入，后改称 48 师）、第 46、第 47 师（该军 3 个师各编有 1 个坦克团）。第 21 军入朝时军长吴咏湘、政治委员谢福林，辖第 61、第 62、第 63 师。第 54 军于 1952 年 10 月由原第 45 军军部、直属队、第 134 师（欠 1 个团）、第 135 师和原第 44 军第 130 师、第 131 师 1 个团等部合编组成。合组为第 54 军后，辖第 130、第 134、第 135 师，入朝时军长丁盛、政治委员谢明。

1953 年 7 月 27 日，朝鲜停战协定签字，志愿军轮换计划遂停止执行。在整个战争期间，全国步兵部队共有 25 个军 76 个师直接参加了抗美援朝战争作战的锻炼，占国防军步兵部队总数的 70%。

二、空军和陆军各技术兵种的轮换

志愿军空军自 1951 年 9 月大规模参战以来，一直以师为单位轮番作战，从当年 11 月开始，每番作战部队 3～4 个师，每师作战 3 个月左右，经受锻炼，取得作战经验后，即行轮换。至 1953 年 7 月 27 日朝鲜停战止，先后共有 10 个歼击机师（21 个团）和 2 个轰炸机师参加了轮番作战，占国防军空军部队总数的 41%。

志愿军炮兵从志愿军参战一开始就参加了作战。在运动战阶段，野战炮兵部队以师或团为单位，进行过轮换改装，统一更换苏联装备。至 1953 年 7 月朝鲜停战，先后有野战炮兵 10 个师共 18 个团入朝参战，占国防军炮兵部队总数的 73%。

志愿军装甲兵于 1951 年 3 月开始入朝，至 1953 年 7 月朝鲜停战，先后共有 9 个坦克团进行了轮番作战，占国防军坦克部队总数的 30%。

志愿军工兵从志愿军入朝参战开始时即入朝担负工程保障任务。至 1953 年 7 月朝鲜停战，先后共有 15 个工兵团进行了轮番作战，占国防军工兵部队总数的 57%。

志愿军防空部队从志愿军入朝参战开始即入朝作战。至1953年7月朝鲜停战，先后参加轮战的志愿军防空部队有13个高射炮团又4个高射炮营，4个探照灯营，2个对空监视团，1个雷达营。在朝作战的4个野战高炮师未进行轮换。参加抗美援朝战争的防空部队，占国防军防空部队总数的60%。

公安部队自1950年11月中旬开始入朝，担负后方剿匪、警卫、物资押运、装卸和防空哨任务，至1953年7月朝鲜停战，先后有2个师共11个团轮换在朝鲜战场执勤，占公安部队总数的11.7%。

铁道兵部队自1950年11月开始入朝参战，担负后方铁路抢修和铁路修建任务。至1953年7月朝鲜停战，共有10个师先后赴朝鲜战场执行任务，占国防军铁道兵部队的100%。

三、高级指挥员和高级指挥机关的轮换

为使国内军队高级机关干部取得朝鲜战场的实战锻炼，组织机关干部实行分批轮换，中央军委总参谋部、总政治部、总后勤部分别于1952年12月5日、18日、25日，作出了轮换志愿军司令部、政治部、后方勤务司令部及各兵团司令部、政治部、志愿军后勤各分部机关干部的计划，于1953年上半年进行了轮换。具体干部轮换情况是：

中央军委作战部、军务部、情报部、通信部和中央机要局干部与志愿军司令部干部轮换；军委总政治部和东北军区政治部干部与志愿军政治部干部轮换；军委总后勤部干部与志愿军后方勤务司令部干部轮换；西南军区司令部、政治部组织干部轮换志愿军第3兵团司令部、政治部干部；华东军区司令部、政治部组织干部轮换志愿军第9兵团司令部、政治部干部；中南军区司令部组织干部轮换志愿军第19兵团司令部干部；西北军区政治部和中南军区政治部组织干部轮换志愿军第19兵团政治部干部；华北军区司令部、政治部组织干部轮换志愿军第20兵团司令部、政治部干部；华东军区后勤部组织干部轮换志愿军后勤第1分部干部；中南军区后勤部组织干部轮换志愿军后勤第2分部干部；西南军区后勤部组织干部轮换志

愿军后勤第3分部干部；华北军区后勤部组织干部轮换志愿军后勤第4分部干部；西北军区后勤部组织干部轮换志愿军后勤第5分部干部。

志愿军总部和各兵团领导干部也进行了调整。1952年7月，中央军委决定，志愿军副司令员陈赓调任军事工程学院院长，志愿军副司令员宋时轮调任总高级步兵学校校长，任命第19兵团司令员杨得志为志愿军第二副司令员，志愿军原副司令员、西海岸中朝联合指挥部司令员韩先楚为第19兵团司令员，第19兵团副司令员郑维山为第20兵团代司令员（第20兵团司令员杨成武因病此前回国休养），第38军军长梁兴初为西海岸指挥部副司令员代司令员，第64军军长曾思玉为第19兵团副司令员。8月，中央军委又任命王建安为第9兵团司令员。1953年1月，中央军委任命第19兵团政治委员李志民为志愿军政治部主任。

1953年4月18日，毛泽东签署命令，决定将国内与志愿军部分高级干部实行轮换：李达调任志愿军参谋长仍兼西南军区副司令员和参谋长，志愿军参谋长解方调任军委军训部副部长；许世友调任志愿军第3兵团司令员仍兼山东军区司令员，志愿军第3兵团代司令员、副司令员王近山调任山东军区副司令员，暂代司令员；中南军区副司令员兼参谋长黄永胜调任志愿军第19兵团司令员，志愿军第19兵团司令员韩先楚调任中南军区参谋长；第二高级步兵学校校长杨勇调任志愿军第20兵团司令员，志愿军第20兵团代司令员郑维山调任第二高级步兵学校校长；志愿军第12军军长曾绍山调任第3兵团副司令员，志愿军第15军军长秦基伟调任云南军区副司令员；浙江军区司令员王必成调任第9兵团副司令员（第9兵团副司令员陶勇因病此前已回国）；志愿军第20军军长张翼翔调任浙江军区副司令员；志愿军第24军军长兼政治委员皮定均调任福建军区副司令员；志愿军第39军军长吴信泉调任东北军区副参谋长。命令要求调赴朝鲜担任工作的同志应分别于5月上旬到职。随后，又任命王平接替张南生任志愿军第20兵团政治委员，张南生为志愿军政治部副主任。

志愿军空军、炮兵、装甲兵、工兵指挥机构的主要指挥员也进行了轮换。1952 年 6 月，赵杰接替黄鹄显任志愿军装甲兵指挥所主任；8 月，谭善和接替陈正峰任志愿军工兵指挥所主任；10 月，华东军区空军司令员聂凤智接替刘震任志愿军空军代司令员，1953 年 4 月为司令员；1953 年初，高存信接替匡裕民任志愿军炮兵指挥所主任，刘何任政治委员。

此外，根据毛泽东指示，总参谋部和各大军区还组织了数批干部到朝鲜参观见学。1951 年下半年至 1952 年 12 月初，总参谋部先后组织干部分 4 期赴朝实习，其中团以上干部共 24 名，每期实习时间为 3 个月。1953 年又组织高级指挥员到志愿军代职，其中张震代理第 24 军军长兼政治委员、李成芳代理第 15 军军长，王尚荣代理第 46 军副军长。

轮换作战的实施，既解决了在朝作战部队的休整和保持充足作战力量的问题，也使更多的部队、指挥机关和指挥员得到了现代战争的锻炼，积累了现代条件下作战和指挥的经验。1953 年 9 月，毛泽东在讲到抗美援朝战争胜利的意义时说："我们中国人民志愿军的陆军、空军、海军，步兵、炮兵、工兵、坦克兵、铁道兵、防空兵、通信兵，还有卫生部队、后勤部队等等，取得了对美国侵略军队实际作战的经验。"① 轮番作战和轮换作战的做法是在抗美援朝战争中的一个创造。

第四节　边打边建，提高志愿军现代作战能力

一、边打边建方针的确立

中共中央在决策组成中国人民志愿军抗美援朝后，对中共七届

① 《毛泽东军事文集》第 6 卷，355 页，北京，军事科学出版社、中央文献出版社，1993。

三中全会确定的恢复国民经济计划进行了调整，以保证战场上的胜利为中心，但同时也兼顾国内各项任务的完成，进行了全面筹划，采取了“边打、边稳、边建”的部署。打，就是志愿军在朝鲜的作战；稳，就是稳定国内秩序，包括政治秩序、经济秩序和市场物价；建，就是国民经济和国内建设恢复和国防力量建设。打，是全国各项任务中的中心任务，“战争第一……一切服从战争，一切为了战争的胜利。没有战争的胜利，其他就无从说起”[①]。然而，没有国内各项工作的有力支持和配合，没有后方的巩固，就没有保证战争胜利这一中心任务完成的后方基础。所以，国内社会的稳定，国内建设的恢复和国防力量的加强，也是极为重要的工作，不可以须臾忽略和放松。抗美援朝战争开始后，全国各项工作包括国民经济恢复、国防建设、土地改革、镇压反革命和剿灭土匪等等，都是以保证抗美援朝战争胜利为中心来统筹进行的。

1951 年 2 月 17 日，周恩来在军委会议上指出：现在看来，朝鲜战争会长期拖下去，不是一两个战役即可结束的。因此，我们只能一面作战，一面建设国防力量，一面恢复经济，把作战与建设结合起来，边打边建设。后来，中共中央进一步将其概括为“边打、边稳、边建”的方针。[②]

采取“边打、边稳、边建”的方针，就军事而言，主要是“边打、边建”，包括两个方面：一是在保证志愿军在朝鲜作战的同时，人民解放军按国防军建设要求进行正规化、现代化建设；二是为保证志愿军在朝鲜作战的需要，在国内突击组建和扩建空军部队和有关技术兵种部队，并为志愿军改善武器装备，使志愿军的现代作战能力不断得到提高。

---

① 《陈云文选（1949～1956 年）》，111～112 页，北京，人民出版社，1984。

② 参见中共中央文献研究室：《周恩来年谱（1949～1976）》上卷，238 页，北京，中央文献出版社，1997。

二、改善武器装备，步兵部队换装苏式武器

志愿军入朝参战之初，武器装备与“联合国军”的差距极为悬殊。这种差距可用“敌有我无，敌多我少，敌好我差”12个字来概括。

敌有我无：美国投入到朝鲜战场上的空军和海军的飞机，约1200架，包括战斗截击机（歼击机）、战略轰炸机、轻轰炸机、战斗轰炸机和运输、救护、指挥等飞机。此外，地面部队每个师还编有22架炮兵校正机。投入到战场上的海军各种舰艇300余艘，其中包括航空母舰、巡洋舰、战列舰、驱逐舰、登陆舰、扫雷艇等。美军地面部队全部机械化或摩托化，共有坦克1000余辆（每个师各编有140余辆）、装甲车330余辆（每个师各编有35辆），每师还编有各种车辆3800余辆。志愿军既没有空军参战，也没有海军参战，地面部队也没有坦克和装甲车编制，每个军只临时配有约100辆负责物资运输的汽车。

敌多我少：敌我双方都有的主要武器，志愿军与美军相比，也在数量上处于明显劣势。美国步兵部队每个师除装备坦克外，还有各种火炮959门，包括榴弹炮72门、各种直射炮（山炮、野炮、无坐力炮）120门、各种迫击炮160门、高射炮64门、火箭筒543具，其中70毫米以上口径火炮330余门。志愿军每个军编有各种火炮540余门，包括直射炮108门、各种迫击炮333门、火箭筒81具，其中70毫米以上口径的火炮仅190余门，仅相当于美军1个师火炮数量的57%。美第8集团军野战炮兵部队和在朝鲜作战的3个军、7个师队属炮兵部队，总计有各种火炮6049门，其中榴弹炮568门、高射炮784门（不包括南朝鲜军和其他“联合国军”的）。而志愿军第一批入朝6个军的队属炮兵部队和志愿军总部直属的野战炮兵部队，共有各种火炮不足3000门（其中野榴炮318门、高炮36门），仅相当于美军火炮总数的45%左右。此外，美军1个师装备各型无线通信机1400部，有线电话机1100部。志愿军1个军装备无线通信机只有69部，有线电话机375部，仅相当于美军1个师

同类装备的5%和34%。

敌好我差：志愿军不但没有空军和海军参战，没有坦克和装甲车编制，而且火炮和枪支在性能和质量上也都不能与美军相比。美军火炮新、口径大、射程远、弹药足，最大射程可达20多公里，均由汽车牵引或吉普车载运，威力大，机动性能好。志愿军装备的火炮几乎全部是抗日战争和解放战争时期缴获的日军和国民党军的装备，火炮陈旧、型号杂、口径小、射程近（最远10公里），且弹药不足，多由骡马驮载或由人员肩扛，威力小，机动性能差。美军步兵的枪支都是自动或半自动的；志愿军步兵装备的枪支是所谓“万国牌”的，美制、英制、俄制、德制、日制和旧中国制造的都有，且只有1/2为自动枪支。

战争是力量的竞赛，武器装备则是战争力量的重要物质基础。特别是在现代条件下作战，没有必须的现代技术装备，很难圆满达成作战企图。中国人民解放军部队尽管在长期的革命战争中，积累了丰富的以劣势装备战胜优势装备敌人的作战经验，但改编为志愿军的部队是同拥有高度现代化装备的美国军队作战，没有必须的现代化装备是难以取胜的。因此，加强和改善志愿军的武器装备，成为志愿军夺取战争最后胜利的关键因素之一。中共中央和中央军委高度关注这一问题，采取一切办法，千方百计地缩小与改变志愿军在武器装备上的差距，并且将此贯穿于战争的全过程。

在作出组建中国人民志愿军赴朝参战的决策后，中共中央派周恩来赴苏联与苏联领导人会谈，请求苏联给予中国人民志愿军武器装备援助。鉴于国内经济建设正在恢复之中，国家财政状况紧张，中国政府要求苏联政府以军事贷款的形式向中国提供武器装备。苏联政府同意以军事贷款的方式为中国人民志愿军提供飞机、火炮、坦克和步兵武器等装备。

1950年11月7日，毛泽东致电斯大林，请求苏联政府于1951年1～2月向中国正在或计划用于朝鲜战场作战的志愿军12个军36个师部队提供步兵武器装备，以保证作战需要，并开列了需要提供的武器装备清单：步枪 14 万支，子弹 5800 万发；自动步枪 2.6 万支，子弹 8000 万发；轻机枪 7000 挺，子弹 3700 万发；重机枪 2000 挺，子弹 2000 万发；飞行员用手枪 1000 支，子弹 10 万发；TNT 炸药 1000 吨。

苏联政府同意了这一请求，并如期交货。利用这批苏式装备，志愿军从 1951 年 1 月下旬开始对志愿军步兵部队进行换装。首先改换苏式装备的是第二番入朝参战的第 19 兵团、第 3 兵团部队。其中第 19 兵团除兵团直属队和各军直属队之外，所属 9 个师全部换发了苏式步兵轻武器，计步枪 35937 支、冲锋枪 6588 支、轻机枪 1880 挺、重机枪 485 挺，并均配发了 2 个基数的弹药。同时每师还编制 1 个重迫击炮营。第 3 兵团换装苏式武器装备的情况，与第 19 兵团部队基本相似。正在朝鲜元山、咸兴地区整训的第 9 兵团部队，则于 1951 年 2 月先行换装 3 个师的轻武器，计苏式步枪 11979 支，冲锋枪 2196 支，其他各师则与正在前线担负作战任务的第 38、第 39、第 40、第 42 军部队随后改装苏式轻武器。

1951 年 2 月，周恩来与苏联驻华军事总顾问扎哈罗夫分别代表两国政府在北京正式签订关于苏联向中国提供军事贷款的协定，确定苏联向中国提供 12.35 亿卢布的军事贷款，用于购买中国在抗美援朝战争中所需的军事装备、弹药和铁路器材，并规定：中国从苏联的军事订货，包括军事装备、弹药和铁路器材，以 1950 年 10 月 19 日中国出兵抗美援朝为界，在此以前的订货以全价付款；之后的军事装备与弹药订货以半价付款，铁路器材的订货以七五折付款。

为加速部队的换装，并保证部队换装后的弹药供应，减少进口，发展中国自身的军事工业，中国要求苏联政府提供各种武器、弹药生产许可证，首先是步兵武器、弹药的生产许可证，以便中国自己组织生产。此请求在周恩来 1950 年 10 月访问苏联期间即向苏联提出，1951 年 4 月，中国方面又与扎哈罗夫军事总顾问讨论了此问题。5 月，中共中央派遣军委总参谋长徐向前赴苏联，同苏方具体谈判军事订货和苏联提供各种武器弹药生产许可证的问题。

6 月 10 日，中共中央委托高岗赴莫斯科同斯大林讨论朝鲜战争形势时，又带去一个军事订货的具体清单，要求从苏联军事贷款中订购 60 个师的武器装备，同时为适应战场情况需要，要求苏方 1951 年底前先提供 10 个师的装备（包括战场上急需的坦克和大炮），其余于 1952～1954 年分批提供。后因解决志愿军在朝鲜作战的急需，毛泽东与斯大林通过电报往来协商，在 60 个师之外，再补充提供 85 毫米口径高炮 120 门、各种炮弹 229.25 万发、反坦克手榴弹 10 万枚、火炮和牵引车轮胎 1056 个，于 1951 年底前提供，而将 60 个师中 56 个师的装备均推迟半年提供。经过谈判，苏联方面基本满足了中国方面的要求。此外，中苏双方商定，中国从苏联军事贷款中订购苏联 6000 辆汽车，1951 年下半年提供。5～6 月，苏联政府为补偿过去未能向中国提供更多的米格－15 飞机而提供较落后的米格－9 飞机的过失，无偿（只收运输费）向中国提供 372 架米格－15 飞机。

这样，1951 年 6 月之后入朝的志愿军第 20 兵团和其他部队，均改装了苏式武器装备。

此外，1951 年 6 月～1952 年 5 月，全国人民开展的捐献飞机大炮运动，所捐献全部价款，可供购买 3710 架战斗机。这一运动对加强和改善志愿军武器装备起了巨大作用。从 1952 年夏季开始，志愿军武器装备有了明显加强和改善。

三、空军在抗美援朝战争中发展壮大

志愿军入朝时，人民解放军空军仅有新组建的 2 个歼击航空兵师，1 个轰炸机团，1 个强击机团，共有各型作战飞机不足 200 架。为适应抗美援朝战争的需要，在苏联政府提供空军装备援助的基础上，中央军委加速了空军建设。

1950 年 10 月和 11 月，以第 4 混成旅为基础，迅速扩建 3 个歼击机师，即第 3、第 4、第 2 师。此后，采取边打边建、边打边练的方针，扩大航校和培训规模。至 1951 年 5 月，又先后组建了歼击机第 6、第 7、第 9、第 12、第 14、第 15、第 16、第 17、第 18 师，强击机第5、第11师，轰炸机第8、第10师，运输机第13师。空军部队已达17个师，每师编制2个团，飞机50～60架。

从1950年12月下旬起，经中央军委批准，空军第4师即以大队为单位进驻安东浪头机场，在苏联空军的带领下进行实战练习，首先进驻的是第4师第10团第28大队。12月26日，进行了第一次战区航线飞行。1951年1月21日上午，第28大队大队长李汉，率6架米格－15飞机与美军空军进行了第一次空战。此时，志愿军飞行员只在米格－15飞机上飞行20余小时，但他们发扬在陆军时勇猛顽强的战斗作风，与具有第二次世界大战空战经验的美军飞行员进行较量，李汉击伤美军F－84飞机1架。1月29日，李汉率8架飞机再次与美机交战，他又击落、击伤美军F－84飞机各1架，首开志愿军空军在空战中击落美机的纪录，为人民解放军空军战史写下了光辉的一页。至3月2日，志愿军空军第4师全部完成了实战练习任务，先后共战斗出动28批145架次，坚定了志愿军空军战胜美军空军的决心，为后来大规模参战，提供了宝贵的实战经验。

为组织指挥志愿军空军的训练和作战，1951年3月15日，志愿军空军司令部在安东成立，中央军委任命刘震为司令员，常乾坤为副司令员，沈启贤为参谋长。同时以志愿军空军司令部为基础，在中朝联合司令部之下组成中朝空军联合司令部，除志愿军空军上述领导外，朝鲜人民空军司令员王琏为中朝空军联合司令部副司令员。

1951年9月中旬起，中国人民志愿军空军以掩护平壤以北地区铁路运输及机场修建和取得作战经验为目的，采取轮番作战的方针，以师为单位陆续投入作战，开始了志愿军空军大规模参战的历史。

9～12月底，志愿军空军主要是在苏联空军的带领下作战，先后投入作战的有第4、第3、第14、第6师和第2师的1个团共4个师又1个团。其中首批出动作战的第4师从9月20日～10月20日，作战1个月，共战斗出动29批508架次，进行大小空战11次（其中敌我双方共200余架飞机的大机群空战7次），共击落美机20架，击伤10架。自身损失飞机14架。轮换第4师作战的第3师从1951年10月21日~1952年1月14日，作战86天，共出动飞机2391架次，进行大小空战23次。有31名飞行员击中美机，共击落美机55架，击伤8架。第3师被击落飞机16架，被击伤7架。第4、第3师同苏联空军一起夺取了朝鲜清川江以北地区一定时间、一定空域的制空权，美国空军将该地区称作“米格走廊”。美国空军参谋长惊呼：“共产党中国几乎在一夜之间就变成了世界上主要空军强国之一。”第4、第3师空战的胜利，打出了中国空军的威风，受到毛泽东的赞扬。同时，该两师也取得了宝贵的空战经验，在作战中日趋成熟，不但可以独立作战，而且可以带领新部队作战。从1952年1月起，志愿军空军陆续新参战的部队即由第3、第4两师轮番带领作战，与苏联空军的配合主要表现为作战中的协同。

此外，为配合志愿军地面部队攻占位于西朝鲜湾的大、小和岛等岛屿，志愿军空军轰炸机第8、第10师各一部，于1951年11月6日、29日和30日三次出动，轰炸大、小和岛，直接支援地面部队作战。在轰炸机出动之前，志愿军空军第3师的米格-15和第2师第4团的拉-11飞机各4架，于11月2日先后对大、小和岛等岛屿进行了照相侦察，为攻岛作战提供了重要情报。这是抗美援朝战争中志愿军空军部队第一次多机种直接协同作战，第一次也是唯一的一次直接支援地面部队作战。其经验教训在人民解放军的历史上具有重要意义。

1952年1~12月，参加实战锻炼的志愿军空军部队，除第3、第4师轮番带领新部队和第2、第14、第6师继续进行第一番作战外，又有第15、第12、第17、第18师先后参加初战锻炼。此时，志愿军歼击航空兵已增加到9个师450架飞机，所有装备，主要是苏式装备。10月起，有5个师开始改装为苏式最先进的米格-15比斯飞机。此外，由于全国人民开展捐献飞机、大炮运动，志愿军空军的装备有了更大的改善和加强。

志愿军空军自1951年9月大规模参战以来，即不断研究总结空战经验，至1952年4月，空战战术逐渐成熟。针对美国空军大纵深、多层次机群相互支援的活动特点，中国人民解放军空军司令员刘亚楼和志愿军空军司令员刘震提出了“一域多层四四制”的空战战术原则，即在同一梯队出战的飞机，以4机为单位，按不同间隔、距离、高度，采取多层配置（最少两层），构成小编队、大纵深的队形，在统一的作战意图下，相互联系，密切协同，在同一空域作战，以争取作战空域兵力和战术上的优势。这一战术原则的提出，是志愿军空战战术从实践到理论的一次飞跃，在当时条件下起了重要作用。

11月以后，志愿军空军同苏联空军的作战协同更加密切。由志愿军空军代司令员聂凤智、苏联空军驻志愿军空军司令部顾问格鲁诺夫和苏联防空空军军长斯留沙列夫共同协商，制定了在几种情况下保卫主要目标安全的协同作战方案，并依据该方案，每日研究确定第二天的协同作战计划，对于谁为第一梯队，谁为第二梯队，谁打西路，谁打中路，谁打东路，谁打高空，谁打低空，谁打F－86，谁打轰炸机和战斗轰炸机，均有具体协同计划。在获得具体空情后，再临时做必要调整。作战中均按协同计划执行。与此同时，志愿军空军也制定了第一、第二线作战部队的协同作战方案，规定保卫的目标、任务和出动飞机的数量，一般第一线每天保证出动不少于2个团（不少于32架飞机），第二线每天保证出动不少于1个团（不少于16架飞机）。

1952年，志愿军空军主要是同美军F－86飞机作战。全年共出动897批9817架次，其中125批1598架次与美国空军交战（与美军F－86飞机空战85次，占这一阶段空战总次数的68%），共击落美机133架，击伤31架。志愿军空军被击落95架，被击伤37架。已先后有9个师经受了初战锻炼，并取得了同美军F－86大机群空战的经验。志愿军空军同苏联空军一起，有力地保卫了清川江以北地区的重要目标和铁路运输。

1953 年志愿军空军作战又有新进步，在取得同美军 F－86 大机群空战经验的基础上，进一步取得了反击美军混合机群作战的经验，采取多梯队、多层次的方法，从美军混合机群中打击轰炸机和战斗轰炸机，并开始在昼间复杂气象和夜间条件下进行空战取得战果。1～7 月，志愿军空军先后参加轮战的部队有：第 3、第 4、第 6、第 12、第 14、第 15、第 16、第 17 师和第 2 师的一个大队（第 16、第 17 两师装备的是老式的米格－15 飞机），其中第 16 师是初次作战。7 个月中，共击落美机 126 架，击伤美机 37 架。志愿军空军被击落飞机 84 架，被击伤 99 架。这一阶段作战，志愿军空军有力地掩护了地面部队反登陆作战准备的顺利实施，并同地面部队一起，有力地促进了朝鲜停战的实现。

从 1950 年 12 月下旬至 1953 年 7 月下旬朝鲜停战，在抗美援朝战争期间，中国人民志愿军空军先后有歼击机 10 个师（21 个团）672 名飞行员、轰炸机两个师的 28 个机组和近 6 万名地勤人员进行了实战锻炼。其中第 4 师连同 1951 年 8 月以前的实战练习在内先后轮战 5 次；第 3、第 6、第 14、第 15 师各先后轮战 2 次，第 3 师第二次轮战时间较长（9 个月）；第 2、第 12、第 16、第 17、第 18 师先后轮战 1 次，第 17 师作战时间 1 年零 4 个月，第 12 师 1 年零 12 天。志愿军空军总共战斗起飞 2457 批 26491 架次，实战 366 批 4872 架次，有 373 名飞行员开炮，212 名飞行员击落击伤美军飞机（击落敌机 5 架以上的飞行员有 7 人，最多的击落敌机 7 架），共击落美机 330 架（其中 F－86 飞机 211 架），击伤美机 95 架（其中 F－86 飞机 72 架）。志愿军空军被击落飞机 231 架，被击伤 151 架，牺牲空勤人员 116 名。

志愿军空军同苏联空军并肩作战，予美国侵朝空军以沉重打击，对保卫朝鲜后方重要目标安全和保障后方运输线的畅通起了重要作用，对取得抗美援朝战争的胜利做出了重大贡献。

刚成立不久的人民空军在抗美援朝战争中经受了现代战争空战的洗礼，取得了现代战争空战和指挥的宝贵经验，在战争中迅速发展壮大。到1953年朝鲜停战时，中国人民解放军的空军部队，已由1950年8月的1个混成旅共4个团110余架飞机，发展到27个航空兵师共62个团，到1953年底，共发展到28个师70个团，其中歼击机18个师、轰炸机5个师又1个独立团、强击机4个师、运输机1个师另1个独立团、侦察机3个独立团，拥有各型飞机3000余架，形成了有各种航空兵组成的战斗力较强的空中力量。

四、陆军技术兵种部队在作战中走向成熟

志愿军入朝参战之初，作战中最大的困难是缺乏防空和反坦克武器，难以对付美军的飞机和坦克；攻击火力不足，难以歼灭美军的重兵集团。中共中央和中央军委根据战场需要和国力可能，从苏联订购武器装备，加速了技术兵部队的建设，以增强志愿军的作战能力。

（一）志愿军炮兵部队

东北边防军改为中国人民志愿军后，1950年10月10日召开的中央军委工作会议决定，抽调17个步兵师改装为炮兵，其计划是，西北军区2个师、西南军区4个师、华东军区4个师、中南军区3个师、华北军区1个师，另加上已调东北的第50军3个师。后根据具体情况，中央军委对这些计划进行了调整，先后抽调8个步兵师和一些机关、分队共9万余人突击组建和扩建炮兵，新组建了2个火箭炮兵师、2个战防炮兵师，改装3个榴弹炮兵师和2个加农炮兵团。

志愿军入朝参战时，炮兵第1、第2、第8师同时入朝配合步兵作战。10月25日，以邱创成为政治委员、匡裕民为副司令员的志愿军炮兵司令部入朝，统一领导和指挥志愿军炮兵部队。

入朝参战时，志愿军炮兵部队所配备的火炮，均为抗日战争和解放战争期间缴获的装备，口径小、威力弱、机动差，难以充分发挥作用，对步兵作战只能实施有限支援。第一次战役结束后，11月7日，邱创成、匡裕民联名致电中央军委，认为，从朝鲜战场的作

战情况看，“野战炮火[①]必须以大炮一、小炮二之比例，并须以较新式炮改装始能胜任。野战炮兵[②]则军、师两级均应配属榴弹炮，机动炮兵必须装备牵引式大口径，始具歼灭性火力”。同时建议，在部队改装苏式火炮过程中，应首先改装具有炮战经验及技术的部队，以缩短训练时间，迅速投入作战。

中央军委高度重视这一建议，决定调整炮兵部队扩编和改装计划，将在朝鲜作战，具有炮战经验的 3 个野战炮兵师抽调回国，改装苏式火炮，或组建整训新的炮兵部队。后根据志愿军总部的要求，中央军委调整计划，决定以炮兵第 1 师继续留朝鲜并指挥野战炮兵部队，支援第三次战役，志愿军炮兵司令部与第 2、第 8 师师部回国，负责改装和组建新的炮兵部队，计划在 1951 年 3 月底以前，在东北地区完成战防炮兵 2 个师 120 门炮、火箭炮兵 9 个团 210 门炮、榴弹炮兵 3 个团 108 门炮的组建和整训工作。

1951 年 1 月 18 日，中央军委决定组成精干的志愿军炮兵指挥所，匡裕民任主任、贾克任副参谋长，统一指挥志愿军地面炮兵部队和高炮第 61 师（另 3 个高炮师归在朝鲜修建机场的空军指挥所指挥）。同时决定，将在朝鲜作战的志愿军野战炮兵部队的 4 个团，分别拨归在朝鲜作战的第 38、第 39、第 40、第 42 军建制，将在国内整训的 5 个炮兵团分别拨归第 50、第 66、第 20、第 26、第 27 军建制，改编为队属炮兵部队，以加强各军的火力。第二番入朝的第 19、第 3 兵团各军也分别建立了军属炮兵团。

至 1951 年 4 月，志愿军第五次战役开始前，新组建和改装的志愿军炮兵部队陆续入朝参战。志愿军在朝鲜的地面炮兵已达 27 个团，其中在第一线作战的 11 个军共配属 11 个军属野榴炮团，另炮兵指挥所指挥的榴弹炮 4 个师（共 11 个团，其中包括 3 个苏式 122 毫米口径榴弹炮团，8 个日式或美式野炮、榴弹炮团）、战防炮兵 1

① 指野战炮兵部队。

② 指队属炮兵部队。

个师（4 个团）、火箭炮兵 1 个师（2 个团）。志愿军的火力得到明显加强。

但是，在运动战阶段，志愿军的炮兵仍表现出数量少，性能差，机动困难，对步兵跟进支援能力不够等弱点。志愿军步兵许多师、团级指挥员，习惯了指挥步兵作战，不懂得炮兵技术和战术，不了解火炮的性能及战术运用。作战中，对使用炮兵怕麻烦，怕引来美军飞机和炮兵火力袭击，不愿使用配属的野战炮兵。在第一、第二次战役中，甚至有的师连山炮都没用过，只愿使用步兵和携带方便的步兵火炮，因此，有的不给炮兵任务，有的给任务不给准备时间，有的乱给任务，将榴弹炮和迫击炮一起放列。因此，在运动战阶段，步炮协同问题没有得到很好的解决，志愿军本来就数量很少的野战炮兵不能在作战中充分发挥作用。

随着火炮数量的增加和性能的提高，志愿军各级指挥员逐渐重视对炮兵的作战使用。1951 年 6 月，志愿军进行持久作战准备时，就特别强调了各兵种的作战协同问题。志愿军副司令员邓华指出：要组织好各种火力和各兵种间的密切协同，特别是步兵与炮兵的协同，不要以为突破后就不需要炮兵了，也不要不敢使用炮兵，要为炮兵的跟进创造条件。炮兵火力的支援要一直持续到战斗结束。火力与突击不间断地密切结合，是今后组织战斗尤其是步炮协同的首要任务，是各级步兵指挥员和炮兵指挥员都必须注意的问题。①

经过研究总结，志愿军步兵和炮兵的作战协同问题有了明显进步。在 1951 年 10 月的秋季防御作战中，志愿军第 47、第 64、第 67、第 68 军，除军属榴弹炮团及师属山炮营外，每个军还配属了 1～2 个团的榴弹炮、1 个营至 1 个团的反坦克炮兵，有的还配属了 1 个火箭炮团和 1 个坦克团，平均每公里防御正面有 8～10 门火炮。各军较充分地发挥炮兵的作用，根据各种火器性能组成多层防御火

① 参见邓华在志愿军党委扩大会议上所作的《论朝鲜战场之持久战》的报告，1951 年 6 月下旬。

网，一般以榴弹炮、野炮、坦克炮组成第一层防御火网，实行远距离的火力袭击，杀伤“联合国军”有生力量，摧毁其坦克，压制其火炮，打乱其攻击部署；以山炮、迫击炮、步兵炮组成第二层防御火网，主要任务是消灭第一层防御火网的死角，打击集结和运动的“联合国军”，摧毁其伴随火炮，使其不能顺利向志愿军防御阵地接近；以轻重机枪、冲锋枪、手榴弹组成第三层防御火网，直接打击“联合国军”步兵的冲锋。有的军还集中野炮、无后坐力炮和火箭筒，组成反坦克大队，打击“联合国军”进攻的坦克。在1951年秋季的整个防御作战中，炮兵有力地支援了步兵作战，步兵普遍较满意。在第47军方向，炮兵的歼敌数约占该军方向歼敌总数的1/3~1/2。在第67、第68军方向，有力地组织了炮兵实施反坦克作战。第64军方向对炮火的组织与指挥受到志愿军总部的表扬。

1952年夏季以后，在全国人民开展捐献飞机、大炮运动的支援下，志愿军的武器装备有了更大的改善和加强。1952年9月同1951年7月相比，志愿军山炮、野炮、榴弹炮数量从1141门增加到1493门，其中野炮从388门增加到507门，榴弹炮从347门增加到578门，山炮数量基本无变化。火箭筒从752具增加到3028具（到1952年6月），轻迫击炮从4717门增加到4899门（到1952年6月），重迫击炮从208门增加到241门（到1952年6月），无后坐力炮从443门增加到1030门，火箭炮从73门增加到162门。此时，志愿军炮兵不但能够与步兵密切协同，有力地支援步兵作战，而且还在1952年的4月30日~8月10日间，先后对“联合国军”阵地组织了7次大规模炮击，参战火炮166门。

在1952年夏季的攻防作战和1952年秋季的战术反击作战中，志愿军在兵力火力的使用上有了很大变化，一般攻击敌军1个连阵地，使用步兵1个连攻坚，即有8~10个炮兵连、30~40门火炮予以支援，步兵、炮兵间的协同已相当默契，炮兵发挥了重要作用。同年10~11月的上甘岭战役中，志愿军的火炮数量和质量虽然还不能与“联合国军”相比，但在不到4平方公里的作战地区内，集中了山炮、野炮、榴弹炮 133 门，火箭炮 24 门，高射炮 47 门，迫击炮 292 门，共发射 35 万余发炮弹，火炮的密度和发射的炮弹量均创造了志愿军参战以来的最高纪录。“联合国军”方面称“这是共军炮火最强大最猛烈的一次”。[①] 1952 年 12 月 16 日，毛泽东在给斯大林的电报中，总结 1952 年秋季志愿军作战胜利的原因时说：“今年秋季作战，我取得如此胜利，除由于官兵勇敢、工事坚固、指挥得当、供应不缺外，炮火的猛烈和射击的准确实为致胜的要素。”[②]

到 1953 年夏季，志愿军火炮虽在质量上仍不如“联合国军”，但在火炮数量上已超过“联合国军”。7 月 13 ~ 27 日的金城战役，志愿军火炮和炮火的密度都达到了志愿军抗美援朝战争中的最高水平。在金城以南 25 公里的正面上，第 20 兵团和第 24 军集中 82 毫米口径以上各种火炮共 1000 余门，平均每公里 45 门。整个金城战役消耗炮弹 1.9 万吨，相当于志愿军在第一至第五次战役中消耗炮弹总和的 2.2 倍。尽管与第二次世界大战中苏联军队作战平均每公里需 100 ~ 120 门火炮的标准还无法相比，但这已达到了志愿军的最高水平，并且在这次战役中发挥了重要作用。在突破阶段的炮火准备中，破坏“联合国军”工事达 30% ~ 40%，“联合国军”的冲锋约 40% 左右是被志愿军炮火击退的。

到朝鲜战争停战时，志愿军炮兵已发展到拥有各种火炮 14986 门，包括野炮、榴弹炮、火箭炮、山炮 2384 门，反坦克炮 7239 门（包括火箭筒），迫击炮 4046 门，高射炮 1317 门，且大量装备了苏式 122 毫米榴弹炮、152 毫米榴弹炮、132 毫米火箭炮、76.2 毫米野炮、57 毫米战防炮。在正面战场第一线作战的志愿军各军共拥有队属火炮和支援火炮 8389 门，其中包括野炮、榴弹炮、火箭炮、山炮 1575 门，反坦克火炮（包括火箭筒）4095 门，迫击炮 2330 门，高射炮 389 门。

---

① 参见志愿军第 15 军：《上甘岭战役总结》，1952 年 12 月。

② 《周恩来军事文选》第 4 卷，310 页，北京，人民出版社，1997。

志愿军炮兵作为陆军一个兵种在作战中使用，步兵与炮兵在作战中的密切协同，在抗美援朝战争中积累了丰富的经验，达到了成熟的程度。

（二）志愿军高射炮兵部队

志愿军入朝时全国共有 16 个高炮团，仅派出 1 个高炮团参战，且装备落后，难以承担异常艰巨的防空作战任务。为适应志愿军防空作战的需要，中央军委全力加强志愿军的防空力量，大批组建和突击训练高炮部队。至 1950 年底，扩建到 29 个高炮团。在此基础上又突击组建和扩建，至 1951 年 4 月，组建了 4 个野战高炮师，数个城防高炮团，数十个高炮独立营，2 个雷达营，2 个探照灯团，9 个对空监视营。一般每个野战高炮师辖 3 个团（1 个中高炮团，2 个小高炮团），共装备 85 毫米口径中高炮 16 门，37 毫米口径小高炮 32 门，高射机枪 36 挺；每个城防高炮团，装备 85 或 76.2 毫米口径中高炮和 37 毫米口径小高炮共 36 门，高射机枪 3 挺；每个独立高炮营装备 37 毫米口径小高炮 12 门，高射机枪 12 挺。

从 1951 年 1 月开始，大批高炮部队陆续入朝参战。至 6 月中旬第五次战役结束时，在朝高炮部队计有野战高炮第 61、第 62、第 63、第 64 师，城防高炮第 505、第 513、第 524 团，另有 45 个独立高炮营。同时，志愿军各军属高射炮兵分队也有所加强。

在运动战阶段后期，高炮部队采取了重点设防为主，机动作战为辅的方针，集中主要力量保卫后方桥梁、交通线、仓库等最重要、最受威胁的目标。同时，为弥补高炮力量不足而形成的对空作战部署上的空白，以部分高炮部队进行机动作战，主动寻求或创造战机，打击美军飞机。无论是重点设防还是机动作战，高炮部队均采取兵力兵器集中配备原则，重点设防尤其如此。

进入阵地战阶段后，志愿军高炮部队力量得到进一步加强，部队技术战术水平也不断提高。此时，志愿军高射炮兵基本由三部分组成，一是野战高射炮兵，共 4 个师；二是城防高射炮兵 3 个团又数个独立营；三是队属高射炮兵，每个兵团配有 6～9 个独立高炮营。其中，以 3 个野战高炮师、1 个城防高炮团担负掩护机场修建任务，1 个野战高炮师沿公路线执行机动防空作战任务，2 个城防高炮团和 6 个独立营担负掩护西清川江和东大同江铁路桥防空作战任务，其他独立高炮营则配属各兵团、各军，掩护前线作战。

美军发动“绞杀战”后，1951 年 9 月下旬，中央军委根据美国空军全面轰炸朝鲜北方铁路和朝鲜北方铁路分布状况，决定将朝鲜北方铁路划分为四个防空区，第一防空区为平壤、顺川、价川、安州、定州区域，这一地区是重点防空区；第二防空区为顺川至阳德地区；第三防空区为阳德至元山南的龙池院里地区；第四防空区为平壤至沙里院地区。据此，调整了高炮部队部署，志愿军总部迅速抽调 1 个高炮团又 11 个独立高炮营和 6 个高射机枪连加强铁路沿线的防空作战力量。

10 月下旬，美国空军开始集中轰炸平壤以北、清川江以南“三角地区”铁路后，志愿军总部根据联运司的请求和中央军委的指示，再次调整部署，除留 1 个高炮团继续担负掩护机场修建任务外，将担负掩护机场修建任务的高炮部队全部调往铁路沿线地区，采取“集中兵力、重点保卫”的方针，重点掩护“三角地区”铁路运输，全力投入反“绞杀战”斗争。此时担负掩护铁路运输任务的高炮部队，达到了 3 个野战高炮师（欠 1 个团）、3 个城防高炮团、11 个独立高炮营和 1 个高射机枪团，占志愿军在朝全部高射炮兵部队的 70%。12 月份，掩护铁路运输的高炮部队击落敌机 38 架、击伤 68 架。由于志愿军在三角铁路地区防空力量的加强，打破了美国空军自 10 月下旬以来对这一地区的重点封锁，“三角地区”铁路全部恢复通车，美空军被迫放弃了对“三角地区”的集中轰炸。

12 月，以高炮第 64 师师部为基础，组成志愿军铁道高射炮兵指挥所，吴昌炽任司令员，统一指挥掩护铁路运输的高射炮兵作战。

从 1952 年 1 月起，美国空军改变战术，避开志愿军高炮火力密集的“三角地区”，采取机动突击的战术，主要轰炸清川江以北和顺川以东铁路线，随后又采取“饱和轰炸”的战术，选择某一重要路段，实施24小时轮番攻击。志愿军高射炮兵针对美军飞机轰炸特点，采取了“重点保卫、高度机动”的作战方针，重新划分防区，以师为单位并指挥若干独立团、营，将掩护范围从主要是“三角地区”，向清川江以北扩大到京义线的宣川、满浦线的熙川。各师以中口径高炮部署于防区内的铁路桥梁和车站等重点目标，担负重点防卫任务，而以大部分小高炮和部分中高炮在防区内实施高度机动作战。在作战指导思想上，规定机动作战部队以击落敌机为主，防卫重点目标的部队以保卫目标安全为主。

4月下旬，志愿军司令部召开高炮部队作战会议，总结机动作战的经验，要求高炮部队开展近战、夜战、游动作战。除掩护固定目标的高炮部队外，要求积极转移阵地，寻找美机活动多的地区作战。根据高炮作战的实践，规定中高炮以3000~4000米、小高炮以1500~2000米、高射机枪以500~1000米为有效射程，有效射程之外的美机不打，对低空俯冲的美机则增大密度，猛烈射击，并规定要有1/2以上的火器担当夜间射击任务。此后，志愿军高炮部队的战果越来越大，特别是执行机动作战任务的部队，把握美机活动规律，精心部署，出敌不意，经常给予美机沉重打击。在此期间，志愿军高炮部队还与探照灯部队密切协同，多次实施夜间作战，取得了很大的战果。

志愿军高炮部队掩护铁路运输的作战证明：在装备落后、力量悬殊的条件下，高炮部队要战胜优势的空中敌人，有效护卫防护目标安全，实施重点保卫和机动作战相结合的战法是最成功、最有效的战法，可以用最小的消耗取得较大的战果。

为使更多的高炮部队在实战中得到锻炼，取得经验，提高战斗力，1952年4月2日，总参谋部决定全国的高炮部队有计划地轮番入朝参战。据此，4月初至5月初，以国内城防高炮4个团先后入朝轮换了在朝鲜作战的4个团。与此同时，对在朝鲜的探照灯部队2个营也进行了轮换，并增调2个探照灯连和1个雷达营入朝。

在反“绞杀战”作战中，志愿军高炮部队共击落“联合国军”飞机 260 余架，击伤 1070 架，为打破“联合国军”的“绞杀战”作出了突出贡献。

担负重点目标防护任务的志愿军高炮部队也在作战中不断总结经验，技战术水平不断提高。1953 年 1 月 9 ~ 15 日，美空军共出动战斗轰炸机和轰炸机 1190 架次，对安州地区的江桥、车站进行大规模昼夜连续轰炸。担负该地区防空作战任务的志愿军高炮部队与美机苦战 6 昼夜。这是志愿军高炮部队在抗美援朝作战中，持续时间最长的一次战斗。参战指战员发扬英勇顽强，前仆后继，不怕牺牲的精神，与美机斗智斗勇，击落美机 15 架，击伤 40 架，取得了重大胜利。

志愿军高射炮兵部队不仅完成了保护交通线和重要目标的任务，而且在掩护地面部队作战中也起到了积极的作用。在阵地战后期，志愿军和人民军主要突击方向上及主要防御地带，均大量配置了中口径高炮，有效限制了美机的活动，保障了志愿军和人民军地面部队的安全。上甘岭战役期间，在高射炮兵的掩护下，汽车部队可在昼间运输，有效地保证了战役物资供应。1953 年夏季进攻战役中，第 20 兵团方向在正面 20 公里、纵深 10 公里的地区，部署了 25 个小口径高射炮兵连，6 个中口径高射炮兵连，平均 6 ~ 7 平方公里 1 个高炮连。其中第 67 军作战地区火力密度较大，在正面 7 公里、纵深 10 公里地区，部署了 14 个小口径高射炮兵连，4 个中口径高射炮兵连，平均 3. 8 平方公里一个高射炮兵连，迫使美机只能采取分散的高空活动。步兵、炮兵、运输部队在高射炮兵的掩护下，昼间照样可以在公路上运动，保证了作战任务的胜利完成。

抗美援朝战争期间，高射炮兵部队先后有 5 个师又 10 余个团和 60 余个独立营以及 1 个探照灯团、2 个探照灯营、1 个对空监视团、9 个雷达连入朝参战，并组织了 5 期共 639 名干部入朝实习。通过实战锻炼，积累了丰富的作战经验，极大地提高了高炮部队的战术技术水平以及高射炮兵与其他军兵种的协同作战水平。

（三）志愿军装甲兵部队

1950年9月1日，中国人民解放军摩托装甲兵司令部（1951年7月改为装甲兵司令部）成立时，所辖部队只有坦克第1旅和坦克第2旅。志愿军入朝参战后，11月，根据中央军委的决定，摩托装甲兵司令部将坦克第1、第2旅扩编为坦克第1、第2师。扩编后的装甲兵部队，每师辖2个坦克团、1个摩托化炮兵团、1个摩托化步兵团，另编有1个侦察营、1个运输营、1个高炮营、1个工兵营；坦克团辖3个中型坦克连、1个重型坦克连、1个自行火炮连、1个冲锋枪连、1个指挥连、1个修理连、1个运输连；摩托化炮兵团辖1个榴弹炮营、1个野炮营，另指挥、运输各1个连；摩托化步兵团辖2个步兵营，另指挥、修理、重迫击炮、高射机枪各1个连。

随后，装甲兵部队相继组建了坦克第3师（编制与第1、第2师相同）、特种战车师（后改为坦克第26师，辖3个团，其中包括2个水陆坦克团）、坦克独立第1、第2、第3团。11月上旬至12月底，又先后组建8个独立坦克营。此外，在原有1所坦克学校的基础上，1950年11月和1951年3月先后组建了2个坦克训练基地。

1950年11月上旬，中国从苏联购买的10个团坦克等装备，先后到达中国的长春、四平、丰台、徐州等地。装甲兵部队用苏军坦克改装了人民解放军的10个坦克团，从12月开始在苏军顾问和技术人员的帮助下，在上述地区对改装的10个坦克团、各师属摩托化炮兵团和摩托化步兵团进行了3个月的训练，并将各师及独立团的高炮分队统一集中在四平进行了训练。

1951年2月13日，中国人民解放军摩托装甲兵司令部向中央军委呈送《关于装甲兵入朝作战准备工作的报告》，对志愿军装甲兵指挥机构的组建，参战的部队、兵力、装备、弹药、油料、教育训练等工作，做了详细的筹划安排。确定以坦克第1师的第1、第2团，坦克第2师的第3团，坦克第26师的第53团及部分高炮、工兵、步兵分队为第一批参战部队。除第53团徒手入朝，准备收集志愿军在战场上缴获和击伤的坦克外，其他各坦克团每团编有坦克40

辆。此后，根据朝鲜战场的作战要求，摩托装甲兵司令部对第一批参战部队进行了 1 个月的突击战备训练。

经中央军委批准，2 月 26 日，以坦克第 1 师师部为基础组成中国人民志愿军装甲兵指挥所，由师长黄鹄显任指挥所主任、副师长罗杰任副主任、毛鹏云任政治部主任、李自群任副参谋长。

上述计划的装甲兵第一批参战部队于 3 月上旬开始入朝，原计划参加第五次战役，但由于部队组建和换装时间不长，对坦克的技术战术均不熟练，在向战场开进过程中遭美军飞机轰炸和发生事故，遭受一些损失，开进速度慢，因而未能按计划参加第五次战役。

进入阵地战以后，坦克独立第 1 团入朝参战，徒手入朝的坦克第 53 团回国。此后，志愿军在战场上基本保持 4 个坦克团、160 辆坦克，以连、排为单位配属步兵部队作战。7 月 9 ~ 11 日，坦克第 1 团配合第 47 军第 140 师作战，共发射坦克炮弹 140 余发，绝大部分命中目标，击毁美军火炮 3 门，毙伤美军 80 余人，并在内石桥配合步兵击退美军 400 余人的 3 次冲锋，受到步兵的欢迎。这是志愿军坦克部队首次参加作战。10 月，坦克部队以小分队在敌坦克的必经之路上，利用有利地形打伏击也收到了奇效。配属第 47 军 139 师的坦克第 2 团第 1 连 3 排，在积洞山里以东无名高地的战斗中，隐蔽潜伏 17 天，最终一举击毁敌坦克 2 辆，荣立集体二等功。

这些作战，大大鼓舞了坦克部队的斗志。此后，配属各军的坦克分队通过作战实践，逐步总结出了坦克直接支援步兵战斗的新战法，即：坦克由待机地域隐蔽前出，占领防御阵地前沿或翼侧预先构筑的发射阵地，以直接瞄准射击的火力支援步兵战斗。这一战法能有效发挥坦克火力、机动和防护能力，很快成为阵地防御作战时期坦克部队的主要战法。在 1952 年春夏巩固阵地作战中，坦克部队根据装甲兵指挥所确定的“积极防御，以攻为守，寻求战机，争取多打，锻炼提高部队”的作战方针，全力支援步兵部队作战，在多次阵地进攻和防御作战中，建立了功勋。

1952 年 5 月 26 日，装甲兵司令部根据中央军委指示，决定装甲兵部队分批入朝实施轮换作战。除志愿军装甲兵指挥所人员进行轮换外，坦克部队换人不换装备，配属的工兵和高炮部队继续配属新入朝的坦克部队作战。据此，坦克第 2 师第 4 团，坦克第 3 师第 5、第 6 团，坦克独立第 2 团先后入朝，轮换志愿军第一批入朝参战的部队，并以分队为单位分散配属担负正面作战任务的 6 个军，在金城至开城 100 公里的防御正面上展开，担负防御作战任务。

在 1952 年秋季反击作战中，志愿军装甲兵指挥所要求各新入朝的坦克部队多参战、多出动坦克，大胆、勇敢、机智地配合步兵作战。同时鉴于志愿军远程炮兵和反坦克武器逐渐增多，装甲兵指挥所要求各部队在作战中，除个别自行火炮之外，中型、重型坦克不再进行间接瞄准射击，主要作为固定发射点或游动火炮，以直接瞄准射击摧毁敌军地堡、火力点和坦克，支援步兵的进攻和反击。同时规定，坦克进入阵地的运动距离要缩短，发射阵地要尽量逼近敌军前沿，争取抵近射击。在整个反击作战中，坦克部队 90% 的坦克连参加了作战，共配合步兵作战 55 次，出动坦克 210 辆次。此外，志愿军装甲兵指挥所于 7 月 1 日 ~9 月 18 日，还先后组织 80 辆坦克，进行游动射击等 17 次。

在 1953 年春反登陆作战准备期间，坦克第 1、第 2 团第二次入朝，同时入朝的还有坦克独立第 3 团，担负朝鲜西海岸反登陆作战任务。至此，志愿军在朝鲜的坦克部队增加到 7 个坦克团，另有 4 个师属坦克团。

5 月 13 日开始，志愿军发起 1953 年夏季进攻战役。位于正面战场的坦克第 4、第 6 团和坦克独立第 2 团，积极配合步兵作战。在进攻石岘洞北山的战斗中，坦克第 4 团先后出动 25 辆次坦克，作战 11 次，击毁击伤敌坦克 18 辆，摧毁火炮 11 门、地堡 67 个，有力地支援了步兵部队攻占和巩固阵地的作战。其中，第 215 号坦克作战英勇，战绩突出，被志愿军总部授予“特等功臣车”称号。

在金城战役中，坦克独立第 2 团 2 个连的 20 辆坦克，配属志愿军部队直接参加了进攻作战，以积极的进攻行动掩护步兵冲击突破，支援步兵向敌纵深发展进攻，并担负了坦克预备队和支援步兵粉碎敌军反扑的作战任务，为战役胜利发挥了作用。

在抗美援朝战争的作战中，志愿军装甲兵部队从战场形势和自身作战能力出发，以实事求是的态度，坚持以支援步兵部队作战为主和以连、排为单位分散使用的原则，强调以隐蔽、突然的突击行动为主和以近战、夜战为主的作战方法，在作战中不断积累经验，更新战法。从阵地战初期的以坦克和自行火炮实施间接瞄准射击打击敌纵深炮兵和以小部队设伏打击敌坦克，到隐蔽前出至阵地前沿或翼侧，以直接瞄准射击直接支援步兵阵地进攻和防御作战，直至在战役进攻作战中，直接掩护步兵冲击突破，支援步兵向敌纵深发展进攻，作战经验日趋丰富，在作战中所发挥的作用愈来愈大。

在整个抗美援朝战争中，志愿军装甲兵部队共参战 246 次，出动坦克 998 辆次，击毁击伤敌军坦克 74 辆，摧毁敌军火炮 20 门、地堡 864 个，击落敌机 109 架、击伤 460 架，有力地支援了步兵巩固阵地作战，大量消灭了“联合国军”有生力量，为战争胜利作出了贡献。

（四）志愿军工兵部队

志愿军入朝参战时，工兵部队有 1 个团随步兵入朝，担负道路等工程保障任务，另有 2 个团在长甸河口、辑安和临江等鸭绿江渡口，担负架设桥梁等任务，保障志愿军隐蔽渡江入朝。

1950 年 10 月 31 日，志愿军组建工兵指挥所，陈正峰为主任、马骏驰为参谋长，统一指挥入朝工兵部队协同各兵种作战。

在第一至第三次战役中，志愿军工兵以第 5、第 6、第 8 团入朝，抢修公路和急造军路，并协同步兵、炮兵执行排雷、埋雷、设障和构筑火炮发射阵地、各级指挥机关掩蔽部等任务；以第 4 团和东北军区工兵教导团负责维护抢修鸭绿江各渡口。此后，随着朝鲜战局的发展，入朝的工兵部队不断增加，第四次战役期间，第 4 团入朝，负责大宁江、清川江、大同江各渡口的交通保障。第五次战役期间，工兵第7、第10、第18团相继入朝，志愿军工兵部队达到了8个团，志愿军工兵指挥所遂调整部署，以3个团维护战略后方的交通要道，以4个团在前线协同各兵种作战，以1个团参加抢修飞机场。在运动战期间，志愿军工兵部队全力保障第一线作战和后方交通运输，架桥开路，排雷设障，构工筑城，为战役的胜利作出了很大贡献。但由于装备落后，加之部队缺乏在现代战争条件下的抢修经验，抢修能力受到很大限制，特别是在美军飞机对朝鲜北方交通线狂轰滥炸的情况下，志愿军后方供应体系又未形成，铁路运输困难，公路运输压力巨大，工兵部队的抢修和保障能力，难以完全满足志愿军作战需要。

进入阵地战阶段之后，根据战场工程保障任务需要，志愿军工兵力量得到大大加强，参战兵力最高时达12个团。

1951年7月，朝鲜发生罕见的洪水灾害，志愿军工兵以8个团部署于12个主要渡口，以铁舟、汽艇、操舟机、水陆两用汽车等渡河器材漕渡汽车和人员。为解决过往车辆多，漕渡器材少的矛盾，工兵部队以空汽油桶结成渡筏漕渡，增加航次，日夜三班抢运物资，做到了桥断，江上交通不断。

在抗击美军“绞杀战”期间，志愿军工兵指挥所集中了6个工兵团，作为抢修公路和桥梁的骨干力量，与空军、高炮、汽车运输部队等和朝鲜军民密切协同，在朝鲜北方千里运输线上，与敌军展开艰苦激烈的斗争。从1951年9月开始，侵朝美军飞机集中轰炸新安州、价川、西浦三角地区。志愿军工兵集中5个团在这一地区，分散配置于每座桥梁和交通枢纽，坚持随炸随修，并整修公路，加宽路幅，增修迂回路线，设立车辆待避所，保障车辆安全、快速通过。在各重要渡口，架设低水位桥、高水位桥、水下桥及水下便道，使每个渡口至少有3座桥梁和1条水下便道，做到此断彼通。同时，修建了通往东线战场的第二条交通干线，使物资运输车辆可避开三角地区，直达东线战场供应中心阳德。至9月下旬，根据志愿军总部指示，工兵集中7个团，会同二线休整的步兵军、工程大队和朝鲜群众，对朝鲜北方的全部江河渡口的桥梁、美军重点轰炸的交通枢纽公路进行了全面整修，到12月底共加固加宽公路2158公里，新建公路292公里，使车辆运输效率提高了一倍。此外，工兵部队还排除了美军在公路上投掷的大量定时炸弹。工兵部队为反“绞杀战”的胜利作出了巨大贡献，同时也积累了现代战争条件下公路抢修、抢建的丰富经验。

在1951年夏秋防御作战中，工兵部队根据彭德怀司令员关于抽调一定数量工兵团作为骨干力量，协同并指导各兵种修建和改善一线防御阵地的指示，以数个工兵团配属一线部队抢修正面阵地工事，并与步兵部队共同创造出能够抗御“联合国军”地面、空中火力猛烈轰炸的坑道工事，有效解决了志愿军在“联合国军”强大火力突击下保存自己、消灭敌人的问题。随后，1951年底至1952年8月，工兵部队在保障和指导志愿军步兵大规模构筑坑道工事的同时，以部分部（分）队为骨干力量，担负了大型坑道工事的构筑任务，以大部兵力投入了修建大型野战仓库、医院、指挥部的工程，建成了数以万计的地下和半地下野战仓库、地下病室和各级指挥机关掩蔽部，其中包括可容纳800余节火车皮物资的地下仓库和能储存1047节火车皮物资的战略储备库。此外，还以2个工兵团参加了修建机场的工程。

志愿军工兵部队的战斗工程保障能力也不断提高。1953年夏季反击战期间，除以19个工兵营担负抢修公路和急造军路任务外，还以大量部（分）队投入战斗工程保障，包括在突破口附近为突击部队构筑坑道掩体、弹药室、屯兵洞和交通壕；运用各种爆破器材为步兵突击开辟通路，并编成运动保障队、障碍设置队，随步兵突击分队行动，在占领阵地后，立即新修、改建阵地防御设施，保障步兵部队防御作战。

在抗美援朝战争期间，志愿军工兵部队共新修各种道路256公里，加修和维护公路4685公里；抢修、架设桥梁1347座，排除各种定时炸弹、地雷6.3万个，有力地保障了志愿军的作战行动，并经受了现代战争的考验，不断走向成熟。中国人民第三届赴朝慰问团在赠送给志愿军工兵部队的锦旗上写道："扫除部队的前进障碍，建设伟大的军事工程，保证交通线的畅通，修建英雄的钢铁阵地。"这是对志愿军工兵部队历史功绩的最好概括。

（五）志愿军铁道兵部队

1950年11月6日，中国人民解放军铁道兵团第1师加入志愿军序列开始入朝，担负朝鲜北方满浦[①]铁路抢修和鸭绿江大桥的修复任务。此后，随着战线迅速南移，特别是志愿军部队进至三八线地区之后，后方交通线由几十公里延长到几百公里，在美军飞机狂轰滥炸下，铁路线处于瘫痪的状态，前线部队粮弹供应严重困难。为保证作战胜利，从1950年12月22日~1951年4月24日，中国人民解放军铁道兵团第2、第3师和直属独立团、直属桥梁团，全部加入志愿军序列入朝（6月，以铁道兵团直属桥梁团为基础，与国内补充的新兵组成铁道兵第4师，兵团直属独立团改为直属桥梁团），铁道部所属工程总队也入朝，全力担负朝鲜北方满浦、平元、价川、平北铁路全线和京义线西浦至新义州、平德线[②]三登至新成川段的铁路抢修任务。中央军委为铁道兵装备了大量机械，仅汽车就达3180辆。1951年2月13日，组成志愿军援朝铁道抢修指挥所，由铁道兵团副司令员李寿轩任主任，统一指挥铁路抢修。

在运动战期间，铁道兵部队主要担负前进抢修任务。随着战线的南移，美军飞机的轰炸也越来越严重，不仅猛烈轰炸前方的铁路与桥梁，而且对已通车的后方大桥和大站也反复轰炸，铁路抢修工作面临严重困难。铁道兵部队以顽强的战斗精神和连续作战的作风，与美机展开英勇斗争，针对美军轰炸的特点采取的主要对策

---

① 满浦线，指从满浦至西浦的铁路线。

② 平元线，指从平壤至元山的铁路线；价川线，也称价新线，指从价川至新安州的铁路线；平北线，也称青水线，指定州至水丰的铁路线；京义线，指从汉城至新义州的铁路线；平德线，指平壤至德川的铁路线。

是：在主要桥梁附近加强防空炮火；多修便桥，加强伪装现场，分散美机轰炸目标；对车站、通信、给水、隧道加强预修和防护，同时确定了抢修以西线为主，兼顾东线，集中力量巩固后方运输的方案。经过铁道兵部队近4个月的前进抢修，朝鲜北方铁路通车里程不断延长，西路京义铁路达到新安州，中路满浦铁路达到了三登，东路达到了涟川以南，共计前进抢修923公里，对改善前线部队的供应起到了重要作用。

为对朝鲜北方铁路实施战时统一管理和指挥，经中朝两国政府商定，于1951年8月在中朝联合司令部之下成立了中朝联合铁道运输司令部，中国东北军区副司令员贺晋年任司令员、中共东北局秘书长张明远任政治委员，刘居英（东北军区铁道军事运输司令部司令员）、南学龙（朝方）、金黄一（朝方）、李寿轩、叶林（东北军区铁道军事运输司令部副司令员）任副司令员，崔田民、苏尚贤（朝方）任副政治委员，统一计划和指挥战时朝鲜铁路运输、抢修和维护。

进入阵地战阶段后，特别是1951年夏秋洪水灾害和美军以朝鲜北方铁路线为主要目标实施“绞杀战”期间，朝鲜铁路处于全面瘫痪状态。在美军飞机重点封锁“三角地区”时，造成铁路很少甚至没有通车时间的被动局面，志愿军铁道兵部队面临着前所未有的严峻考验。此时，中央军委为加强朝鲜战场的铁路抢修力量，给铁道兵团配属了5个新兵团，另补充新兵9000余人，加上铁道兵团原有部队、铁道部工程总队和朝鲜铁道工程旅，担负铁路抢修任务的部队达7万余人，全力展开反“绞杀战”斗争。

铁道兵确定了集中兵力，重点抢修的方针，首先集中主要兵力确保打通美机对“三角地区”及东清川江桥、西清川江桥和东大同江桥的封锁，通过加强组织指挥，改善通信联络，集中组织突击运输等措施，尽一切可能增加通车时间。在“三角地区”的铁路抢修部队最多时达每公里240人。抢修部队面对美机的轰炸，以压倒一切敌人和困难的大无畏英雄气概，昼夜轮换，连续工作，修了炸、炸了修，炸修循环。在桥梁抢修中，创造出架设活动桥梁（白天移开，晚上移回）和埋设防震钢梁，白天拆除桥面鱼尾板，以迷惑美机，减少被炸后牵连破坏；在线路抢修中，创造出以枕木排架法填补大弹坑和事先将钢轨钉在枕木上，需要时立即铺设等方法，既节约了兵力和时间，又减少了损失，提高了运输效率。同时，抢修部队在重点桥梁地区修建了结构简单，便于抢修的大迂回便线便桥；在各抢修现场普遍设立防空哨，桥梁附近构筑比较坚固的防空壕与防空洞，加强现场防护，组织白天抢修；与铁道运输部队密切协同，在紧急修复的桥梁上“顶牛过江”（即机车不上桥，而在桥两端分别用机车推送和接取车皮）；在美机重点轰炸路段，部队突击抢修，机车密集分段续行，抢修一段，通过一段。在运输部队和防空部队的密切协同下，1951 年 12 月，志愿军铁道兵部队终于全面打破美机对“三角地区”的封锁，而且使该地区的线路质量有了很大提高，行车速度由原来的每小时 5 公里提高到 15 公里。同月，根据反“绞杀战”斗争的需要，经中朝双方协商，在中朝联合铁道运输司令部之下成立了前方运输司令部，刘居英任司令员兼政治委员、金黄一（朝方）、李寿轩任副司令员，崔田民任副政治委员，统一指挥协调朝鲜北方铁路系统的抢修、运输和高炮部队的对空作战。

此后，志愿军铁道兵在前方运输司令部指挥下，根据美机轰炸战术的改变，及时转变抢修斗争策略，在确保“三角地区”通车的原则下，采取以集中对集中，以机动对机动的方针，在经常遭受美机轰炸的重点地区，配备充足抢修兵力，确保随炸随修，而以相当的部队机动突击抢修“三角地区”以外被轰炸的铁路。至 1952 年 6 月，铁道兵与空军、高炮、运输、后勤等部队共同奋战，彻底粉碎了美军的“绞杀战”，在朝鲜北方建成了一条“打不烂、炸不断的钢铁运输线”，不仅保障了前线部队的作战需要，而且扭转了后方运输的被动局面。

铁道兵部队经过反“绞杀战”的考验与锻炼，干部的组织指挥能力和部队的抢修效率明显提高。在遇到美机对铁路的中等破坏时，部队一般在当天就可以修复通车。1953 年反登陆作战准备期间，志愿军铁道兵部队在重点桥梁地区，都修建了第二、第三甚至第四便桥，在重点车站都增设了会车线、停车线、三角线，保证线路通车率夜间在 85% 以上。

1 月上旬至中旬，美机先后出动 1500 架次，对京义铁路西清川江桥、大宁江桥及附近车站集中连续轰炸 7 昼夜，企图阻止志愿军突击抢运、储备作战物资。铁道兵部队立即组织突击抢修，仅用 12 天即修复大宁江第二便桥，并抢建了两座新便桥，同时在西清川江上抢建了第三便桥等，保证了线路及时开通，打通了京义铁路。在美机攻击重点转向行进中的列车和抢修现场后，抢修部队加强与高炮部队协同，采取乘隙突击、主动待避、减少现场施工人数，增强防空工事等措施，坚持白天抢修，胜利完成了铁路抢修任务，保障了战备物资运输囤积任务的提前完成。

与此同时，为防备美军一旦登陆而靠近西海岸的铁路遭到破坏，保证朝鲜内路仍能运输，根据中朝两国政府关于抢建朝鲜北部腹地铁路的协议，1953 年初，中央军委调铁道工程第 5、第 6、第 7、第 9、第 10、第 11 师加入志愿军序列入朝，和朝鲜人民军铁道部队第 3 旅共同担负新建龟城—价川—殷山线（殷龟线）和八院面—球场—德川线（德八线）铁路，并在中朝联合铁道运输司令部前方司令部下，成立了以郭维城为局长的中朝新建铁路指挥局，统一组织指挥新建铁路任务。殷龟线全长 129 公里，于 1953 年 2 月 1 日开工，于 4 月 5 日全线通车。德八线，全长 86 公里，但施工难度大，于 1954 年 4 月底全部通车。

在抗美援朝战争中，志愿军铁道兵部队排除一切艰难险阻，与空军、高炮、运输部队密切协同，战胜了美机对铁路交通线的密集轰炸与封锁，创造了战时铁路抢修的奇迹。朝鲜北方通车里程，1950 年 10 月志愿军入朝参战时只有 107 公里，到 1953 年 7 月朝鲜停战前夕已经延长到 1382 公里。铁道兵部队共抢修、抢建、复旧正桥 2294 座次，延长 128.88 公里；便线便桥 127.79 公里；线路 14691 处次，延长 1003.3 公里；隧道 122 座次；车站 3648 处次，延长 161.13 公里，为抗美援朝战争的胜利作出了巨大贡献。而铁道兵部队自身也在战争中成长壮大，积累了丰富的战时铁路抢修抢建经验，锤炼出了一支能打硬仗、恶仗的英雄部队，为铁道兵部队尔后的发展奠定了坚实的基础。

第五节　抗美援朝战争中的志愿军后勤建设

抗美援朝战争中，志愿军后勤保障遇到了许多新情况和新问题，主要是：现代战争，物资消耗量巨大；出国作战，朝鲜贫穷，再加上侵略者的掠夺和敌我武器装备优劣悬殊造成志愿军战场缴获有限，因此，没有条件实现就地取给和取之于敌，所需一切物资几乎全部靠国内统筹供应；后方交通运输条件落后，并且是在没有制空权的条件下组织运输。这些都给志愿军后勤保障，特别是物资运输和供应造成了严重困难。面对这些新情况和新问题，在中央军委领导下，总后勤部、东北军区和志愿军总部想尽办法加强志愿军的后勤建设，以保障志愿军的物资需要。

一、健全志愿军后勤指挥机构

建立完善的后勤指挥体系，是志愿军完成繁重后勤保障任务的重要保障。

在组建东北边防军时，中央军委决定重新组建东北军区后勤部，任命李聚奎为部长。1950 年 10 月，组成中国人民志愿军时，周恩来总理提出了“出国作战要自力更生、立足国内供应”的方针，中央军委确立东北行政区为志愿军总后方基地，所有一切后方供应事宜统由东北军区负责。东北军区指定副政治委员李富春主抓总后方基地工作。志愿军入朝时，东北军区后勤部派出前方指挥所，由东北军区后勤部副部长张明远和东北人民政府农林部部长杜者蘅具体领导，负责志愿军的后勤保障。

现代战争后勤保障本身就是复杂艰巨的工作，志愿军没有制空权再加上后勤保障能力弱，因此志愿军后勤保障从一开始就处于被动状态，不适应作战的需要。

为加强对志愿军后勤保障的组织领导，在第四次战役开始后，1951 年 2 月，中央军委进一步充实了东北军区后勤部，任命中南军区后勤部政治委员周纯全为东北军区后勤部部长，李聚奎改任第一政治委员，中共东北局秘书长张明远任政治委员，总后勤部油料部部长周玉成任第一副部长，原副部长张明远任第二副部长，杜者蘅任副政治委员。前方后勤指挥所改为指挥部，部长周纯全、副部长张明远、副政治委员杜者蘅驻前方负责领导战场上的志愿军后勤保障，并充实了前方指挥部的力量；第一政治委员李聚奎、副部长周玉成驻后方，统筹领导对前方的供应；政治委员张明远往来于前后方之间，负责前后方的总协调。

尽管前方指挥部领导和机构都加强了力量，但对组织指挥第四、第五次战役的后勤保障仍力不从心。5 月 3 日，中共志愿军委员会专门就供应问题作出指示并报中央军委，充分肯定了“半年来的后勤工作是有成绩的”，“绝大多数同志的工作是积极负责的，而且也想了许多办法来克服困难”。同时也指出，“因组织机构的不健全和运输力量的不足，缺点也是很多的”。指示对以后的后勤工作提出了明确要求，同时责成志愿军各级党委加强对后勤工作的领导，军、师、团各级指定一个合适的副职干部专门领导本级后勤工作；为加强战场上的后勤工作，决定将东北军区后勤部派出的前方指挥部改组为志愿军后勤司令部，负责战场上志愿军后勤保障的一切管理工作。

5 月 19 日，中央军委作出决定，“着即成立志愿军后方勤务司令部，负责管理朝鲜境内之一切后勤组织与设施（包括铁路、军事运输)[①]，其主要任务为：对作战物资的接收、转运、保管、分配，收容流散人员，后送伤病员，修护桥梁道路，保证通信联络，组织警备、防空，维持后方秩序等一切后方诸勤务工作”。凡配属志愿军后勤的工兵、高射炮兵、警卫、通信、运输、铁道兵、工程等部队，其建制序列及党、政、军工作领导、指挥与供给关系等，统归志愿军后方勤务司令部负责。同时规定，志愿军后方勤务司令部，直接受志愿军首长领导，撤销朝鲜境内各兵团的后勤组织机构，各军、师、团后勤部（处）长，均由所属军、师、团级副职兼任。

随后，中央军委任命志愿军副司令员洪学智兼任后方勤务司令部司令员，原前方后勤指挥部部长周纯全任后方勤务司令部政治委员，张明远任副司令员，杜者蘅任副政治委员。中国人民志愿军后方勤务司令部于1951年6月正式组成。司令部设后勤本部（司令部)、政治部、供给部、军械部、运输部、卫生部和干部管理部。

从此，志愿军有了健全的后方组织指挥机构。它把战区后方的各种保障力量从指挥关系上统一起来，既有利于加强后方建设，又便于开展后方对敌斗争，标志着志愿军后勤工作发生了质的变化，已逐步发展到“指挥战斗，组织供应，保证胜利”的更高阶段。

二、充实志愿军后勤保障力量

中央军委在决定成立东北军区后勤部的同时，决定成立3个后勤分部，每个分部编制2600人。分部机关设参谋、供给、军械、运输、医管、检查等业务部门和政治部，下辖大站、医院、军需、军械仓库各3个和1个辎重营；执行任务时配属1个汽车团。东北边防军各军、师也相继恢复与健全了后勤机构。

---

① 1951年5月中朝两国政府签署关于朝鲜铁路战时军事管制的协议后，随着中朝联合铁道运输司令部和前方铁道运输司令部、铁路军事管理总局的成立，中央军委对决定进行了修改，决定在朝鲜的铁路军事管理总局、前方铁道抢修指挥所、铁道高炮指挥所，统归前方铁道运输司令部直接指挥，不列入志愿军后方勤务司令部建制序列。

志愿军入朝时，由于行动仓促，后勤人员和装备缺编较多，干部缺编尤为突出。第1分部只有1800人，第2分部300人，第3分部600人。为解决这一问题，中共中央、政务院和中央军委采取紧急措施，充实后勤力量。

1950年10～11月，政务院和中央军委即从政务院机关和西北、西南、中南、华东、华北军区抽调2578名干部，加强东北总后方基地的工作，其中直接从事志愿军后勤工作的即达1187名。

从志愿军入朝开始，中央军委即加紧为战场上志愿军的后勤保障充实力量。1950年12月底，第二次战役结束时，战场上的志愿军后勤保障力量已达4个分部、11个大站、4个汽车团、27所医院、2个警卫团又4个警卫营，人员达到2.8万名。

1951年1月东北军区专门召开志愿军后勤会议之后，又组建一批后勤分部和汽车、高炮、工程、警卫、通信等部队入朝。到4月下旬第五次战役开始时，前方后勤指挥部所指挥的后勤部队已达到6个分部，下属31个大站、11个汽车团、17个辎重团、8个警卫团又7个营、39个医院、11个担架团、8个人力运输团又8个营。

志愿军后方勤务司令部成立后，8月，中央军委根据志愿军后勤保障的需要，组建了14个辎重团入朝，全面替代民工的任务。随后，又调6个工兵团和1个步兵师配属志愿军后方勤务司令部执行任务；新编3个汽车团，大量补充司机、汽车，使志愿军担负运输任务的汽车总数达到了3700多台。志愿军后方勤务司令部及所属部队的通信力量也得到加强。到1951年10月，志愿军后方勤务司令部直属部队已达14万余人，加上配属的公安、步兵、工兵、高炮部队，总兵力达18万余人。志愿军军以下部队的后勤也得到了加强。各军都编设了担架团和运输团，有3～4个兵站、2～3个汽车连、3～4个医疗所（医院）和1个警卫连。志愿军后勤开始形成了一支由多兵种多专业合成的部队，初具现代后勤的规模。

1951年11月～1952年1月，志愿军贯彻中共中央“精兵简政、增产节约”的方针，进行精简整编。整编后志愿军后方勤务司令部所属单位为5个分部、27个大站、13个汽车团、6个警卫团又6个警卫营、28所医院、120个仓库，共12.7万人。对军、师、团后勤也进行了整编，整编后，精简了军后勤，充实了师、团两级后勤，军后勤由6000多人减为1352人，师后勤由430人增加到909人，团后勤由240人增加到366人。通过此次整编，统一了志愿军后勤的编制体制，精简了机关，充实了基层，使志愿军后勤系统适应了持久作战的需要。

三、解决战场运输问题

运输问题是抗美援朝战争中志愿军后勤保障的核心问题。由于运输手段少，运输能力弱，并在美军飞机的轰炸封锁下进行，在抗美援朝战争前期，运输问题一直是志愿军后勤保障的“瓶颈”。物资在运输过程中因美军飞机轰炸即损失30%～40%。在前三次战役中粮食供应只能满足部队需要的25%，弹药只能做到重点保障，直接影响了战役的规模和进程。其中，第一次战役时，志愿军追击到清川江即因粮弹耗尽，无力继续作战而结束战役。第二次战役原拟以两个军另两个师担任西线战役迂回，因粮弹供应困难只好减少两个师。第9兵团在东线长津湖畔冒着零下30多摄氏度严寒作战，因为入朝前准备不够，入朝后又补给不上，冻饿减员竟大于战斗伤亡。第三次战役，部队打到三七线后，运输线延长，运输供应更加困难。物资供应的困难，也影响到战斗士气。战士反映说：“不怕敌人凶如狼，只怕没有弹和粮。”

为解决朝鲜战场运输问题，在第一次战役结束后，中央军委和东北军区根据朝鲜境内铁路基本被美机炸毁，火车不通，国内汽车有限、在战场上遭敌机轰炸损失严重等情况，紧急动员200辆商用汽车和约600辆大车入朝，为志愿军运送了部分物资。周恩来致电斯大林，请求紧急借用驻辽东半岛苏军汽车500辆，待中国从苏联订购的3000辆汽车到达后从中归还。斯大林答复，将已到满洲里的汽车495辆作为中国订购的汽车，于11月26日前交付使用，另有1000辆汽车于12月5日前发出。

第二次战役结束后，战线推进到三八线，运输线比第二次战役开始时延长2倍。为保证前方供应，加强铁路运输和抢修，12月上旬，经东北军区建议，中央军委批准，成立了东北军区铁道军事运输司令部，由刘居英任司令员、余光生任政治委员、叶林任副司令员，已入朝的铁道兵第1师归其指挥，保证线路抢修，并增调铁道兵团直属独立团、直属桥梁团入朝，与铁道兵第1师共同修复京义线定州至孟中里段（41.7公里）和满浦线（满浦至顺川）熙川至价川段（71.1公里）铁路。同时，在朝鲜军隅里、定州两地设立军运管理局，负责指挥平壤以北及顺川至高原铁路线的抢修和军事运输。另外，还增调了工兵第5、第8团（后分别改称为第15、第17团）入朝，抢修公路和桥梁。另军委总后勤部从北京和天津抽调246辆汽车保证前方运输。从苏联订购的汽车到达2000辆，志愿军每军增配汽车30辆。

第三次战役结束后，东北军区专门召开志愿军后勤工作会议，重点研究解决运输问题，中央军委副主席周恩来、代总参谋长聂荣臻、总后勤部部长杨立三、空军司令员刘亚楼、炮兵司令员陈锡联、军委运输司令员吕正操、东北军区副政治委员李富春、东北军区后勤部部长李聚奎等出席了会议并作了指示。会议提出“千条万条，运输第一条”，决定采取一切措施，建立兵站运输线，改变运输的被动局面。同时决定新增加高射炮兵6个营、汽车5个团（汽车2000辆）、大车1000辆，手推车5000辆、吉普车500辆、火车头30台、修理汽车1000辆，新组建2个运输团、8个运输营、3个公路工程队等，以保证运输。2月中旬，铁道兵第2、第3师也先后入朝，担负铁路抢修任务（6月下旬，以铁道兵团直属桥梁团为基础，组成铁道兵第4师，将兵团直属独立团改为直属桥梁团）。

采取上述措施以后，运输状况逐步改善。至第四、第五次战役期间，志愿军的粮食供应平均已达到需要量的60%，有的部队达到70%。

进入阵地战阶段后，为保证作战需要，经中朝两国政府商定，对朝鲜北方铁路实施了战时统一管理和指挥，于1951年8月在中朝联合司令部之下成立了中朝联合铁道运输司令部，统一计划和指挥战时朝鲜铁路运输、抢修和维护。在反“绞杀战”期间，志愿军空军以师为单位大规模参战，重点掩护平壤以北铁路运输；集中高炮力量掩护铁路运输；加强铁路抢修力量和组织；加固加宽公路，并在公路系统设置防空哨，为公路运输车辆防空报警等，以保证运输。在粉碎美军“绞杀战”的同时，形成了以铁路运输和公路运输相结合，以抢修、抢运和防空斗争相结合，从后方基地到第一线各军前后贯通、纵横交错的交通运输网，即“打不烂、炸不断的钢铁运输线”，从而扭转了战场上运输一直被动的局面。

四、完善供应体制

志愿军入朝作战后，前三次战役中主要采取延伸兵站线的方法，对部队实施跟进保障供应。但当时志愿军各兵团和军以下部队都有自己的后勤部门，分部与兵团和军后勤缺乏明确分工，甚至出现相互依赖或重复的混乱情况。第四次战役时，按照1951年1月东北军区召开的志愿军后勤工作会议的决定，在战线后方建立3条固定兵站运输线，开始实行供应站制度，各军所需物资到前沿兵站开设的供应站自取自运。但由于部队机动性大，后方供应线延长，朝鲜北方横贯路少，3条兵站线之间难以形成相互支援，再加上美国空军的轰炸封锁，这种办法仍不适应供应需要。

转入阵地作战后，战线相对稳定，志愿军在朝鲜的部队增多，后勤保障供应任务大大加重。随着志愿军后方勤务司令部的成立，总结运动战期间保障供应的经验教训，适应战线相对稳定的战场形势，从1951年下半年开始，逐渐将供应站的供应方法，转变为实行分区供应与建制供应相结合的供应体制。

分区供应，就是在鸭绿江至一线各军后勤之间的后方地域内，根据作战方向、部队部署和道路交通等情况，划分若干供应区，每个供应区设置1个后勤分部，负责对管区内部队的供应，将作战物资供应到军。1951年底，志愿军后方勤务司令部对整编后的5个分部进行了布局，划定了5个供应区，以第2、第1、第3分部为一线分部，分别负责正面战场东线、中线、西线作战部队的供应；以第4、第5分部为二线分部，负责囤积物资，支援一线分部，并供应东西海岸防御部队及管区内其他部队。

建制供应，就是军以下部队，由军后勤部按军、师、团建制系统对所属部队实施供应。

分区供应与建制供应相结合的供应体制，是志愿军保障体制的一大创新。它明确了志愿军后方勤务司令部所属各分部与各军后勤的工作任务，有利于保持战役后方的稳定性和战术后方的机动性，同时也有利于发挥分部和军后勤的积极性，因地制宜地加强后勤建设。当部队因作战需要跨区调动时，沿途均可得到分部的供应，不需要携行大量物资，可以轻装行进，迅速到达目的地。实行这种供应体制，符合朝鲜战场的地形特点和战线稳定的作战要求，对于保证阵地战时期部队供应起到了重大作用，同时也为人民解放军的战时后勤保障提供了宝贵的经验。

在抗美援朝战争期间，由中国向朝鲜战场运送后勤物资9600多种，补充枪械48万多支（挺）、火炮1.3万门，汽车2.1万辆；救治伤员38.3万名、病员45.5万名；修建仓库1.53万个（座）、病房6900幢、简易营房7.06万座；等等。

抗美援朝战争中志愿军的后勤保障对人民解放军后勤建设是一次严峻的考验，彻底打破了国内革命战争时期“小米加步枪，仓库在前方”的后勤保障观念，开始了“指挥战斗，组织供应”的现代后勤建设。后勤职能由过去的一般组织供应，发展为既要组织供应，又要指挥战斗；补给方式由过去的分散就地取给和取之于敌为主，变为主要依靠国家组织统一供应；供应对象由过去以步兵为主，发展为供应多军兵种的合成部队；后勤编成由过去少数业务部门和勤务部队，发展为包括作战、业务、技术等多专业、多勤务编成的组织体制。这是人民解放军后勤史上一次历史性的转变。经过抗美援朝战争，人民解放军后勤建设与工作发生了根本性的变化，向着现代化后勤迈出了第一步。

第六节 开展强有力的思想政治工作，保证抗美援朝战争的胜利

抗美援朝战争是志愿军在敌我武器装备优劣悬殊的情况下进行的一场高度现代化战争，战况异常紧张、激烈、残酷，作战伤亡和消耗巨大，志愿军遇到许多常人难以想象的困难。在这种情况下，充分发挥人民军队的政治优势，开展强有力的思想政治工作，对保证抗美援朝战争的胜利，具有特殊的重要意义。志愿军充分发挥人民解放军的政治优势，继承和发扬人民解放军政治工作的优良传统，根据战争的实际，创造性地开展了强有力的思想政治工作，极大地激发和调动了志愿军广大官兵战胜困难、战胜敌人的顽强斗志。他们前仆后继、浴血奋战，表现出无比的英勇顽强精神和巨大的智慧，创造出无数可歌可泣的英雄事迹，有力地保证了战争的胜利。

一、东北边防军的思想政治工作

东北边防军组建时，部队所面临的首要问题是如何完成由平时状态向战时状态的转变。当时，编入东北边防军的部队，大都正在从事农业生产。明确作战任务以后，尽管绝大多数官兵态度明确，坚决响应上级的号召，积极要求参战，但也有少部分官兵不同程度地存在着思想问题。有的基层官兵在国内战争结束后，很想回家过安逸的生活，不愿打仗；有的感到敌我装备优劣悬殊，与美军作战具有某种恐惧心理；有的认为美国没打到中国来，何必多管闲事，惹祸上身，主张守住鸭绿江，美国军队来了就打，不来就算；还有的存有某种急躁和轻敌的情绪，认为美国兵都是“少爷兵”，娇气、怕死，好打。能否在短时期内迅速完成部队由平时状态向战时状态的转变，以有效保证战备任务的完成和未来作战的胜利，成为各级领导高度关注的问题。

1950 年 7 月，东北边防军组成后，中央军委总政治部专门向东北边防军部队发布了《保卫边疆，巩固国防，反对美帝国主义的武装侵略》的政治动员令。动员令分析了美国在亚洲侵略行动的实质，阐述了中朝两国休戚与共、利害一致的关系，明确了东北边防军的任务，并分析了战胜美帝国主义的有利条件，要求“担任东北边防军任务的全体指战员，应该立即动员起来，在各级领导机关的领导下，紧张地完成战斗准备：从平时状态迅速地转入战争状态，时时不要麻痹轻敌；加紧进行以美国侵略者为对象的近代化作战的各种技术训练；进一步学会各兵种的协同作战，提高服从指挥的纪律性；切实贯彻英勇、果敢、顽强、机动的战斗作风。一切部队应充分进行爱国主义与国际主义的教育，虚心地学习朝鲜兄弟部队在和帝国主义敌人斗争中的英勇顽强精神与歼灭帝国主义军队的宝贵经验。高度激发对于美帝国主义侵略的仇恨，对于保卫祖国、保卫世界民主和平的无限忠诚，始终贯注高度的士气，体现对于朝鲜人民和中国人民一样的热爱；必须清除任何狭隘的民族观念；必须密切军民的团结；必须成为执行政策的模范与严守纪律的模范。后勤人员应该准确、及时地完成运输与供应工作，切实负责地进行医疗与卫生工作，使部队在任何情况下顺利地执行任务，在任何环境保持体力健康”。

东北军区也针对边防军部队的思想状况，对部队的政治动员和思想教育提出了四点要求：

第一，首先在边防军连以上干部中，然后在全体战士中讲清此次作战的目的与意义，提高全体指战员的阶级觉悟、爱国精神与国际主义精神，加深对美国帝国主义的无比仇恨。扭转部分部队中的和平情绪，树立战争观念和坚强的战斗意志。

第二，用朝鲜人民军击败美军的实例，广泛教育战士，增加勇气，提高战斗情绪，提倡捉俘虏、缴武器、立大功。使全军有旺盛的士气，努力提高技术，巩固情绪。

第三，普遍教育所有指战员，到朝鲜后，必须注意与朝鲜的党、政、军、民的关系，只能搞好，不能搞坏。必须尊重朝鲜人民的领袖。

第四，我军在朝鲜的一举一动，对于我们祖国的声誉影响很大，因此，应该更好地发扬与保持我军的优良传统与模范纪律。应该爱护朝鲜的一山一水一草一木，犹如爱护自己的祖国一样。在模范遵守纪律的基础上，建立与朝鲜人民的亲密团结，这是赢得胜利的重要条件。①

根据中央军委和总政治部的指示，东北边防军部队完成集结后，立即展开了以保卫边疆、巩固国防、准备支援朝鲜人民同美国侵略军作战为主要内容的思想政治动员与教育。东北军区决定，在边防军部队中主要解决“该不该打”、“愿不愿打”、“能不能打”的问题，采取自上而下的方法，首先解决干部的思想问题，尔后在部队中普遍进行教育，要求各军都要召开团、营干部大会，各师要召开连、排干部大会。

第13兵团专门召开政治工作会议，对部队的政治思想动员和教育进行了研究部署，确定：对干部直接进行出国作战教育，对战士则首先进行时事教育，然后再转为出国作战教育，主要是进行仇视、鄙视、蔑视美帝国主义的“三视”教育，和爱国主义、国际主义、革命英雄主义的教育。对教育的内容也作了具体规定。

会议结束后，各军、师立即展开全面的政治思想动员和教育，先后召开了营以上和排以上干部会议，传达任务。各级政工干部都深入基层，亲自组织部队学习，参加部队的教育，及时发现问题，解答官兵的思想疑难，并总结经验，迅速推广，保证了政治动员和教育的针对性和强大的说服力。

政治思想动员和教育的方式也多种多样，不拘一格，或召开官兵大会，或进行小组和班排的讨论，或搞墙报和黑板报宣传，或到美国飞机轰炸现场参观，或请朝鲜同志介绍情况，或听朝鲜难民控

① 参见《高岗同志在军事会议上的报告》，1950年8月13日。

诉美军罪行。部队还普遍进行了诉苦教育，开展“邻居失火我们该怎么办”的讨论。9 月初，又结合评选全国战斗英雄，召开英模大会，开展了争立大功，争当英模的动员，使得政治动员和教育贯穿战前准备的始终，生动活泼，深入人心。

“该不该打”的教育主要在干部中进行，着重说明援助朝鲜的必要性。通过对美国侵略朝鲜、台湾行动的分析，阐明美国侵略行动的真实意图，说明组建边防军和援助朝鲜人民抗击美国侵略的重大意义，强调为了保卫祖国，巩固中国革命的胜利，粉碎美帝国主义的侵略计划，中国人民必须主动地、积极地援助朝鲜人民，帮助朝鲜人民实现民族解放、独立。朝鲜人民的敌人，就是中国人民的敌人。支援朝鲜与保卫祖国，与保卫世界和平是一致的。支援朝鲜人民抗击美国侵略的行动，是正义的战争。随着国内反对美国侵略台湾、朝鲜宣传运动的兴起和发展，在部队中逐步提出了“抗美援朝，保家卫国”的口号。向部队讲述中朝两党的传统友谊和两国人民的友好关系，阐明中朝两国山水相连，唇齿相依，唇亡则齿寒，户破则堂危，救邻就是自救，援助朝鲜就是保卫中国的道理。

“愿不愿打”的教育直接面向广大官兵，主要是转变部队中的和平观念，树立准备作战的思想。在部队中重温美帝国主义侵华史，强调侵略中国是美国在远东发动和扩大侵略战争的最终目的。第 13 兵团政治部为配合部队教育，专门编写了介绍美国侵华历史手册，从美国海军 1839 年入侵中国谈起，历数美国在中国近代史上胁迫清政府签订的不平等条约，特别是抗日战争胜利后美国支持蒋介石发动全国内战，与中国人民为敌的史实，并结合日本帝国主义侵略中国的历史，说明美国是在走日本帝国主义的老路，即占领中国，必先占领东北，占领东北，必先占领朝鲜，从而激发干部战士对美国侵略的仇恨，对美国侵略行径有深刻的理解。还利用朝鲜战争爆发后，美国侵略中国领土、领海、领空的事例和朝鲜人民的悲惨遭遇，提高干部战士对抗击美国侵略紧迫性的认识。驻扎在中朝边境地区的边防军部队目睹了美国飞机对中国东北边境城镇和目标的轰炸扫射、美国飞机对朝鲜的狂轰滥炸，看到了鸭绿江彼岸朝鲜百姓扶老携幼、背井离乡逃亡中国避难的悲惨景象。各级政工机关，利用这些活生生的教材，向部队说明美帝国主义已经在向中国挑衅，已经把战争强加给了中国人民，因此必须立即准备作战。

“能不能打”的教育，主要通过比较敌我双方的优劣长短，首先，说明美国进行的是非正义的侵略战争，美军虽然在武器装备上占据优势，但兵力匮乏，士气不振，且是越洋作战，困难很多。而我军出国作战是支援朝鲜人民反抗侵略和保卫中国的安全，进行的是反侵略的正义战争，战争的性质决定了人心所向，我军必将得到全世界爱好和平人民的支持。其次，我军虽然在武器装备上处于劣势，但决定战争胜负的根本性因素从来不是武器装备，而是人。我军在数量、质量上均占有优势，有中朝人民的全力支援，有世界爱好和平人民的支持，我军仍然能像过去一样以劣势装备战胜优势装备的敌人。一些曾经与美军打过交道的干部和部分曾经在抗日战争时期在滇缅战场与美国军队共同作战的解放战士，还以亲身经历介绍了美军的情况，说明美军装备优势并不像传说中的那样厉害，在战斗意志和战斗力上还不如日本军队。我军能够打败日本军队，也一定能够打败美国军队。从而迅速打消了部分官兵对美国装备优势的恐惧心理，稳定了情绪，振奋了精神，鼓舞了斗志，大大增强了战胜美国侵略军的勇气和信心，保证了部队以高昂的士气投入战前准备工作。

通过政治思想动员和教育，广大干部战士提高了阶级觉悟，认清了美帝国主义的侵略本质，懂得了中朝两国人民唇齿相依的关系，明确了支援朝鲜人民的解放战争就是保家卫国的正义行动，树立了敢打必胜的信心。部队的和平思想得到了纠正，最突出的是对抗美援朝和保卫国防的关系有了正确的认识，积极求战在部队形成了风尚。第 40 军一位战士创作的一首快板诗在部队中广为流传：“美帝好比一把火，烧了朝鲜就要烧中国，中国邻居快救火，救了朝鲜就是救中国。”这首诗的内容，充分反映了部队官兵认识的提高。官兵们纷纷宣誓要为保卫祖国立功，为祖国、为毛主席争光，援助苦难中的朝鲜兄弟。政治思想动员和教育，不仅保证了部队情绪的稳定，也为边防军战前准备工作的顺利进行，以及后来边防军改编为中国人民志愿军，向朝鲜境内出动，夺取抗美援朝战争的胜利，奠定了坚实的思想基础。

二、志愿军出动前的思想政治工作

东北边防军改编为志愿军后，立即进行了出国作战前紧张的思想政治动员和教育工作。

1950 年 10 月 9 日，彭德怀在志愿军军以上干部会议上，传达中共中央关于组成志愿军的决定，并对志愿军出国作战进行了动员。10 月 16 日，彭德怀在安东主持召开志愿军师以上干部会议，就志愿军出国作战作进一步动员，要求志愿军各级领导干部要树立必胜的信念，坚信在党中央和毛泽东主席领导下，一定能打败美国侵略军。

第 13 兵团政治部也于 10 月 19 日致电各军和炮兵政治部，对出国作战的思想政治教育提出了具体要求，特别强调要着重说明出国作战的重大意义，战争必胜的条件，战胜各种困难的办法，利用出动前可挤出的时间，采取宣誓、订立功计划等方式，进行反复动员，以鼓舞部队的战斗意志，确保部队顺利进入作战地区。

志愿军各军、师也根据统一部署，逐级对部队进行了临战动员，主要针对敌我武器装备优劣异常悬殊的情况，采取算账对比的办法详细说明了敌我力量对比和我军必胜的条件，克服对美军过高的估计，克服官兵中存在的顾虑，激励部队的战斗意志，使部队指战员以高昂的士气开赴朝鲜战场，勇于同美国侵略者作战。

在此期间，军委总参谋部专门组织人员对美军的火力运用、兵力部署、阵地设置、攻防战法、战斗意志等方面进行分析，并研究了朝鲜人民军与美军作战的经验，通报志愿军部队参考。美军火力强，但有可利用的弱点；虽有空军优势，也有可乘之机；而且美军步兵战斗力弱，怕死，怕截断退路，对道路依赖性强；美军与南朝鲜军之间缺乏协同，利于志愿军各个击破等。经过教育学习，部队了解了敌军特点，消除了对美军的神秘感，进一步增强了对美军作战胜利的信心。

政治动员也使志愿军部队对出国作战可能遇到的困难有了清醒的认识：一是朝鲜北方地区狭小，村庄稀少，大军行动人数众多，筹备粮草困难，部队可能要挨饿，找不到房子时必须露营；二是初冬已到，朝鲜北方天气寒冷，部队将在天寒地冻的情况下作战，寒冷也是志愿军的大敌，要减少非战斗减员；三是美军占有制空权，美机袭扰频繁，志愿军行动多在夜间，又须挖坚固的工事，因此部队一定会很疲劳；四是异国作战，与朝鲜人民语言不通，风俗习惯不同，群众条件不如本国方便等。

志愿军要求各级领导及机关发挥以身作则的模范作用，发动大家想办法，鼓励战士在最困难的情况下咬紧牙关坚持下去，决不叫苦，决不低头。各级干部要加强管理教育，加强团结，关心爱护下级和战士，越是困难越要团结，团结可以战胜一切困难。

广泛的思想动员激发起部队的爱国热情，志愿军战士对美国侵略者的罪行义愤填膺，纷纷主动请战，写志愿书、保证书和要求打头阵当先锋的决心书。基层连队的各班、战斗小组和个人都制订了立功计划，许多人刺破手指，写血书以示杀敌报国决心，部队战斗情绪空前高涨。

抗美援朝，是中国人民志愿军跨出国门，在外国土地上执行作战任务。与志愿军朝夕相处、并肩作战的是朝鲜人民和朝鲜人民军，争取朝鲜方面的支持与帮助，是志愿军在朝鲜立足并胜利完成作战任务极为重要的政治基础。因此，志愿军在出动前，专门进行了出国作战的政策和纪律教育。

毛泽东在关于组成中国人民志愿军的命令中特别强调："我中国人民志愿军进入朝鲜境内，必须对朝鲜人民、朝鲜人民军、朝鲜民主政府、朝鲜劳动党（即共产党）、其他民主党派及朝鲜人民的领袖金日成同志表示友爱和尊重，严格地遵守军事纪律和政治纪律，这是保证完成军事任务的一个极重要的政治基础。”①

彭德怀要求全体志愿军官兵，必须谦虚谨慎，团结朝鲜党和人民，遵守纪律，尊重朝鲜民俗。他说：我们进入朝鲜后，“千万不要骄傲，不要以大国的援助者的身份自居。对朝鲜的党、人民政府、人民军队、群众团体和广大人民，要切实尊重他们”。“这次出国作战，纪律问题更为重要，中国人民解放军的三大纪律八项注意，博得了全国人民的赞扬与拥护。到朝鲜后，更要切实遵守纪律，不能侵犯群众利益。对朝鲜人民的风俗习惯必须认真注意，只有搞好群众关系，取得群众的帮助，才能取得战争的胜利。……我们要胜利时不骄傲，挫折时不气馁，遇到困难不埋怨。在任何情况下，都要虚心谨慎，亲密团结，克服困难，坚持向前看，就能够战胜一切敌人”。②

10 月 19 日，第 13 兵团政治部对作战纪律和群众纪律作出了严格而详细的规定：

（1）志愿军全体指战员要向朝鲜人民军学习。朝鲜人民军在与优势的美国侵略军作战中发扬了勇敢顽强、不怕牺牲的战斗精神，严重地打击了敌人。这种精神值得志愿军学习。志愿军入朝后应与朝鲜人民军并肩作战，展开友好竞赛，要打得比他们更勇敢、更顽强，以保持和发扬人民解放军的声誉和传统。

（2）志愿军在作战中要与朝鲜人民军密切配合，协同一致，互相帮助，互相支持。绝不可只顾自己，不顾友军，只看到自己的成绩，抹煞别人的功劳。在战斗胜利后，志愿军不许争缴获，争俘虏，争功劳。如果与友军发生纠纷，要主动让步。对朝鲜人民军应该看到他们的优长，赞扬他们勇敢顽强的战斗精神，鼓励他们斗争的意志和信心，对于他们的缺点不应该批评指责，而应该诚恳地用

① 《毛泽东军事文集》第 6 卷，109～110 页，北京，军事科学出版社、中央文献出版社，1993。

② 《彭德怀军事文选》，325～326 页，北京，军事科学出版社、中央文献出版社，1993。

介绍经验的办法来启发和帮助他们改正。

（3）志愿军要严格遵守群众纪律，保证出国作战的胜利。要保持和发扬人民军队的优良传统，处处关心和爱护朝鲜人民的利益，尊重朝鲜人民的风俗习惯。要像在国内战争中对待本国人民一样来对待朝鲜人民，爱护朝鲜的一山一水一草一木。绝不可以大国自居，歧视朝鲜人民。要体谅和照顾到朝鲜人民的实际困难。在出现朝鲜群众对志愿军误解和怀疑时，要尽量经过联络员向群众进行宣传解释，用自身的模范纪律去影响群众。①

中国驻朝鲜大使馆，对朝鲜的民族风俗习惯作了综合归纳发给国内。根据这些风俗习惯，志愿军第13兵团政治部专门向部队发出了入朝后的群众纪律守则和公约。

志愿军还专门在部队中进行了俘虏政策教育，要求全体官兵执行优待俘虏的政策。在敌人放下武器后，要做到不枪杀、不虐待、不准动用其私人财物；对必须管制的物品予以没收，并分别填写物主姓名，登记造册，统一管理，禁止私人索换，或擅自动用。各军、师均成立了俘管大队，团一级设立俘虏收容所，并规定：被俘的军官统一由军负责接管，士兵由师负责接管，根据战俘的国籍组成班、排、中队等。对俘虏实行军事管制，强调遵守制度，服从命令，听从指挥。

志愿军各部队普遍召开了出国作战誓师大会。官兵们向祖国人民庄严宣誓。志愿军的誓词是：

我们是中国人民志愿军。为了反对美帝国主义的残暴侵略，援助朝鲜兄弟民族的解放斗争，保卫中国人民、朝鲜人民和全亚洲人民的利益，我们志愿开赴朝鲜战场，与朝鲜人民军并肩作战，为消灭共同的敌人，争取共同的胜利而奋斗。为了完成这一光荣、伟大

① 参见志愿军第13兵团政治部关于对过江部队应加强政治教育给各军和炮兵政治部的电报，1950年10月19日。

的战斗任务，我们誓以英勇顽强的战斗意志，坚决服从命令，听从指挥，上级指到哪里打到哪里，决不畏惧，决不动摇，发扬刻苦耐劳的坚诚精神，克服一切艰苦困难，发扬革命的英雄主义，在战斗中创建奇功。我们要尊重朝鲜人民领袖金日成将军的领导，学习朝鲜人民军英勇善战的战斗作风，尊重朝鲜人民的风俗习惯，爱护朝鲜的一山一水，一草一木，和朝鲜人民、朝鲜军队团结一致，将美帝国主义的侵略军队，全部、干净、彻底消灭。上述誓言，如有违反，愿受同志们的指斥和革命纪律的制裁。谨此宣誓。

志愿军开始向朝鲜境内出动第二天，1950 年 10 月 20 日，第 13 兵团领导邓华、洪学智、韩先楚、杜平致电各军党委并转各师、团党委，同时报军委总政治部，要求各军、师、团坚决贯彻中共中央和中央军委的出兵决定。电报指出：对中共中央的出兵意图和决心，“我志愿军全体同志，首先是共产党员和干部党员，更应坚决执行，想尽一切办法去完成这一伟大而有历史意义的任务。中央指出这次任务是艰巨的，困难的，是很光荣的，必须克服一切困难，忍受一切痛苦，做到胜不骄傲，败无怨言，团结全军，上下紧紧团结在彭总的领导下，达成这一光荣任务”。

这些教育，对于志愿军在作战条件极为困难、环境极为艰苦的情况下，发扬爱国主义、国际主义和革命英雄主义精神，克服困难、战胜敌人起了巨大的作用。

三、运动战阶段的思想政治工作

在抗美援朝战争运动战阶段，敌我双方武器装备优劣悬殊的状况尤为明显。志愿军依靠劣势武器装备，难以对付美军飞机的肆无忌惮和美军坦克的横冲直撞；物资运输极为困难，战役发起后的跟进保障更为困难，部队常有断粮饿饭情况，就是有了粮食，为防美军空袭，昼间不能冒烟，夜间不能发光，难以生火做饭，也长时间吃不到热食；因作战损耗，被服供应不及，有时部队没有鞋袜，不得不赤脚在寒冷的雪地里行军作战。这期间，战场情况变化急速，战役没有间隙，或间隙很短，作战频繁、紧张、激烈，部队连续行军作战，得不到休补，加之大部分时间处于朝鲜的冬季，气候寒冷，特别是朝鲜东北部地区风大雪大，气温降到零下40°C，自然环境恶劣，部队长期野外雪地露营。因此，这一阶段，战争是空前残酷的，作战行动是空前艰难的，物质生活是极为艰苦的，人员物资消耗大，战士体力消耗大。如何战胜和克服这些困难，如何解决部队随时出现的思想问题，如何激励部队保持高昂的战斗士气，保证作战的胜利，这是志愿军思想政治工作遇到的新问题，也为志愿军思想政治工作提出了新的要求。

针对这些新情况，志愿军充分发挥了思想政治工作的威力。主要做法是：

第一，配合每次战役或战役的不同阶段，进行强有力的思想政治动员。在运动战中的每个战役或战役中的不同阶段，均由志愿军政治部（有的则由志愿军党委）发出政治工作指示，或政治动员令，或告志愿军全体党员书等，对志愿军全体官兵进行思想政治动员。在动员中主要是明确战役的任务和意义，分析敌我双方的有利和不利条件，宣传各次战役的胜利，鼓舞官兵克服困难、战胜敌人的斗志和坚定取胜的信心，号召制订歼敌计划，开展战场竞赛和战场立功活动，要求各级党委充分发挥核心领导作用，基层党支部充分发挥战斗堡垒作用，号召共产党员和干部做克服困难、英勇杀敌的模范等。

这些指示和动员令体现了政治工作的及时性，有三个显著的特点：一是极强的思想政治鼓动性。如第13兵团政治部发出的第一次战役政治动员令号召全体官兵“紧急动员起来，不顾一切牺牲，不怕一切困难，我们是经过考验的，能过硬的，我们要打得顽强，打得勇敢，打得漂亮。我们给敌人的打击，将会使美伪军精神上的压力和威胁更大”。志愿军政治部发出的第二次战役政治动员令指出：志愿军已取得第一次战役重大胜利，取得了同现代化装备敌军作战的重要经验，并增加第9兵团3个军的新生力量参加第二次战役，为争取战役胜利创造了有利条件。联司发出的第五次战役政治动员令指出：“如果我们在这次战争中能大量歼灭敌人的有生力量，不仅是敌人在朝鲜战场上丧失主动权，且会更加深敌人内部的矛盾与混乱，使全世界人民争取和平民主的斗争取得有力的配合，并有可能缩短美帝罪恶的侵朝战争，反之战争主动权不能取得，时间就会拖长，今后困难也就会增多。我们要力争战争时间缩短。”这些都有力地鼓舞了部队的战斗情绪。二是极强的现实针对性。如志愿军党委发出关于完成第三次战役任务的指示，不但说明了志愿军立即越过三八线的重要性、必要性，而且针对部队存在的困难指出：“当然继续南进我们的困难会增多，如运输补给线延长，后方勤务赶不上前线要求。这是事实，正在力求改善。但敌人的困难不比我们轻，在某种程度上来说，也许比我军还多，特别是打了败仗，意见分歧是无法克服的。”第四次战役是志愿军在连打三个战役未得休整，兵员未得补充和粮食、弹药补给极为困难的情况下进行的，此时部队普遍希望休整。针对这种情况，志愿军政治部在政治工作指示中指出：不打破敌人的进攻，我军就无法进行休整，全体官兵要将不能休整的埋怨情绪转为对敌人的仇恨，以激发奋勇杀敌的热情。这些指示，现实针对性极强，使部队明确任务，正视困难，从而克服困难，坚决完成任务。三是极强的可操作性。如志愿军政治部发出第二次战役政治动员令中，要求各军多歼灭敌人，各级订出歼敌计划，在东西两个战场之间，在各军之间展开歼敌竞赛，捉俘虏竞赛。志愿军政治部关于第四次战役政治工作指示中，为保证作战连队的兵员，要求各部队尽量从直属队和机关中抽调人员补充战斗连队，并要求各部队在开进的路上设收容所，及时收容掉队人员，等等。这些指示和要求极便于部队在贯彻执行中进行操作。

第二，组织部队群策群力，开展想办法运动。既对部队进行思想政治教育解决思想认识上的问题，又组织部队想办法克服困难和解决实际问题，这是人民解放军思想政治工作的优良传统。在抗美援朝战争运动战阶段作战中，志愿军的思想政治工作继承和发扬了这一优良传统，在注重解决部队思想认识问题的同时，非常注重解决部队在战场上遇到的一些实际问题。组织和发动部队群策群力想办法，根据当时条件研究作战的具体战术，研究如何做工事、如何防空、如何对付美军坦克，研究野外露营防冻和如何保证部队吃上饭、如何消除疲劳的具体办法等。在第三、第四次战役中，部队粮食供应极为困难，志愿军把帮助部队筹粮作为政治工作的一项重要任务，要求各师、团以政治部（处）主任或本级副政治委员负责，抽调各级政治机关3/5的干部，与后勤部门一起组织筹粮队，到朝鲜当地政府和朝鲜人民中为部队筹粮。仅第三次战役发起前，东西两线即共筹粮3万吨，缓解了部队的粮食困难。对于不具备条件无法解决的问题，则提倡部队坚忍不拔，忍受艰苦，说明“忍受困难就是光荣”，“克服困难就是胜利”。这样的思想政治工作，实际、亲切、温暖，从而在残酷、艰苦的条件下，有力地保证了部队的士气和战斗力。

第三，进行革命英雄主义教育，开展创造英雄部队和战场立功运动。志愿军从一开始，就用人民解放军历史上的英雄事迹教育部队，号召部队和广大官兵发扬革命英雄主义精神，创造无数的英雄集体和个人。1950年10月22日，第13兵团政治部的政治动员令中要求部队：“发扬革命的英雄主义的精神，所有干部及战士，均应争取在第一个胜仗中，立个人功，立团体功。”第13兵团政治部改为志愿军政治部后，在10月28日关于打好第一仗的政治动员指示中号召，全体指战员在战斗中“争取立大功，争取当英雄，创造无数的英雄班排、英雄连队、英雄营、英雄团”。11月24日，志愿军政治部在第二次战役政治动员令中又号召开展歼敌大比赛。作战中，各部队提出“立功光荣”，“打好出国第一仗”，“立国际功”，“立功去见毛主席”等。还提出了打敌机立功，打坦克立功，穿插立功，孤胆作战立功，捉俘虏立功，克服困难战胜敌人立功，等等。连队和个人纷纷订立杀敌立功计划，部队和部队之间、连队和连队之间还展开了杀敌立功竞赛。

开展这一运动，极大地调动了志愿军广大官兵的作战积极性，使部队表现出了特别能吃苦，特别能战斗的革命英雄主义气概，在运动战中，涌现了一大批英雄集体和个人。如著名的黄草岭守备英雄连——第42军第370团4连、烟台峰守备英雄连——第42军第371团4连、松骨峰英雄集体——第38军第335团3连、道峰山支队——第64军第190师侦察支队、道峰山营——第64军第569团第3营、特功八连——第63军第563团8连、穿插模范营——第27军第242团第2营，以及为坚守阵地抱起炸药包冲向敌群与敌同归于尽的特级英雄、第20军第172团3连连长杨根思，指挥1个排歼敌200余人而自身无一伤亡的一级英雄、第38军第337团1连排长郭忠田，用肩膀顶住92步兵炮驻锄为步兵开辟通路而牺牲的一级英雄、第27军第80师炮兵团班长孔庆三，以爆破筒和手榴弹连续炸毁英军坦克3辆的特等功臣、第50军第446团5连副排长李光禄，指挥部队坚守阵地7昼夜并壮烈牺牲的一级英雄、第38军第342团第2营营长曹玉海，一人俘虏63名英军士兵的二级英雄、第63军第561团2连战士刘光子，身先士卒率领1个营沿路打破敌人多次拦阻及时抢占合围要点的二等功臣、第27军第81师师长孙端夫，等等。此外，还有一级英雄第40军第360团1连副班长曹庆功、一级英雄第40军第358团3连班长王学风、一级英雄第40军第358团3连副班长刘维汉、一级英雄第20军第187团5连连长毛张苗、一级英雄第15军第130团9连排长崔建国、一级英雄第15军第134团8连班长柴云振、一级英雄第63军第563团8连连长郭恩志，等等。发扬革命英雄主义精神，是志愿军在极为困难的条件下取得作战胜利的重要因素。

第四，进一步加强遵守群众纪律的教育。志愿军部队在出动前曾经普遍而深入地进行了爱护朝鲜一山一水一草一木的纪律教育。出国作战后，保持了人民军队的优良传统和高度的政治觉悟与国际主义精神，在连续作战，战事激烈残酷，供应十分困难的情况下，仍然相互鼓励，以不违反群众纪律为光荣，因而深受朝鲜人民的赞扬和爱戴。但是在极为残酷的战争条件下，也出现了个别违反群众纪律的现象，个别干部只强调打好仗，认为只要仗打得好，违反一点群众纪律不要紧，放松了对部队的教育和要求。这些虽然属于极个别的现象，但立即引起了志愿军各级领导机关的高度重视。

1950 年 12 月 14 日，彭德怀、邓华、杜平联名向所有参战部队下达关于维护群众纪律的政治训令，指出：“我军入朝的政治任务，一个是打好仗，一个是搞好群众纪律，两者又是一个总的目的，即为了朝鲜人民的利益。”任何违反纪律的现象，“如不及时下决心纠正，发展下去势必损害我军纪律良好的声誉，有伤中朝人民的友谊”。训令要求全军部队必须继续深入进行群众纪律教育，重申爱护朝鲜一山一水一草一木的纪律，并要求切实做到；在部队内部开展遵守群众纪律的群众性运动，普遍订立公约，互相鼓励，互相监督，自觉遵守；发现违犯群众纪律的现象，立即追查作出结论，并通报各部队，情节严重者实施革命纪律制裁；立即恢复各级民运小组的工作，负责维护群众纪律，检查群众纪律。要求各军师团党委及政治机关接到训令后，进行一次群众纪律大检查，并抽出三天时间在部队内进行教育。“务须达到真正秋毫无犯，与朝鲜人民亲密无间”。

根据志愿军党委的指示和要求，基层部队普遍订立遵纪爱民公约，并经常召开生活检讨会检查实施情况，实行群众性的相互监督。同时，主动请朝鲜地方政府在朝鲜人民中进行检查或通过与朝鲜地方政府代表举行联席会议、与朝鲜地方政府经常联系等方式，听取意见，发现问题，立即坚决处理。为加强纪律检查，还在部队中推行了“区域负责制”，即按部队驻地划定区域，分别负责维护纪律，消灭无人负责的空白地带及发生问题后无法查究的漏洞。

这些措施，有力地维护了志愿军的群众纪律，消除了各种违纪现象，保证了志愿军的良好形象。使得志愿军真正成为一支正义之师、仁义之师，一支国际主义的革命军队，得到朝鲜人民的爱戴与支持。这是志愿军夺取抗美援朝战争胜利的政治基础。

志愿军在运动战中的思想政治工作发挥了巨大的威力，及时有力地保证了我军在敌我武器装备优劣悬殊条件下的作战胜利，也为人民解放军后来战时政治工作提供了宝贵经验。

四、阵地战阶段的思想政治工作

抗美援朝战争阵地战的基本特点是，作战与谈判紧密结合，战线稳定，部队构筑阵地任务较重，并长期坚守阵地，作战主要是依托阵地进行攻防，小规模的战术性的作战较多，作战规模由小到大。

随着作战形式转入阵地战和停战谈判的开始，部队的思想也出现了新变化，主要是：有些官兵对停战谈判抱有不切实际的幻想，对长期战争感到厌倦；阵地条件艰苦，筑城任务艰巨，特别是长期坚守坑道作战，生活枯燥，容易产生精神疲劳和作风纪律松懈。这些都为志愿军的思想政治工作提出了新的要求。根据这些情况，这期间志愿军的思想政治工作也有许多新的特点，主要做了以下几个方面的工作。

第一，进行持久作战教育，树立长期作战的思想。在第五次战役结束后，针对部队中较普遍存在的速胜思想，志愿军党委在1951年6月25～27日召开的扩大会议上，重点分析了战争长期性的形势，贯彻了持久作战的方针，并对如何坚持持久作战明确了作战地区和兵力的安排使用、基本作战方式和基本作战指导原则，要求各级领导和部队必须充分认识美帝国主义阴险狡诈、坚持侵略的本性，志愿军不经过艰苦复杂、持久顽强的斗争，要想取得胜利是不可能的。因此，必须树立长期作战的思想，准备长期打下去。志愿军政治部专门发出指示，对部队进行树立长期作战思想政治教育提出要求。各兵团、各军、各师召开党委扩大会或政工会议，首先对团以上干部进行树立长期作战思想的教育。然后，对营以下干部和广大战士进行教育。经过教育，部队普遍树立了长期打算和必然取得最后胜利的信心。停战谈判开始后，美方不断拖延谈判。针对这种情况，志愿军对部队进行的长期作战思想教育，一直贯穿到朝鲜战争结束，从而始终保持了部队的持久作战观念。

第二，进行打和谈关系的教育，树立“坚决打、争取和”的思想。这一教育是与长期作战思想教育结合进行的。朝鲜停战谈判的开始，引起志愿军官兵的广泛关注，有的不切实际地认为谈判很快就能成功，战争很快就会结束。为防止部队产生松懈情绪，志愿军在朝鲜停战谈判开始前，即开始在部队中进行了深入的思想教育。1951 年 7 月 2 日，彭德怀在给各兵团各军首长的指示中指出：敌人虽然与我进行谈判，“但不会改变其帝国主义侵略本质。可能玩弄种种花样与欺骗阴谋，亦可能乘我麻痹之际，突然袭击，我军必须高度警惕，不准丝毫松懈。……须知惟有经过坚决激烈的斗争，才能换得和平。也惟有持久作战的充分准备，才能获得较速的胜利”。同日，志愿军政治部发出了关于和谈中部队应准备作战的动员指示，列举了美国在朝鲜战争中不讲信义、玩弄花样的种种表现后，特别指出，敌人虽是困难重重，进退维谷，但从美国侵略当局曾数次玩弄的花样看，足见其是从来不讲信义的。因此，“我们绝不能对敌有任何幻想，绝不能因进行谈判而松懈斗志，或产生依靠谈判解决朝鲜问题的侥幸心理。如果敌人真的愿意在三八线停火，退出朝鲜，朝鲜事情由朝鲜人民自己解决，当然很好，可是敌人是帝国主义，侵略成性，虽然力不从心，也还是不愿自动退出的，只有我们加紧作战准备，能再打几个激烈战斗，消灭美军几个师，也许敌会知难而退。所以我们必须明确持久作战的方针，给敌人更大的损失和更严重的教训，从而力争和平解决”。

7 月 3 日，中共中央专门发出了《关于朝鲜停战谈判的宣传指示》，要求无论谈判成功与否，在停战实现以前，“前线作战和后方支援自应照旧进行……不得有丝毫的松懈”。7 月 9 日，毛泽东在审阅中央军委总政治部关于纪念中国人民解放军建军24 周年的指示稿时，特别加写一段话：“我前方部队，必须鼓励士气，继续英勇作战，千万不可有丝毫的松懈，不要作此次可以和下来的打算，而应作此次和不下来、还须继续打、还须给敌人以大量的消耗和歼灭，然后才能和下来的打算。只有我们作了此种打算，才于争取最后胜利有益处，否则是没有益处的。”[①] 总之，在停战谈判期间，对志愿军的要求是，“坚决打，争取和”。各部队依此进行了教育，经过教育，部队对停战谈判普遍有了正确认识，树立了坚决打的思想。

停战谈判开始后，美方不愿公平合理解决朝鲜问题，不断在谈判中提出无理要求，设置障碍，拖延谈判，拖延战争。对此，志愿军不断教育部队认清侵略者的本性，不能丝毫松懈战斗意志。志愿军部队充分认识到，停战谈判是经过五次战役打出来的，军事分界线的谈判协议是经过1951年夏秋季防御作战打出来的。对于不讲理的美国来说，只有坚决打，坚决将其打疼，他才可能讲一点道理。

第三，开展阵地文化生活和改善物质生活条件，保持部队的旺盛士气。开展阵地文化生活和改善部队物质生活条件，一直是志愿军政治工作的重要内容。进入阵地战以后，特别是以坑道为骨干的坚固阵地体系基本形成以后，部队长期坚守坑道阵地进行攻防作战，生活艰苦、枯燥、单调。为解决这一问题，1952年7月志愿军政治工作会议对改善部队文化、物质生活条件，特别是改善第一线阵地部队的文化、物质生活条件，专门作了强调和要求。

据此，根据当时的条件，志愿军绝大部分连队都建立了俱乐部和图书室，大量文娱器材和书报、杂志送进了坑道和工地，留声机、收音机、扑克牌、球类、棋类和锣鼓、口琴、胡琴、笛子等发到基层。军、师、团各级组建了文工团、队，深入火线，利用战斗和施工间隙进行演出，连队也组织业余演出队进行演出。演出的节目与战斗紧密结合，与所在部队的英雄模范事迹紧密结合，活跃阵地文化生活。二线部队还组织了各类球队，开展军事体育活动。如1952年8月9～14日，第47军举行了军事技术比赛和体育运动大会。军事技术比赛项目有步枪、冲锋枪、轻机枪、重机枪、无坐力

---

① 《毛泽东军事文集》第6卷，295页，北京，军事科学出版社、中央文献出版社，1993。

炮、迫击炮、山炮射击，体育比赛有篮球、跳高、跳远等。当年秋，国内还派出第二届赴朝慰问团到前线慰问。慰问团及随行的文化艺术团，深入到基层、深入到前线的坑道阵地、深入到沿海岛屿进行慰问和演出，使前线官兵深受鼓舞。

随着战线的稳定和运输问题的解决，阵地的物质生活条件逐步得到改善，纸烟、牙膏、肥皂、手电筒、纸张等日常生活用品逐渐有了保证；条件许可的阵地修建了暖炕、澡堂、礼堂，并美化了阵地；伙食质量有了提高，能吃到各种肉类、罐头、豆类、干菜。二线许多部队开荒种菜，使部队能吃上新鲜蔬菜。

这样，从精神和物质上有力地保证了部队战斗士气的巩固。

第四，普及深入开展立功运动。这期间的立功运动，在前线和后方，在作战部队和保障部队，在步兵部队和其他军兵种部队，在部队和机关进行了全面深入地开展。志愿军政治部还制定了立功条例（草案），规定了功臣、英雄、模范和授予称号的等级，统一了功臣、英雄、模范、授予称号的标准和评定的办法等，使部队的立功运动有了统一的依据。

这期间涌现的英雄模范大大地多于运动战时期。抗美援朝战争期间，共有12名志愿军指战员被朝鲜民主主义人民共和国最高人民会议常任委员会授予“朝鲜民主主义人民共和国英雄”称号，其中阵地战期间涌现的就占10名，他们是：为保证部队发起冲锋，以自己的身躯堵住敌军机枪射孔，而壮烈牺牲的著名特级英雄，第15军第135团2营通信员黄继光；为保证潜伏部队的安全，严格遵守战场纪律而忍受烈火烧身壮烈牺牲的一级英雄，第15军第87团9连战士邱少云；在双腿被炸断仍指挥战斗，并歼敌80余人，当敌人再次冲上阵地，他拉响最后一颗手雷，炸死敌人，自己壮烈牺牲的一级英雄，第15军第135团7连排长孙占元；当反击部队被敌军坑道火力所阻，抱起炸药包毅然跳进敌军坑道与敌同归于尽的一级英雄，第12军第100团2连班长伍先华；在阵地上只剩一人，一天中打退敌军41次冲锋，歼敌280余人的一级英雄，第12军第91团5

连战士胡修道；在阵地上只剩他和一名卫生员，敌军再次拥上阵地时，他举起最后一枚手雷，扑向敌群与敌同归于尽的一级英雄，第12军第104团4连副排长杨春增；在反击战中率领一个侦察班化装侦察，奇袭“白虎团”，捣毁敌军该团团部的一级英雄，第68军第607团侦察排副排长杨育才；黄继光式的一级英雄第67军第595团1连战士李家发；黄继光式的一级英雄第23军第200团9连战士许家朋；解放战争中抢修铁路桥梁的著名登高英雄，在朝鲜战场铁路抢修中屡建功勋，最后光荣牺牲的一级英雄，铁道兵团第1师第1团1连副连长杨连第。① 另有为救朝鲜落水儿童而跳进冰窟献身的著名一级模范第47军第141师侦察队文书罗盛教。

除此，还有著名的狙击英雄，在1953年春夏以436发子弹歼敌214人的第24军第214团8连战士张桃芳；著名的志愿军空军英雄张积慧、赵宝桐、王海、孙生禄、刘玉堤、鲁珉、韩德彩、王天保、蒋道平等；志愿军炮兵英雄朱金池、张瑞臣、谭朝明；志愿军坦克兵英雄杨阿如；志愿军铁道兵英雄刘长岭、高殿禄和铁道兵模范史元厚、范永；志愿军工兵模范张振智、陆善清、薛其德；志愿军后勤模范尹继发、刘秀珍、许景春、宋克义；等等。同时，还涌现了不胜枚举的英雄模范单位。

立功运动全面深入地开展，极大地调动了部队作战积极性和工作热情，从而有力地保证了这期间作战任务的胜利完成。

此外，这期间志愿军还多次组织进行了作风纪律检查和整顿，并有组织有计划地在第一线开展了瓦解敌军的工作。

总之，志愿军在阵地战中的思想政治工作有许多新的创造和发展，为人民解放军战时政治工作积累了新经验，对人民解放军的现代化建设和未来作战中的思想政治工作均具有重要借鉴意义。

---

① 荣获“朝鲜民主主义人民共和国英雄”称号的还有，志愿军司令员兼政治委员彭德怀，第20军第58师第172团连长杨根思。

抗美援朝战争是新中国成立后被迫进行的一场反侵略战争，是人民解放军以志愿军形式参加的第一场现代化战争。中国人民志愿军在中共中央、中央军委的正确领导下，在中朝两国人民的全力支援下，同朝鲜人民军并肩作战，取得了战争的伟大胜利。抗美援朝战争的胜利，有力地打击了美国的侵略气焰，保卫了中国的安全，援助了朝鲜人民，维护了亚洲和世界的和平，鼓舞了世界人民反抗帝国主义和殖民主义的斗争，极大地提高了中华人民共和国的国际地位，保证了中国长期和平建设的环境，促进了经济的恢复和增长，促进了人民解放军的现代化建设。在战争中采取边打边建的方针，人民解放军空军迅速成长壮大起来，陆军各技术兵种有了显著增强。通过采取轮番作战和轮换作战的方针，全面锻炼了部队、高级指挥机关和高级指挥员，使人民解放军积累了现代战争的重要经验。抗美援朝战争也使人民解放军的作战观念发生了许多重要转变，主要是：由单一步兵作战向现代多军兵种联合协同作战的转变；由单纯地面作战向现代立体作战的转变；由主要实行运动战向既注重运动战又注重阵地战的转变；由单纯前方作战向现代前后方全面作战的转变；后勤保障由“小米加步枪、仓库在前方”向组织现代后勤保障的转变；等等。这些对于人民解放军的正规化、现代化建设具有深远的积极意义。

第四章　国防军正规化现代化建设的初步展开

第一节　全军实行精简整编和制订五年军事建设计划纲要

一、中共中央、中央军委决定对人民解放军进行精简整编

抗美援朝战争开始以后，国内各项工作，包括土地改革、镇压反革命、国防建设、经济建设、文教建设等项工作，都围绕抗美援朝这一中心任务而展开。据1951年11月的统计，该年度中央财政的实际支出比预算支出增加50%，较1950年增加75%，其中军费支出占财政预算总支出的55%，是1950年的一倍以上。而财政总支出的32%则直接用于朝鲜战场。同时，军队的数量也增大了。不但1950年5月确定军队复员150万，将兵员总数减至400万的计划未能实现，而且到1951年底，军队员额增加到627万。这对保证抗美援朝战争的胜利是必要的，但在财政供应上却也成为国家的重大负担。

1951年7月，朝鲜停战谈判开始。从美方不断拖延和破坏谈判的态度看，战争究竟何时能结束尚难以判定，但战局基本稳定，像运动战阶段那样打大规模战役的可能性已经大大减少，军队精简和将更多的财力用于国民经济恢复和国防建设已有了可能。

在这种情况下，10月上旬，中共中央政治局举行扩大会议，确定实行“精兵简政，增产节约”的方针。10月23日~11月1日召开的中国人民政治协商会议第一届全国委员会第三次全体会议，通

过了这一方针。这一方针的主要内容是：在战场上继续采取持久的积极防御的作战方针，以争取战争胜利结束。同时，在国内“整编部队，精简机关，厉行节约，增加生产，继续加强抗美援朝的工作，以支持朝鲜战争，保证国内财政状况及市场物价继续稳定和国家建设主要是国防建设加紧进行”①。

12 月 1 日，《中共中央关于实行精兵简政、增产节约、反对贪污、反对浪费和反对官僚主义的决定》对人民解放军整编的原则、整编的任务、整编后军队的分类、转业人员的类型及安置等作了明确规定。《决定》指出：为加强国防力量和适应国家建设的需要，人民解放军应采取精兵政策，实行整编。整编的原则是规定一定编制一定数目的部队、机关和学校，保留一定的基干，减少现役的人员，以加速人民解放军现代化正规化的过程；同时，发动大批人员进行转业建设（口号是转业建设和生产待命，不用复员的口号），或转入建设部门，或回家生产并参加组训民兵的工作，以便参加增产节约运动，并便于积蓄力量准备 1953 年开始实行义务兵役制的基础。整编工作分为两个方面：一个方面是按规定的编制和数目整编现有的部队、机关和学校；另一个方面是处理转业的人员，这是一项需要全国党政军民大家负责的工作。

《决定》规定：人民解放军经过整编后将分成两类，一类是国防部队，其中包括陆、海、空军及其他战略兵种，各级军事指挥、政治工作和后勤工作的机关、学校、医院等；另一类是公安部队，统一管辖国家的公安、缉私、机关警卫、企业警卫、地方警卫及部分的边防和海防的部队。国防部队根据现有的和可能的现代化装备和国家的生产能力整编，并计算到今后三年至五年的发展，准备必要的干部，实施适合情况的训练，以便培养出一支比现在更为强大的国防军。公安部队根据肃清土匪和镇压反革命工作的进展及其本身能力的强化过程，将逐步接受国防军的内防任务，并确定分年精

① 《周恩来军事文选》第 4 卷，251 页，北京，人民出版社，1997。

简的原则。

中共中央的决定是为既要保证志愿军在战场取得战争胜利，又要保证国民经济恢复按时完成而采取的积极有效的重大战略措施，完全符合国家和军队的实际情况。人民解放军据此进行了新中国历史上第二次大规模的精简整编。

二、军事整编计划和全军的精简整编

根据10月上旬中共中央政治局扩大会议关于精简整编的决定，中央军委于10月9日即确定，整编之后，部队人数将减少到300余万。10月中旬，周恩来开始主持起草中央军委《关于精简节约的计划（草案)》。11月中旬，中央军委召开整编会议，对军事整编的原则、内容和步骤等重大问题进行深入研究与部署。12月5日，中共中央书记处对《军事整编计划（草案)》进行了讨论。此后，经过反复论证修改，中央军委《军事整编计划》于12月下旬形成。1952年1月5日，毛泽东批准施行。

中央军委《军事整编计划》，主要包括以下内容：

国防部队（包括正规部队、特种兵、地方部队、军分区以上机关、军事学校）现有627万余人（含公安部队16.5万人)，至1952年底精简至341万人，至1954年国防部队总人数控制在300万人左右。公安部队现有64万人（其中有16.5万人已计在国防部队中)，1952年3月底前精简至53万人。

国防部队中正规部队有53个军共185个师274万余人，至1952年底整编为30个军共100个师134万余人，其中60个重装师，每师编3个步兵团、1个炮兵团、1个坦克团，全师1.45万人；36个轻装师，除第18军每师编6000人外，其余每师编3个步兵团、1个炮兵团，全师1.2万人；2个骑兵师，每师编4000人；1个水兵师1万人；1个伞兵师1万人，现有1个旅5000人，拟再增编1个旅5000人。特种兵（包括海军、空军、炮兵、装甲兵、防空部队、工兵）共有61万余人，至1952年底发展到62.3万余人，至1954年底发展到84.3万余人。其中，海军现有1个护航舰队、1个登陆

艇舰队、1 个混合舰队、1 个水雷大队、4 个巡防大队、8 个巡逻艇队、4 个快艇大队、7 个海岸炮团、2 个高炮团、5 所海校、1 所航校，共 10.3 万余人，1952 年底增至 11 万余人，1954 年底发展到 14.7 万余人；空军 1951 年底有 46 个团，7 所航校，共 21 万余人，1952 年底发展到 70 个团（72 个团的空勤人员），连同航校发展到 26.5 万余人，到 1954 年底发展到 100 个团（126 个团的空勤人员），总人数达 34.5 万余人；炮兵有榴弹炮 6 个师、火箭炮 2 个师、战防炮 2 个师、高射炮 4 个师，共 14 个师，连同炮兵学校、基地等总人数为 11.3 万余人，1952 年底减至 9.6 万余人，到 1954 年底共建成 26 个师，其中榴弹炮 15 个师、火箭炮 2 个师、战防炮 3 个师、高射炮 6 个师，另编 1 个重炮旅、6 个独立团，总人数发展到 13.5 万人；装甲兵现有苏式、美式坦克 4 个师（共 9 个团）、6 个独立团、1 个坦克学校、3 个基地，共 5.4 万余人，1952 年底减至 4.5 万人，到 1954 年底再增编 10 个坦克团，总人数达到 5.3 万余人，连同 60 个重装师的每师 1 个坦克团，全军共达 80 个苏式坦克团，3200 辆坦克；防空部队现有 30 个高炮团、2 个探照灯团、3 个雷达营（每营 12 部雷达），共 6.2 万人，1952 年底再增加 2 个探照灯团，雷达增加到 7 个小营（每营 8 部雷达），人数减至 4.5 万人，到 1954 年底再增加 10 个高炮团、4 个探照灯团、5 个雷达小营，总人数发展到 6.3 万人；工兵现有 24 个团、2 所工兵学校，共 6.8 万余人，1952 年底减至 6.1 万余人，到 1954 年底再增加 16 个工兵团，总人数达 10 万人。

地方部队有独立团、基干团、补训团、警备团等共约 250 个，另有 1500 个县大队，总人数 95 万人，1952 年整编为 32 个独立团、8 个独立营，减至 7 万人，到 1954 年底将其全部转为公安部队，不再计入国防部队。

军分区以上各级机关（包括志愿军）有 112.4 万人，1952 年整编为 38 万余人。6 个大军区保留机关不变，二级军区整编为 6 个（山东、福建、华南、云南、西藏、新疆），省军区整编为 32 个，军分区为203个。

军委及各大军区所办学校（不含军兵种学校）共10.7万人，1952年增加2万人。

后勤系统需加强，拟拨10万人加强全军后勤系统，使全军后勤人员（不含后勤部队）达30余万人。

整编后保留20万人的编余干部，其中7.2万人用作组训民兵工作，其余进行文化补习和政治、技术训练备用。

非队列人员（包括伤病员、家属、雇员、待分配人员等）共有73.5万人，1952年底前一部分移交地方或公安系统，尚有56万人，1954年底前全部移交安置完毕。

精简下来的人员，一部分转归公安部队，一部分转为工程部队和屯垦部队，一部分回乡生产，一部分移交地方安置。

全国有正规公安部队18.8万余人、边防公安部队3万余人、地方公安部队32.2万余人、新解放地区治安武装及看押犯人的武装约10万人，共计64.2万余人（尚有各经济部门的武装警察11.7万余人未计在内）。1952年公安部队整编为53.5万人。分为两类：第一类为正规公安部队（包括边防部队在内）整编为18个师另24个团（其中有2个小团），连同军委和各大军区公安部队的领导机构在内共为22.5万人。第二类为地方公安部队，根据地区大小、人口多少、治安状况、新区老区、交通条件等情况确定不同人员定额。每县公安队60～120人不等，全国2009个县公安队，共编17.2万余人；每专署公安队60～80人，全国203个专署公安队，共编1.59万余人；每省公安总队600～700人，全国共35个省和行署公安总队，[①] 共编2.35万余人；每城市根据大小和任务多少分设公安总队或大队或中队，公安部队人数为100余人至1.2万余人不等（仅上海一地为1.2万余人），全国共138个大、中、小城市，共编公安部

① 此处所说的全国的县公安队、省和行署公安总队，均未包括西藏、新疆和海南岛。

队8.3万余人；各大行政区每区1个公安警卫团（中南连华南在内2个团），共编1.15万余人；西北将2个公安支队整编为1个公安警卫团，4000人。总计地方公安部队共编31万余人。

中央军委将全军整编作为1952年军队工作压倒一切的任务。从1951年12月开始，全军即按此计划进入整编。为保证整编工作顺利进行，明确整编中一些具体问题的解决办法，12月1日，毛泽东、周恩来联名签署中央人民政府人民革命军事委员会、政务院《关于人民解放军一九五二年回乡转业建设人员处理办法的决定》。同日，军委总政治部发出《关于部队整编工作的政治指示》，充分阐明了精简整编的意义，对整编中的思想政治动员、整编的政治领导、转业人员的确定及大体安置办法、整编中的干部工作等作了明确指示。12月5日，总政治部发出《部队整编动员教育大纲》。12月26日，中央军委发出《关于整编中干部调整工作指示》，军委总政治部发出《关于一九五二年政治工作任务的指示》。

根据军委总政治部的指示，各部队在精简整编中采取先党内，后党外，先干部，后战士的动员方式，召开各级党委会或党委扩大会、干部大会、军人大会，分级层层动员，说明整编的重大意义，纠正各种错误认识，解答各种疑问，做耐心细致的思想政治工作。对整编中的干部调动、战士的转业和部队的集体转业，讲清道理，强调服从国家和军队建设的大局，服从国家建设和军队建设的需要，解决思想认识问题，同时也尽量帮助干部、战士解决一些实际困难和问题。对转业人员统一由师或军分区办集训班进行教育，并按军委总政治部的规定，将供给制中应发的物品及伙食节余、生产分红等，全部发齐，发足路费。凡立功者一律发给立功证书，详细登记其功绩。由集训机关带领护送到接收单位，直至适当安置。为安置干部，各级军区开办了大量的军事、政治、后勤、文化集训班，对干部进行培训。对因健康条件不能学习或工作的干部，组织休养所休养治疗或由有关单位养起来。各级领导机关还为干部调动设立了许多临时招待所，妥善安排调动中的干部生活。

随着部队按国防军的新编制和新装备进行整编，在干部中也暴露出一些不正确的思想认识，如不愿接受新事物的保守思想，认为装备现代化就可轻闲享受的思想，对苏联装备不习惯而产生的厌烦思想等。各军区针对整编中干部存在的这些不正确的思想认识，主要进行了以下教育：一是教育干部认识现代化国防的必然性和必要性，反复阐明新中国成立后形势发生的重大变化，人民解放军任务发生的重大变化，新中国成立两年多来各方面取得的重大成就，苏联对中国的帮助等，不但形势的变化需要解放军按国防军的新编制和新装备进行整编，而且客观上已经具备这种整编的条件，人民解放军已在原有陆军的基础上建立了空军、海军和陆军各技术兵种。因此，干部必须克服狭隘的经验主义和不求发展的保守思想，必须从已经习惯了的以往编制、装备状态下的部队工作转变到新编制、新装备状态下的部队工作，消除犹豫，克服畏难情绪，以努力学习、大胆创造、大胆革新的精神，对待新事物，适应新事物，解决新问题，在部队整编中和整编以后做出新成绩。二是教育干部树立建设现代化国防的责任心和使命感。部队整编改装后，许多步兵干部调整到炮兵和坦克兵部队工作，认为摩托化、机械化了，以后行军坐汽车、乘坦克，不用背背包，不用走路了，因此可以轻闲享受了。针对这种情况，主要是教育干部充分认识部队装备的现代化，不是为了轻闲享受，而是为了提高作战能力，必须树立加强现代化国防建设的政治责任感和使命感，克服个人主义思想，以高度的组织性、纪律性、集中性，以对现代化建设负责的精神，发挥现代化装备的作用。三是教育干部正确认识苏联装备的性能，说明苏军就是靠这种装备战胜了德国和日本法西斯军队的，苏联的装备有其优越性，干部、战士要充分认识这种优越性，并需精心爱护保养，熟悉其性能，充分发挥其作用。这些教育收到了较好的效果，基本消除了整编中干部、战士的不正确的认识。

广泛深入的思想政治工作，防止了因为部队整编及大量人员转业，而可能产生的思想混乱与战斗意志松懈的现象。全军广大指战员坚持祖国和人民的利益高于一切的信念，坚决服从组织安排，基本做到了转业者保持人民解放军光荣传统，到农村、工矿事业中积极参加生产，在组训民兵及各种建设工作中起带头作用；留队者安心工作，努力提高自己的能力和素质，学习文化，学习新的军事知识和技术。人民解放军精简整编中的思想政治工作发挥了巨大作用，为精简整编任务的顺利完成提供了有力的保证。

随着全军精简整编的进行，为统一领导转业建设工作，1951 年 12 月 7 日，中共中央决定将原来的中央复员委员会及各级复员委员会，改名为转业建设委员会，周恩来任中央转业建设委员会主任，林彪、李富春、聂荣臻、薄一波任副主任。

根据中央军委关于军事整编的总体考虑，1951 年 12 月 29 日，聂荣臻向毛泽东提交《关于编余部队和机构的调拨计划报告》，计划在 1951 年 12 月 ~1952 年 3 月的第一期整编中拨 10 个师 10.28 万人编为铁路、水利、建筑等工程部队，其余待朝鲜能否停战有眉目后再定。

次日，毛泽东批示："我希望调拨为工程部队和屯垦部队的能有三十万至四十万……如能办到，其利极大。"[①] 1952 年 1 月 1 日，周恩来主持财政部、总后勤部部长联席会议，对安排军队 40 万人转为工程部队和屯垦部队作出相应部署。

据此，聂荣臻又召集粟裕、萧华、徐立清等就各种工程和屯垦部队的调拨与建设问题进行专门研究，1 月 2 日向中央军委提交《组成工程与屯垦部队方案的报告》，提出拟调拨 21 个师共 21 万人组成工程部队、拟调拨 19 个师共 19 万人组成屯垦部队。工程部队调拨计划：从西北军区、西南军区、中南军区和华东军区共调拨 5 个师 5 万人，组成铁道工程部队；从中南军区和华东军区共调拨 3 个师 3 万人，组成水利工程部队；从志愿军调拨 2 个师 2 万人，组

① 《建国以来毛泽东文稿》第 2 册，650 页，北京，中央文献出版社，1987。

成林业工程部队，但需视朝鲜何时停战方能确定；从西北、西南、中南、华东、华北、东北6个军区等共调拨11个师11万人，组成建筑工程部队。屯垦部队调拨计划：从西北军区（包括新疆屯垦部队8万人）、西南军区、华东军区调拨13个师13.2万人，另缺6个师5.8万人待1952年4～12月第二期整编时解决。转为工程与屯垦的部队，仍保留解放军的番号，工程部队可命名为中国人民解放军某某工程某师，屯垦部队则可称为中国人民解放军农业建设第几师，按解放军同样的待遇。这些部队在过渡时期由中央财经委员会与各军区双重领导，建制则归中央财经委员会系统。①

1月4日，毛泽东作出批示："这个计划很好。按照铁道兵团的经验，以四十万军队转为工程军和屯垦军是完全可能的，而且在经济上是很合算而有大利的，国家又立即增加四十万工业工人和使用机器的农业工人。应即刻筹办，并请苏联帮助，中财委订购工程和农业的机器，开办工程学校和农业技术学校。"②

同年4月15日，毛泽东、周恩来签署中央军委、政务院《关于集体转业部队的决定》，确定为适应国防建设和国家经济建设的需要，从人民解放军中调拨41个整师、11个整团共46.5万人转为各种工程部队和屯垦部队（新疆屯垦部队15万人未计算在内）。其中不受朝鲜战争影响在第一期中即可转业者，共为24个整师另11个整团，29万人；须视朝鲜战争情况才能决定转业时间者，共为17个整师，17.5万人。为顺利完成这些部队的集体转业任务，《决定》对有关集体转业部队的番号、待遇、武器、装具、编制、动员教育、交接时间、领导关系、经费开支等问题均作了具体规定。

至1952年9月，根据《关于集体转业部队的决定》改编的工程部队和屯垦部队全部调拨到位（其中的工程部队超拨1个师，超额完成任务），集体转业的任务得到圆满完成。其余100余万人回

---

① 参见《聂荣臻军事文选》，362～364页，北京，解放军出版社，1992。

② 《毛泽东军事文集》第6卷，311页，北京，军事科学出版社、中央文献出版社，1993。

乡转业建设工作也分两期进行了妥善安置。

在这次整编中，后勤系统内部的各种关系及后勤系统与各级司令部的关系得到明确。原计划如朝鲜停战，将志愿军后勤与国内后勤一起组织全军联勤。至1952年5月，已明显看出朝鲜战争还不能马上结束，还将拖一个时期。经中央军委同意，总后方勤务部于1952年6月上旬召开有各大军区及海军、空军后勤部长参加的全军后勤部长会议，研究后勤组织原则、领导关系、组织关系，以及整编方法、整编时间等问题。会后，总后方勤务部部长杨立三将会议讨论的《关于全军后勤组织原则与领导关系的决定（草案）》等向军委作出报告。草案规定：

关于组织原则：（1）总后勤部属军委建制，遵照军委领导意图，进行对全军的物质保障和人马保健工作。陆、海、空军所属各级后方勤务部门则属各级部队的建制，在各级直接首长领导下，进行对各该部队的物质保障和人马保健工作。（2）总后勤部为实现军委意图，必须对全军所属物资、人马保健、后勤部署等进行统一策划和布置。凡有关全军后勤工作之方针、计划与调整均由军委命令行之。在军委总的命令范围内，为具体进行物资调配和实施补给时，得由总后勤部命令和指示各主管后勤部门行之。总后勤部对下级后勤部执行工作情形有检查督促之责。（3）各级后勤部为实现其对部队之物质保障，一方面应接受其直接首长之命令指示，同时须遵照上级后勤部的命令和指示的原则行事，以期既能从全面着眼，又可适应具体情况而实行物质保障工作。（4）全军后勤工作在总后勤部统一的业务领导下，按照陆、海、空军三个系统进行之。各区后勤部除负责本区之后勤工作外，并应成为总后勤部所属之补给基地。在战时，按作战区域以陆军后勤部为主体，组织战区联勤指挥部，在战区首长领导下，统一该战区陆、海、空军的供应及人马保健工作。

关于各级后勤部与各方面的关系：（1）与总参谋部及各级司令部的关系。总后勤部和各级后勤部必须接受总参谋长和同级参谋长有关部队保障工作的一切指示，并付之实行。为此，后勤部门应将部队物质保障及人马保健情况经常报告给同级参谋长。为使后勤业务能确实保障部队的需要，总参谋部及各级司令部应及时将指挥意图、部队部署、实力组织等有关后勤部门遂行工作的情况通知后勤部，成为后勤工作计划的基础，以确切配合军事指挥的需要。（2）总后勤部与各大军区后勤部及海、空军后勤部的关系。各大军区后勤部及海、空军后勤部是实现各大军区及海、空军首长指挥意图而进行物质保障的机关，同时又是在总后勤部关于物质供应及人马保健的统一计划下遂行工作的机关。（3）总后勤部与炮兵、装甲兵、工兵、防空部队、公安部队诸特种兵的关系。总后勤部根据军委批准之诸特种兵的部署、实力、装备及其所提出对物质上的要求为依据，拟订对诸特种兵的供应计划，给予充分的物质保障。诸特种兵应将其有关的工作计划与情况通知总后勤部，以便总后勤部能予密切协同。

6 月 27 日，周恩来审定并原则同意总后勤部《关于全军后勤组织原则与领导关系的决定（草案）》。7 月 12 日，毛泽东作出批示，同意总后勤部的决定草案。

至此，全军后勤系统在总后勤部统一领导下的陆、海、空三军垂直供应体制得到明确，标志着人民解放军的后勤建设进入了一个新的发展阶段。这种供应体制，与军队的领导指挥体制相一致，与后勤管理相结合，与国家的计划经济体制相适应，有利于发挥各军区和各军兵种的积极性，在新中国成立后一段相当长的时期内，发挥了积极作用。

截至 1952 年 10 月底，国防部队共精简 19 个军（第 3、第 4、第 9、第 10、第 11、第 17、第 18、第 19、第 25、第 36、第 37、第 44、第 45、第 48、第 49、第 52、第 53、第 61、第 62 军）、73 个师，近 200 万人。全军总员额减少到 420 万人左右。野战军和绝大部分兵团一级领导机构予以撤销（参加抗美援朝战争的部队暂时保留兵团机构）。除山东、福建、华南、云南、西藏、新疆 6 个二级军区予以保留外，军区体制由原来的四级军区统一整编为大军区、省军区、军分区三级军区体制。

国防部队整编之后，陆军（包括志愿军）保留37个军部[①]（第1、第2、第5、第6、第12、第13、第14、第15、第16、第20、第21、第22、第23、第24、第26、第27、第28、第31、第38、第39、第40、第41、第42、第43、第46、第47、第50、第54、第55、第60、第63、第64、第65、第66、第67、第68、第69军）、110多个师，连同军分区以上各级机关、陆军各兵种部队、陆军院校等共376.5万余人，占全军员额89.74%。一部分师已整编为重装师，师辖3个步兵团、1个炮兵团、1个坦克团，如第16军所属的第32、第46、第47师，第66军的第197、第198师，独立第33师等。在37个军共110多个师中，步兵人数为168万人，所占比重降至84.8%，特种兵人数为30万人，所占比重上升至15.2%。海军从10.3万余人增加到12.6万余人，占全军比例由1.46%上升到3.01%；空军20万余人，加上防空部队10万余人，共30.4万余人，占全军比例由4.34%上升到7.25%。全军的军兵种结构进一步优化。

公安部队整编后，正规公安部队精简6个师，保留的公安部队共整编为17个师，即第1、第2、第9、第10、第11、第12、第13、第14、第15、第16、第17、第18、第19、第20、第21、第22师和公安警卫师。

此次精简整编，是1950年精简整编的继续和发展，但与1950年的精简整编相比有两点明显不同：一是1950年的精简整编是以减

---

① 原53个军部在精简19个军部后保留34个军部，另新编成3个军部：1952年10月，第45、第44军合编为第54军，第21兵团改编为第55军；1952年12月，从1952年5月即开始进行整编的第23兵团番号撤销，改编为第69军。37个军中第12、第15、第23、第24、第38、第39、第40、第46、第47、第50、第60、第63、第64、第65、第67、第68军共16个军属志愿军序列。

人（复员）为主，同时进行整编，除组建海军、空军和特种兵部队外，整编主要是统一编制，各级指挥机构几乎没有什么撤并，而这次精简整编是以整编为主，同时进行精简，军以上指挥机构撤并较多，精简的人数也是人民解放军历史上空前的。二是 1950 年精简的人员基本上是分散回乡参加生产，而这次精简的人员相当多的是整建制转为工程部队和屯垦部队。

这次精简整编适应了朝鲜战争形势和国内经济建设、国防建设的需要，压缩了军队规模，节约了军费开支，人民负担得到减轻，为国家生产建设增添了生力军；使体制编制得到调整改革，空军、海军和技术兵种的建设得到加强，军队的武器装备和部队编成的结构得到改善，官兵整体素质和合同作战能力得到提高，人民解放军向正规化、现代化国防军建设目标迈进了一大步。

三、制订五年军事建设计划纲要

为使国防和军队建设与国民经济建设发展计划相适应，在国家组织编制国民经济发展第一个五年计划的同时，1952 年，中央军委责成总参谋部和各军兵种组织编制国防与军事建设五年计划。

军委总参谋部在各军兵种 1950 年制订的三年或四年建设计划和 1952 年全军整编计划的基础上，经与各军兵种反复研究论证，在全军整编的同时，于 1952 年 7 月上旬完成《一九五三年至一九五七年军事建设计划纲要》的制定。代总参谋长聂荣臻、副总参谋长粟裕联名将计划纲要呈报中央军委。7 月 18 日，毛泽东批示同意。

《纲要》根据国际形势及可能发展趋势，特别分析了未来可能向中国进犯的主要敌国军事现状及可能的发展趋势，认为主要敌人目前正在准备侵略战争，初步估计未来敌国可能用来向中国进攻的总兵力为 450 万 ~650 万，敌国地面部队进攻的主要方向将是东北、华北和山东半岛地区；台湾的蒋介石集团将以华东的南京、上海、杭州、宁波和舟山地区为主要攻击方向；敌国也可能以华南为攻击方向，而首先将是攻占海南岛。

因此，《纲要》提出的五年军事建设计划的目的和指导方针是：

五年之内达到基本上完成必要的准备、不受敌人战略袭击的目的。

由于我们是处于战略防御，国家工业不发达，因此，我们在军事上五年之内只能采取重点建设的方针，其中：一、在部队的建设中是以加强陆军和空军为主，使之适合国防作战的要求，海军五年之内则完成近海作战与海岸设防的任务；二、作战准备上是以如何保证在主要战场上能顺利地进行歼敌作战为中心；三、在军事建设中有意识地为我们的工业建设创造条件（如部署上加强对工业区的防御，部队装备上则力求国内开厂制造与装配等）。

《纲要》对今后五年陆军、空军、海军的编制人员、装备目标、兵工建设目标等，均作出了规划。

陆军平时保持28个军（内有4个军分别兼舟山、厦门、海南、潮汕警备区）共100个师另2个陆战师。战时扩大到84个军300个师。平时的28个军，每军辖3个步兵师、1个152毫米榴弹炮团（2个营）、1个85毫米高射炮团（不设营）、1个57毫米战防炮团（不设营）、1个工兵营、1个通信营、1个运输营，军直编制人数为3453人；100个师中除2个骑兵师、1个伞兵师、1个水兵师外，其余96个师均装备成现代化的师，每师辖3个步兵团、1个炮兵团、1个坦克团、1个独立防坦克炮兵营、1个独立高炮营，全师编制人数为14853人；骑兵师4000人，陆战师1万人。28个军共100个师外加2个陆战师共编制156.5878万人。根据中国兵工生产能力和从苏联订货情况，在1954年除有43个师属坦克团的装备不能解决外，100个师的其他装备可全部解决。1955~1957年三年中再生产200个师的步兵轻武器、100个师的师属火炮、43个师的师属坦克团的坦克、28个军的军属火炮。至1957年底，即可将平时的28个军共100个师的坦克、火炮、轻武器全部装备起来。此外，储备200个师的步兵轻武器。

空军至1957年共建设成150个团，共有飞机6229架（其中战斗机4624架，五年内逐渐淘汰活塞式战斗机），总人数45万人。150个团的机种比例是：驱逐机（歼击机）116个团，占77.4%，轰炸机20个团，占13.3%，冲击机（强击机）8个团，占5.3%，侦察机2个团和炮兵校正机1个团，占2%，运输机3个团，占2%。为达此目标，在1953～1954年再增建3所驱逐机航校，空军航校共达14所，均实行一年学制，至1957年除去淘汰，可共培养1.2万名航空员，基本达到每架飞机2人。另需再修建87个机场。

海军现有10.773万人，各种舰艇298艘，11.557万吨位（其中能够作战使用的3万吨位）。五年内拟新增舰艇446艘，13.4202万吨位，总计达到785艘，24.9773万吨位。主要舰艇编为三个舰队，北海舰队（为主）编舰艇138艘，东海舰队编舰艇94艘，南海舰队编舰艇73艘，其余舰船分别编入各基地、水警区和巡防区。现有海军基地、水警区基地、巡防区基地、快艇基地22个，五年内拟新建上述基地和潜艇基地共36个，至1957年底，各种基地共达58个。五年内建海军的空军即海军航空兵各机种21个团、飞机897架，空军拨给海军27个团、飞机971架，需再修建31个机场。海岸炮现有58个连234门炮，再增建118个连472门炮（内152毫米海岸炮4个连），至1957年共达176个连706门炮。高炮现有2个团，五年内再建至少15个团。另建2个陆战队师。到1957年底海军总人数达27.8728万人。

炮兵现有战略炮兵15个榴弹炮师、3个战防炮师，各种火炮1723门。在五年内增建2个榴弹炮师、2个战防炮师、2个火箭炮师、6个高炮师，至1957年底共达各种炮30个师，各种火炮3104门，按原定计划完成9个炮兵学校的建设，炮兵总人数由原定11.5万人增加到15.2万人。另需为28个军建成84个团的队属炮兵，各种火炮2184门。

装甲兵五年内共建成战略装甲兵部队10个坦克师共20个坦克团，每坦克师均辖2个坦克团、1个摩托化步兵团、1个炮兵团，总人数由原定5.3万人增加到9.09万人。另需完成100个国防师属坦克团的建设。

工兵现有24个工兵团，2所工兵学校、1个训练基地，共约6.4万余人。五年内按原定计划共建成40个团，总人数达10万人。其中10个渡河工兵团、12个建筑工兵团、18个野战工兵团，另增建1所工兵学校。

防空部队原定到1954年建成40个城防高炮团、8个探照灯团、12个雷达营。在此基础上，至1957年需增建1个高炮团、1个探照灯团又1个营、2个雷达营、14个对空监视哨团、5个通信团、5所防空学校。至1957年底防空部队共有高炮2648门、探照灯1008部、雷达221部，总人数由原定6.3万人增加到9.429万人。

《纲要》还对国防工程和兵工生产作了五年计划。

在国防部署上，《纲要》指出："根据敌情和我们的国防与工业建设的情况看来，对全国影响较大的战场有三。一为陇海铁路以北的北战区，这是敌进攻的主要方向，也是对我们危害最大的地区，是我们要死守和决战的地区；二为华东战区，是敌人进攻的次要方向，是我们要坚守的地区，其重点则为宁、沪、杭、甬[①]和舟山地区；三为华南战区，其重点则为海南岛。"为适应作战的需要，将全国划分为五个战区，即：北战区，包括东北、华北两个军区和山东（含徐州、连云港，平时划入华北军区），华东战区（含江西省），中南战区，西北战区（含后藏），西南战区。兵力部署的原则是集中最大的兵力于主要战区，具体兵力部署的区分是：北战区，平时部署国防师总数的54%、战时增加到70%，部署战略炮兵83%、装甲兵部队90%、空军部队60%；华东战区，平时部署国防师总数的16%，炮兵的10%、装甲兵的10%、空军的17.3%；中南战区，平时部署国防师总数的16%、炮兵的3.3%、空军的16%；西南战区，平时部署国防师总数的8%、炮兵的3.3%、空军

① 宁、沪、杭、甬，分别为南京、上海、杭州、宁波的简称。

的4%；西北战区，平时部署国防师总数的6%、空军的2.7%。

除军委总参谋部编制的《一九五三年至一九五七年军事建设计划纲要》外，各军兵种也都制订了较为详细的五年建设计划。

公安部队也相应制订了五年建设计划。公安部队五年建设的基本要求是：精简员额，提高质量，提高业务，改善装备，进行必要的工程建筑，建设一支有觉悟、有教养、精干的、现代化的公安部队，以保卫国家内防、边防的安全和国家经济建设的顺利进行。按照这一要求，在五年内将公安部队整编为内防部队和边防部队两类，将1952年整编后的53.3万人缩减到48.5万人，边防公安部队由8.4万人增加到16万人左右，内防公安部队由45.3万人减少到32万人左右。内防公安部队整编为11个师另17个团（包括内防部队、首脑机关警卫部队、铁道公安部队），9个总队、34个大队、94个中队的城市警卫部队，2388个专署以下公安队。边防公安部队整编为13个师另12个团、3个边卡大队、90个侦察队、174个武装工作队、22个巡逻队和120个检查站。

五年军事建设计划纲要的制订，使中华人民共和国的国防和军队建设与国家经济发展建设相一致、相适应，标志着国防和军队建设走上统一的计划性，对20世纪50年代中后期中国的国防和军队现代化建设发挥了极为重要的作用。

四、向苏军学习指导思想的确立

苏联是世界上第一个社会主义国家，是世界上唯一能在经济上、政治上、军事上与美国抗衡的国家。中国要建设社会主义，中国人民解放军要进行正规化、现代化建设，学习和借鉴苏联的先进经验是十分必要的。早在新中国成立前，毛泽东就提出："苏联共产党就是我们的最好的先生，我们必须向他们学习。"①

新中国成立后，人民解放军要按国防军的要求进行建设，需要

① 毛泽东：《论人民民主专政》，见《毛泽东选集》第4卷，1481页，北京，人民出版社，1991。

在陆军的基础上建设强大的海军和空军，需要加强陆军技术兵种建设。正因为如此，建国伊始，中国即开始聘请苏联军事顾问进行帮助和指导。

1949 年 12 月，中华人民共和国成立刚刚两个多月，中华人民共和国中央人民政府主席毛泽东便前往苏联进行友好访问，并于 1950 年 2 月 14 日与苏联政府签订《中苏友好同盟互助条约》。

1950 年 5 月，全军参谋会议在确定军队整编时，即明确人民解放军编制的发展方向应以向苏军看齐为目标。人民解放军总司令朱德在会议开幕式中指出："我们的编制要向苏联学习"，"要与苏联的编制接近，学习他们的经验"，学习他们打仗的经验，学习他们军队建设的经验。①

1951 年 1 月，中央军委在为中国人民解放军军事学院开学所发的祝词中指出："望全体同志努力学习，总结我军作战经验，发扬我军的优良传统，学习苏联的建军经验，掌握正规化的军事科学与指挥艺术，根据马列主义的建军原则与毛泽东同志的建军思想，从我军现有基础上，为建设更强大的中国人民的国防军而奋斗！"

随着 1952 年精简整编和大量装备苏式武器，人民解放军根据军队实际并参考苏军编制，进行了编制体制调整。当年 12 月召开的全军参谋长、政治部主任联席会议，进一步明确了把向苏军学习作为人民解放军正规化、现代化建设的一个重要指导思想。这次会议是为 1953 年下半年开始全军以军事为主的军事训练做准备的一次会议。会议除部署军事训练的各种准备工作外，还全面系统地提出了学习苏军的思想。主管全军训练工作的副总参谋长张宗逊就学习苏军经验问题作了专题报告，题目为《统一军训思想明确军训方针改进工作作风》；聂荣臻在报告中专门有一个问题讲"向苏联学习"；彭德怀发表总结讲话，题目为《学习苏联先进经验建设现代化的国防军》。在纪念苏联十月社会主义革命 35 周年之际，朱德在《八一

---

① 参见《朱德军事文选》，731、732 页，北京，解放军出版社，1997。

杂志》上发表《向伟大的苏联军队学习》的文章。朱德的文章和全军参谋长、政治部主任联席会议上的报告、讲话，对学习苏军经验的必要性、学习的内容、学习的态度和方法等作了较为全面的阐述。

第一，阐述了学习和借鉴苏联先进军事经验的必要性。过去人民解放军战胜敌人，取得伟大的人民革命战争的胜利，是由于中国共产党采取了正确的政治路线和军事路线，运用了灵活机动的战略战术，广大指战员英勇作战，全国人民的积极拥护。而当时的敌人是政治腐朽、人民反对、士气不振和指挥无能的国民党军队。所以，人民解放军用单一的军种，甚至粗劣的武器，也能够打败它。而今天的主要敌人是美帝国主义侵略者，它在政治上虽然同样腐败，有深刻的经济危机，但必须承认其军队是一支拥有高度机械化装备的军队。对付这样的敌人，除了正确的指挥外，还需要拥有现代化装备和技术的联合军种、兵种。过去，我军只有单一的军种。今天由于苏联的帮助，人民解放军建立了新的军、兵种，装备了现代化的武器，也正在进行兵工建设，建立了现代军队装备的物质基础。因此必须认真学习苏联的技术和战术，才能发挥这些武器和装备的作用。为此，彭德怀指出：苏联的军事科学，“是世界上最先进的军事科学，它较资产阶级的军事科学具有不可比拟的优越性。在中国革命斗争中成长起来的毛泽东的军事学说，是以马克思列宁主义的唯物辩证法的观点，结合中国实际情况来解决军事问题的”。“苏联的军事科学和毛泽东的军事思想是完全一致的。自然，由于苏联革命运动发生的早，建军也较早，特别经过了第二次世界大战，它在军事科学上尤其是现代化战争方面，已经积累了很多成功的经验，在这方面，我们比之苏联，相差是很远的。这就产生了我们学习苏联军事科学及其建军经验的必要，学习其作战技术的必要，学习其训练部队工作经验的必要。历史事实很明显地告诉我们：我国建军的胜利是和学习苏联建军的经验分不开的；苏联现代作战的经验，更是适合于我们当前的需要的”。[①] 朱德指出：“我中国人民解放军与伟大的苏联军队站在同一反对侵略捍卫和平的光荣前线。我们应当永远与苏联军队并肩携手，努力向苏联军队学习，向苏联军队看齐。这就是我们中国人民军队保卫远东与世界和平的重要任务。”[②]

第二，明确了学习苏军建军与作战的一切经验，也就是建设现代化正规化合成军队与指挥现代战争的一切经验。尽管人民解放军作战训练的经验是丰富的，但这些经验没有进行系统地总结，不能作为教育部队的标准。而且，人民解放军的经验是国内战争和抗日战争的经验，抗日战争的经验又主要是游击战争的经验，同帝国主义进行大规模战争的经验并不多。志愿军在朝鲜作战的经验是宝贵的，应当重视和学习，但它是特殊情况下作战（空中劣势、山地、半岛等）的经验，就整个正规化现代化作战的要求来讲，它目前还是不完备的。张宗逊在报告中指出：“那种满足于自己过去的经验的想法，无疑是不正确的。我们必须认真学习苏联的经验。苏联有在第二次世界大战中打败德、日法西斯军队的经验，有三十五年的建军经验，军队建设方面有完整的一套；其军事科学和军事技术是最现代化的，其思想体系也是彻底地革命的，唯物主义的。我们请来苏联专家的目的就是为了向苏联学习。我们应肯定，必须毫无保留地学习苏联先进的军事科学，号召全军向苏联学习，扫除学习中的各种障碍。”[③] 朱德在文章中也指出：“苏联是我们的先生，我们应当学习苏联的各种经验。我们中国人民解放军应当向伟大的苏联军队学习，努力学习苏联先进的军事科学，为进一步建设现代化国

---

① 彭德怀：《学习苏联先进经验建设现代化的国防军》，载《八一杂志》第25期，1953年2月18日。

② 朱德：《向伟大的苏联军队学习》，载《八一杂志》第22期，1952年11月29日。

③ 张宗逊：《统一军训思想明确军训方针改进工作作风》，载《八一杂志》第25期，1953年2月18日。

防军而奋斗。”“我们要学习苏联军队的最优良的政治品质、最先进的指挥艺术和她的最高度的战斗品质以及异常丰富的战斗经验。”①

第三，明确了学习苏联先进的军事经验，必须与中国的实际相结合，与学习中国共产党建军的历史相结合，尤其是与学习毛泽东军事思想相结合。彭德怀在总结讲话中指出：“任何企图把苏联的先进军事科学和毛泽东的军事思想对立起来的观点都是错误的；同样，任何企图把学习苏联的先进军事经验与学习和总结中国的军事经验、朝鲜战争中的实际经验分割开来的想法，也都是错误的。”②

在学习苏军先进经验的方法问题上，彭德怀强调：“在我们部队中，各级干部，首先是各级司令部和各级领导干部，必须认真地学习先进的军事理论和军事技术，各个军种、兵种必须熟悉自己的业务和各个兵种的配合作战。这样，我们不仅要从课本上、从课堂上以及向我们的苏联专家学习，我们还要从总结朝鲜战争的实战经验中，从不断的军事演习中来丰富和充实我们从课堂上课本上所学得的知识。不这样，就不足以改变我军的某种落后状态，就不能建设强大的现代化的人民军队，就没有把握战胜帝国主义的侵略。”③聂荣臻在报告中也指出：“为更好地向苏联学习，就必须反对保守主义和经验主义；片面地强调自己的经验，是我们学习的障碍。”

第四，澄清了对学习苏军经验的一些模糊认识。一部分人对学习苏军经验表示怀疑，认为：中国人民解放军具有优良的光荣传统，经受了同国内外敌人进行长期战争的锻炼，积累了以劣势武器战胜优势装备敌人的丰富经验，战斗作风过硬，战斗意志顽强。过去中国没有苏联军事顾问，也打了胜仗，中国自己的经验已经够用

---

① 朱德：《向伟大的苏联军队学习》，载《八一杂志》第22期，1952年11月29日。

② 彭德怀：《学习苏联先进经验建设现代化的国防军》，载《八一杂志》第25期，1953年2月18日。

③ 彭德怀：《学习苏联先进经验建设现代化的国防军》，载《八一杂志》第25期，1953年2月18日。

了，何必向苏联学习？还有人认为：苏联的军事科学不适应中国情况。针对上述情况，张宗逊在报告中指出：苏联的经验，是打帝国主义的经验，我们要打帝国主义，就得学苏联的经验。至于说我们的条件比苏联差一些，那是争取的问题（事实上武器、装备正在走向与苏联一致）与具体运用的问题。我们不能因为自己条件差而不学，那正如同不能因为中国革命条件不同而拒绝学习苏联革命经验一样。学习苏联军事科学到中国来应用，总比由我们自己慢慢摸索要好得多。假如说学了苏联经验不能用的话，那是教学方式方法上有问题，而不是内容上有问题。全面地严格地学习，具体地实际地运用，就是我们的教学任务。但具体地说，在一些具体部队的条件已经具备了，则是学与用完全一致。如海、空军及各特种兵必须坚决向苏联学习，并根据所学去应用。步兵改装后也是坚决地向苏联学习，坚决根据学习去应用。因此，学了苏联的经验是否能用的问题，就可以肯定地回答“学与用基本上是一致的”①。

向苏军学习指导思想的进一步明确，为1953年下半年全军开始统一正规的军事训练，统一了指导思想。

1953年1月1日，毛泽东对各军事部门处理好与苏联军事顾问的关系和学习苏军经验问题作出批示，指出：“继续团结所有顾问，认真地向他们学习，永远不要骄傲自满，一定要将苏联的一切先进经验都学到手，改变我军的落后状态，建设我军为世界上第二支最优良的现代化的军队，以利于在将来有把握地战胜帝国主义军队的侵略。”②

后来，在1953年12月~1954年1月召开的全国军事系统党的高级干部会上，对学习苏联的军事科学问题又作了进一步强调。

在人民解放军开始进行正规化、现代化建设的初期，学习苏军建军和作战的经验，以苏军为样板是必要的，使人民解放军少走许

① 张宗逊：《统一军训思想明确军训方针改进工作作风》，载《八一杂志》第25期，1953年2月18日。

② 《建国以来毛泽东文稿》第4册，1页，北京，中央文献出版社，1987。

多弯路。通过学习苏军，人民解放军迅速掌握了新的军事技术，提高了诸兵种协同作战能力，在养成正规生活秩序、建立正规的军事制度等方面，取得了明显的成绩，推动了人民解放军的正规化、现代化建设。

第二节　全军开展大规模文化教育运动

一、中央军委关于实施文化教育的决定

为建设强大的国防军，必须提高全军的文化水平。中共中央和中央军委历来十分重视军队的文化教育。毛泽东早在 1944 年就说过："没有文化的军队是愚蠢的军队，而愚蠢的军队是不能战胜敌人的。"① 但在长期的革命战争中，部队的主要任务是打仗，不可能对广大官兵进行系统的文化教育。因此，全国大规模作战任务基本结束后，中共中央和中央军委即把提高广大官兵的文化水平提到了重要议事日程。

1950 年 4 月，朱德在接见参加全国新闻工作会议的干部时指出："部队必须很好的加强整训，我们部队在阶级不消灭之前永远是一个战斗队，我们要很好地学习军队近代化的科学知识，学习海陆空军联合作战的方法和技术，因此必须首先加强文化学习。没有文化，这个任务就完不成。"

同年 5 月全军参谋会议将提高全军指战员文化水平作为会议的一个重要问题。刘少奇在会上讲话指出："部队和地方的老干部，是我们党的精华，是中华人民共和国的骨干。""但也有缺点，就是文化水平低，技术知识少，业务能力差，因而应付新的工作有困难。……我们必须想办法，提高他们的文化和技术水平。现在已有这样的条件，国家可以拿出一笔教育经费，花三五年甚至十年的时间来

① 《毛泽东选集》第 3 卷，1011 页，北京，人民出版社，1991。

进行这项工作。”① 周恩来也在讲话中指出：“我们人民解放军的特点：不仅是军事强，而且政治也强，所以才能成为革命的先锋队。可是我们的文化不高，技术不高，要建设近代化的军队就非提高不可。……必须把我们现在的干部和战士提高起来，要全军进行学习，把连队变成学校，大量开办小学、中学。”②

全军参谋会议决定：“计划在三年内，将我军全体指战员，在现有基础上，普遍提高一步，现拟以百分之七十的教育时间，进行文化教育。凡小学以下的程度，在三年内提高至小学毕业的程度。凡有高小程度者，三年内提高至初中毕业的程度。”

6 月 16 日，聂荣臻在中国人民政治协商会议第一届全国委员会第二次会议上作的军事报告中，将“加强教育工作，提高部队的文化水平”，明确列为人民解放军的一项重要任务。报告指出：“人民解放军的指挥员和战斗员，经过长期革命战争的锻炼，有了高度的政治觉悟，成为中国人民中的优秀部分，他们现在除总结战争经验，提高军事艺术的修养和提高政治水平而外，还必须使自己的文化水平普遍地提高一步，这就必须认真执行毛主席将军队看成为大学校的指示，将全体指战员组织到学习文化的热潮中去。”③

8 月 1 日，毛泽东以中央人民政府人民革命军事委员会主席的名义，颁布《军委关于在军队中实施文化教育的指示》，指出：“鉴于人民解放军的指挥员战斗员一般的文化水平太低的情况，为了要完成伟大的新任务，就必须提高全体指挥员战斗员的文化科学与技术水平，并从军队中培养大批的从工农出身的知识分子。因此，中央决定，全军除执行规定的作战任务和生产任务外，必须在今后一个相当时期内着重学习文化，以提高文化为首要任务，使军队形成为一个巨大的学校，组织广大指挥员和战斗员，尤其是文化水平低

① 中共中央文献研究室：《刘少奇年谱（1898～1969）》下卷，251 页，北京，中央文献出版社，1996。

② 《周恩来军事文选》第 4 卷，10 页，北京，人民出版社，1997。

③ 《聂荣臻军事文选》，337～338 页，北京，解放军出版社，1992。

的干部，参加文化学习。”①

中央军委在《指示》中明确指出采取“速成的、联系实际的但又是正规的”教育方针，并对全军文化教育的许多具体问题作出明确规定：（1）全军规模的文化教育，自1951年1月1日正式开始，在三年内，使一般战士及初级小学程度以下的干部达到高级小学的水平，使一般相当于高级小学程度以下的干部达到初级中学的水平，然后再继续提高。（2）在连队的教育时间内，暂规定以60%的时间进行文化教育，以30%的时间进行军事教育，以10%的时间进行政治教育。（3）各部队按在职教育与离职教育衔接并进的方法，而以在职教育为重点，举办各种文化学校。在职的半日制文化学校，由团以上各级普遍举办；为离职干部办的速成小学和速成中学，暂由军及省军区以上各级举办。速成中学可分为普通初级中学与完全中学两种。一级军区可举办离职高级干部的文化补习班；连队采取学校的形式，进行基本完备的初小教育与高小教育；各军政大学，在一年或一年半内，以文化教育为主。（4）一切在职干部与战士，凡需要学习与补习文化者，不论职别，均应无例外地依照文化课程的考试甄别，参加在职文化教育的适当班次，并认真地进行学习。（5）学习课程，应参照普通小学、中学的课程予以精简、重编，保持其科学的系统，减去不必要的课程，增加必要课程的内容。（6）各级在职与离职文化学校的领导人员和教员，由各一级军区统一调配。（7）军队文化教育所必需的经费，应由一级军区政治部造出预算，经上级批准，由各级供给部门负责及时供应。（8）部队文化教育工作，应在各级党委统一领导下进行。（9）全军文化教育工作的管理机关为军委总政治部。（10）凡没有担负作战任务及巨大工程任务的部队，除进行整风、生产、整编复员、军事训练及政治训练等项工作外，“应对调动、招聘和训练教员，调收学生，

① 《毛泽东军事文集》第6卷，86页，北京，军事科学出版社、中央文献出版社，1993。

筹办校舍、课本及其他教育用具等事，完成准备工作”①。

中央军委决定在军队中实施文化教育，既是建设正规化、现代化强大国防军的需要，也反映了广大官兵的迫切要求，适应了军队建设由低级阶段向高级阶段发展的需要。1950 年下半年，全军调配 5 万多名文化教员，编印 200 余万册文化课本，组建近 40 所文化学校，建立起各级文化学习的组织领导机构。

原定从 1951 年 1 月开始的有计划的系统文化教育，因抗美援朝战争被推迟。1951 年 7 月，朝鲜停战谈判开始以后，战场形势趋于稳定，使人民解放军系统地大规模地开展文化教育有了可能。在此情况下，中央军委再次确定全军执行以文化教育为主的方针。

1951 年 11 月 29 日，中央军委发出《关于一九五二年军队训练的指示》，指出：“决定一九五二年全军除海、空军及雷达等部队之有文化者外，均执行以文化教育为主的方针。这一方针，是为了更有准备和更有步骤地执行正规化、现代化的训练方针和掌握现代技术。”中央军委要求全军用 50% 的训练时间进行文化教育，30% 的时间进行军事训练，20% 的时间进行政治学习。但各特种兵部队执行这一方针时，应根据所属各部队的文化情况、技术情况及其他情况，对时间比重分别自行伸缩，并报军委。中央军委还特别强调：“对于正规的军人生活，如制式教练、整齐严肃的军人风纪及三大条令的执行等，必须保持并加强，不能藉口以文化为主而稍松懈。”

二、全军文化教育的部署和准备

为贯彻中央军委关于 1952 年全军训练以文化教育为主的方针，1951 年 11 月 20 日 ~12 月 1 日，总政治部召开全军第二次宣教文化工作会议，重点研究部署 1952 年全军文化教育工作。根据调查统计，全军部队战士的文化程度，初小以下者约占 80%，其中识 500 字以下者占 30% 左右；干部中不及高小程度者约占 68%，其中初小

① 《毛泽东军事文选》第 6 卷，89 页，北京，军事科学出版社、中央文献出版社，1993。

以下者占30%左右。针对这种状况，会议确定1952年度全军文化教育工作总的要求是：全军普遍消除现有干部、战士中的文盲，将其提高到初小毕业的程度；将已具有初小毕业程度的干部、战士，提高到高小毕业的程度；将已具有高小毕业程度的干部，提高到相当于初中一年级的程度。着重学语文、算术两门课程，而以语文为主，算术次之。全军人员的文化教育以干部为首要，一切初中以下文化程度的干部，其学习均以文化为重点，主要抓紧在职学习，同时要大量举办文化速成学校，以便使整编后需要保存与积蓄的干部，绝大多数都能入校学习。文化学习一律按总政治部编定的部队中、小学文化课本进行教育。在文化教育中，不但要求“速”，更要强调“成”，强调效果的扎实、巩固与熟练，务求逐步提高阅读、写作、应用和思考能力，为今后干部军事、政治训练和文化水平进一步提高打下基础。

为保证文化学习的进行，会议要求在全军已办有60余所文化速成中学、小学的基础上，每个一级军区（大军区）、二级军区及空、海军再举办一至数所速成中学，每个三级军区（省军区）、师及相当的单位举办速成小学1所。每一中学一般收生600～1000名，每一小学收学员300～500名。各中学视需要可附设高小班，小学也可设初中班。缩短修业年限，初级中学为一年零四个月，小学为一年零两个月。学校机构在各军区编制的总人数内配设。此外，各军区的军政干部学校，在1952年亦以文化教育为主，各级步兵学校学员均须提高到高小毕业以上程度。其他学校酌情增加文化教育时间，在职干部文化学习要尽可能采用在职干部文化学校的组织形式，分班补习，实施正规的教学制度。

总政治部于1951年12月5日颁发《一九五二年度部队文化教育计划大纲》，分别规定了在职干部与战士和各文化速成学校、军事学校的文化教育内容与要求。

在职干部与战士的文化教育：（1）现有之文盲，着重学习语文、算术两门课程，以语文为主，算术次之，要求普遍学完部队小学语文课本一、二、三、四册，部队小学算术课本一、二、三册，提高到初小毕业的程度。即会念、会讲、会写、会用1600～2000字，能阅读千字左右的通俗读物，能写简单的书信、日记、作文等。能熟练整数、小数四则运算及简单求面积法。（2）已具有初小毕业程度的干部、战士，要求普遍学完部队小学语文课本五、六册，部队小学算术课本四、五册，提高到高小毕业程度。即会念、会讲、会写、会用2000字以上，能够看懂通俗书报及日常应用文字，并能用简单文字表达自己的意思。能熟练整数、小数、分数、比例、百分法的演算方法，并能解决日常生活及工作中遇到的各种简易计算问题。（3）已具有高小毕业程度的干部，根据不同的程度与需要，要求普遍学完初中语文一册及算术或代数或几何、三角课程之一部分。

各文化速成学校、军事学校的文化教育：（1）举办文化速成学校，是提高干部及战士文化水平的有效方法。为适应大批地积蓄培养干部的需要，应大力加强文化速成学校的建设。（2）各级步兵学校之学员，凡文化程度在高小毕业以下者，均须补习文化，普遍提高到高小毕业的程度。各部队军政干部学校、教导队，均应以文化学习为主，按文化速成中、小学校之教育内容与修业年限，实施教育。（3）各特种兵学校，应根据军委的规定，增加文化教育时间。

《大纲》还就各部队、各学校进行文化教育的教学制度、时间、材料和教学保障等作出明确规定。

全军各部队即根据这一计划大纲与本部队的实际情况，制订出相应的文化教育实施计划，组建教学组织，添置教学设备，为大规模文化教育工作的展开做了充分的准备。

为了动员全体团员和广大青年积极参加文化学习，总政治部于12月9日发出《关于一九五二年文化教育中的青年工作指示》。指示强调：提高文化是1952年部队训练的首要任务，亦是1952年青年工作的首要任务。各级党委、政治机关，应通过青年团的组织，采取各种方式，使广大团员与青年，认识学习文化的重大政治意义，使他们了解学习文化是一个光荣的战斗任务，是建设现代化国防军的重要步骤。在文化学习中，每个团员与广大青年应树立起正确的学习态度，自觉遵守各种学习制度和学习纪律，尊重并团结教员，接受教员的教导。青年团员应精心钻研，勤学苦练，争取学习成绩优良，以自己的模范行动影响广大青年努力学习；广泛地开展“互教互学”、“包教保学”等学习互助运动，创造各种切实有效的教学方法，成为教员的助手。青年团的一切工作与活动，应力求有助于文化教育任务的完成。青年团必须在党的领导下，掀起部队文化学习的高潮，为争取1952年文化教育计划的顺利完成，为全军消除文盲、提高文化而奋斗。

为了保证部队有更多的军事干部参加文化学习，提高军事干部的文化水准和为1953年练兵准备军事教育的领导干部，中央军委于12月28日颁发《关于抽调军事干部入文化学校或军事学校进行学习的决定》，决定抓住1952年部队的主要任务是学文化的时机，抽出大部军事干部分别进入文化学校或军事学校学习，步兵军、师、团、营四级的正副指挥员和参谋长中，留下一人在部队主持工作，并领导1952年的军事训练，其余干部则从部队抽出进入文化学校或军事学校学习。①

根据中央军委的决定和总政治部的部署，各军区和部队进行了认真动员和准备。团以上单位设立文化教育委员会，由领导干部和司、政、后机关负责人共同组成，在党委统一领导下，负责安排文化教育的课程、时间，解决经费、设备、教材、教员、学员调配等问题。各级领导机关都派出强有力的工作组、检查组，深入部队了解情况，及时推广先进经验，发现问题，解决问题。许多部队组织教员集体备课、试教、观摩教学和评教评学，通过到地方中学、大学去听课和参加函授学习，不断提高自己的业务水平和工作能力，

① 参见中共中央文献研究室：《建国以来重要文献选编》第2册，554页，北京，中央文献出版社，1992。

改进教学方法，提高教学质量，同时还在教学人员中开展立功创模运动和尊师爱生活动，充分调动教学双方的积极性，从而保证了文化教育的顺利进行。

三、全军文化教育的实施

经过充分动员准备，自1952年6月1日开始，全军即展开大规模的文化教育运动。

整个文化教育以干部为重点，以消除文盲为目标，以文化速成学校为干部文化教育的主要组织形式，兼顾对具有高小以上文化人员的继续提高和在职干部的教育；文化学校以小学教育为重点，但也注意到逐步扩大中学教育；课程设置以语文为主，算术次之。据1952年7月21～31日召开的全军文化教育座谈会统计，至7月底，全军已有200万人参加学习，其中干部60万人；大军区、空军、海军、二级军区、军委直属队，普遍开办文化速成中学；三级军区（省军区）和师开办文化速成小学。全军共创办速成中学55所、小学222所，有文化教员6万多人。总政治部统一制定出具体的教育实施方案，编印几百万册各种文化学习课本，连学习用的纸张、黑板等物资保障也都做了具体安排。

全军抽调大批骨干包括有丰富战斗经验的老干部和英雄模范离职学习。在职人员也按文化水平组织不同班次参加学习。

各部队针对广大干部战士年龄大，文化基础差等特点，遵循教学规律，不断改进教学方法，使文化教育符合“速成的、联系实际的、但又是正规的”原则。基本做法是：（1）打好基础，循序渐进，逐步提高，力戒高指标。（2）力求实效，正确掌握教学进度。处理好“突击”性学习与“巩固”已学成果的关系，反对和克服“速”而不“成”的形式主义与锦标主义。（3）统一训练，灵活实施。统一教学方针、计划、课程、教材、学时、编制、编班升级制、考核验收制、基本教学程序等，同时允许各单位有一定的灵活性，做到“既不乱，也不死”。（4）适时总结和推广先进经验。全军首先推广西南军区第16军文化干事祁建华的速成识字法。这个识字法用注音符号作为辅助识字手段，先集中时间突击认字，然后再学课本，组织阅读写作，逐步达到会认、会讲、会写、会用。一般文盲用150小时左右，就会认、会讲1500字，比原定教学时间缩短一半。接着推广了中南军区文化教员曹卫民的速成算术教学经验。这个经验把心算和笔算结合起来，把抽象的算术和实际生活联系起来。一般用300小时左右就能学会简单的四则运算，比原定教学时间缩短1/3。此外，还推广了中南军区文化教员曾端仪的写字教学法和华北军区文化教员常青的写作教学经验。这些经验的推广，提高了教学效果，促进了教学方法的改进。

全军除普办文化学校进行文化教育外，其他各院校从本单位实际出发，分别举办文化夜校、文化补习班、文化预科班等，用多种形式，组织干部战士进行文化学习。学习的课程，小学以语文、算术为基础课，有少量的自然、历史与地理常识课；中学着重学习语文、数学，并辅以自然、物理、化学、历史及地理等课。除此之外，各院校在正课时间内还专门开设文化课，主要学习语文、数学和理化、外语等，以便达到规定的初中、中专、大专等相应的学历水平。

部队报刊、广播、文艺活动及俱乐部工作，也积极配合，推动文化学习运动的发展。

在中央军委的正确指导下，各部队统一思想认识，坚决执行以文化教育为主的训练方针，保证了文化教育的顺利进行。广大干部战士发扬人民解放军的优良传统，在“向文化大进军”、“攻克文化堡垒”等口号的鼓舞下，刻苦学习，表现出高度的学习积极性。他们在课堂上静心听讲，认真做作业，虚心向教员请教各种疑难问题。许多干部战士起早贪黑，节假日不休息，甚至出差、探家、住院，也都“书本随身带，有空学起来”。许多战士夜晚在路灯下读书，熄灯后还在被窝里用手电筒照着认字。

经过一年文化学习，部队文化水平发生明显的变化。一大批文盲、半文盲的语文水平达到高小或高小毕业程度。到1953年5月，全军文盲（初小以下文化程度）已从1951年的67.4%下降到30.2%，初小毕业以上者由16.4%上升到42.1%。1953年5月，全军实行大会考，各科平均成绩达到80分以上，不及格率仅5%左右。官兵文化水平的提高为人民解放军正规化、现代化建设准备了条件。1953年6月，中央军委发出军队训练由“以文化教育为主”转入“以军事训练为主”的指示后，文化教育逐步转入经常化，在巩固的基础上坚持下去，继续提高。

文化程度的提高，促进了部队的变化：

第一，改善了部队的精神面貌。过去，许多干部由于文化水平低，难以把工作经验比较系统地加以总结与提高，工作能力提高较慢，进步与发展受到了限制。经过文化学习，广大干部战士知识增长了，视野开阔了，思想活跃了，脑子也更灵了，建设现代化国防军的信心大为增强。特别是那些从步兵调到海军、空军及技术兵种工作的工农出身的干部、战士，过去因文化程度低感到工作吃力而不安心，学习文化后有了明显的转变，有些人在把文化知识运用到军事技术学习的过程中，还有发挥和创造。文化知识确实成为掌握军事科学技术的钥匙。干部战士求知欲大大增强，部队中读书空气浓厚，买书订报比较普遍，连队文化生活大大活跃，能自编自演节目，墙报多而内容丰富，部队显得更加团结活泼。

第二，提高了干部战士的工作能力。学习前，由于没有文化或文化水平很低，干部在工作中存在着极大的困难，很多人开会不能记笔记，工作布置多一些就忘了；上级发的文件不能领会，甚至许多人连简单的通知都看不懂；给部队讲课，不能写教案。至于写报告、作总结，从工作中吸取经验、教训，就更困难了。经过文化学习，许多原是文盲的干部能写几百字或上千字的讲课提纲、文章。干部战士开会、听报告时，记笔记是普遍的现象。连队干部能做工作计划、军事教育计划，写工作报告。

第三，增进了知识分子与工农出身干部、战士的团结。全体文化教员深入连队，深入实际，与干部战士一起，实行“五同”（同吃、同住、同劳动、同学习、同娱乐），与干部战士打成一片，对学习困难的学员进行个别辅导，不仅使文化教育获得重大成效，而且他们本身在政治上、思想上也大大提高了一步。不少文化教员在文化教育中立了功。许多文化教员克服了轻视工农兵的思想。有些工农出身的干部消除了同知识分子的隔阂，纠正了对知识分子的偏见，进一步加强了工农分子与知识分子的团结。文化教员与工农出身的干部、战士之间还广泛开展了“尊师爱生”活动，彼此结下了深厚的革命情谊。

全军大规模文化教育运动，是人民解放军发展建设历史上的一件大事，是新中国成立后人民解放军正规化、现代化建设的一个重要步骤。这一运动的开展，使人民解放军在长期革命战争中锻炼出来的大批工农出身的干部、战士，普遍提高了文化水平，对促进 20 世纪 50 年代人民解放军正规化、现代化建设，以及对人民解放军后来的长远建设都具有极为重要的意义。

第三节　全军院校的正规化建设

一、全军院校的调整

1951 年底，中央军委决定人民解放军进行大规模精简整编，以加强国防力量和适应国家建设的需要。此次精简整编主要精简陆军，加强海军、空军和陆军各技术兵种的建设，军队院校也有所加强。根据中央军委的指示精神，军委军训部决定对全军院校进行整编。

此时，全军院校普遍执行中央军委颁发的暂行学制，开始建立正规的工作秩序，加强教学设备和教学保障，在院校训练方针的指导下实施正规化的教学，院校建设逐步走上正规的轨道。但是，院校建设还存在着一些问题，如：一些院校不注重正规化建设，不重视对教员的培训，缺乏对学员军事素质的培养。从总体上讲，全军院校数目不少，但质量还有待提高。针对上述问题，军委军训部确定全军院校整编的中心任务是提高院校质量，重点是改建陆军各兵种院校。

1952年1月10日，军训部在《关于陆军学校的建议》的报告中提出：为了提高学校质量，除执行军委颁布的各种条令及关于学校的各种指示外，如提高文化，执行考试制度，教员评级，把正规学校与随营性质的学校分开等，还要解决以下问题：一是训练教员骨干。方法是挑选有高等毕业文化的连以上干部，由各高级步兵学校办训练班培训。二是解决部分学校校舍问题。三是解决学校装备问题。四是根据军委“对整编中全军编制工作的布置”的指示及分配给军事学校人员的总定额，调整学校数量、规模、训练对象、编制和学制：将学校分为三级，最高级为军事学院，训练师以上及优秀营团干部；其次为高级步兵学校及各业科之高级学校，训练正连级到团级干部；再次为步兵学校及与其相当的各业科学校，训练正排长到连级干部。在教工人员与学员的编配比例上，根据学校性质及培养对象的不同，教学内容的深浅，学员人数的多少，规定不同比例。在学校编制上，除军事学院和少数业科学校外，凡属正规军事学校，不分何级，一律均按四部制，即训练部、政治部、干部管理部和校务部，部以下的组织，则根据各校不同的性质与需要而定。在层次上，规定一般只设部、科两级，学校不大者，部下可不设科，只设助理人员。

5月，聂荣臻、粟裕以总参谋部名义向中央军委呈送《全军各级步兵学校调整问题》的报告，指出：抗日战争及解放战争中，我各大战略区在被敌人分割情况下，为适应战争需要均各自办设学校，并采取速成方针，来培养、训练干部，其所获成绩和效果都是很大的。但在全国大陆解放后的今天，仍继续保持此种状态，且单位多，质量不强，教育干部既弱又缺，致使在教育方针、教育进度和内容上不一致，这不仅浪费人力、物力、财力，而更重要的是有碍于全军正规化、现代化建设。为造成全军更好的统一与集中的有利条件，首先必须统一干部的培养和统一教育方针与内容，并提高其质量，以便使毕业干部真正能称职担负任务。报告就全军各级步兵学校的调整问题提出建议。

在此前后，聂荣臻、粟裕于4月24日和5月4日先后向中央军委报告海、空军和陆军技术兵种学校以及后勤系统学校的调整问题。

毛泽东分别批示同意以上院校调整的3个报告。据此，中央军委于1952年6月23日正式发布《关于调整军事学校命令》。随后，全军院校开始调整。全军院校调整后共计94所（含4个战车基地）：

军事学院、军事工程学院。

步兵学校12所：总高级步兵学校，第1、第2高级步兵学校，第1、第2、第3、第4、第5、第6、第7、第8、第9步兵学校。

海军学校9所：海军学校，海军联合学校，快艇学校，海军预科学校，海军海岸炮兵学校，海军政治干部学校，海军第1、第2航空学校，海军后勤学校。

空军学校19所：第1、第2、第3、第4、第5、第6、第7、第8、第9、第10航空学校，第1、第2、第3、第4、第5、第6、第7航空预科总队，空军干部学校，机务学校。

通信学校4所：高级通信学校、通信工程学校、通信学校、雷达专修学校。

炮兵学校9所：高级炮兵学校，高射炮兵学校，第1、第2、第3、第4、第5、第6炮兵学校，炮兵摩托学校。

装甲兵学校6所：第1、第2战车学校，第1、第2、第3、第4战车编练基地。

工兵学校2所：高级工兵学校、工兵学校。

防空学校2所：城防高射炮学校、防空学校。

军械学校3所：第1、第3、第4军械学校。

机要学校2所：机要干部学校、机要青年干部学校。

后勤学校6所：后勤学院、财务学校、军需学校、运输学校、油料学校、兽医学校。

汽车学校5所：第1、第3、第4、第5、第6汽车学校。

军医大学7所：第1、第2、第3、第4、第5、第6、第7军医大学。

其他6所：医学科学院、协和医学院、化学兵学校、测绘学校、俄文专科学校、军事教员训练班。

在院校调整过程中，全军院校统一了名称，规定了各院校的领导管理关系，明确了各院校的学制、招生对象、培养目标、内部管理机构、专业设置和编制等。此次院校整编使全军院校初步地建立了初、中、高三级指挥院校体系，增建了部分专业技术院校，使各类专业设置基本齐全。从此，全军院校建设逐步走向正规。

二、后勤学院的成立

新中国成立后，随着国家财政经济实现统一领导、统一管理和国防军正规化、现代化建设的开始，人民解放军的后勤实现了统一的指挥，统一的编制，统一的制度，统一的供应等。但是，各级后勤指挥机构均缺乏组织现代条件下后勤保障的经验，后勤队伍对专业勤务也不熟练。抗美援朝战争开始后，后勤保障不适应现代战争需要的问题更加突出。

抗美援朝战争的经验表明，后勤保障在现代战争中的地位越来越重要，作用越来越大，人民解放军历史上传统的后勤保障方法已不适应现代作战的需要。现代作战物资消耗量大，对后勤保障依赖性高。后勤保障的状况，不仅影响着作战的规模和时间，而且直接影响战役的决心和部队的行动。从抗美援朝战争看，现代作战后勤保障本身内容复杂，任务艰巨，既要组织各种勤务保障，又要组织对空防御斗争，因此，不但要求拥有一支现代化技术装备和专业技术熟练的后勤保障队伍，而且要求拥有掌握现代战争知识、具有很强组织能力和很高工作效率的后勤指挥机关。同时，根据中共中央的决定，人民解放军将于1952年进行大规模的精简整编，除加强海军、空军和各技术兵种部队的建设外，保留的国防军部队均按现代化装备进行整编，也要求后勤保障必须适应现代化国防军建设的需要，加强自身的现代化建设。而要加强人民解放军的后勤现代化建设，就必须建设正规的后勤指挥院校。

1950 年 10 月召开的全军后勤部长会议，研究了后勤干部的培养问题。会议认为：除应积极地培养和提拔一批人员到后勤工作岗位上来外，更重要的是成立学校和加强在职干部学习，使后勤干部在业务上提高一步，以适应今后建设需要，同时也应招收新的学生，以作后备力量；军委应成立高级后勤学校，由各区抽调 300 名科长以上的干部，分军需、军械、运输、财务四系进行培训，以加强其专门业务的知识；各区则应成立后勤学校，培养中、下级干部，招生人数则视各区情况另定。

经中央军委批准，总后勤部于 1951 年 1 月开始在北京筹组高级后勤学校。校长由总后勤部部长杨立三兼任，副校长由总后勤部副部长张令彬兼任。高级后勤学校于 10 月 1 日正式开课。高级后勤学校的建校指导思想是：在总后党委的直接领导下，从长期着眼，有计划地抽调在职后勤干部进行轮番训练。同时，也适当地吸收一部分青年知识分子进行培养，使他们从思想上、理论上都提高一步。总结国内革命战争时期后勤工作经验，使之系统化，上升为理论，借以指导与改进今后工作。

1951 年 12 月，总后勤部提出《筹办后方勤务大学方案》。《方案》提出：后方勤务大学受军委总后勤部领导，主要负责训练团级以上后勤领导干部，旨在提高他们的战术水平与现代化的后勤业务知识，同时加强政治理论及文化科学知识，以期培养出能够全面组织后勤工作的领导骨干。后方勤务大学设本科和专修科。本科共分 5 个系，即后勤系、军需系、财务系、运输系、油料系，每系 70 人，每期 350 人，学制定为 2 年。专修科，作为在职团以上后勤干部短期的专业进修（可扩大到团的各勤务主任），以适应部队改装与整编的紧急需要。专修科，也分后勤、军需、财务、运输、油料 5 个系，每系 60 人，每期 300 人，学制定为半年，毕业后仍回原部队工作。

1952 年 1 月，全军后勤部长会议进一步讨论后勤系统教育训练问题。会议认为，近两年对后勤干部的教育和培训，还没有引起足够的重视，没有全盘的教育计划和明确的培养方针，后勤干部的思想作风和军事、业务、科学知识等，未得到应有的提高。尤其对改装部队的供应方法、诸兵种联合作战时的后勤战术及物资计算，运输组织等新的工作，尚未着手建设。部队建设日益正规化，现代作战中后勤补给任务的繁重与复杂，要求后勤工作迎头赶上。抗美援朝战争开始后，全军后勤系统吸收 5 万名青年参军，进行各种后勤业务工作的训练，但这些新的血液只能解决后勤系统的部分基层干部，而后勤系统的中、高级干部的思想作风和科学知识及军事、业务指挥能力也亟待提高。因此，必须成立一所培养后勤中、高级干部的学校，即后方勤务大学。后方勤务大学设在北京。关于后方勤务大学的组成，按该校编制由各大军区分别负责配备一个部门，训练部正副部长及各系正副主任由各大军区提名经军委审查后任命。后方勤务大学于 2 月份组成，3 月招生。后方勤务大学设教员训练班，每期 40 人，训练半年，学员由各军区选调，由苏联顾问上课，毕业后按程度及需要分配至各级后勤学校任教员或助教。

会后，总后勤部将会议讨论确定的有关问题，向中央军委作了报告。5 月 4 日，聂荣臻、粟裕向中央军委主席、副主席呈交同意组建后方勤务大学的报告：经与苏联军事总顾问研究，（该校）以改称后方勤务学院为宜，校址设在北京，建议中央军委批准。

5 月 16 日，毛泽东发布创立后方勤务学院的命令：为了国防建设需要，及时培养后勤干部，加强后勤领导，特决定军委创立后方勤务学院，负责训练团以上后勤领导干部。第一期收学员 400 名，并决定于 8 月 1 日开学。

此后，总参谋部于 6 月 18 日决定后方勤务学院（以下简称后勤学院）设教育长、训练部、科学研究部、政治部、干部部、物资保障部以及队列处、保密室、财务科。学院下设 1 个政治教授会、1

个文化教授会、5 个学员系（后勤组织、军需、财务、运输、油料）、1 个演习大队。各系均为 1 个本科班和附设 1 个轮训班，并设 1 个相关的教授会。

6 月 19 日，中央军委电令西北军区调第 1 高级步校一部机构与原高级后勤学校合并组成后勤学院，院址设在原总后高级后勤学校，直属军委领导。6 月 22 日，中央军委任命原东北军区后勤部部长兼政治委员李聚奎为后勤学院院长。23 日，中央军委又电令各大军区共抽调 400 名团以上后勤干部，于 8 月 1 日以前到后勤学院学习。

为保证按时开学，总后勤部进行了紧张的筹备工作。至 7 月底前，按军委批准的后勤学院教员编制 659 名已调齐，建立起教学和管理机构。

按招生计划，后勤学院第一期从部队共选调学员 405 名。8 月初，学员全部报到。鉴于学员的文化水平较低，院临时党委决定，并报中央军委批准，首先实施预科文化教育。预科共 11 个班，初中班 5 个，高小班 6 个。从 9 月开始，进行文化学习 4 个月，以数学为重点，语文、理化次之，到 1953 年 1 月底结束。学员的文化程度普遍提高，为适时转入后勤专业学习创造了条件。

1953 年 1 月，李聚奎在后勤学院开学前的动员会上，明确了后勤学院的性质、任务和教学方针。后勤学院的性质：是中国人民解放军后勤方面教学与科研的中心，其方向是适应现代化后勤工作的需要，成为科学研究的中心。后勤学院的任务：主要负责训练团以上后勤领导干部，旨在提高战术水平与现代化后勤业务知识，同时提高政治理论、文化水平与科学知识，以期培养出善于全面组织后勤工作的领导干部。具体说来，学院担负着五个方面的任务：（1）培养后勤各主要部门（后勤组织、军需供给、油料补给、财务补给、运输勤务）具有高等军事知识及专门业务知识的中、高级干部；（2）研究平时与战时的后勤工作和专门业务知识，使之成为指导实际工作的科学理论；（3）编制教学需要的和供各业务部门参考的教科书与参考资料；（4）培养后勤各业务部门的专业教员；（5）改进教学方法，提高政治水平，加强思想锻炼，使全体教员、学员成为后勤工作的中坚力量。[①]

1953 年 2 月 1 日，后勤学院举行隆重的开学典礼。中央军委副总参谋长兼总后勤部部长、政治委员黄克诚首先宣读中央人民政府人民革命军事委员会主席毛泽东 1 月 31 日给后勤学院的训词。训词指出："对于现代的军队，组织良好的后方勤务工作有极其重大的意义。任何轻视后勤工作、以为后勤工作不是重要的专门的科学、不需要有系统的学习、不需要精通业务的观点是完全错误的。我们必须学习苏联军队完整的后勤工作建设，研究朝鲜战争中后勤工作的状况和经验，以达到我军后勤工作现代化和正规化的目的。"[②]

后勤学院是人民解放军历史上第一所合成军队后方勤务的指挥学院。后勤学院的成立，标志着人民解放军开始将后勤工作作为一门专门的科学进行学习和研究，对加强人民解放军后勤现代化、正规化建设起到了巨大作用。

三、总高级步兵学校的成立

抗美援朝战争开始后，中国人民志愿军作战的实践表明，志愿军步兵中、高级指挥员有高度的政治觉悟，机智灵活，勇敢果断，有指挥步兵作战的丰富经验，这是志愿军以劣势装备战胜高度现代化装备强敌的主要因素。但是，作战也暴露出某些中、高级步兵指挥员指挥现代作战的方法和经验不足，对于专业兵种的战术和技术掌握不够，对于使用和指挥配属的炮兵不够熟练。第五次战役后，随着坦克部队入朝，步兵指挥员如何使用和指挥配属的技术兵种作战的问题更加突出。因此，总结现代战争经验，进一步提高人民解放军步兵中、高级指挥员的军政素质，使指挥员掌握现代战争的指

---

① 参见《后勤工作文件汇编》第 4 辑，32 页。

② 《毛泽东军事文集》第 6 卷，339 页，北京，军事科学出版社、中央文献出版社，1993。

挥艺术，以适应人民解放军正规化、现代化建设的要求，已成为一项迫切的任务。

1951 年 12 月 1 日，中央人民政府人民革命军事委员会主席毛泽东签发成立总高级步兵学校的命令，指出：（一）为提高人民解放军指挥员的战术与射击训练，统一军事思想，以便培养建设正规化、现代化国防军的上级干部，决定成立中国人民解放军总高级步兵学校。（二）学校位置于南京，并须 1952 年 4 月 1 日开学。训练期限规定为预科半年，本科一年。（三）学校以训练团级干部（团长、团参谋长及其他同级指挥干部）为主，但可选一部分最优秀的营长级干部。（四）第一期干部及学员的召集、学员的选拔，由总干部部及各军区司令部负责办理。

1952 年 2 月，中央军委电令贵州军区司令员杨勇、中国人民志愿军第 27 军政治委员刘浩天等人，负责筹建中国人民解放军总高级步兵学校。依照中央军委的命令，在原华东军区所属第 3 高级步兵学校的基础上筹建总高级步兵学校，校址在南京第 3 高级步兵学校原址。4 月 20 日，总高级步兵学校临时党委成立。5 月 2 日，中央军委发出电令："着华东第 3 高级步兵学校调军委组建总高级步兵学校，原第 3 高级步兵学校番号即行撤销。中国人民解放军总高级步兵学校自即日起成立，并于 5 月 2 日办公，仰各部遵行为要！"据此，中国人民解放军总高级步兵学校正式成立。学校执行兵团级权限。7 月，中央军委任命中国人民志愿军第三副司令员宋时轮为总高级步兵学校校长。后又任命杨勇为副校长，刘浩天为政治部主任。10 月，总政治部又电示总高级步兵学校临时党委，由宋时轮兼任总高级步兵学校党委书记。

总高级步兵学校直属中央军委领导。总高级步兵学校的任务是：在人民解放军现有素质及军事思想的基础上，训练出在中国共产党领导之下忠实于人民政府及人民事业，能组织与指挥现代化、正规化的步兵，以准备与美帝国主义为首的侵略集团作战的中、高级指挥员和政治工作人员。主要训练对象为全军步兵营长、团长、团政治委员、团参谋长及其相当的参谋人员。总高级步兵学校为速成学校，主要课程设置是合同战术、射击、战斗训练法、各兵种的战术技术研究、中国人民解放军战史、军事地形、政治理论、文化、军事体育等；学制设置预科学习时间为半年，本科学习时间为1年。

总高级步校在创建初期，训练设施简陋，营区非常分散，房舍破旧，加上学校扩建，人员增加，到1952年5月初，军事班预科学员已大部来校，但学校的组织与主要工作部门尚未全部组成。学校遂一面教学，一面建设。首先集中人力物力，建设教室、大讲堂、专修室大楼、射击场和演习场；在保证这些重点项目之后，再陆续修建其他配套设施。至7月底，新的组织与主要部门已基本组成。学校又提出“既要完成预科训练计划（主要是文化学习），又要做好本科训练准备工作（师资训练、教材和想定准备）”。经各方面的共同努力，到1952年11月，预科训练结束，有80%的学员达到高小毕业的文化水平。

原第3高级步兵学校教员大部分是旧军官，而总高级步兵学校教学对象为团营干部，教学内容主要是依据毛泽东军事思想，并以苏联军事科学为主，总结人民解放军（尤其是志愿军对美作战）丰富的战斗经验。因此，仅依靠原有旧军官不可能完成这一教学任务。学校在抓预科文化教育的同时，分别筹办第一期军政师资训练班。经军委批准师资成员从军事班学员中调出50人，军事学院调来10人，加上从原有121名旧军官中选出45人，以及军训部系统部分在职干部，共200余人组成师资训练班。其训练内容为中共党史、诸兵种技术兵器见学、地形、战史、射击、营团师进攻战斗理论及连营作业。方法采取理论教授、实物见学与现地作业相结合进行。培训后进行考核，达到教学要求的，任命为教员。经过三个阶段的师资训练，收效较大，师资训练于12月结束。

到1952年底，总高级步兵学校教学准备工作一切就绪。学校设训练部、政治部、干部部、队列部、物质保障部和军事科学研究部，并设立战术、射击、炮兵、装甲、地形、工兵、通信、后勤、队列体育、政治经济、政治工作和文化等12个教学组织，以及10个学员班与1个练习团。全校编制机关干部、战士441人，教员441人，学员班2166人，练习团863人，共3911人。

1953年1月7日，中央人民政府人民革命军事委员会主席毛泽东为高级步兵学校题写训词。训词指出："我们的国家正在为着实现工业化和社会主义而进行大规模的建设，而我国的敌人帝国主义者则继续占领我国的台湾，并继续侵略朝鲜，威胁我国的安全。为了保卫祖国免受帝国主义者的侵略，依靠我们过去和较为落后的国内敌人作战的装备和战术是不够的了，我们必须掌握最新的装备和随之而来的最新的战术。我们必须向苏联的军事科学学习，以便迅速把我军提高到足以在现代化的战争中取胜的水平。对于这个目的，你们的学习和教学工作负有伟大的责任，因为你们应当成为全军在步兵方面掌握现代军事技术的模范和领导者。"①

1月10日，中国人民解放军总高级步兵学校隆重举行开学典礼。中央军委、总参谋部、总政治部、军事学院、华东军区、江苏省人民政府、南京市委及其他兄弟院校的代表和苏联军事专家参加了开学典礼。总政治部副主任萧华代表军委向总高级步兵学校授八一军旗，并祝总高级步兵学校全体同志，"高举这面旗帜，胜利前进，发扬光荣传统，勤学苦练，钻研创造，完成伟大领袖毛主席和中央军委所给予你们的光荣的教育和学习的任务。在建设正规化、现代化国防军以保卫祖国与保卫世界和平的历史事业上，作出巨大的贡献"。

宋时轮校长接受军旗时，代表总高级步兵学校全体同志向军委保证："将永远保持这面尊严的、富有光荣的斗争历史传统的旗帜，作为我们军人的英勇与荣誉的象征。军委给予总高级步兵学校的任

① 《毛泽东军事文集》第6卷，337页，北京，军事科学出版社、中央文献出版社，1993。

务，是在人民解放军现有素质及军事思想的基础上，训练出在中国共产党领导之下忠实于中央人民政府及人民事业的而能组织与指挥现代化正规化的步兵，以准备与美帝国主义为首的侵略集团作战的中、上级指挥员和政治工作人员。……我们总高级步兵学校的学员、教员、各种保证工作人员一定能积极努力，团结一致，发扬高度的组织性，为如期完成这一光荣任务而斗争。”

中国人民解放军总高级步兵学校是人民解放军历史上第一个培训合同战术步兵营、团级军政指挥员的步兵学校。总高级步兵学校的成立为统一人民解放军步兵的正规训练，提高步兵指挥员的合同战术指挥水平起了巨大的作用。

四、军事工程学院的成立

新中国成立后，全军在创建大量指挥院校的同时，也创建了一批专业技术院校，到 1952 年初全军专业技术院校已初具规模。随着军队现代化建设程度的逐步提高，军兵种建设的迅速发展，武器装备的不断更新，军事技术也愈来愈复杂，部队急需一大批能够掌握现代军事技术的专门人才。因此，全军建立一所高等军事工程技术院校，培养全军高级工程技术人员，已成为一项十分迫切的任务。

1952 年 3 月 18 日，聂荣臻和粟裕向毛泽东、周恩来、朱德、林彪呈送《关于成立军事工程学院的报告》。报告指出：“两年多以来，我军各特种部队发展甚快，成绩亦大，其装备正日益增加和复杂。惟在技术上尚远落后于部队的发展和不能满足部队的要求，以致屡次造成不应有的损毁。”“长此以往，则势必影响特种兵部队的建设和质量的提高。且各特种兵武器的供应，不宜长期依赖苏联的帮助，必须从建设国防工业，培养自己的技术人才上着手，求得逐渐能够自己修理与装配，以至于将来培养起军事工业设计工程人才。”为此，“有即着手建立军事工程学院（在人力财力物力上较各特种兵自办技术学校更经济）藉以培养军事工程技术干部之必要”。[①] 报告对该学院部系的设置、学制及校址等提出了具体意见。3 月 26 日毛泽东批示同意此项报告。

6 月 23 日，中央军委《关于调整军事学校命令》的方案提出：军事工程学院（拟设在哈尔滨）“训练全国海、陆、空军及各兵种高级技术人员（工程师），内分炮兵工程系、空军工程系、海军工程系、普通工程（工兵及通信）系、装甲兵工程系。学制 3 年”。7 月 11 日，毛泽东任命中国人民志愿军第二副司令员陈赓为军事工程学院院长，并决定以原第 2 高级步兵学校、华东军区军事科学研究室和志愿军第 3 兵团的部分干部为基础，筹建军事工程学院。

为了使军事工程学院尽快建立起来，政务院、中央军委将军事工程学院列为国家第一个五年计划的重点建设项目。8 月 22 日，中央军委批准成立军事工程学院筹备委员会。筹委会一经成立，即提出“边建、边教、边学”的建院方针，全面开展筹建工作。筹办军事工程学院最突出的困难就是严重缺乏师资力量。学院筹委会在陈赓的领导下，首先抓教师队伍建设问题。

根据实际情况，军事工程学院计划在开学后的第一、第二两年内，对学员主要进行相当于工业大学一、二年级的基本课程教育，其中包括高等数学、物理、化学、理论力学、空气动力学、材料力学、基本电学等 17 门课程，同时 23 个专门系科也需及早进行各项教学准备，因此需要聘任大批教授担任教学工作，而头两年就至少需要 190 名教授。筹委会考虑到国内师资缺乏，大量调聘教授有困难，因此明确解决师资问题的方针为：选调少数有真才实学的教授作骨干，在苏联专家帮助下，主要依靠培养助教解决师资问题。陈赓亲自抓选调教员的工作，通过各种渠道，广泛了解高等院校的教授、专家的情况。经政务院同意后，向中央人民政府教育部提出 61 名选调教授名单，请求把他们调入军事工程学院。

在大力培养师资力量上，学院筹委会还向中央军委请示，从部

① 《粟裕文选》第 3 卷，69 页，北京，军事科学出版社，2004。

队中选调200～300名大学毕业或同等程度的青年干部进行专门培训，以充当教学人员。筹委会经与总干部部研究，决定先对全军知识分子进行情况调查，登记部队中高中毕业以上的青年知识分子，作为今后全军干部调用的依据，同时附带解决军事工程学院学员的来源问题。为此，由原第2高级步校派出8个工作组，每组由1名师级干部任组长，总干部部派1人参加，以总干部部工作组名义，于9月下旬分别至各大军区、特种兵及军委直属队等8个大单位进行调查了解。经过两个月的登记、调查和考核，选取243名干部，准备担任军事工程学院的教学工作。

中央军委十分重视军事工程学院的学员选调工作，于11月24日向全军下达指示：为加速现代化国防军的建设，军委创办军事工程学院，培养各军兵种高级军事工程师和技术人员，决定从部队中抽调大学专科以上之理工科学生1000名，赴军事工程学院学习。选调的原则：凡是学非所用或大材小用者，或用不了可能调出者均应抽调；报考的学员名额应超过录取数。根据中央军委这一指示，经过考试、审查、体检，军事工程学院共录取学员1010名，最后实际报到987名。这些学员一般都在部队中经过几年实际工作的锻炼，思想觉悟、组织纪律性等都有较好的基础。

军事工程学院在组建过程中得到了苏联的帮助。苏联专家参加了军事工程学院建设方案的论证。苏联政府还派遣50名顾问帮助学院建设。后来，根据专业建设的需要，军事工程学院又增加了顾问名额，总人数为84名。

12月12日，军事工程学院按照建院方案中的组织系统表，并参考南京军事学院的组织机构，向中央军委呈报《军事工程学院组织系统（草案）》。中央军委于1953年2月2日决定，军事工程学院设院长、政治委员、副院长、教育长、副教育长。机关设科学教育部、政治部、干部部、技术部、队列部、物质保障部、保密处和炮兵、海军、空军、装甲兵、工兵等5个工程系。

1953年9月1日，中国人民解放军军事工程学院正式成立。中央人民政府人民革命军事委员会主席毛泽东为学院的成立题写训词。指出“中国人民解放军军事工程学院的创办，对于我国的国防事业具有极重大的意义。为了建设现代化的国防，我们的陆军、空军和海军都必须有充分的机械化的装备和设备，这一切都不能离开复杂的专门的技术。今天我们迫切需要的，就是要有大批能够掌握和驾驭技术的人，并使我们的技术能够得到不断的改善和进步。军事工程学院的创办，其目的就是为了解决这个迫切而光荣的任务”。训词强调：“向苏联学习，这是我们建军史上的优良传统，无论任何时候，任何工作部门，都应当如此。这点，对于你们这个学院，有更加重要的意义。我们必须学习苏联的先进科学和技术知识，学习苏联军事工程建设的丰富经验，学习苏联顾问同志的学习态度和工作态度，学习苏联顾问同志高度的爱国主义和国际主义精神。在学习上应该是虚心诚恳，不要学到一点就自满和骄傲。”“保持和发扬中国人民解放军的光荣传统，特别是全心全意为人民服务的精神和自我牺牲的英雄气概，这在你们的学院，是和全军一样，必须充分领会和一刻也不可忘记的。”①

中央军委赋予军事工程学院的任务是：为建设正规化现代化的国防军而培养对党对祖国高度忠诚的，积极负责、英勇顽强、克服困难、坚决执行命令、有高度的组织性纪律性、精通现代军事科学技术的各兵种军事工程师和国防技术人员，以适应国防建设的需要。

陈赓在开学典礼上讲话指出：军委赋予军事工程学院的任务是光荣的，也是艰巨的。我们学院全体教、职、学员同志，必须团结一致，戒骄戒躁，努力工作，以完成上述的光荣任务。第一，我们培养的军事工程技术干部，在思想上必须是以马克思列宁主义及毛泽东思想武装起来的。只有在辩证唯物论的正确观点和思想方法指

① 《毛泽东军事文集》第6卷，351～352页，北京，军事科学出版社、中央文献出版社，1993。

导之下，才能充分发挥科学技术的威力，给予科学技术以广阔的发展前途。第二，我们必须依据马克思列宁主义的军事科学，即斯大林军事科学和毛泽东思想，认真地学习苏联的先进科学和技术知识，学习苏联军事工程建设的丰富经验，学习苏联专家同志的工作、学习态度和高度的爱国主义、国际主义精神。第三，现在全军正进行统一的正规训练。我们必须加强正规的军事训练，正确地执行各种条令，巩固和提高军队的纪律，同时不断提高军事素养，充实战术知识，使技术与战术紧密结合，适应战术的要求，高度发挥技术的威力。第四，在教学工作中要充分兼顾学员和工作人员的工作、学习和体育、娱乐两个方面。现代化国防部队的建设，不仅需要我们具有高度的政治觉悟和军事素养，同时也要求我们具有强健的体格。只有这样才能适应现代作战的要求，胜利完成任务。第五，全体人员必须紧密地团结在院党委的周围，在以教学为中心的方针下，取得思想统一，步调一致。坚决贯彻院党委的一切决议和指示，克服各自为政的现象。提倡集体主义，反对个人主义。提倡尊师重道，教学联系实际，反对自高自大，故步自封。加强学术研究，加强教职学员之间的亲密团结，完成教育计划。

军事工程学院的成立，标志着人民解放军培养高级军事技术人才的开始。

第四节　国防工程建设的部署

一、中央军委关于国防工程建设的决定

中国是一个幅员辽阔的国家，国境线长达 4 万公里，其中海岸线 1.8 万多公里。自 1840 年鸦片战争以来，帝国主义者多次从边境和沿海用武力打开中国的大门，长驱直入，逼使清政府签订一系列不平等条约，割地赔款，使中国沦为半殖民地、半封建的国家，中国的主权和安全毫无保障。中华人民共和国的成立，结束了近百年来帝国主义、殖民主义奴役中国人民的历史。

中共中央、中央人民政府、中央军委十分重视国防建设。1949年10月20日，中央人民政府人民革命军事委员会组成后召开的第一次会议上，就决定组成以张治中任组长、刘斐任副组长，聂荣臻、罗瑞卿、傅作义、蔡廷锴、李涛为成员的国防研究小组，研究国防建设事宜。1950年，海军在工兵部队的协助下，在烟台、威海、青岛、长山列岛、吴淞、江阴等地，构筑海岸炮兵阵地。同时，工兵部队也为正在组建的空军航空兵部队修建7座机场。

1950年5月16日，华东军区副司令员粟裕就占领舟山群岛后的有关处置，致电第7兵团："所有各岛敌之机场、码头、仓库、军营及各种交通、各种建筑设备，应妥为全部看管。特别敌海岸前沿阵地工事，副防御设备，及纵深要点工事，应指派专门部队警备看管，不准破坏。"18日，毛泽东起草中央军委电报，将粟裕给第7兵团的指示转发给广东军区、第15兵团并告中南军区，指出："我们认为这一处置是正确的。海南岛、广东临海中的各岛及沿海岸线亦应照此处置。"[①]

美国侵略朝鲜和中国台湾后，9月12日，周恩来主持中央军委会议，对华东军区所提沿海防务问题进行讨论。美军在朝鲜仁川登陆后，将战火烧到鸭绿江边。10月下旬，周恩来指示海军加强沿海防御部署，而首先要加强营口至安东的海岸防御部署。

美国在进行侵朝战争的同时，加快在亚洲、太平洋地区的军事扩张。1951年8月与菲律宾签订《美菲共同防御条约》。9月与澳大利亚、新西兰签订《美、澳、新安全条约》。同月，美国将遭受日本侵略最为严重的中国以及亚洲其他一些国家排除在外，并不顾苏联、印度等国的反对，片面与日本签订《旧金山和约》。接着，又与日本签订《美日安全条约》。与此同时，美国积极扶持台湾蒋介石政权，支持其反攻大陆的准备。这些都对中国大陆的安全造成

① 《毛泽东军事文集》第6卷，80页，北京，军事科学出版社、中央文献出版社，1993。

严重威胁。

在国家制定国民经济发展第一个五年计划时，中央军委全面分析了中国的安全形势，制定出了五年军事建设计划纲要。纲要根据帝国主义侵略中国可能的进攻方向，提出了在主要防御方向建设国防工事的基本方案。纲要指出：除志愿军在朝鲜战场第一线已筑有强固的永久、半永久性的工事和正在构筑第二线永久性工事外，必须加强中国主要防御方向的工事。“胶东半岛特别是长山列岛必须突击设防，使之成为死守的要塞地带，以与辽东半岛形成屏障首都的坚固防线。辽东半岛的安东—大连地段亦应择要构筑永久性的要塞工事。海南岛与琼州海峡亦应选择要点构筑永久性的工事。”

根据上述设想，军委总参谋部派勘测组对胶东地区现地勘测，副总参谋长粟裕多次召集有关单位进行研究，于1952年8月9日向毛泽东、朱德和彭德怀（彭德怀于1952年7月9日接替周恩来主持中央军委日常工作）上报《关于胶东半岛地区设防问题的报告》。报告内容主要是：（1）提出了重点进行设防的方针，建议首先以长山列岛为重点，争取在1954年夏、秋完成该地区国防工事的建设。同时完成对青岛外围第一线几个重要岛屿之设防。其次，再完成青岛另一部和威海、荣城等地区的国防工程建设。这样可以在短期内首先将长山列岛建设为海峡要塞。争取在两三年内完成山东半岛有计划、有步骤的国防建设计划。某些纵深工事，则待第一线工事完成后，再开始进行。（2）提出了工事构筑的要求，根据朝鲜战争的经验，构筑的工事必须坚固，海岸炮兵工事必须要能坚固持久地抗御敌人的巨型炸弹和巨型舰炮的轰击；步兵的工事能抗御150毫米加农炮的轰击并与发扬我军火炮的威力两者并重。因此，在工事的构筑上，应采取以坑道为主结合一部掘开式的掩盖工事。（3）提出了胶东半岛修建国防工事的组织领导问题，建议以山东军区为主成立胶东半岛国防工事修建委员会，以山东军区司令员许世友为主任，山东分局副书记向明、华东军区副参谋长周骏鸣、海军青岛基地司令员易耀彩为副主任。（4）建议在1952年做好以下各种准备工作：一是完成工事图案的绘制（必要码头、公路、水井、水库、营房的修建必须与长远建设结合考虑）、施工方案的拟定、工程材料和人工的预算；二是完成守备和作业部队的调整及技术的准备；三是根据批准的预算完成物资的采购和运输；四是调1个师作为进驻长山列岛的陆战师。8月11日，毛泽东指示彭德怀召集有关人员开会讨论设防问题并作出决定。

这时，中国人民志愿军贯彻持久的积极防御的作战方针，在横贯朝鲜半岛250公里的整个正面战线上，筑成具有20～30公里纵深以坑道为骨干的支撑点式的坚固防御阵地体系。这种坚固阵地体系的形成，为志愿军坚守战线，进行攻防作战提供了坚固的阵地依托，同时也为国内国防工程建设提供了宝贵经验。

8月25日，中央军委作出《关于建设国防工事的决定》，其主要内容：第一，为建设沿海国防工事，同时又兼顾目前经济情况与干部技术条件，决定在东北区、华北区、华东区、中南区的部分重要地区进行重点设防。第二，各区应根据设防重点进行战役和战术的勘察工作，作出整个重点设防计划，尔后进行战术工作勘察。为在技术上给以帮助，军委现有的两个国防筑城专家组（每组各6人）重点进行协助计划与解决技术问题。第一步以东北与华东之胶东半岛为重点。第二步则以海南岛为主，同时协助上海地区设防设计工作。华北地区只进行勘察计划，暂不施工。第三，为今后战术工程勘察工作做好准备，决定在青岛、沈阳开办临时训练班，具体时间由总参谋部另行电告。为使实地勘察与进行教育的便利，由华东与东北为各专家组准备翻译3人（有一定的会话、笔译能力），均限于9月5日前分别到沈阳（东北的）、济南（华东的）参加工作。第四，各工程区由各大军区直接领导，并吸收当地有关的党政负责干部参加和各兵种干部（工兵、炮兵、装甲兵、空军、作战、通信、后勤与懂得地质水文及伪装的干部参加）组织国防工程建筑委员会，将组织情形报告军委备查，并即集中进行设防地区部署研究，除上海、海南岛各自先行勘察外，辽东半岛及胶东半岛则由专家组协助进行。9 月 5 日专家组即由京出发直赴沈阳与济南，进行第一阶段战役和战术的视察工作。

10 月 27 日，毛泽东签发设防命令，明确指出，在沿海的战略要点和主要作战方向，有计划、有步骤地建筑永久性的国防工事，已成为国防建设的重要任务。

二、国防工程建设的部署与准备

1952 年 11 月 1 ~3 日，彭德怀在工兵司令员陈士榘的陪同下对辽东半岛进行视察，并对东北军区的兵力部署、工事构筑和作战指导思想作了指示。

为适应国防工程建设的需要，加强对国防工程建设的统一计划和技术指导，中央军委于 1952 年 11 月 4 日决定成立军事建筑部，隶属于中央军委领导，任命陈士榘兼任军事建筑部部长，下设计划处、勘察处、设计处。其主要任务是，负责全国国防建设的组织计划工作和技术指导，并直接负责某些重点工程的勘察设计、组织施工以及检查、验收等工作。

随后，沿海各军区成立建筑委员会。胶东半岛以胶东军区机构为主组成 13 人的建筑委员会，以许世友为主任，下设计划建设、后勤、政治动员及秘书等 4 个处。上海地区以苏南军区司令部机构为基础，由担任上海地区守备的各军、华东各特种兵司令部、华东军政委员会、上海市委派人组成建筑委员会，以张爱萍为主任，下设工程、财务、采购、运输、组织动员及办公室等 6 个处室。华南地区已于 7 月底组成华南国防工程建筑委员会，以叶剑英为主任，下设工程总指挥部（黄永胜负责）、海南国防工程建设分会（冯白驹负责）、海南公路指挥部（吴克华负责）三个机构。

军委军事建筑部和沿海各区建筑委员会组成后，即着手进行国防工程建设的各项准备工作。军事建筑部开始根据中央军委的决定，以及各军区预定的防御决心、作战预案，在苏联专家的帮助下，协助各军区进行工程建设的战役战术勘察工作，并在青岛、沈阳举办勘察训练班，培训出 800 多名干部作为骨干力量参加各军区的勘察工作。东北、华北、华东等军区根据防御作战设想，经过反复校正勘察，拟订了设防计划，并开办各种训练班，培训了一批施工技术人员。

1953 年 1 月 10 ~ 19 日，军事建筑部在北京召开第一次国防工程会议，东北、华东、山东、中南、海南岛军区，第 26 军及志愿军工兵指挥部等单位的领导干部共 73 人参加会议。军委和总部的有关部门也派人参加会议。会议由军委军事建筑部部长陈士榘主持，根据中央军委和毛泽东关于建设国防工程的指示，根据“积极防御”的战略方针和“重点设防”、“重点守备”的设防方针，重点研究全国设防修建永备工事等问题，确立了国防工程建设原则和具体步骤。

会议确定，国防工程建设应按照先重点，后次要；先前沿，后纵深；先修典型示范工事，找出经验，后全面推广等原则组织实施。根据工事构筑战役战术勘察的结果，确定全国在 5 年内拟修建 184 个营防御阵地。第一期拟修建 46 个营另 4 个连的防御阵地，在 1954 年上半年完成。为保证工程任务的完成，会议还要求各施工区由各该军区组成临时性质的军区前方指挥所，军区司令员或指定副司令员亲自领导这一工程，当做指挥战斗任务来负责完成。其组织机构除特殊情况外，均可组成建筑处（科）、财务处（科）、器材处（科）、运输处（科）、政治动员处（科）、秘书科。会议还请苏联专家介绍了工事构筑的做法和经验。

1 月 23 日，彭德怀主持第 13 次军委例会，听取了陈士榘关于第一次国防工程会议的情况汇报，同意国防工程会议的计划。彭德怀指出，国防施工材料要尽量节省，大部分就地取材，多造坑道。

1 月 25 日 ~2 月 18 日，彭德怀在陈士榘和海军副司令员罗舜初陪同下前往华东地区，先后检查南京、上海、杭州、宁波等地的战备情况，反复强调“重点设防”、“重点守备”的设防方针。

经过反复考察和研究，中央军委于 1953 年 3 月对第一期国防工事修建计划作了调整，确定第一期完成 50 个营另 4 个连的国防工事。要求第一期国防工事均于1953年6月开工，至1954年6月底完工。

据此，中央军委军事建筑部于1953年3月召开第二次国防工程会议，对第一期国防工事构筑进行部署，并根据志愿军在朝鲜战场防御作战的经验，确定国防工程建设必须坚持以坑道为主结合掘开式工事的构筑原则，争取6月开工。

此次会议后，因调查发现原定的设防工程建设计划时间紧、任务重，施工部队的准备工作还存在不少问题，施工条件尚未具备，毛泽东决定延长工程建筑期限。军事建筑部于7月又召开第三次国防工程会议。副总参谋长黄克诚传达毛泽东关于延长国防工程建筑期限的指示，对施工计划作出适当调整。各军区根据这次会议调整的计划，又进行了认真的准备。

经过一年多的充分准备工作，从1954年开始，国防工程建设有重点地在沿海设防地区展开。绝大多数工兵部队及驻沿海地区步兵军、师所属的工兵营和一些步兵部队投入了国防工程建设。

国防工程建设，是新中国建设国防、巩固国防伟大实践的重要组成部分。中央军委根据对中国安全形势的分析和判断，确定采取有重点的国防工程建设方针，并决定首先在沿海重点地区进行国防工程建设，符合中国国防建设的实际需要。这期间国防建设的指导思想，为后来的国防工程建设提供了重要经验。

第五节 创建新中国的国防工业

一、兵工企业的初步调整

新中国成立之初，国防工业的基础主要包括两大部分：一部分是由中国共产党领导的、在战争年代创建并发展起来的根据地兵工厂，共有94个，职工9万余人。这些工厂多数地处偏僻，条件简陋，规模较小，一般只能生产枪弹、手榴弹、地雷、中小口径迫击炮弹等，个别能生产少量枪械和小口径火炮。这些工厂拥有一批经过革命战争锻炼的专业骨干，作风过硬，富于艰苦奋斗的创业精神，但总体技术水平较低，工厂的管理模式基本采取供给制和作坊式生产。另一部分是接管的原国民党政府的军事工厂 68 个，职工 10 万人。尽管这些企业设备条件和人员的文化技术水平都比共产党自己创办的兵工厂好得多，但由于中国工业的整体水平很低，这些企业也只能从事旧杂式武器装备的修配和小批量生产，不能生产坦克、大炮、飞机、舰艇等大型武器装备。新中国的国防工业就是在这样的基础上建设和发展的。

为适应新中国成立后国防建设的需要，建设新中国的国防工业，中共中央和中央军委在解放战争后期即开始对原有和接管的军事工业进行调整。

1949 年 6 月，中央军委总后勤部召开兵工会议，要求兵器工业从旧的、小规模的军事工业向新的、大规模的军事工业转变，从国内战争的军事工业向国防工业转变，从殖民地军事工业向独立的军事工业转变；将军事系统管理的军事工业全部划归地方政府系统管理，纳入各大行政区的经济体系，将分散在山区和偏远地带的兵工厂向城镇转移集中。

据此，至 1950 年 5 月，东北、华北、华东、中南、西南地区的兵工厂，先后全部转归各大行政区政府（军政委员会）管理，并将原有的 94 个兵工厂和接管的 68 个兵工厂，调整为 72 个工厂（其中民用工厂 25 个，兵器工厂 47 个），设备 3 万台，职工 9 万人。

中华人民共和国成立后，1949 年 10 月 19 日召开的中央人民政府委员会第三次会议决定设立重工业部，并归口管理全国的兵器工业，政务院副总理陈云兼任部长。1950 年 5 月，中央人民政府政务院批准在重工业部设立兵工办公室，由重工业部副部长刘鼎兼任兵工办公室主任，主要负责对全国兵器工业的调整、生产计划、产品规格和财务结算实施统一管理。

同年 7 月，在对全国兵器工业全面调查了解的基础上，中央军委总后勤部部长杨立三和政务院重工业部副部长刘鼎联名向中共中央、中央军委提交《关于兵工建设总方针的报告》。报告提出国防工业建设的基本设想是：计划在四年半内能够制造所有陆海空军所需武器弹药。兵器工业的规划建设，应根据整个国防建设方针建设兵器工业生产基地，基地位置的选择应在战略后方，且有重工业配合，原料能自给，交通方便，可到达本战略区的任何前方；在同一战略方向建立两个或两个以上基地，在主要基地设重武器工厂、中小型炮厂、步枪厂等工厂，工厂规模应根据战略基地供应国防的需要及该基地内原材料与重工业及交通的具体条件来决定。

二、保障抗美援朝战争的兵工生产

随着国内战争的基本结束，1950 年兵工生产采取紧缩的方针，国家对兵工生产基本无投资，至 1950 年 10 月，兵工企业减至 7 万人。为计划 1951 年的兵工生产和对兵工企业进行总体改建，10 月底，重工业部在北京召开第一届全国兵工会议。会议由副部长刘鼎主持，各大行政区军（兵）工局长参加。开会期间，适逢抗美援朝战争开始。会议根据《关于兵工建设总方针的报告》，进一步讨论兵器工业建设和调整问题，通过了《三年兵工建设方针草案》和《兵器工业恢复建设方针》，对原定生产目标调整为 3 年内使陆军的全部武器弹药基本自给，并部分供应海、空军使用的武器弹药。基地建设再增设 9 个大的兵工厂，基地设置分为关内、关外两大区，关内以西北为主，华北、西南、中南为辅，在 3 年内形成南北满、华西北、中西南三大兵工区。在不影响原定生产计划的情况下，稳步地进行调整。会议决定各区兵工企业调整的重点为：东北的南部地区迁移一部分工厂到吉林和黑龙江的齐齐哈尔、哈尔滨等地区；中南地区调整一二个弹药厂，并扩大枪弹生产线；华东、华北地区改建一个枪弹厂、无烟药厂，并建一个火箭及无坐力炮弹厂。会议还研究了保证抗美援朝战争的支前生产问题，决定兵器工业迅速向战时生产转变，并根据中国人民志愿军武器装备的需要，部署了最大限度的增产计划。号召兵器工业战线的全体干部、工程技术人员和广大职工，继承和发扬老兵工光荣传统，努力增加生产，制造出数量多、质量好的武器弹药，支援前线。这次会议是新中国成立后第一次全国性的兵器工业会议，为新中国兵器工业第一步建设绘制了蓝图。

11 月 15 日，周恩来召集陈云、薄一波、聂荣臻、滕代远、杨立三、刘鼎等开会，专门研究包括兵工生产在内的支前问题。

为保证抗美援朝战争的兵工需要和加强对兵工生产和建设的领导，经毛泽东批准，中央军委兵工委员会于 1951 年 1 月 4 日成立，以周恩来为主任，代总参谋长聂荣臻、中央财经委员会副主任李富春为副主任，成员有总后勤部部长杨立三、军委作战部部长李涛、海军司令员萧劲光、空军司令员刘亚楼、装甲兵司令员许光达、炮兵司令员陈锡联、重工业部代理部长何长工和副部长刘鼎、中央财经委员会计划局局长宋劭文等，统一领导全国的兵工生产工作。同年 4 月，政务院决定将重工业部兵工办公室，改组为重工业部兵工总局（6 月，又将其改为中央兵工总局，仍设在重工业部，刘鼎兼任局长），根据中央军委兵工委员会的决定和指示，统一规划兵工建设和协调全国的兵工生产。

6 月 20 日，中央军委兵工委员会作出《关于兵工建设问题的决定》，对保证抗美援朝战争的兵工生产提出了要求。《决定》指出：1951 年兵工生产的方针，是根据抗美援朝战争的经验与加强国防的需要进行生产与逐步地改造生产，使之尽量满足战争的要求与适合作战的要求。为此：

第一，必须尽兵工生产之最大可能性，以保证我军手中现有各种基本武器（如七九、六五步机枪，迫击炮、手榴弹等）能获得必须的弹药补充。

第二，必须尽可能地研究制造一些适合作战需要的新武器弹药（如无坐力炮、九〇火箭炮、冲锋枪、反坦克手榴弹、反坦克地雷等），以改善部队的装备。

第三，必须有计划、有步骤地减少或停止生产那些在战争中已经证明落伍了的武器弹药（如汤姆式冲锋枪、四七战防炮、日式一五〇榴弹炮、九二式步兵炮）。

第四，步兵各种轻武器弹药的口径必须力求简化，规格必须严格，不能马虎。

《决定》还要求军委总后勤部应根据战争的需要与以上四条原则，向中央兵工总局提出订货计划，中央兵工总局则应根据上述四个原则研究与改造各种武器弹药之生产，并制订适合部队作战要求的生产计划。[①]

根据第一届全国兵工会议的部署和中央军委兵工委员会的指示，全国兵工企业在基础极为薄弱和正在按和平建设时期要求进行调整的情况下，迅速转入支援抗美援朝战争的战时生产。经中共中央批准，沈阳及其以南地区的兵工企业根据东北局的部署，于抗美援朝战争开始后向哈尔滨以北地区作了疏散和迁移。这些搬迁的兵工企业采取“边搬迁、边建设、边生产”的方针，从决定搬迁之日起，一般不到半年时间，就在新的厂址批量生产出各种枪械、火炮和弹药，及时送往前线。

中国人民志愿军入朝初期，美军坦克在战场上横冲直撞，而志愿军既没有坦克，也没有反坦克武器，打美军坦克困难，迫切需要反坦克武器。兵器工业立即组织力量，研究试制。在既无图纸、又无经验的情况下，利用缴获的残缺不全的样品，经过研究试制，仅用了半年时间，先后设计研制成功九〇反坦克火箭筒和配用的两种火箭弹，经战场试验，打坦克效果很好，很受志愿军欢迎。1951年，国内的兵工企业就制造出火箭筒5000具、火箭弹20万发送往前线。与此同时，设计制造的57毫米及75毫米无坐力炮和与这两种炮配套使用的破甲弹、榴弹，仿制的反坦克手榴弹、反坦克地雷

① 参见《周恩来军事文选》第4卷，196～197页，北京，人民出版社，1997。

等，也投产送往朝鲜战场，增强了志愿军步兵的反坦克作战能力。1951 年兵器工业的各种兵器产量与 1950 年相比，枪械增长 12.3 倍，火炮增长 5.8 倍，炮弹增长 2.2 倍，枪弹增长 3.1 倍，手枪子弹增长近 5 倍。1952 年，还研究仿制成功美式 105 毫米榴弹炮炮弹和苏式 122 毫米榴弹炮炮弹，缓解了志愿军这两种火炮炮弹紧缺的问题。

1952 年 2 月，政务院发布命令，指示“为争取抗美援朝的最后胜利，一切工作都应以国防为中心，尤应以极大的力量来加强和发展航空、坦克与兵工等国防建设”，责成各工业部门和华东、中南、东北大行政区抽调技术人员和学校毕业生 1040 名、技术工人 3300 名支援国防工业，且应有 2% 的劳动模范。4 月，中央军委决定选调 1000 名军事干部到国防工业部门，其中 60% 到兵器工业系统。9 月，中央决定抽调县团级以上干部 650 名，加强国防工业企业的领导力量。

在抗美援朝战争期间，兵器工业共生产各种枪械 60 余万支（挺）、枪弹 15 亿余发、各种火炮 9 万余门、火箭筒 7000 余具、炮弹（含火箭弹）1400 余万发、手榴弹 2300 余万枚、炸药 6000 吨以及大量的地雷、航空炸弹等，并抢修（包括战地修理）了大量的武器装备和弹药，为赢得抗美援朝战争的胜利做出了应有的贡献。

三、现代国防工业基础的建立

新中国成立后，在调整兵工企业和根据抗美援朝战争需要组织兵工生产的同时，中共中央、中央人民政府和中央军委还着手建设航空工业、电信工业、船舶工业。

1840 年以来，中国长期遭受帝国主义列强的侵略和掠夺，民族工业的发展受到严重冲击和抑制，发展缓慢，数量少，工业水平和技术水平低。新中国成立后，中央人民政府从国民党政府手中接管的国防工业除兵工企业外，只有 6 个航空中心修理厂、17 个无线电器材厂、8 个船舶修造厂，这些企业也只能搞维修，而不能搞制造。

为建立新中国国防工业基础，1949 年 12 月 ~1950 年 2 月，毛泽东访问苏联期间，就同苏联领导人商谈了请苏联帮助中国建立航空工业的问题。1950年3月，中央人民政府政务院批准在重工业部设立航空工业筹备组，重工业部副部长刘鼎兼任筹备组组长，负责筹备航空工业的建设工作。5月31日，在重工业部设立电信工业局，由中央军委通信部代管，中央军委通信部部长王诤兼任电信工业局局长，负责电信工业的筹建工作。10月1日，在重工业部设立船舶工业局，华东工业部副部长程望为船舶工业局局长，负责船舶工业的筹建工作。

1950年12月18日，周恩来偕重工业部代理部长何长工、副部长刘鼎、空军司令员刘亚楼、空军参谋长王秉璋，与苏联驻中国军事代表团团长扎哈罗夫就建立中国的航空工业问题进行了商谈。随后，周恩来与陈云、李富春研究商定，由何长工率中央财经委员会和重工业部有关负责人组成的代表团，前往苏联谈判中国航空工业的建设问题。12月下旬，周恩来又召集聂荣臻、刘亚楼、何长工等研究中国航空工业发展的道路问题。周恩来强调，中国的航空工业建设要从中国的实际出发，中国是有960万平方公里国土和6亿人口的国家，靠买人家的飞机，搞搞修理是不行的，必须根据中国的实际情况建设自己的航空工业。[①] 经毛泽东批准后，1951年1月上旬，何长工等一行赴苏联谈判中国航空工业的建设问题。经过谈判，2月19日，中苏两国代表团达成关于苏联援助中国建设航空工业的协议。

1951年4月17日，中央军委和政务院联合作出《关于航空工业建设的决定》，指出：为加强中国航空工业筹建的领导，决定成立中央军委航空工业管理委员会，以聂荣臻为主任、李富春为副主任。同时，将航空工业筹备组改为重工业部航空工业局。政务院任命重工业部代理部长何长工兼任航空工业局局长，具体负责航空工业的组建工作。此后，政务院对航空工业、电信工业和船舶工业均

① 参见《周恩来年谱（1949～1976）》上卷，109页，北京，中央文献出版社，1997。

实行归口管理，将空军6个航空中心修理厂及其他10个工厂移交给航空工业局，并由航空工业局承担飞机修理任务，兵工总局随后也将2个兵工厂移交给航空工业局；将原来分属各大行政区政府管理的上海、南京、汉口、重庆、天津的电信工厂先后划归电信工业局领导，对电信厂进行小范围的调整；将武昌、上海等地分属交通、水产部门及海军管理的船舶工业划归船舶工业局管理。

同年5月，中共中央和中央人民政府派出以中央军委总参谋长徐向前为团长的中华人民共和国中央人民政府兵工代表团前往苏联，主要谈判中国向苏联购买60个步兵师的武器装备和由苏联向中国提供武器装备的制造技术援助两大问题。经过较长时间的谈判，苏联政府同意以贷款形式供应中国政府60个步兵师的武器装备和军事物资；双方于10月签订《关于中国工厂获得制造苏联型式枪炮、弹药特许权和交付苏式枪炮、弹药样品、生产技术资料及必要时派遣苏联专家给予技术援助的协定》。此项协定所规定的武器为152毫米加榴炮以下的陆军通用武器。

中共中央政治局于10月作出精兵简政的决策后，11月中旬，中央军委研究制定全军1952年精简整编计划时即明确指出：这次整编总的精神是挤出钱来搞兵工。国防军按照新编制和新装备进行整编，并不是要大量订购武器装备，而是挤出钱来发展中国的军事工业，自己制造武器。三年五年以内我们要能自己制造飞机和坦克，改善装备主要是从发展中国的工业上着手。① 据此，中央兵工总局于12月10日制定出1952～1955年的四年兵工生产计划，建议取消大行政区兵工局，而由中央兵工总局按专业化的原则成立火药管理局、炮及炮弹管理局、枪及枪弹管理局。此时，全国兵工厂共为43个，设备3.2万台，人员9.3万。

根据《关于中国工厂获得制造苏联型式枪炮、弹药特许权和交付苏式枪炮、弹药样品、生产技术资料及必要时派遣苏联专家给予

---

① 参见林彪在军委整编会议上的报告，1951年11月16日。

技术援助的协定》，1951年底，苏联政府派出5人综合调查组来华，对中国兵器工业企业情况和制造苏式武器的可能性进行了为期3个月的考察。综合调查组认为，中国具备制造苏式武器的条件，还对中国的兵工企业提出了技术改造的建议。

中央兵工总局根据苏联政府综合调查组的建议、兵器工业状况和总参谋部关于战备的要求，进行综合分析，草拟出兵工调整建设方案。中央军委兵工委员会以此项方案为基础，于1952年5月21日作出《关于兵工问题的决定》。决定的主要内容包括：确定中国第一批18种陆军武器型制，共计枪械6种、迫击炮3种、野战火炮3种、高射炮3种、无坐力炮2种、火箭筒1种以及配套的弹药，其中采取苏联型制的15种，自行研制的3种；审查批准兵工总局提出的《兵工工厂调整计划纲要》和《兵工五年新建设大纲》，明确按专业化原则调整老企业的生产纲领和技术改造的原则，并拟新建9个工厂；就加强中央兵工总局职责以及对经济计划、试验研究、基本建设、技术管理、质量检查、会计财务实行统一管理等做出规定。

为进一步完善这个决定，中央军委兵工委员会将其印发各中央局和大行政区人民政府或军政委员会征求意见，组织各军兵种领导人对兵工总局提出的方案进行讨论修改。中央兵工总局于1952年6月主持召开第二届全国兵工会议，组织各大行政区兵工局负责人进行讨论。会议确定了《关于改组兵工机构的方案》和《对全国现有兵工厂的调整方案》，讨论制定了贯彻实施办法和步骤。这两个方案经中央财经委员会审核后获得批准。周恩来于8月1日将两个方案要点批发东北、华北、中南、西南四大行政区，要求各区协助兵工部门具体实施。

《关于改组兵工机构的方案》指出：鉴于兵工生产在使用生产及技术要求上，集中管理是必要的，为了迅速生产国家制式武器、适应国防需要，在全国范围内按统一计划进行调整和新建工作，应加强中央第二机械工业部领导下的中央兵工总局的机构，并充实企业领导；取消原有各大行政区兵工局，改设为各该区的中央兵工总局办事处；所有兵工企业内部人员、机器、设备之相互调配，统由该总局办理；除经济计划、试验、研究、基本建设、技术管理、质量检查、会计财务及干部训练和管理等工作由该总局掌管外，其他有关企业管理之业务，办事处应接受各大行政区的指导及经中央规定的其他工作的领导；健全中央兵工总局组织机构；充实与加强工厂领导。

《对全国现有兵工厂的调整方案》规定的基本调整原则为：(1)根据专业化原则，分别明确规定各工厂的产品品种及生产设备能力；(2) 每一工厂除规定的兵工产品外，应另定一或数种大致适合于该厂设备的民用产品，以资平时战时互相调剂；(3) 现在已兴建及准备修建的工程均应根据新调整纲要重新计划及布置；(4) 人员、机器、设备等统由兵工总局直接调配，不受行政区域限制；(5) 兵工系统工厂统一采用厂长负责制。整个调整在 6～18 个月内全部完成。

1952 年 7 月，中央军委在制定 1953～1957 年五年军事建设计划纲要时，专门对兵工建设提出了要求。纲要指出：除在 1954 年完成 100 个国防师的全部装备（欠 43 个师的师属坦克团的坦克）外，在 1957 年底前，兵工生产需再生产 200 个师的步兵轻武器、100 个师的师属炮兵团火炮和 43 个师的师属坦克团的坦克。对于五年内火炮和枪支生产的具体要求是：榴弹炮 5000 门，平均每年生产 1000 门，其中 122 毫米和 152 毫米榴弹炮分别占 60% 和 40%，炮弹也按此比例，共生产 610 万发；76.2 毫米野炮 3500 门，平均每年生产 700 门，共生产炮弹 750 万发；57 毫米战防炮 4000 门，平均每年生产 800 门，共生产炮弹 250 万～500 万发；85 毫米和 37 毫米高炮各 3000 门，平均每年各生产 600 门，共生产 85 毫米高炮炮弹 750 万发、37 毫米高炮炮弹 1000 万发；12.7 毫米高射机枪 1 万挺，平均每年生产 2000 挺，共生产子弹 2.5 亿发；无坐力炮 7500 门，平均每年生产 1500 门，57 毫米和 75 毫米炮分别占 80% 和 20%；82 毫米迫击炮1.825万门，炮弹366万发；120毫米迫击炮1750门，平均每年生产350门，共生产炮弹300万发；轻重机枪、步枪、冲锋枪、手枪等共396万支（挺），子弹70亿发。

1952年8月上旬，中央人民政府委员会第17次会议通过《关于调整中央人民政府机构的决定》。根据这一决定，政务院设立主管国防工业的第二机械工业部（简称二机部），赵尔陆任部长，张霖之、万毅、刘鼎任副部长，统一归口管理兵器工业、航空工业。同时撤销中央兵工总局和大行政区的兵工管理机构。1953年4月，电信工业也划归二机部管理。至此，国防工业实现集中统一管理，二机部开始具体组织国防工业的大规模建设工作。

二机部成立后，即对兵工企业进行调整改造，将43个兵工企业按专业化生产原则调整为39个，其中枪厂6个，火炮厂5个，枪弹厂6个，炮弹厂12个，引信和火工品厂5个，炸药厂4个，光学仪器厂1个。此外，还有3个坦克修理厂。

1952年8月中旬至9月下旬，周恩来率中国政府代表团与苏联领导人讨论中国经济建设的第一个五年计划时，商定中国在第一个五年计划期间从苏联订购工业设备共119亿卢布，其中有45亿卢布是军事工业的设备，包括兵工厂、航空工业、坦克制造工业、舰艇制造工业等的设备。

1952年11月—1953年1月，彭德怀、周恩来、毛泽东先后主持会议，对国防工业“一五”建设计划进行讨论和审查。1953年1月8日，周恩来主持讨论国防工业“一五”建设计划时，确定航空工业要达到能生产活塞式教练机和喷气式歼击机的目标。1月22日，毛泽东主持召开中央会议审议国防工业“一五”建设计划，出席会议的有刘少奇、周恩来、朱德、陈云、高岗、彭德怀、邓小平、彭真、李富春、薄一波等。会上，李富春根据国防建设的需要和国家经济、技术条件的可能以及能够争取到的苏联援助，汇报了国防工业五年建设计划的规模、生产能力、投资及基础工业配合的方案。毛泽东在会议总结时指出：“无论抗美援朝战争的结果如何，都要搞国防工业的建设与军工生产。朝鲜战争证明，已不能靠夺取敌人的装备来武装自己了。”此后，国务院、中央军委有关领导人又多次与国家计划委员会、二机部、各军兵种负责人审议国防工业“一五”建设计划。同年 8 月，中共中央政治局审定国防工业“一五”建设计划的安排，批准“一五”计划期间新建航空、无线电、兵器、造船等大型骨干工程共44 项，改建扩建老厂的大中型工程共51 项；明确国防工业“一五”建设计划的基本任务是集中力量按国家规定的项目和进度，在苏联援助下完成国防工业企业的新建和改建任务，完成制式武器的试制和生产任务，完成飞机、坦克、舰艇的修理及部分制造任务，初步改变国防工业的落后面貌，增强国防力量。

“一五”计划期间，在苏联援助中国的 156 个建设项目中，有 41 个是国防工业建设项目，其中包括兵器工业 15 个，航空工业 13 个，无线电电子工业 8 个，船舶工业 5 个。苏联为这些工程建设项目提供成套设备，派遣专家，从设计、施工、技术培训到仿制生产等方面提供全面的技术援助。苏联还帮助中国原有的几十个军工企业进行改建、扩建和技术改造。苏联的援助，对加快中国国防工业初创时期的建设进程起了重要的作用。

为加快国防工业的发展，国家决定创办一批国防工业高等院校，大力培养各种专业人才。1952 年全国高等学校院系调整时，将清华大学航空学院与四川大学、北京工业学院两校的航空工程系合并成立北京航空学院（简称北航）。武光任院长兼党委书记。原中央大学、交通大学、浙江大学的航空工程系合并成立华东航空学院（简称华航）。寿松涛任院长兼党委书记。这 2 所学院的主要任务是培养飞机及航空发动机的设计与制造人才。同年，还在南京成立了主要培养飞机维护修理人才的航空工业专科学校。邓永清任校长。

1953 年开始，国防工业即按计划进入大规模的建设时期，并开始仿制生产制式武器，当年即仿制成功 9 种制式轻武器及弹药。其中，枪械 4 种、火炮 1 种、枪弹 2 种、炮弹 2 种，从而建立起新中国国防工业的现代化基础。

第六节 军队正规化建设的起步

根据《中国人民政治协商会议共同纲领》关于“中华人民共和国建立统一的军队”，“实行统一的指挥，统一的制度，统一的编制，统一的纪律”的规定和建设统一正规的现代化国防军的需要，新中国成立后，人民解放军即着手军事法规制度建设。

一、制定与颁发共同条令（草案）

人民解放军长期处在分散作战环境中，没有统一的条令作为全军行动的准则。新中国成立后，建立统一正规的国防军，必须建立正规的工作制度。

从1950年起，军委总参谋部就开始着手条令条例的编写工作。聂荣臻在5月召开的全军参谋会议上的总结报告中，就把操典、内务条令、纪律条令专门作为这次会议总结的一个问题进行了阐述。报告指出：操典、内务条令、纪律条令，是军队走向正规化的重要内容。因此，修改与订立操典，必须根据我们历史传统，风俗习惯和中国人的身材特点，加上军事要求简单明确等方面，才都能适用。在抗战中朱德总司令曾向全军颁发过一个操典，至现在对于我们还较习惯。所以，在装备还没有改革以前基本上仍沿用此种操典。但随着装备、编制的变化，操典就需要修改了。聂荣臻为操典修改作出的布置是：先由各大军区组织军、师参谋长等，以一个月时间对照战时颁发的操典逐条进行研究修改，拿出一个修改方案，8月份各军区派人来军委，再由军委组成专门小组逐条研究加以确定，准备9月底付印，争取在10月份发送各部队，作为秋季整训的教材。如果在教育中仍有不合人民解放军实际情况要求的，先把意见集中起来，等到明年再来充分调整修改。

根据这次会议的部署，同年8月，军委军训部成立条令编修委员会，负责编写共同条令。军训部根据中央军委的指示精神，确定了编写条令的基本原则：（1）以美军为主要作战对象。我们只有明确认清作战对象，才能根据对象来编写各种条令，才能使它成为战胜敌人的武器（不是无的放矢）。（2）由于我军装备与编制目前仍处于过渡时期（即过渡到现代化），所以条令也应基本上适合这一时期生产力状况。所谓基本上，就是说不要完全被当前生产力状况和装备编制所限制。因为我国生产将以很快速度前进，同时我们可以从兄弟国家进口超过自己生产能力以上的装备。故条令的编写，应看到目前我国正在恢复发展着的生产情况，看到可以并已经取得超过自己生产能力以上的装备方面。一句话，就是要比现在高一点。（3）对于我军过去的经验，必须予以重视，优良传统必须发扬。因此，必须系统地总结中国革命战争的经验，以便于指导今后的斗争。但另一方面，决不能满足或局限于过去的经验，应看到世界大战的经验，尤其是苏军经验和志愿军在朝鲜战场上的经验。因此，在编修条令时，必须以苏军的条令作主要参考，虚心学习，以适应时代的需要。（4）制定条令，须照顾中国的国情民情，即地域广大，交通不大方便，地形复杂，气候差别大，民族复杂，人民勤劳勇敢及体力状况等特点。（5）制定条令，亦须照顾我军政治觉悟程度、文化水平及各级干部的业务水准（主要是营、连以下）。由于很多干部文化不高，业务不大熟习，所以编写条令，只能以苏军的作主要参考，而不能像他们那样繁琐，那样复杂。（6）对其他资本主义国家和国民党的军事材料，也可以参考。因一方面我们要研究敌人，另一方面要向敌人学习。

依据基本原则，编修委员会经过充分调研，编写出共同条令草案。经过在部队中反复试验征求意见进行修改，经毛泽东批准，总参谋部于 1951 年 2 月 1 日颁布中国人民解放军《内务条令（草案）》、《队列条令（草案）》、《纪律条令（草案）》，在全军试行。这是新中国成立后，人民解放军第一次颁布共同条令（草案）。

《内务条令（草案）》共 14 章 426 条，包括概则、军人一般职责及其相互关系、首长职责、主管人员职责、军人住所、制度与规则、值班勤务、野营勤务、居民地驻军时内务设置、车场内务、铁路输送部队、军人保健、马匹保健和消防等。《内务条令（草案）》的概则指出，本条令是依据《中国人民政治协商会议共同纲领》中关于中华人民共和国武装部队的性质、任务和传统的有关规定而编写的。中国人民解放军内务条令系规定中华人民共和国武装部队的团及分队的内务、军人职责及其相互关系。条令适用于陆、海、空军的一切部队、分队、各级统率机关、后方勤务部门及军事学校。海、空军除执行本条令规定外，并遵照执行其本身有关诸勤务条令。

《内务条令（草案）》还附录有中华人民共和国国歌、中国人民解放军军歌、三大纪律八项注意歌、军人宣誓、军旗、军徽、胸章、名册、军人登记表、床头名签式样、病员登记簿、外出证、请假登记簿、值班人员臂章、值班日记簿、连值班日报表、通行证、团野营配置图、健康检查表、马匹简历表、钉掌登记表、来宾登记表和储藏室登记表等。

《队列条令（草案）》共 11 章 249 条，包括概则、单个教练、班教练、排教练、六〇迫击炮教练、连教练、营教练、团队形、军旗、检阅、阅兵、附录等。《队列条令（草案）》的概则指出：队列条令的制定，是用以作为全国军队及军事学校统一训练的标准。条令包括团及其分队的制式动作，及部分基本战斗动作，适用于陆、海、空军的步兵教练，但须与其他有关条令结合实施。教练的目的，在于养成军人高度的组织性、纪律性，正规的军事生活，整齐严肃的军容，英勇战斗的精神，准确的时间概念，准确、迅速、协同一致的行动与锻炼强健的体力，同时训练指战员熟习各种制式的及部分基本的战斗动作，以奠定战斗教练的基础。各级干部，应贯彻“官教兵，兵教官，兵教兵，官教官”，互教互学，教学相长的教学方法。

《纪律条令（草案）》共 7 章 113 条，包括概则、军队纪律的基本内容和范围、奖励、惩戒、奖惩实施及应注意事项、奖励与惩戒的登记、控诉与告发、附录等。《纪律条令（草案）》的概则指出：中国人民解放军纪律条令，是根据《共同纲领》第20条“中华人民共和国建立统一的军队，即人民解放军和人民公安部队，受中央人民政府人民革命军事委员会统率，实行统一的指挥，统一的制度，统一的编制，统一的纪律”的原则制定的。军队纪律，就是一切军人严格遵守人民政府法令及执行首长或上级命令和军队中各种条令的规定。军队纪律的目的，在于培养人民解放军高度的组织性与纪律性，统一意志，统一行动，加强人民解放军的正规化建设，使其成为具有高度政治觉悟和坚强战斗力的人民军队。中国人民解放军的纪律是建立于每一个军人对保卫自己祖国——中华人民共和国和忠诚于人民事业的政治觉悟基础之上，这是与中国旧军队纪律的根本不同之特点。中国人民解放军为保证巩固严格的军事纪律，提高战斗力，必须加强政治教育，厉行“官兵一致，军民一致的原则”，贯彻三大纪律八项注意，保持与发扬我军的优良传统。

共同条令草案的制定和颁布，对于统一和加强军队的日常管理教育，维护和巩固军队纪律，进行队列训练，养成优良的作风，建立良好的内外关系，起了极为重要的促进作用。

但是，在编写制定这些条令草案时，人民解放军的新装备很少，部队还没有按国防军的新编制和新装备进行整编。随着1952年全军进行大规模精简整编，国防部队按照新的编制和装备进行了整编，进入1953年后，人民解放军的武器装备和编制都发生较大的变化，且全军将于1953年下半年开始转入以军事训练为主的正规训练，已颁布的这些条令草案，已不再适应人民解放军发展变化了的新情况的要求。

根据这种情况，中央军委决定对共同条令（草案）进行修改，于1953年上半年完成对内务条令、队列条令、纪律条令的修订工作，作为正规军事训练和正规制度建立的基准。为了加强修改条令的组织领导，军委军训部成立条令局，并以条令局为主，组成编修秘书室，作为领导条令编修工作的行政机关。编修秘书室下设队列条令编修组、内务条令编修组和纪律条令编修组。军训部确定：条令的修改，以改装师的新编制作为依据的基础，同时为照顾部队正在向现代化、正规化方向发展，又强调以苏军条令作蓝本。条令的体系和各种规定，只要目前行得通，就采用苏军的，尤其关于技术、战术的管理使用方面，更是如此。但是，不能完全照搬照抄，必须结合中国的情况和特点，结合人民解放军建军的优良传统、编制和武器的特点，参考各部队、院校和机关对 1951 年 2 月 1 日条令草案在试行中提出的修改建议。

在条令编修过程中，军训部编修人员总结过去编写条令的经验，阅读大量有关材料，采取交换意见和座谈等方式，对部队和院校提出的修改建议，进行认真研究，还采取首先在有关部队搞试验的方法，根据部队的编制和武器装备等情况，边试验边修改，边修改边试验。

1953 年 5 月 1 日，中央军委正式颁布经过修改的中国人民解放军《内务条令（草案）》、《队列条令（草案）》、《纪律条令（草案）》，并特别强调：人民解放军陆、海、空军全体军人，均必须切实遵行条令，各级干部必须以条令作为领导的依据。新条令颁布后，1951 年 2 月 1 日人民革命军事委员会总参谋部颁布的条令（草案），即行废止。

新颁布的《内务条令（草案）》共 15 章，包括总则、军人一般职责及其相互关系、首长职责、主管人员职责、营房的设置与管理、时间分配与日常规则、内务值班、昼夜值班人员的换班、部队出发与行进、昼夜值班人员的职责、在居民地的宿营、装甲坦克车场及汽车牵引车车场的内务、野营勤务、紧急集合、军人保健、马匹的安置与管理、消防以及附录。

新颁布的《队列条令（草案）》共 17 章，包括概则、徒手教练、持枪教练、敬礼和进见首长、卧倒及起立、跃进及匍匐前进，步兵班、步兵排、火箭炮分队、步兵连、机关枪分队、八二迫击炮分队、无坐力炮分队、步兵营、步兵团、汽车装载步兵的运动，检阅、军旗以及附录。

新颁布的《纪律条令（草案）》共16章，包括概则、对破坏军纪的惩治、对陆海空军战士及班级人员的惩戒、陆海空军各级首长对所属战士及班级人员的惩戒、对陆海空军排级以上干部的惩戒、陆海空军各级首长对所属排级以上干部的惩戒权、特殊情况下的惩戒、惩戒实施程序、对陆海空军战士及班级人员的奖励、陆海空军各级首长对所属战士及班级人员的奖励权、对陆海空军排级以上干部的奖励、陆海空军各级首长对所属排级以上干部的奖励权、对陆海空军单位的奖励、陆海空军团以上各级首长对所属单位的奖励权、惩戒与奖励的登记、控诉与告发以及附录。

新修改的共同条令（草案），主要是增加适应国防部队整编后新编制、新装备特点的内容，废除原条令中已过时的内容。与原条令相比，修改后的条令内容更为完善。例如，新的《内务条令（草案）》增加了装甲坦克和牵引车车场的内容；《队列条令（草案）》增加了重机枪、迫击炮、火箭筒、无坐力炮的操作动作内容；《纪律条令（草案）》关于立功授奖的内容更加具体化。

共同条令（草案）的修改和正式颁布，适应了1952年人民解放军精简整编后正规化、现代化建设的新要求，进一步规范了军队的管理和军人的行为，使人民解放军的日常管理、训练、工作和生活秩序的正规统一又向前迈进了一步，同时也为全军即将开展的以军事训练为主的正规训练提供了有力的保证。

二、军衔制、薪金制和兵役制的准备

（一）实行军衔制度的准备

军衔制度是建设正规化、现代化军队的重要措施之一。中国人民解放军诞生以后，长期战斗、成长在战争环境中，没有条件实行军衔制度。

新中国成立后，随着人民解放军的指挥、制度、编制、装备、训练和纪律逐步走向正规与统一，各种条令、条例逐步实行，作为军队现代化、正规化建设必不可少的军衔制度，也随之被提到国家和军队的议事日程。抗美援朝战争开始以后，志愿军在朝鲜战场上有时几个不同建制的部队行军作战不期而遇，道路拥挤、交通堵塞，或出现一些其他突然情况，因没有军阶标志，统一指挥处理很不方便。抗美援朝战争的实践表明，现代化的正规作战需要正规的军衔制度。

1950年12月30日，军委总干部管理部在给毛泽东和刘少奇、朱德、周恩来的工作总结报告中，提出把“研究军衔的准备工作”列为1951年的工作任务。经中央军委同意，从1951年起，军委总干部管理部即着手研究准备人民解放军实行军衔制度的问题。

1953年1月9日，中央军委颁发《关于实施军衔制度准备工作指示》，指出：“如果有可能的话，拟于今年七月份全军实行军衔制度与薪金制度。”指示要求全军各有关部门于3月中旬以前完成实施军衔的准备工作，4月份全军动员与评定军衔，6月底以前完成军衔的审查批准与授予手续。

为贯彻中央军委这一指示，军委总干部部于1月20日向全军发出《军衔鉴定工作指示》，对军衔鉴定的内容和军衔鉴定工作的领导与方法提出了要求。《指示》要求军衔鉴定工作应以党委领导，首长亲自动手，业务部门密切配合，并采取适当的民主方法进行；各级党委对军衔鉴定工作应作研究和布置，在认真考核的基础上准确地鉴定干部；各级领导干部对下级作鉴定时，要有严肃认真负责的态度，正确地掌握批评武器，本着实事求是的精神，对干部作全面本质的了解，明确地肯定其优点，指出其缺点，反对自由主义思想及对干部的姑息态度，反对主观片面的单从个人好恶印象出发，而夸大或缩小干部优缺点的任何一面；各级党委对同级干部所写之鉴定应作审查修正，以求符合鉴定的基本要求；于3月底以前完成全军干部的鉴定工作。

为了加强对军衔实施工作的领导，中央军委于2月17日决定：鉴于1953年军衔准备与评定工作的繁重，为统一研究与检查军衔准备工作及将来对全军军衔等级之评定，决定在军委领导下成立军衔实施委员会，以聂荣臻、黄克诚、张宗逊、萧华、萧劲光、刘亚楼、杨立三、赖传珠、徐立清、苏静、孔石泉等11人组成，以聂荣臻为主任，黄克诚、萧华为副主任。3月7日，在军衔实施委员会之下又成立军衔审查研究组，负责实施军衔制度的具体工作。

2月22日，总政治部和总干部部联合颁发《关于实施军衔制度准备工作的几个具体问题的规定》。《规定》要求对军士以下人员的军衔评定工作，由各级首长与干部部门统一布置，其军衔鉴定与等级的审查工作，主要由军务部门负责，干部部门予以协助，军衔等级经批准后即由军务部门负责掌管。

实行全军统一的正规军衔制度，在人民解放军的历史上是第一次，准备工作非常复杂而政策性强，人民解放军尚缺少这方面的工作经验。为使这项工作做得稳妥、慎重，3月9日，中央军委下达《关于评定军衔的步骤与范围问题的通知》，对原定实施军衔工作的计划步骤作出调整。

中央军委在通知中决定，普遍评定军衔的工作拟分为三期进行：第一期为1953年8月底以前，主要对现在军队编制序列内任职与学习的有军籍人员评定其现役军人之军衔（其中尚有部分人员因现役与预备役难以确定者，留待第二期处理）。第二期为1953年9月～1954年2月，对下列有军籍之人员评定军衔，评定后并分别情况处理：（1）军队之休养人员第一期作评定其军衔的准备，第二期进行军衔评定，评定后仍回部队工作者为现役，不能回部队工作者按预备役或退役处理。（2）转业建设之部队，待转业之干部训练班与文化学校，隶属军事机关领导之企业性工厂、农场、工程建设单位、子弟小学等，其中有军籍之人员，符合预备役条件者，评定其预备役军衔。（3）现为党政军共管共用之单位，如民航局、气象局、马政局、机要局及其下属机构，与属于此类性质之医院、疗养所等其中有军籍之人员，符合预备役条件者，评定其预备役军衔，如某些单位划归建制者即为现役。（4）县以下人民武装部评定现役军衔。（5）部队妇女干部，其军衔评定问题尚需研究，可待第二期处理；各级地方党政干部兼任地方武装、公安部队，人民武装之职务者，其军衔评定问题尚需研究，可待第二期处理。第三期为1954年3月以后进行，对已转业之干部符合预备役军官条件者，评定其预备役军衔。

4月，中央军委又发出《关于军士以下人员（含准尉）军衔评定工作指示》，对军士和士兵的军衔评定工作作了部署。

根据中央军委的上述通知和指示，全军对实行军衔工作进行全面准备，重点是对各级各类干部进行全面考察，并根据各类干部不同的工作性质作出符合干部本人实际情况的鉴定。

与此同时，总干部部与总参谋部、总政治部共同确定了部队各级的编制军衔，对《军衔条例》进行了修改和确定，并拟定出“实施规程”和“军官服役条例”等草案，督促各级干部部门有组织地审查干部履历书、自传、评级报告表。总参军务部主持研究与制定出各兵种的肩章、标章、识别符号的图样、式样，规定无军籍之雇员职务，对军士、士兵的军衔问题进行研究确定。总后勤部主持研究与制定出职务薪金与军衔薪金标准，以及实行军衔制度后的各种待遇问题，并根据规定制作军衔肩章、符号及军装式样。总政治部对实行军衔制度准备了动员教育工作指示和宣传材料。

经过反复研究和多次修改，《中华人民共和国人民解放军军衔条例（草案）》于1953年8月形成。《条例》共8章44条，分总则、军衔等级与种类、授予军衔的条件、编制军衔、军衔晋级、军衔授予权限、军衔之降贬、剥夺与恢复及附则等。总则强调，实行军衔制是为了适应中国人民解放军正规化、现代化建设的需要，确定军人在军队中的地位，以发挥各级干部在军队中的主导作用，巩固与提高其权威，加强军队组织性、纪律性；为了鼓励各级干部努力深造自己，促进部队军事、政治水平的普遍提高，而增强部队的战斗力。

军衔条例草案将军衔等级区分为6等21级，即：

元帅军衔——中华人民共和国大元帅、中华人民共和国元帅、兵种元帅。

将官军衔——大将、上将、中将、少将。

校官军衔——大校、上校、中校、少校。

尉官军衔——大尉、上尉、中尉、少尉。

军士军衔——准尉、上士、中士、下士。

兵士军衔——上等兵、列兵。

军衔条例草案还对元帅的军衔以及各兵种部队军官、海军部队指挥人员与政治工作人员、空军部队指挥人员与政治工作人员、防空部队指挥人员与政治工作人员、各兵种军事经理勤务人员、各兵种军事技术勤务人员、各兵种军医勤务人员、各兵种兽医勤务人员、各兵种军法勤务人员、各兵种行政勤务人员以及各兵种部队军士、兵士的军衔进行了区分，对授予军衔的条件做出了明确规定，对编制军衔提出了基本标准，规定了军官晋级年限、军衔授予权限以及军衔的降贬与恢复。

后来，中央军委决定军衔制度应待军队组织编制确定、兵役法颁布后再予实行。全军军衔制的实行时间延期到 1955 年。在此期间，《军衔条例》又进行了多次修改。这次全军进行的军衔准备工作，为后来实行军衔制奠定了基础。

（二）实行薪金制度的准备

人民解放军在战争年代，没有固定的经济来源，只能供给干部和士兵每个人衣食的最低需要。新中国成立以后，军队的官兵仍然全部是供给制。而在地方，只有在新中国成立以前参加工作的党政干部是供给制。政府部门中的留用人员和各种行业中的职工都是薪金制。这种情况是由国民经济状况决定的。周恩来总理在 1949 年 12 月全国农业、钢铁、航务会议上指出："现在还不能把供给制改为薪金制，原来是薪金制的也不能改为供给制。两者比较，收入是不平等的，但我们不能不要求实行供给制的同志多忍耐些，政府知道他们的家庭困难，也正在设法解决一些必须解决的困难。”①

供给制与薪金制并存的状况，不仅在地方党政系统中造成许多不合理现象，而且对军队的干部也产生很大的影响。由于全军供给制标准内的个人生活部分和机关的公杂费一直较低，各机关、部队只能采取从部队生产中补助生活开支的方法。这一方法解决了机关、部队的不少困难，但这种方法造成部队中一定的贪污、浪费、违法乱纪的行为。全国开展“三反”运动以后，全军对生产中开支的补助经费进行了冻结，部队生活受到了影响。1952 年 3 月 11 日，中央人民政府政务院发布《关于全国供给制工作人员统一增加津贴的通知》，指出：“中央人民政府成立两年多来，由于国家财政困难，以致军队全部及政府，学校，党派，人民团体大部的工作人员始终维持着供给制度，供给标准内的个人生活部分和机关的杂支部分，亦始终保持着较低水平，因而许多应该解决的问题，迄今未得到合理解决。”为了有步骤地解决这一问题，中央人民政府决定，除将机关杂支标准酌予提高外，特对全国供给制工作人员统一增加津贴。中国人民解放军“供给制人员，从人民革命军事委员会主席至战士，暂分十一等二十三级，每人每月津贴三百万②至四万一千元”。

根据中央人民政府的通知精神，全军开始试行新的津贴标准。以后，全军干部的津贴又进行过多次调整。这些措施的实施逐步改善了军队干部的生活状况，但要从根本上解决这一问题，必须实行薪金制度。在 1953 年 1 月 2 日中央军委第十次军委例会上，彭德怀就实行薪金制问题提出三条原则：（1）陆军排长的月薪不少于 60 万元，不超过 80 万元（地方上一个普通汽车司机的工资是 60 万元，城市每人每月的生活费一般是 12 万元）；（2）各级之间不要相差太多；（3）要照顾国家的财政能力和人民生活水平。

---

① 《周恩来选集》下卷，6 页，北京，人民出版社，1984。

② 指旧币，1 万元约合新币 1 元。

为了加强对实行薪金制度的领导，1953 年 3 月 23 日，中央军委发布命令，成立薪金委员会，黄克诚为主任，以总后勤部财务部为办公机关。与此同时，总参谋部开始着手研究和制定薪金制条例，到 1955 年正式实行。

（三）兵役制度的制定

人民解放军自诞生以来，一直都实行志愿兵役制，这是客观历史环境所决定的。中国共产党在尚未建立统一的国家政权之前，为进行革命战争的需要，动员各个根据地的人民群众参军参战，这是革命战争时期必须采取的唯一兵役方式。采取这种兵役方式，保证了人民解放军的不断发展壮大，保证了革命战争的胜利。

新中国成立后，维护国家主权和保卫国家领土完整、保卫国家安全是中华人民共和国全体公民的共同责任，继续实行志愿兵役制，既不能为国家积蓄经过训练的强大的后备力量，也不能体现保卫国防是全体公民的责任。因此，实行义务兵役制，已成为新中国兵役制度的必然选择。《中国人民政治协商会议共同纲领》规定："中华人民共和国国民均有保卫祖国、遵守法律、遵守劳动纪律、爱护公共财产、应征公役兵役和缴纳赋税的义务。""中华人民共和国实行民兵制度，保卫地方秩序，建立国家动员基础，并准备在适当时机实行义务兵制。"①

聂荣臻在 1950 年 5 月全军参谋会议上指出："实施国民兵役制在目前是很迫切的问题。我想，在三年内全国土改大体完成，老区、新区同样的加紧民兵工作，使之过渡到征兵制，解决国家兵源问题。同时，应着手进行义务兵役制的宣传教育。"他指出，在军委机构内建立人民武装部，统一领导全国民兵工作和兵役工作。"在人民武装部成立以后，即应着手研究征兵制度怎样实行，如何区分现役、预备役、后备役，各役的训练及组成，这不仅是一个庞

① 中共中央文献研究室：《建国以来重要文献选编》第 1 册，3～6 页，北京，中央文献出版社，1992。

大的机构，而且是一部很大的、很有学问的兵役学，我们应该很好研究，取得经验，并把它贯彻到人民中间去”①。

到 1952 年下半年，国民党在大陆的残余武装已基本上被消灭，新解放区的土地改革大部分已完成，全国各地的民兵组织已经建立和进行了初步整理，新老解放区的民兵工作都有了迅速的发展，民兵的政治觉悟和军事基本常识都有很大提高，国家实行义务兵役制的条件基本成熟。在这种情况下，8 月 4 日，聂荣臻向毛泽东和中共中央提交《关于由民兵制过渡到义务兵役制方案的报告》。《报告》根据在全国实行义务兵役制的条件基本成熟的情况，建议从 1953 年开始，陆续在全国有计划地实行义务兵役制，并提出：“全国各地实施土改前后不一，群众觉悟程度和其他各种工作的开展情况亦不一致，且我们对实行义务兵役制这一中国历史上的创举，全无经验，为吸取经验，进而推广，拟于一九五三年先在华东、山东、东北等老区试行，征召若干万人，补充部队缺额。并在一九五三年内完成全国民兵普遍登记工作。自一九五四年至一九五六年三年中，按常备陆军战士员额（约二百万人）每年征召与复员三分之一，可以在一九五七年全部实现义务兵役制度。”“国家之兵役法，本应由中央人民政府颁布。但在目前我国情况下，民兵组织法（即民兵制兵役法）拟不经政府委员会，而用军委与政务院命令颁行，作为内部下达，不在报纸上公布为好。义务兵役法正在研究中，将来由中央人民政府公布。”② 这个报告随即得到批准。

1952 年 10 月，以军委人民武装部为主，总政治部、总干部部、总后勤部及海军、空军、装甲兵、公安司令部、军务部、军训部、军事出版局、外文秘书处等部门，均派一名处级干部参加，在军委人民武装部成立兵役法研究室，开始义务兵役法草案的起草和拟制工作。为了吸收基层的意见，又先后调来各大军区的人民武装处处

① 《聂荣臻军事文选》，330 ~ 331 页，北京，解放军出版社，1992。

② 《聂荣臻军事文选》，372 ~ 373 页，北京，解放军出版社，1992。

长参加这项工作。11月，中央军委又成立以聂荣臻为主任，粟裕、黄克诚等12人为委员的军委兵役法研究委员会，负责领导《中华人民共和国兵役法》的拟制工作。同月25日，总参谋部例会决定由军委人民武装部部长傅秋涛、军委军训部部长萧克、总政副主任萧华、军委作战部部长张震和军委办公厅主任萧向荣等，组成兵役法编审委员会，负责审查义务兵役法草案。

12月12日，中共中央下达《关于实行普遍民兵制度准备实行义务兵役制宣传教育工作的指示》，号召在全国开展准备实行义务兵役制的宣传教育。据此，在全国范围内立即掀起了开展准备实行义务兵役制的宣传教育活动。宣传教育的主要内容为：建设强大的、现代化的国防军，必须有正规的兵役制度，以便保证常备军的源源补充和必要时期的大量征召。在实行民兵制度的基础上，逐步过渡到实行义务兵役制。义务兵役制，就是由国家颁布兵役法，规定服役的年龄和年限，规定服役和退役的办法。凡在法定年龄的青壮年，都有应征入伍当兵的义务，都要进行登记；够条件的依法作为预备役，经过一定时间的训练，听候应征入伍；身有残疾和精神病及其他条件不能服兵役者，依法免除其服兵役的义务；凡入伍者，即按入伍之日算起，服役期满即复员回乡就业；凡复员回乡者，均依法作为后备役，听候国家必要时期的应召；超过法定年龄时，依法免除其兵役义务，不再应征。

通过开展准备实行义务兵役制的宣传教育活动，广大人民群众真正懂得：义务兵役制是合理的先进的兵役制度，既适合国防建设的需要，又适合人民群众的要求。因为我们的国家是人民自己的国家，保卫祖国就是保卫人民自己的利益，所以依法服兵役是每个适龄青年的光荣义务。实行义务兵役制，每个公民都有保家卫国杀敌立功的机会，既公道，又合理。同时，我国可以积蓄雄厚的经过训练的后备力量，一旦国家有事，就有足够的力量和把握打败敢于侵犯的任何侵略者。这次宣传教育活动也是新中国成立以来首次进行的普遍国防教育活动，为实行义务兵役制打下了群众基础，做好了必要的准备。

经军委兵役法委员会多次讨论和研究，1953 年 10 月，《中华人民共和国义务兵役法草案》拟制完成。同时，兵役法研究室又草拟出与兵役法有关的 6 个条例，即：《兵役义务者体格检查标准》、《兵役登记、统计条例》、《兵役组织机构编制方案》、《中华人民共和国军人优待条例》、《中华人民共和国革命军人牺牲病故残废优待抚恤条例》和《中华人民共和国惩治违反义务兵役法条例》。1955 年 7 月，第一届全国人民代表大会第二次全体会议讨论并通过《中华人民共和国兵役法》，正式在全国实行义务兵役制。

在着手制定军衔制度、薪金制度和兵役制度的同时，以总政治部和总后勤部为主还分别着手制定了有关勋章奖章条例。

第七节　普遍民兵制的实行和民兵工作有关制度的建立

一、从自愿民兵制向普遍民兵制的转变

民兵是进行人民战争的坚实基础，也是人民解放军的强大后备军。在长期的革命战争中，民兵参加了对敌斗争，直接参军参战、支援前线、保卫解放区政权等，为中国人民的解放事业作出了重要贡献。

革命战争时期，民兵建设只能根据政治社会环境，实行自愿民兵制。新中国成立后，自愿民兵制已不再适应形势变化的要求，需要在全国适龄青年中实行普遍的民兵制。中国人民政治协商会议第一届全体会议通过的《共同纲领》中，以法律的形式，将民兵制度确定为中华人民共和国的军事制度之一。

新中国成立之后，各地民兵继承和发扬民兵工作的优良传统，广大民兵在配合人民解放军追歼残敌，解放沿海岛屿，剿匪肃特，维护地方治安等方面，发挥了重大作用，为解放全国大陆和巩固新中国政权作出了积极的贡献。但是，随着战争的基本结束，作战任务逐步减少，全国各地逐步转入恢复生产建设工作，一部分人民武

装干部和民兵滋生和平麻痹思想，不安心民兵工作；一些地方党委和政府曾一度放松民兵工作。这一时期，各地人民武装组织的领导机构和编制不统一，隶属关系也不明确，有的地区设人民武装部，有的地区设军事部，也有的设人民武装委员会。这些机构，有的属军队建制，归军区领导，有的则属地方建制，由地方政府领导；参加民兵的最高年龄各地规定也不统一，从25岁、30岁、35岁到40岁不等；新老解放区的民兵工作发展极不平衡，老解放区的民兵工作基础较好，如华北地区的民兵人数约占农村人口的3.6%，而新解放区的民兵数量都比较少，仅占农村人口的0.8%。

为了统一全国民兵工作的领导，加强民兵工作建设，1950年5月，全军参谋会议决定："军委成立人民武装部，统一领导民兵，研究兵役制，准备将来掌管兵役。"6月21日，中央军委决定成立军委人民武装部，隶属总参谋部建制。张经武任部长，傅秋涛任副部长。军委人民武装部下设办公室、组织动员处、调查统计处、教育训练处和复员管理处。10月6～20日，军委人民武装部在北京召开全国人民武装干部会议。各大军区人民武装部门负责人和部分县、区的人民武装干部32人参加会议。张经武主持会议，并作人民武装工作的报告。朱德和总政治部主任罗荣桓到会讲话。

朱德在讲话中指出："我们对外要随时警惕并准备反抗帝国主义的侵略，对内要肃清土匪、特务、奸细和封建社会遗留下来的一切敌人，这是一个十分重大的任务。这样重大的任务，单是靠人民解放军和公安部队来担负是不够的，必须把广大人民发动和组织起来，才能完成这个任务。因此，广泛地组织人民武装这一工作，就有着特殊重大的意义。""人民武装部最主要的工作，是把广大的青壮年在不脱离生产的条件下组织起来，给他们以必要的军事、政治训练，并由此逐渐过渡到实行义务兵役制。这是一件长期、繁重而又细密的工作。这件工作做好了，不但使我们人民解放军的兵员能够得到源源不断的补充，顺利地解决我们建军的兵源问题；而且在确实保持人民解放军的优良素质上也有了可靠的基础。因此，人民武装工作对于建设强大的国防军就有着直接而重大的作用。”“不仅这样，我们把广大青壮年组织到人民武装中来，经过一定时期的训练教育以后，还可以协助人民解放军和公安部队进行剿匪肃特、反奸防盗的工作，以维持社会秩序，巩固农村治安。在新解放区和工作基础薄弱的地区，土匪活动仍很猖獗，组织人民武装进行防匪、清匪就显得特别重要。”①

会议认为，广大人民武装干部和民兵在毛泽东的人民战争思想指引下，在革命战争年代做出了重大贡献，在社会主义革命和建设时期，要更好地发挥作用。要进一步地加强对人民武装的思想领导和组织领导。在老解放区，要很好地整顿健全各级民兵组织。在新解放区，要进行广泛的政治动员工作，并且要很好地吸收复员军人和荣誉军人参加民兵的教育训练工作。会议分析了民兵建设中亟待解决的问题，确定了全国人民武装工作的基本方针和任务，决定自上而下地建立人民武装部的领导机构，拟制了《民兵组织条例》，确定了各级人民武装工作人员的供给办法和民兵经费开支规定。

会后，军委人民武装部根据全国各地人民武装工作的一般情况，起草了《加强人民武装建设的指示》、《各级人民武装部之编制》、《县区人民武装部供给及民兵事业费开支办法》和《中华人民共和国人民武装组织条例》等文件。

在军委人民武装部的领导下，广大民兵积极协助人民解放军和公安部队剿匪肃特、反奸防盗、维持社会秩序，踊跃参加志愿军，随军赴朝支前，以各种形式积极支援抗美援朝战争。同时，人民武装队伍也迅速发展，到1950年底，全国人民武装已达1379万余人，其中民兵590万余人，自卫队789万余人。但民兵工作在新解放区和老解放区的发展不平衡，老解放区的民兵工作较有基础，民兵工作开展较为普遍，民兵组织比较健全，民兵队伍比较纯洁巩固。而新解放区民兵工作基础较弱，民兵组织不健全，参加民兵组织的人

① 《朱德军事文选》，768～769页，北京，解放军出版社，1997。

数较少，队伍也不够纯洁。

1951 年 1 月 11 日，军委人民武装部在给中央军委的《人民武装部一九五〇年工作简报》中，提出 1951 年的主要工作：（1）建立和健全各级武装部的组织机构和建立各种工作制度；（2）贯彻人民武装组织条例与巩固现有民兵基础，结合各种群众运动，有计划、有步骤地普遍发展人民武装组织，打下国防动员基础；（3）分级负责轮训干部，在不违农时，不误生产的原则下，普训民兵，提高质量，担负保卫地方治安工作的任务等。

3 月 24 日，中共中央、中央军委下达《关于各级人民武装部的组织和编制问题的决定》，明确规定：从中央军委到县属区一级政权，均设立人民武装部，隶属于军事系统领导，主要负责民兵工作；没有地方部队的军分区不设人民武装部，民兵工作由军分区直接负责组织领导。为加强民兵思想政治工作和地方党组织对民兵工作的领导，《决定》还规定，民兵的政治工作，由各级军区政治部负责，县、区人民武装部和军分区设立政治工作机构或配备政治工作人员；县委书记兼任县人民武装部政治委员，区委书记兼任区人民武装部政治教导员，区共青团书记兼任区人民武装部副教导员；县、区人民武装部部长应参加地方同级党的委员会，为军事委员。

5 月 16 日，中共中央、中央军委作出《关于加强民兵建设的指示》，对实行普遍民兵制、民兵的任务、民兵组织的纯洁与巩固、民兵的训练工作、民兵机构的设置等均作出了明确的指示。《指示》指出：“目前民兵的组织不够普遍，工作不够深入，制度尚不统一，过去自愿参加民兵的组织原则，现在作适当的改变，即逐步地适当地改变为普遍的民兵制度。现在全国大陆业已统一，群众运动广泛开展，特别是经过土地改革之后和在土地改革斗争过程中，人民觉悟程度日益提高的情况下，已开始具备普遍实行民兵制度，来加强建立国家动员基础的客观条件。因此，可以逐步地将农村适龄的青壮年比较普遍地组织起来。凡年满十八岁至三十岁之男性公民，均有义务参加民兵，接受军事训练、政治训练、三大纪律、八项注意，作为国防军的有力的后备组织，并于必要时担负战争勤务以及国防建设中必要的义务劳动。”可组织民兵基干队，经过必要的审查和民兵队员大会通过，保持队伍的纯洁，并经必要的军事训练，配备必要的武器，作为民兵执行任务的骨干力量。在新解放区发展民兵组织必须与剿匪、反霸、土改等各种群众运动结合起来进行。

《指示》对民兵的主要任务明确规定：“担负国家动员任务、参军参战、战争勤务、维持与巩固后方治安，并积极参加地方生产建设事业。因此，民兵无论平时战时，均应有严密的组织与训练。对于维护社会革命秩序、保护群众的生命财产，要当做民兵经常的重要任务。民兵必须积极配合部队剿灭武装股匪和散匪，协助公安部门肃清土匪特务、维持地方治安、保护交通运输之安全。”

《指示》要求“不论新区与老区，都需整理与巩固现有民兵组织，慎重进行审查，保证民兵组织的纯洁。民兵的领导成分，必须是共产党员青年团员或工农群众中可靠的积极分子，武器必须掌握在可靠的劳动人民手中”。

《指示》对民兵训练工作明确规定：“本着不违农时不误生产的原则，对民兵去进行较正规的军事训练。为了照顾农村分散情况及节约国家财力，训练民兵不宜过分集中，基本上应采用分散训练的办法。各级军区及人民武装部可抽调干部，有步骤有重点地在县区设立训练站，以村为单位巡回进行军事训练，使民兵首先学会步枪、手榴弹、机枪的使用与保管，及单个战斗动作，侦察警戒，防空常识等训练。”“各军区政治部与县区党团领导机关负责领导民兵的政治工作，有计划地领导青年团、农会等群众团体，在民兵中进行政治文化教育，宣传时事政策，以提高民兵的爱国主义与国际主义精神。”

为了加强县、区、村各级党组织对民兵的政治领导，及与同级有关部门的密切配合，《指示》中规定，除县委书记兼人民武装部政委，区委书记兼区人民武装部教导员，区青年团委书记兼副教导员外，县公安局长兼任县武装部副部长，区公安助理员兼任区武装部副部长，村支书兼任村民兵队指导员，村青年团支书兼任村民兵队副指导员，村治安员兼任村民兵队副队长，使军事系统领导的民兵建设，在各级党委、支部的领导下，紧密地结合地方中心工作，在各群众团体协助下正常地开展起来。

至1952年底，各级人民武装部陆续建立起来，其中县武装部2081个，区武装部17265个，配有县、区人民武装干部6.3万余人。全国有23万余个乡建立起民兵队伍，民兵人数达2500万余人，步枪和马枪190万余支、轻机枪2600余挺。老解放区许多省民兵的组织与发展已接近或达到了普遍的要求，[①] 河北、山西等省的民兵，已发展到占全省人口的9.4%。新解放区的民兵工作也有很大发展，发展较慢的新解放区的省，民兵已占总人口的1.9%。

军队整编后，有大批现役军人回乡转业参加民兵队伍，在抗美援朝运动中有一批为补充部队而动员又因军队精简整编而停止入伍的新战士加入民兵队伍，使民兵队伍质量有了明显提高。根据这一情况，1952年12月4日，中共中央、中央军委发出《关于建立民兵基干团的指示》，决定“在实行普遍民兵制度的原则下，要着重建立民兵基干团，加强训练，作为实施征召的准备”。规定：“凡年在十八岁至二十五岁、政治纯洁、身体强壮、家庭劳动力充裕的民兵，均应经过深入的宣传教育，动员其参加基干团组织。超过二十五岁之战斗英雄、民兵模范及身体强壮的回乡转业军人在自愿原则下亦可编入基干团组织，使之成为基干团的骨干力量。”“基干团的组织，以县、区人民武装部兼团、营部，乡（行政村）则根据地理环境及自然村若干队员多少，在原有民兵若干队之基础上编成班、排、连组织。民兵基干团之队员除在集中执行任务及集中训练时由团营指挥外，平时教育训练仍属乡（村）队部建制不脱离原有民兵

① 根据中央军委人民武装部1952年下半年对老解放区中7个县、11个区、246个乡、490个自然村的抽样调查，在总人口中18～35岁的男性青壮年约占14%左右，除有5%左右的青壮年因参军、参政、在外就业、政治条件不纯等情况外，占总人口9%左右的青壮年均可参加民兵组织。

的组织。”《指示》还根据不同情况对基干团的编制作了规定：甲等县为3000人，乙等县为2000～3000人，丙等县为1000～2000人，丁等县为500～1000人。

同日，中共中央还作出《关于建立各级人民武装委员会的决定》。《决定》指出：为了加强各级地方党委和人民政府对民兵工作的领导，以及地方各有关部门对民兵工作的支持，各中央局、中央分局、省委、地委、县委、区委及基层支部，均须吸收有关部门的主要领导人参加，组成各级人民武装委员会，并由同级党委书记兼任人民武装委员会的主任。各级人民武装部，为同级人民武装委员会的办事机关。人民武装委员会的主要任务是：根据中共中央和中央军委确定的有关民兵工作的方针、政策和任务，结合当地情况，研究拟制具体计划，并组织与推动各方面的力量贯彻实施。

到1953年，老解放区的县建立了民兵基干团，新解放区重点建立了基干班、排或连、营。全国基本实现普遍民兵制，为全面实行义务兵役制奠定了良好的基础。

二、《中华人民共和国民兵组织暂行条例》的颁布

随着普遍民兵制在全国实行，各地民兵领导机构普遍要求应有一个统一的民兵工作章程以便遵循。军委人民武装部于1952年上半年拟制出《普遍民兵组织条例》。1952年6月9日，军委人民武装部部长傅秋涛在向中央军委呈交的《人民武装工作报告》中，反映了各地的要求。《报告》指出：“各地要求发表民兵组织条例甚急，为了适应民兵普遍发展的要求，最好能早日定案颁发。”为进一步组训民兵准备实行义务兵役制，以适应国防建设的需要，12月11日中央人民政府人民革命军事委员会、中央人民政府政务院联合颁发《中华人民共和国民兵组织暂行条例》。

《条例》对民兵的性质、任务、组织编制、领导关系以及民兵工作的各项制度和纪律等做了具体的规定。

《条例》规定民兵的性质：“民兵是不脱离生产的、人民群众的武装组织。凡年满十八岁至四十岁之男性公民，身无残疾或精神病

者，均有参加民兵之权利和义务。”

民兵的任务：“（1）保卫祖国，担负国家的兵役与战勤动员任务，并积极学习军事、政治、文化，加强体质锻炼；（2）协助人民解放军和人民公安部队，保卫地方秩序，镇压反革命活动，保卫工矿、仓库、交通与海防、边防，巩固人民民主专政；（3）团结互助，积极参加和推动生产合作事业，及救灾、治水、造林等工作。”

民兵的组织编制：凡乡（行政村）均须建立民兵队部，为乡（行政村）的人民武装领导机构，设不脱产的队长、指导员各 1 人，副队长、副指导员若干人。下设中队、分队、小队。凡 8 ~ 15 人编一小队，2 ~ 5 个小队编一分队，2 ~ 5 个分队编一中队，乡队部以下各级民兵干部均由民兵队员民主选举，中队以下干部经区人民武装部批准，乡（行政村）队干部由县人民武装部批准委任之。

民兵工作制度：建立入队出队制度；建立乡队以下定期民兵队员大会制度和县民兵代表会制度；建立脱产和不脱产两种民兵训练制度；建立人员、武器、弹药登记、统计制度和武器、弹药的保管制度；建立民兵检阅制度等。

民兵的指挥关系：“各级人民武装机关及其所属之民兵，除受其上级领导外，应接受同级政府之领导。民兵在协助人民解放军和公安部队作战、剿匪或执行其他任务时，应接受该部队的指挥。”

此外，《条例》对各级人民武装委员会和民兵基干团的建立作了规定，对民兵的表扬、奖励和处分也作了规定。

《民兵组织暂行条例》是新中国成立之后根据《共同纲领》制定的全国实行民兵制度的具体法规，是国家正式颁发的第一个民兵工作章程。这一条例的贯彻实施，使全国民兵工作有了统一章程，规范了全国民兵工作，实现了民兵组织建设和各种制度的统一，同时为全国实行义务兵役制做好了充分的准备工作。据 1953 年统计，全国有 23 万个乡建立了民兵队部，民兵干部达 180 万人，民兵建设出现规范统一、普及合理的新局面。

为了进一步贯彻《民兵组织暂行条例》，总参谋部、总政治部于1953年初颁发《人民武装工作大纲》，就加强民兵工作的组织领导、建立工作制度等提出具体要求。

《大纲》提出人民武装工作的当前任务：（1）贯彻落实《民兵组织暂行条例》，在实行普遍民兵制的原则下，着重建立基干团；（2）巩固人民民主专政，保卫生产建设；（3）做好兵役动员工作；（4）加强回乡转业军人管理教育。

《大纲》对人民武装的组织领导关系作出规定：人民武装委员会是加强党、政、军对人民武装建设的统一领导和取得群众团体有力协助的最好组织形式，必须以此机构来贯彻执行各个时期的人民武装工作。各级人民武装部门要积极主动及时地向人民武装委员会请示报告工作，确实成为人民武装委员会的办事机构。各级人民武装委员会要建立定期的会议汇报制度，密切各部门的联系，经常掌握人民武装工作情况，遵照上级指示制订计划，组织力量贯彻执行。

《大纲》对人民武装建设的方针作出规定：民兵是不脱离生产的人民群众的武装组织，是国防军强大的后备队，又是农村中生产建设的主力军。因此，结合中心工作进行人民武装建设是民兵工作的长期方针。人民武装干部必须积极参加中心工作，在结合中心工作过程中完成人民武装工作建设。

《大纲》还对建立武装工作制度，县、区人民武装部对民兵的政治工作，提高武装干部质量等方面制定了具体的措施和规定，提出了具体的要求，从而有力地推动了民兵建设。

三、开展军政训练

对民兵的教育训练主要是利用农闲时间进行。中共中央、中央军委1951年5月16日《关于加强民兵建设的指示》下达后，1951年冬季农闲时间，各地区即对民兵进行了政治教育和简单的军事训练。针对民兵干部和民兵中较普遍存在的和平思想与不安心工作现象，军委人民武装部确定民兵训练“以政治教育为主”，并采取不脱离生产的训练方法，在县区设立训练站或组织轮回训练组，以行政村为单位进行训练。11 月 5 日，总政治部颁发《关于民兵政治工作的指示》，指出："必须在民兵中建立坚强的政治工作，才能从政治上保证民兵建设的顺利进行。各级军区政治部应把民兵建设工作作为自己的重要业务之一，克服一切轻视民兵工作的思想，以便首先从领导上把民兵建设工作重视起来。"指示强调对民兵进行"以抗美援朝、保家卫国、土地改革、镇压反革命为中心内容的阶级教育、爱国主义教育和人民武装任务教育"。

据此，各军区宣传部根据民兵教育内容，编印民兵政治教材，作为县、区人民武装部对民兵进行教育的依据。教育训练分为干部教育训练和民兵教育训练两种情况。

县、区干部教育训练由省军区和军分区负责组织实施。训练的内容包括政治、业务、文化工作。从 1951 年冬至 1952 年冬，西北、西南、华北、东北四大行政区共训练人民武装干部 19884 人，占当时四大行政区人民武装干部的 31.5%，训练时间为 2～3 个月。经过教育训练的干部普遍反映收获很大，思想上比以前安心，业务上比以前熟悉，不识字干部的文化程度得到提高，能写简单的信件和一般的工作报告。各军分区和县人民武装部也对乡村民兵干部进行了教育训练，采取短期轮训的方法，一般每期轮训 10～15 天。训练的主要内容包括群众工作方法、群众纪律、如何动员民兵执行当地党政部门布置的中心任务。上述四大行政区共训练乡村民兵干部 59.3 万余人。

民兵的教育训练以阶级教育和爱国主义教育为主要内容，并结合地方政府布置的文化扫盲运动，进行文化学习和简单的军事训练。参加教育训练的民兵，华北地区为 369 万余人，东北地区为 136 万余人，华东地区为 447 万余人，西北、西南、中南地区参加训练的民兵占各区民兵总数的 50%～80%。训练时间平均 90 小时左右。训练的方法，主要是结合生产，组织"训练站"，以一村或几村为单位就地轮训。在训练前或训练中，许多地区以县、区为单位召开了民兵代表会议，建立了教育准备会以及检阅、测验制度。

经过训练的民兵，思想政治觉悟有了明显提高，对抗美援朝、土地改革、镇压反革命三大运动和农业生产，均热情很高。1952 年国庆节期间，有 540 名民兵奉命参加国庆受阅，在集中进行 34 天训练之后圆满完成受阅任务，对实行普遍民兵制度和民兵的组训工作，起了重要的推动作用。

为了从政治上和组织纪律上，对民兵提出严格的要求，总政治部于 1953 年 3 月 28 日和 7 月 22 日，先后颁发《民兵入队誓词》和《民兵守则》。

《民兵入队誓词》的内容是："为了保卫祖国，保卫世界和平与保卫我们的幸福生活，我光荣地参加了民兵。我郑重宣誓：认真学习军事、政治、文化，提高自己的本领，忠诚地执行民兵的任务，并随时响应祖国召唤，遵守民兵纪律，执行政府法令，为做一个优秀的民兵而奋斗。"

《民兵守则》内容是："（一）遵守政府法令；（二）服从领导，听从指挥；（三）团结互助，积极生产；（四）提高政治警惕，爱护武器；（五）作风正派，尊重妇女；（六）不打人，不骂人，不仗势欺人；（七）不做坏事，不包庇坏人；（八）不骄傲，不自满，虚心接受批评。"

通过学习誓词与守则，各地普遍对民兵进行了"怎样当一个好民兵"的教育。为了使民兵的政治教育取得更好的效果，各地除充分利用农闲季节和重大节日等时机对民兵进行教育外，还积极推广山西省黎城县的经验，举办"俱乐部"、"文化室"、"政治夜校"等多种形式的活动园地，把政治教育同生动活泼的文化体育活动紧密结合起来。这种形式多样的政治教育，对于克服民兵中的和平麻痹思想，鼓舞革命斗志，传播学习人民解放军的光荣传统，树立为人民服务的思想和发扬革命英雄主义的精神，以及保证各项任务的完成，都起到了积极作用。

1953 年 5 月 26 日，针对民兵教育训练和民兵工作中出现的不适当地强调集中训练、占用民兵时间较多、要求过高、影响群众生产等情况，中央军委和政务院联合发出《关于民兵任务和解决民兵误工问题的联合指示》，对民兵的教育训练规定为：以自然村为单位，3 个月举行一次会议，每次会议不得超过 3 小时；民兵集训在本乡或本村内进行，集训时间在冬季，时限不得超过一星期。为贯彻这一指示，6 月，总参谋部和总政治部联合召开全国人民武装工作会议。鉴于全国已基本实现普遍民兵制，会议认为，对各地民兵组织的发展需作适当控制，只在民兵数量不够的地区，根据情况有重点地发展，重点是组织将来能应征的青年民兵。会议决定，将民兵基干团改为民兵基干队，取消团、营的组织形式，将连、排、班改为中队、分队、小队，以乡为单位进行编组，归民兵乡队部领导。从而，使民兵工作与已经开始的大规模经济建设的形势和任务更相适应，更适合农村的分散情况，更有利于群众生产。

在中共中央、中央军委有关民兵建设的方针、政策指引下，民兵工作适应了新中国成立后的新形势，顺利地完成了由革命战争时期自愿民兵制向新中国普遍民兵制的转变，保证了剿匪、土地改革、抗美援朝、镇压反革命运动的开展，为实行义务兵役制在组织上、思想上做好了准备。

第八节　全军开始以军事训练为主的正规训练

一、正规军事训练的部署

在长期艰苦的战争环境中，人民解放军在战争中学习战争，通过不断总结作战的经验教训，提高部队的作战能力；部队训练主要利用作战的间隙进行，各部队根据自身的需要，自订计划，进行一些带有应急性的突击训练。新中国成立后，随着大规模战争的结束，必须通过经常性的军事训练提高战斗力。因此，军事训练成为国防军正规化、现代化建设的经常性的中心工作。同时，人民解放军按国防军建设要求，逐步统一编制，统一制度，统一纪律，“万国牌”的杂式武器装备也开始更换统一，并且在陆军的基础上建设海军、空军和各技术兵种部队，因此，训练的内容更为广泛，训练的组织更为复杂，训练的标准更高，要求训练必须统一、正规。

1950 年 11 月，总参谋部召开全军第一次军事学校和部队训练会议，根据人民解放军尚担负剿匪、营建、生产等任务和抗美援朝战争已开始的情况，制定出 1951 年部队训练纲要。军训部在颁发训练纲要时指出，1951 年部队尚有剿匪、生产、筑路、修建等任务，加上抗美援朝战争，这些情况决定了 1951 年全军不可能按统一的计划实施训练，也不可能制订全军统一的训练计划，而只能制订训练计划纲要。各战略区可根据此纲要的原则与精神，按时间比重，拟制实施计划，由军训部备案。纲要的着眼点基本上是放在同美帝国主义为首的侵略集团作战上。1951 年部队训练的基本方针是：在人民解放军现有的建军传统、军事思想及军事、政治、文化教育程度的基础上，用迅速而有效的方法，使部队学会掌握现代的兵器及其他军事技术，指挥员学会组织与指挥各兵种（步、炮、空、装甲、工、通信、交通、骑、化学、伞兵）的联合作战与协同动作，了解参谋与通信业务，以加速部队的正规化和现代化建设，准备抵抗美帝国主义为首的侵略集团。这个方针，也可以大体概括为：掌握新的技术，学会联合作战。训练纲要同时规定了 1951 年部队训练的要求、训练时间、训练组织领导与保障等。这次会议对统一全军的军事训练具有重要意义。中央军委于 1951 年 4 月 19 日批准这一训练方针。

1951 年 1 月 1 日，总参谋部根据志愿军抗美援朝战争的经验，在《1951 年军事训练补充指示》中进一步明确指出：鉴于美帝国主义侵略朝鲜，强占台湾，破坏远东和平与世界和平，并正在疯狂地进行战争的动员和准备，人民解放军必须以美帝国主义侵略军为主要作战对象，来进行今后的军事训练。应该而且必须以人民志愿军在朝鲜同美军作战中用鲜血所创造出来的宝贵经验，作为 1951 年军事训练的最重要的学习材料。必须充分注意联合兵种的作战训练，这是我国国防建设的新问题，也是近代战争中有决定意义的问题。

但是志愿军在朝鲜抗美作战的经验证明，在没有制空权与优势炮火的条件下，即使只有步兵作战，亦可以战胜敌人，取得胜利。这就证明步兵在联合兵种中是主要兵种的思想是正确的。因此，在学习联合兵种的作战指挥时，必须认识到步兵的重要性，以及其他兵种只是配合步兵作战、协同步兵战斗的相互关系。因此，在1951年一般部队的军事训练中，必须加强联合兵种的作战训练，同时，还须提高步兵的特殊的教育和训练。既要学会各兵种的联合战术，在各兵种联合作战中取得胜利，又要在人民解放军具有的传统丰富经验的基础上，吸收对新的敌人作战中的新经验，加强对步兵的训练，以便即使在暂时没有各兵种的配合时，也能单独以步兵对敌作战，取得胜利。

此时人民解放军的中心任务是抗美援朝战争，同时还担负着其他任务，各部队只能根据担负任务的具体情况组织训练，并且指战员文化素质较低，难以适应统一正规的军事训练。在朝鲜战场形势基本稳定后，1952年，人民解放军根据中共中央的决定进行大规模的精简整编，并从1952年6月开始，进行了为期一年的以文化教育为主的训练，为以军事为主的统一正规的训练进行了必要的准备。

1952年10月13日，毛泽东签发《人民革命军事委员会关于纠正放松军事教育和纪律废弛现象的指示》，明确指出："从一九五三年六月一日开始，部队训练的中心转入以军事训练为主。为迎接这个训练，各大军区部队应在干部训练上有所准备。因此，应采取分期轮训干部的办法，从明年一、二月间开始，实行军事干部的轮训，预习部队军事训练的各种科目，为开展部队军事训练准备条件。其具体办法由军委军训部另行规定之。"①

在1952年12月召开的全军参谋长、政治部主任联席会议上，军委军训部部长萧克对军事训练的准备问题作了部署。具体准备工

① 《毛泽东军事文集》第6卷，322页，北京，军事科学出版社、中央文献出版社，1993。

作是：（1）做好各级干部的集训；（2）做好各级的训练计划；（3）完成物质保证工作；（4）印发各种训练教材；（5）完成贯彻军事训练计划的动员工作。萧克指出，干部集训是组织准备工作的中心问题，集训干部的目的，是使部队干部能领导组织部队的训练。萧克对干部集训提出四点目标要求：（1）了解训练计划的内容，全部领会其精神与实质，学好并能教好每一个课目；（2）学会制订各项训练计划，连能制订每周进度表，营能制订每月计划表，团能制订阶段计划表，师能制订训练期计划表；（3）学会正规化、现代化的训练方法，并须做到能示范；（4）学会组织检查与向上级作报告。

据此，全军于1953年上半年对陆军排、连、营、团、师五级干部进行集训，集训的内容主要是，战术训练的基本方法、基本程序、基本内容等，并举行战术演习。集训所研究的问题主要包括：人民解放军的战争经验（特别是志愿军在朝鲜对美军作战的经验），苏军卫国战争的经验，人民解放军的编制和技术装备，美军和日军师、团的编制、装备及其战术特点，进攻和防御中现代诸兵种合成战役、战斗指挥原则等。军校管理部还专门整理了苏军战术训练的基本教学方法，供干部集训参考。通过集训，广大干部学会了制订各项训练计划，学会了正规化、现代化训练的基本方法并能示范，学会了组织检查与向上级作报告。

1953年1月，总参谋部下达1953年度下半年陆军训练计划。这一训练计划是根据苏军条令、教学方法及训练制度，并结合人民解放军优良传统制定的。计划的基本精神是：（1）以步兵训练为中心。各兵种的协同动作都以步兵为中心，但各特种兵部队，各有独立的训练计划。训练开始，不论步兵、特种兵、分队内部、友邻之间、各兵种之间，都强调协同动作。在训练过程中，有明确的协同训练时间和内容，各有关课目的先后次序根据内容适当的调配。（2）以战术训练为中心。各种技术的训练，必须服务于战术，进行技术训练时，即紧密地结合战术的应用。课程原则需明确、具体、实际，按照实际作战程序与需要而确定。（3）基本动作与应用作业密切结合。不是只学应用，不学基本动作；也不是先学基本动作而后学应用，而是基本动作与应用结合学习，力求接近实际作战，缩短训练与实际作战的距离。（4）以完整的、系统的、具体的内容教育部队。在纵的方面，从单兵到团的训练，一步一步地做；横的方面，各兵种各分队每个干部战士都要学他们在平时、战时所需要的全面知识与技能。

计划规定1953年下半年的训练，从6月1日起至10月31日结束，5个训练月，共800小时。军事训练占60%为480小时，政治教育占20%为160小时，文化教育占20%为160小时。训练共分三个阶段：第一阶段为两个月，从6月1日起到7月31日止，各兵种均进行单个战士及班教练。第二阶段为两个月，从8月1日起到9月30日止，各兵种均进行班、排教练。第三阶段为一个月，从10月1日起到10月31日止，各兵种均进行连教练。11月1～20日，是训练的总结时间，在此期间进行如下工作：11月初，营、团各演习一次，营8小时，团2昼夜共48小时（包括后方勤务）；补足缺课和训练较差的课程；进行期终测验，进行巡视检查；进行下半年训练总结。

根据陆军训练计划，各兵种分别制订出1953年下半年统一的训练计划。步兵训练计划，包括步兵分队（步枪、冲锋枪、轻机枪）、侦察分队、重机关枪分队、迫击炮分队、高射机关枪分队、炮兵与重迫击炮分队、通信分队、工兵分队、化学分队、警卫分队、供给运输分队、卫生分队等分队训练计划。训练课目主要包括：战术教练（单兵、班、排、连）、射击教练（射击方法与规则、手榴弹投掷、战场观察、距离测量、实弹射击等）、队属特种兵的专业训练、队列教练（单兵、班、排、连）、体育教练（体操、刺杀、游泳）、条令教育（纪律条令、内务条令、警备条令）、工兵教练（掩体、堑壕、交通壕、防步兵和防坦克障碍物的构筑）、化学防护教练（各种毒气的性能和防护法以及防毒器材的使用）、地形学（现地判定方位，并按方位角行进）、兵器介绍（人民解放军各种步兵武器的介绍）以及政治教育和文化教育。海、空军以及炮兵、装甲兵、工兵、通信兵等兵种都分别制订了统一的训练计划。

1953 年 5 月，全军大规模文化教育结束，以军事为主的训练准备基本就绪。

二、正规军事训练的开展

从 1953 年 6 月起，人民解放军按预定计划开始转入以军事训练为主要内容的正规训练。这是人民解放军历史上首次全军进行统一计划训练。

人民解放军以往的练兵，采取的是官教兵、兵教官、兵教兵、官教官的官兵互教的方法。这是在人民解放军武器装备极不统一，官兵均缺乏基本军事知识情况下采取的练兵方法。这种练兵方法，在人民解放军的历史上起了重要的作用。新中国成立后，人民解放军已按国防军的要求统一编制和装备，对 1953 年下半年的军事训练也已统一了教材，并已对干部进行比较系统的训练。因此，1952 年 12 月，全军参谋长、政治部主任联席会议确定，这次训练主要采取官教兵的教学方法，上级教下级，首长教部属，团长教连长，营长教排长，连长教班长，排长、班长教战士。在尚未统一改装的部队，也不能忽视上级向下级学习，官向兵学习，发动群众的积极性，利用群众的智慧和创造性解决问题。

步兵各部队依据总参谋部下达的训练指示和训练计划，首先狠抓技术基础训练，学好基本理论，练好基本动作，掌握基本技能和分队战术。部队突出以射击为重点的射击、投弹、刺杀、爆破和土工作业等五大技术训练和分队战术训练。侦察分队除学习步兵五大技术和搜索、巡逻、奔袭以及无线电通信联络外，还进行了观察、格斗、攀登、车辆驾驶等侦察专业技术训练。步兵在抓好五大技术的同时，重点抓了单兵至连的攻防战术训练，一部分干部还学习了营、团攻防战术课目和战斗勤务课目。

部队战术训练，参照苏军的做法主要采取下列几种形式：一是课堂讲授。由教员结合实物或图表、模型对课目的基本原则进行讲授。二是课题讨论。继讲授之后，由教员直接领导，有计划、有重点、有步骤、有准备地进行讨论，并由教员对讨论作总结，使指战员对理论原则得到进一步较系统的理解。三是示范演习。由教员指定部队在有战术背景的情况下进行典型示范演习，使全体人员把学到的原则形象化，得到一个系统全面的认识。四是战术队列教练。主要是演练战斗队形的运用和演练基本战斗动作，使战士和分队指挥员熟练战斗动作和战斗队形，为进一步学习打下基础。五是集团作业。以一个教学单位（一般是营、连）为一组，在现地、沙盘或图上进行作业，目的在于提高指挥员组织和指挥战斗的能力。六是按组集团作业后再按战斗编组学习。将分队（基本上是排以下分队）按实战进行编组，实施演习，目的在于利用边研究边演习的方法，使战术理论与实际战斗指挥密切结合起来。七是分队战术演习。各级分队将各个战斗阶段连贯起来的综合演习，目的在于使全体人员得到系统全面的战术知识。八是实弹战术演习。这是单兵和分队在军事训练中最后的综合训练，目的在于把战术和射击两种课目联系起来，使指挥员和战士体会实战中的情况。

各兵种分队的训练坚持围绕步兵和服务于步兵的训练进行，即服务于步兵的作战要求。

炮兵正规的军事训练，主要是学习苏军经验，按照苏军炮兵的训练大纲、教程、教范，并在苏联专家、顾问的指导下进行。炮兵训练在指导思想上强调以射击训练为中心和以干部训练为重点。为贯彻这一思想，先后组织了全军炮兵专业集训、师以上领导干部和司令部首长参加的指挥员战役集训以及多次干部射击竞赛。另外，炮兵部队在抓好单炮和班、组、台、站专业协同训练的基础上，重点抓连教练。炮兵在训练中不仅重视“打得准”，而且注重提高火力反应速度。

装甲兵的正规训练按理论学习、基础学习、实车课目和战术作业等环节循序进行。训练的第一阶段为单车教练，学习坦克乘员职责与维护保养知识；第二阶段学习射击、技术（驾驶）、通信和坦克排战术，掌握装甲兵专业技术；第三阶段学习连战术及其他方面的有关知识，重点练战术。装甲兵还翻译编印了苏军装甲坦克机械化部（分）队战斗条令、教令、专业技术教范和教程，并实行了训练等级考评制度。在训练计划上，明确规定专业技术训练应占整个训练时间的70%～80%。通过一系列规章制度的建立和科学训练方法的应用，使装甲兵部队训练趋于正规。

工兵的正规训练确定以野战工兵部（分）队为主要对象，以专业技术战术为重点，以提高战役战斗工程保障能力为主要目标。总参谋部颁发苏军工兵《野战筑城》、《军用道路》、《敷雷扫雷教令》等教范、教令，作为工程专业技术训练的基准教材。各部队主要进行了专业技术、战术训练，训练敷设和扫除地雷、爆破、渡河、军用桥梁架设、急造军路、筑城、伪装等专业基础知识和基本技能。

通信兵部队的正规训练，由军区通信团或由师对两瓦以上电台的无线电人员进行集训，有线电、运动通信等专业人员一般在建制专业分队内训练。通信兵部队的专业战术作业和战术演习，分别由本级和上级组织。对通信干部办短期集训班，学习通信专业基础理论、通信条令和通信联络组织方法等。

空军部队在1953年下半年军事训练中，将飞行训练作为一切工作的中心。为此，各级领导深入飞行训练中，解决教员、教材、教学方法及各项保障工作中的困难，组织条令、教程、教范的教育。各级飞行指挥人员首先做好本身飞行准备，并组织好部队的飞行准备，按条令、教程经常研究提高质量的教学方法。空军部队和航校中大部分飞行员的文化素质较低，理解飞行课目的内容存在一定困难，部队中直接担任飞行训练的干部一般不能当教员，航校的理论教员大部分未上过飞机，飞行教员大部分不能从理论上说明驾驶动作的原理。针对这种情况，空军党委把提高教员的教学能力作为提高训练质量必须解决的首要问题，要求各部队采取选择飞行技术较好和文化程度较高的同志组成教学小组，在部队进行训练前，研究解决各课目的教学方法，然后再讲课和带飞。此外，为解决新课目的教员问题，普遍实行先教干部的办法。其中一般课目或已进行过的课目由师组织，先教会干部；复杂课目或新的课目由军区空军、军委空军以短期集训方式先教会干部，使干部首先学会，有了实际体验，再去教飞行员。为逐步提高干部的教学能力，一般课目一律由师、团长和技术勤务主任担任教员，师、团选择适当人员组成教学研究小组，帮助师、团长和各技术勤务主任研究解决教学方法。师还规定每周组织一个干部飞行日，由师组织实施，全师中队长以上飞行干部全部到课。飞行员的训练，要求熟练及巩固驾驶技术，按教程及各种驾驶教范规定，严格统一操纵动作，按条令规定进行驾驶技术检查，纠正飞行中的危险动作，所有飞行员都熟练和巩固起飞、着陆的驾驶技术，新飞行员训练重点是基本驾驶技术基础。驱逐机部队着重提高复杂特技训练。

海军转入正规训练后，始终把军事训练重点放在切实提高部队战术技术水平上。各兵种把战术、技术和条令、规章等训练内容，根据循序渐进、由分到合的原则，划分成若干基本课目进行训练。舰艇部队将“战斗与日常的各种部署”列为第一训练课目，“单舰航行准备”、“单舰航行”、“单舰武器使用”、“编队航行及武器使用”、“多兵种合练与学习”分别列为第二、第三、第四、第五和第六训练课目。实施训练时，依次进行每一个课目。每一个课目的训练，都要求在掌握必要的理论知识和动作要领的前提下，着重加强实际操作技能的训练。从单个的基本动作到战位、部门、全舰的协同动作，都反复进行演练。为了打好技术基础，重点加强了单人、单舰的基本课目训练，在此基础上，再转入较复杂的课目训练。舰艇训练一般先在港岸，后在海上，或者是在港岸和海上穿插进行。

为了建立正规的军事生活秩序，各部队十分重视在训练中加强条令学习。为了保证军事训练达到正规的要求，中央军委于训练开始前的 1953 年 5 月 1 日正式颁布中国人民解放军《内务条令（草案）》、《队列条令（草案）》、《纪律条令（草案）》。全军指战员在训练中认真贯彻执行条令，一切按条令办事，按规则办事，反对游击习气，加强了工作中的组织性、纪律性、计划性和准确性，为圆满完成训练任务提供了有力的保障。另外，各部队在训练中还建立起各种正规的制度：训练会议制度，分为各级的训练会议，各级的训练总结会议等；各兵种各特业部队各级的集训制度；请示报告制度，规定分期按级的报告；按期分级检查制度，着重检查干部，并将检查结果作为各级干部部门升选调补干部的重要根据之一；演习制度；营、连长对教练员的教学法集训制度等。海军为了保证训练质量，将所有在港岸和海上进行的课目训练，都逐步建立起各种制度，普遍采取“按级教育、按级负责”的实施方法，即先逐级制订计划，舰艇部队按支队（师级）、大队（团级）、舰艇，海军航空兵按师、团（大队）、中队，炮兵按团、营、连、排、班制订各自的计划。计划越到基层越具体，不仅有月计划、周计划，舰艇还有每昼夜的计划。然后按计划上课、操演。操演完毕按级总结讲评。每一课目训练完毕都进行测验。每天都进行训练登记，定期按级检查，并作出评语。

为保证军事训练任务的顺利完成，各部队进行了广泛深入的思想政治动员，向全体指战员反复阐明实施以军事为主的正规训练的重大意义，统一思想认识，交代训练任务，鼓励钻研技术、战术，鼓励练兵竞赛，练兵当模范、练兵立功。通过思想政治动员，广大指战员对正规训练充满信心，决心勤学苦练，精心钻研，克服一切困难，精通手中的武器，迅速掌握与熟练作战技术，争取军事学习的优良成绩。随着训练的进展，部队中干部和战士的思想情况又发生一些新变化。如：当学习遇到困难时，往往会影响学习积极性；当某一课目学习的时间比较长，或复习已学课目的时候，往往容易产生自满、急躁情绪或感到“一般化”、“老一套”。各部队及时了解和掌握这些变化，进而根据任务要求加强思想引导，使部队所有人员的思想始终统一在正规训练任务的要求之下，有效地保证了正规训练任务的完成；动员全体军人爱护武器，掌握与熟练现代军事技术，完成训练计划。为了配合正规军事训练，各部队都加强了俱乐部的工作，活跃部队在正规训练中的文化娱乐生活。组织部队周末活动与假日活动，开展各种文化娱乐活动，举行群众性的体育比赛或射击表演。组织学习模范、战斗英雄及获得荣誉的指战员召开联欢晚会。在晚会上组织他们进行座谈，交流正规训练的经验。利用假日组织参观工厂，特别是参观各种兵工厂。组织小型的巡回展览会，展览部队历史、军事生活、军政训练成绩以及战斗英雄与学习模范的材料。放映电影或幻灯，并采取各种方法，介绍推荐报纸、书籍和杂志。

至1953年底，人民解放军基本按计划、步骤和内容完成了训练任务。

1953年夏开始的全军正规训练，是人民解放军历史上第一次统一正规的军事训练，是人民解放军以军事为主的训练走上统一正规的开始。此次训练有如下两个显著的特点：

第一，中央军委高度重视，训练的准备比较充分。中央军委将人民解放军的这次训练作为建设正规化、现代化强大国防军的重要内容和步骤。虽然训练是从1953年6月开始的，但各种准备工作从1952年就开始进行。组织全军进行的为期一年的大规模文化教育，为以军事为主的正规训练打下了科学文化基础；确定向苏军学习的指导思想，使部队训练有了标准和榜样；组织师至排五级干部的集训，干部先行一步，并在训练中充当教员，为部队训练准备了教学骨干；正式颁发共同条令（草案），为正规训练提供了制度规范；制订统一的训练计划，使训练工作有条不紊；编发训练教材，准备训练器材、场地等，使训练工作有了可靠保障。

第二，全军训练的统一得以实现，训练内容开始现代化。实现全军训练的统一是建设正规化、现代化强大国防军的要求之一。此次训练，全军统一计划，统一部署，统一步骤，并在统一的时间内进行。虽然训练的内容还是比较基础的战术、技术问题，并且基本上是按各兵种的专业性质进行的，还没有实现合成训练，但就每个兵种而言，其专业、技术、战术训练的系统程度，都是人民解放军历史上空前的。而且，此次训练是在全军按国防军建设的要求进行整编，编制、装备基本统一的情况下进行的。此时，部队的装备已经开始现代化。就陆军而言，其训练的内容除步兵训练外，还有炮兵、装甲兵、工兵、通信兵等的训练；就全军而言，除了陆军训练外，还有海军和空军的训练。因此，人民解放军的军事训练不但实现了全军统一，而且训练的内容已开始走向现代化。

此次训练，是在国内政治秩序稳定，国民经济全面完成恢复并开始经济建设第一个五年计划的背景下进行的。而且，训练刚刚开始两个月朝鲜就实现了停战。这表明人民解放军业已完成从战争向和平时期建设的转变，统一正规的军事训练已成为人民解放军保持和提高战斗力的经常性的中心工作。此次训练，虽然是人民解放军统一正规训练的开始，但训练的准备，训练的组织，都为后来的统一正规训练提供了重要经验，在人民解放军的历史上具有重要意义。

第九节　参加国家经济建设

一、军队参加国家经济建设的决策

参加工农业生产，支援国家建设，是和平时期人民解放军的一项重要任务。中国人民政治协商会议通过的《共同纲领》规定："中华人民共和国的军队在和平时期，在不妨碍军事任务的条件下，应有计划地参加农业和工业的生产，帮助国家的建设工作。"

根据新中国成立时面临的严重经济形势，中央人民政府人民革命军事委员会于1949年12月5日发出《一九五〇年军队参加生产建设工作的指示》，号召全军"除继续作战和服勤务者而外，应当负担一部分生产任务，使我人民解放军不仅是一支国防军，而且是一支生产军，借以协同全国人民克服长期战争所遗留下来的困难，加速新民主主义的经济建设"。指示"各军区首长，必须指导所属，从一九五〇年春季起，实行参加生产建设工作，借以改善自己的生活，并节省一部分国家的开支”。但“严格禁止开商店从事商业行为”，不得与民争利。此外，指示还对执行生产任务的组织领导作了具体规定。①

同日，中共中央向各中央局、分局、前委和各军区发出《关于实施军队参加生产建设工作指示的通知》，要求“就自己管辖范围内使一切可能参加生产建设工作的部队和机关积极地适当地实施起来”。

根据中央人民政府人民革命军事委员会的这一指示，人民解放军从1950年初起，除担负作战和执勤任务的部队外，均担负起一定的生产任务。在师、军和军分区以上各级均成立有司令部、政治部、后勤部代表参加的生产委员会，统一掌握生产方向，审定生产计划，监督检查生产计划的实施；建立军队的生产合作社及其各级领导机关，在军队生产委员会的监督和领导之下掌管全部生产资金、生产活动和生产成果的处理。

二、参加农业生产建设

1950年，人民解放军即抽调35个建制师从事开垦生产任务，特别是在西北、华北、东北土地较多的地区从事开垦生产任务。至当年6月中旬，在西北地区的新疆、陕西、宁夏、青海开垦土地127万余亩，在华北地区开垦水旱田21万余亩并建起了几十个农场，在东北地区开垦水旱田65万余亩。华东、中南、西南地区人口密集，土地较少，但人民解放军在这些地区也普遍开展了养猪种菜的生产。

新疆屯垦。1949年10月新疆和平解放后，人民解放军驻疆部队近20万人的粮食供应问题，完全依靠新疆地区是无法解决的。遵照中央军委的指示，为减轻新疆各族人民的负担，解决驻疆部队的粮食供应问题，1950年1月16日，新疆军区副司令员兼第1兵团

① 参见《毛泽东军事文集》第6卷，54、55、56页，北京，军事科学出版社、中央文献出版社，1993。

司令员王震在新疆省财经委员会会议上作《关于新疆军队生产建设工作的方针与任务》的报告，动员驻疆部队一面守卫祖国边防，一面从事生产建设。1月21日，新疆军区发布大生产命令，规定全军开荒种地60万亩，生产粮食5000万公斤，棉花180万公斤，平均每人1只羊、1只鸡，10人1头猪、1头牛；军队生产的方针是以农业为主，其他各业为辅，达到粮食半年自给，蔬菜肉类全年自给。除以一部兵力担负巩固国防、进军西藏、清剿土匪和维持社会治安等任务外，驻疆部队共动员11万人按师、团布点，就地驻防，就地屯垦。1950年初春，屯垦部队即开始新疆地区史无前例的大规模垦荒生产。屯垦部队官兵用自己勤劳的双手，在昔日的戈壁荒滩上开垦出万顷良田，办起机械化农场，在天山、阿尔泰山脚下富饶的草原上建起牧场。在新疆的屯垦开发建设中，人民解放军先后调入10个建制师和4个相当于师的工程部队从事农业生产。[①] 1950～1952年，屯垦部队共开垦10.6万多公顷荒地，创办43个农牧场，为国家创造2.27亿元（旧币）的财富。屯垦部队还在采用先进耕作技术、使用新式农机具、培育优良品种等方面对新疆地区发展农牧业起了示范作用，为争取新疆地区财政经济的好转，推动新疆地区农业生产的发展创造了有利条件，也为国家组织大规模农业企业积累了有益的经验。

开发“北大荒”[②]。1949年，为了响应东北人民政府荣誉军人工作委员会关于荣誉军人向荒原进军创办农场的号召，一批荣誉军人创办了荣军农场和伏尔基河农场。1949年、1950年，东北军区3个团分别创建宝泉岭、铁力、孟家岗农场（曙光农场前身）。1952年，首批志愿军军官集体转业到梧桐河农场，参加生产建设。这些先驱者的行动，是后来大规模开发“北大荒”的前奏。

---

① 1954年，新疆屯垦生产部队奉中央军委命令集体转业，组建新疆生产建设兵团。

② “北大荒”，指位于中国东北黑龙江省嫩江流域、黑龙江谷地和由黑龙江、松花江、乌苏里江共同冲积而形成的三江平原。

灭虫除害。1951 年 5 月，江苏、安徽两省的北部地区发生严重的蝗灾。华北空军遵照中央人民政府和中央军委的指示，立即出动 4 架飞机喷洒灭虫药剂，地面和空中相配合，将蝗虫全部扑灭。这是新中国第一次使用飞机洒药灭蝗。6～9 月，空军空运队、第 6 航空学校和第 3 航空兵师先后 6 次出动飞机到河北省黄骅、武清、安次、宝坻、宁河等五县，江苏省北部的泗洪县，湖北省的天门、汉川等县洒药灭蝗，共飞行 1567 架次，喷洒农药 17.8 万公斤，灭虫面积达 1.72 万公顷。

三、参加水利工程建设

1950 年，人民解放军在新疆参加完成巴楚洪海水库和迪化和平渠、新盛渠、太平渠、皇渠等水利工程，可灌溉农田 121 万亩；在甘肃参加了山丹、古浪、临泽、武威等处的水利工程建设；在华北参加永定河、海河、滦河、滹沱河、子牙河、桑干河等 23 条河流的疏通、开渠、筑坝等工程。驻疆部队在 1950～1953 年期间，与地方共同修筑哈密红星一渠、二渠，焉耆解放一渠、二渠，库尔勒十八团大渠，阿克苏胜利渠，迪化雁池蓄水库等一大批农灌工程，其中哈密红星一渠、二渠总长 60 多公里，全部用花岗岩和水泥砌成。阿克苏胜利渠总干渠长 66 公里，第一期工程的灌溉能力即达 1.46 万公顷。这些工程的建成，使数百万亩农田得到了灌溉。

1950 年 6 月，华北驻军完成海河、滦河、桑干河等 20 多条河流的挖沙、修堤、开渠、筑坝工程，共挖土 1100 万方，不仅使沿岸农田得到灌溉，还使沿岸人民解除了水患。

长江的荆江河道弯曲狭窄，洲滩遍布，上游水深流急，下游宣泄不畅，河床淤积日高，两岸地势低洼，是长江全线水涝最多、洪水威胁最大的区域。新中国成立以前，1931～1949 年，荆江地段溃决成灾即达 12 次之多。1952 年 3 月，中央人民政府决定兴建荆江分洪工程。3 月 15 日，中南军区发布命令，决定由第 21 兵团领导机关组成中南军区工程部队指挥部，统一指挥由湖北军区、湖南军区和野战军有关部队组成的 10 万治水大军，4 月 5 日起与湖北、湖南20万民工一道，展开荆江分洪工程大会战。部队承担的是太平口进洪闸、黄山头节制闸、虎海河拦河坝、黄天湖过湖段新堤等重要工程。人民解放军10万大军奋战75天，挖运土411万多立方米，占全部土方工程的49%；浇灌混凝土6.7万余立方米，占全部浇灌量的73%；搬运沙石、器材等物资16万余吨，修公路近100公里。6月20日，蓄洪量50亿~60亿立方米的荆江分洪工程建成，成为保卫荆江两岸人民生命财产和江汉平原工农业生产建设的重要屏障。

四川灌县西北岷江中游的都江堰，是中国著名的水利工程之一。新中国成立前，因为工程连年失修，灌溉面积逐渐减至13万公顷。1949年12月，步兵第550团奉命开赴都江堰，淘滩修堰。驻灌区的其他部队也积极参加当地渠堰的抢修。至1950年3月，整修好水堰20余条。4月2日，都江堰提前竣工放水，灌溉面积扩大到350万亩。

四、参加工业和交通建设

新中国刚刚成立时，人民解放军即抽调10万部队奔赴鞍山钢铁厂、云南锡矿、青海淘金场帮助恢复生产，和当地工人一起，参加矿山开采，钢铁冶炼。西北军区第3军奉命派兵进驻玉门油矿，实行军事管制，打击暗藏匪特，维护矿区治安；军区司令员彭德怀则多次听取驻玉门油矿军代表康世恩的汇报，解决恢复生产中的重大问题。因此，玉门油矿的正常生产秩序很快得到恢复，年原油产量由解放前的7.7万吨增长到50万吨左右。驻新疆的部队在新疆建起了钢铁厂、纺织厂、汽车修配厂、水泥厂、水电厂、火电厂、面粉厂等第一批工业企业，1952年将这些工厂企业全部交给地方。这一年，人民解放军组建石油工程第1师，直接参加石油的开发建设。

参加交通建设是新中国成立之初人民解放军的一项重要任务。铁道兵修复了陇海、京汉、粤汉三大干线和浙赣、同蒲等铁路上的267座桥梁、146公里线路和8898公里铁路通信线路。1950年4月起，第一野战军暨西北军区抽调8万名官兵修筑陇海铁路宝鸡至兰州的503公里的线路。其中，第19兵团第63、第64、第65军和陕西军区共投入兵力4.3万人，修复宝鸡至天水段；第2兵团第7、第4军抽调3.5万人，修筑天水至陇西段。经过艰苦努力，至1952年10月，陇海铁路宝鸡至兰州段胜利竣工。

参加铁路新线建设。1950年，西南军政委员会交通部将修筑成渝铁路的全部工程交给西南军区部队，并组成重庆铁路工程局负责指导。西南军区直属队和川东、川南、川西、川北4个军区各组成1个总队，共2.2万多人，与民工一道，采取分段包干的办法，于6月15日全线开工。1951年，又增调5个工兵团和西南军区工兵学校的2个大队参加施工。工兵第1团和第6团仅在半年时间内，即完成58万个标准工的土石方作业量。后因执行新的任务，部分部队撤出工地，未完成的工程交地方继续完成。经过两年的修建，成渝铁路终于在1952年7月1日全线通车。

参加公路建设。从1950年春开始，人民解放军参加了西玉公路、川藏公路、青藏公路、新藏公路、甘南公路、海榆中线公路等的修筑。

西玉公路，自青海西宁至玉树，全长827公里。1950年4月，人民解放军第1军和炮兵第15师奉命参加西玉公路的抢修工程。国民党政府曾于1944年9月将该路勉强修通，随后便予废弃。抢修西玉公路，实际上等于新建，任务繁重。至9月10日，全线抢修工程完成。

川藏公路，原名康藏公路，自原西康省的雅安（后属四川省）至西藏拉萨，全长2255公里。1950年4月动工，6个工兵团参加，在进藏步兵部队和西南公路局与民工的配合下，首先打通二郎山和雀儿山，于1952年10月将公路修到昌都后，工兵第3、第4、第6、第7团相继调去修筑成渝铁路，留下工兵第5、第8两个团继续筑路，1954年12月修到拉萨，随后又由拉萨修到西藏南部的边境城镇亚东。

青藏公路，自青海西宁至西藏拉萨，全长2100公里，路基筑于平均海拔4000米以上的高原。西宁至格尔木的826公里地段为旧线，1949年10月后经部分整修即可通车。新线从格尔木到拉萨1274公里，于1954年4月动工。在工兵部队和民工的共同努力下，1954年12月，青藏公路和康藏公路同时通车。

新藏公路（亦称喀喇昆仑公路），是新疆和西藏的重要交通线，北起新疆的叶城，南至西藏阿里地区的噶大克（后改名噶尔雅沙），全长1179公里。1950年3月，人民解放军独立骑兵师由新疆进军西藏阿里地区，同时动员1800多个民工，一边修路，一边进军，半年后，修通了179公里。此后，新疆军区和军区生产建设兵团又抽调部队继续筑路。①

甘南公路，自甘肃省兰州至四川省阿坝，全长319.4公里，途经甘、青、川边界草地中的河川与泛浆地带和海拔3800米高的岷山山脉。西北军区工兵部队于1953年2月开工，当年即完成通车。

海榆中线公路，北起海南岛的海口市，穿越五指山区，南至榆林港，全长146.5公里。1952年1月，解放军公路工程第1、第2师1万多名官兵，与华南公路工程局的上万名民工一道，参加连接海南岛南北的海榆中线公路的建设。②

人民解放军在新中国成立初期参加的生产建设，是人民解放军历史上规模较大的一次，并且严格禁止经商，严格禁止与民争利，有力地支援了国家建设，有力地保证了国民经济的恢复，为国家财政减轻了大量负担。

从1952年开始，中共中央和中央军委依据新中国面临的国内外形势，适时展开了正规化、现代化国防军的全面建设。制定军事建设五年计划纲要，标志着中国的国防和军队建设已经纳入国家建设的总体规划。全军实施精简整编，大大压缩了军队规模，节约了军

---

① 1957年10月5日，新藏公路全线通车。

② 1954年12月15日，海榆中线公路胜利通车。

队开支，调整了军队结构，加强了海军、空军和陆军技术兵种的建设，提高了部队的质量，增强了战斗力。全军开展大规模的文化教育运动，干部战士普遍提高了文化水平，为全军进行正规的军事训练打下了基础。全军首次在统一计划，统一部署，统一步骤，统一时间进行正规的军事训练，标志着人民解放军的军事训练开始走上统一正规的轨道。加强正规的军事院校建设，全军院校进行进一步调整，初步建立了初、中、高三级指挥院校体系，院校建设逐步走向正规。开始着手以三大条令为核心的正规化军事法规制度的建设，初步规范了军队内部的各种关系和各种活动，军队日常管理、训练、生活秩序更加正规统一。完成由自愿民兵制向普遍民兵制的转变，为实行义务兵役制准备了条件。着手国防工程建设，开始了有重点地构筑国防工事。创办新中国的国防工业，基本实现了统一的管理和统一的计划，兵工企业有了相当的基础，并开始生产制式枪支和弹药，加强了航空工业、船舶工业、电信工业和坦克制造工业的基础设施，为建设强大的国防创造了条件。至1953年底，人民解放军完成了从战争时期向和平时期军队建设的过渡，基本完成了由单一陆军体制向诸军兵种合成军队体制的转变，实行了统一的指挥、统一的制度、统一的编制、统一的纪律和统一的训练，为正规化、现代化国防军建设奠定了基础。

基本经验

随着中华人民共和国的成立，中国共产党成为执政党，中国共产党的中心任务由领导中国人民进行革命战争夺取全国政权，转到建设和巩固国家政权，恢复和发展国家建设。作为中国共产党亲自缔造和绝对领导的人民解放军，其职能和任务也随之发生了重大变化，从中国共产党领导中国人民夺取全国政权的工具，变成了中国共产党领导的国家政权的基石，成为国家政权的重要组成部分。人民解放军的任务是巩固国防，抵抗侵略，保卫祖国，保卫人民的和平劳动，参加国家建设事业。为此，必须把人民解放军建设成为强大的国防军。

从 1949 年 10 月到 1953 年 12 月，是新中国成立后人民解放军从进行革命战争走向和平时期建设的过渡时期，也是军队建设由低级阶段向高级阶段的转变时期，按国防军建设要求从单一陆军向诸军兵种合成军队建设的起步时期。这一时期，人民解放军担负的任务纷繁复杂，既有重大作战任务，又有全面建设、发展任务，既有国内作战，也有支援邻国抗击帝国主义侵略作战，还有维护和巩固新生人民政权的斗争。人民解放军在完成解放全国大陆和部分沿海岛屿、以志愿军名义取得抗美援朝战争胜利的同时，按国防军建设要求，初步建成了诸军兵种合成军队，初步实现了统一正规，实行了统一的指挥、统一的制度、统一的编制、统一的纪律、统一的训练，增强了各项工作的组织性、计划性、准确性和纪律性，为建设正规化、现代化强大国防军奠定了坚实的基础。这一时期人民解放军的发展建设大体上可以划分为 3 个阶段。

第一阶段，从 1949 年 10 月 ~ 1950 年 10 月。随着新中国的成立，根据国防建设的需要，作为国家政权中的最高军事领导机构——中央人民政府人民革命军事委员会（简称中央军委）正式成立。中央军委根据国防建设的需要和国防军建设的要求，充实与调整军委各总部领导机构，建立军区领导体制，建立各军兵种领导机关和相应部队，明确提出建设正规化、现代化的国防军的指导思想，实施统一的后勤保障体制，部署新中国历史上的第一次大规模复员。与此同时，人民解放军奉命继续完成解放战争的任务，进行解放台湾和进军西藏的准备，解放了除西藏以外的全国大陆和部分沿海岛屿；对新解放城市实施军事管制，参加地方政权建设和国家经济建设，维护和巩固新生的人民政权；组成军事顾问团协助越南人民军组织抗法作战和进行军队建设；根据时局的变化，组成东北边防军进行抗美援朝的准备。

第二阶段，从 1950 年 10 月 ~ 1951 年 12 月。人民解放军以一部分部队改编为中国人民志愿军进行抗美援朝战争，同朝鲜人民军一起，将以美国为首的侵朝“联合国军”从鸭绿江边打回到三八线，并将战线稳定在三八线南北地区，取得抗美援朝战争第一阶段的胜利，奠定了抗美援朝战争胜利的基础。人民解放军的建设服从中国人民志愿军在朝鲜战场同高度现代化装备美军作战的需要，边打边建，突击组建或扩建空军、炮兵（含高射炮兵）、装甲兵部队，有力地促进了现代化建设。与此同时，人民解放军完成进军西藏任务。

第三阶段，从 1952 年 1 月 ~ 1953 年 12 月。中国人民志愿军在朝鲜战场敢打必胜，取得抗美援朝战争的最后胜利。在朝鲜战局趋于稳定后，人民解放军按照国防军建设要求，进行大规模的精简整编，制定五年军事建设计划纲要，初步展开正规化、现代化全面建设，国内大部分野战军的军、师按国防军编制完成整编；全军开展大规模的文化教育运动，开始统一正规的军事训练，组建一批统一正规的指挥院校和专业技术院校；制定并颁发施行全军统一的《内务条令（草案）》、《队列条令（草案）》、《纪律条令（草案）》三大条令；着手准备实行军衔制、薪金制和义务兵役制，奠定了国防军正规化、现代化建设的重要基础。与此同时，在全国实行普遍民兵制，为实行义务兵役制准备了必要的条件；开始重点地区的国防工程建设；创建国防工业的基础。

这时期人民解放军发展建设有许多新特点，主要是：

（一）随着新中国的成立，人民解放军成为中国共产党领导的国家武装力量，因此，建设统一正规的现代化强大国防军，是新中国成立后人民解放军建设的中心任务。

（二）新中国的成立，为人民解放军建设提供了更为有利的客观环境和条件，不再像新中国成立前战争时期那样只能主要依靠解放区的基础和力量进行建设，而可以依靠全国的基础和力量进行建设。但新中国一穷二白，千疮百孔，百废待兴，国家建设需要恢复，人民解放军进行现代化建设的经济基础仍很薄弱，军队建设必须适应和服从国家建设恢复的需要。

（三）虽然新中国已经成立，但人民解放军仍有许多作战任务，并且被迫以一部分部队以中国人民志愿军名义进行抗美援朝战争。因此，这期间人民解放军的建设既不同于新中国成立前的战争时期，也不同于1953年以后的和平时期，既必须按国防军建设要求考虑长远建设，又必须服从抗美援朝战争的需要进行必须的应急建设。

（四）人民解放军作为中国共产党领导的人民军队，有20多年革命战争和人民军队建设的经验，但成为国家政权的重要组成部分后，如何建设成为正规化、现代化的强大国防军尚没有经验。因此，通过学习苏联军队建设经验来建设正规化、现代化国防军，是这期间人民解放军建设的重要特点。

（五）面对革命战争取得全国胜利、人民解放军进行大规模精简整编和以志愿军名义进行抗美援朝战争的新情况，部队中出现许多新的思想问题，如何加强思想政治建设，巩固部队，保证军队担负各项任务的完成，始终保持人民军队的宗旨和性质，是这期间人民解放军建设的重要任务。

这一时期人民解放军建设的主要经验有如下几个方面：

一、保卫和巩固国家政权、保卫和巩固国防，必须建设正规化、现代化的强大国防军

没有一个人民的军队，便没有人民的一切。军队是国家政权的基石，夺取国家政权靠强大的军队，保卫和巩固国家政权也靠强大的军队，古今中外概莫能外。中国共产党在创建人民军队进行革命战争之初，即已充分认识到军队在国家政权中的极端重要性。随着中华人民共和国的成立，人民解放军从夺取全国政权的工具变成了巩固和保卫全国政权的工具，成为中国共产党领导的国家武装力量，成为保卫国防的核心力量。因此，新中国成立后，将人民解放军建设成为正规化、现代化的强大国防军，是保卫和巩固国家政权、保卫和巩固国防的必然要求。

在新中国即将成立的时候，毛泽东就指出：夺取全国政权以后，“我们的国防将获得巩固，不允许任何帝国主义者再来侵略我们的国土。在英勇的经过了考验的人民解放军的基础上，我们的人民武装力量必须保存和发展起来。我们将不但有一个强大的陆军，而且有一个强大的空军和一个强大的海军”[①]。在中华人民共和国的开国大法《中国人民政治协商会议共同纲领》中，将“加强现代化的陆军，并建设空军和海军，以巩固国防”作为一项重要任务以法律形式作了明确规定。新中国一成立，中共中央和中央人民政府就把建立强大国防军作为新中国两件大事之一予以高度重视。

为尽快改变部队不统一、不正规和现代化水平低的状况，建设一支正规化、现代化的国防军，人民解放军着力在以下两个方面下工夫：一是在中央人民政府人民革命军事委员会统率下，实行统一的指挥、统一的制度、统一的编制、统一的纪律、统一的训练，增强各项工作的组织性、计划性、准确性和纪律性。二是提高现代化

① 《毛泽东文集》第5卷，345页，北京，人民出版社，1996。

水平，在陆军的基础上建设空军和海军，加强陆军各技术兵种。从1949年10月新中国成立到1953年底，在中共中央和中央军委领导下，人民解放军走上正规化、现代化国防军建设的健康轨道，取得了初步成就。

二、把握军队建设与经济建设的关系，使军队建设与国家经济状况和国防需要相适应

国家经济状况是军队建设的物质基础，制约军队现代化建设的发展。建设强大国防军必须首先建设强大经济力量。国防需要是国防军建设的基本依据，规定国防军建设的基本规模和质量。因此，国防军建设必须与国家经济状况和国防需要相适应。

新中国成立初期，随着解放战争在全国胜利，到1950年春，人民解放军已发展到550万人的规模，并且基本是陆军部队。此时，大规模战争基本结束，但西藏和台湾尚未解放，还有一部分部队担负新解放区的剿匪作战任务，加上按中央军委的国防部署担负正常防务，人民解放军需要保持适当的规模。无论保卫国防还是准备解放台湾都需要建设空军和海军，需要加强陆军各技术兵种的建设，因此军费需求较大，约占国家财政预算的40%～50%。再去掉行政费用，国家财政能用于生产建设的只有20%左右。这种状况如果持续下去，将无法保证国家集中财力重点用于恢复国民经济和发展国家建设。经济力量薄弱，国家财力有限，既要保证集中主要财力用于恢复国民经济，又要保证解放台湾和国防需要，这是一对突出的矛盾。如何解决这一矛盾，如何处理好国防军建设与国民经济恢复的关系，国防军保持何种规模才能适应国防需要，中共中央和中央军委对这些问题进行了积极有效的探索，在建立强大国防军和建立强大经济力量两者关系问题上，基本把握了国防军建设在服从和保证国民经济恢复的大前提下进行、国防军建设与国家的经济状况和国防需要相适应的原则。

在这个原则下，中共中央决定1951年军事费用降至国家财政预算的30%以下。人民解放军在保证解放台湾、进军西藏、剿匪作战

和担负国家防务需要的同时进行整编复员，1950 年内将总员额从 550 万人减为 400 万人，复员 150 万人参加国家经济建设，将裁减人员节省的经费用于加强空军、海军和陆军各技术兵种的建设，并明确这次整编只是一次过渡性的整编，待解放台湾任务完成后，再作进一步整编。

由于被迫进行抗美援朝战争，复员计划未能完全实现，到 1951 年底，军队总规模又迅速增加到 627 万人。为保证国民经济恢复的完成，保证从 1953 年开始进行有计划的大规模经济建设，并对解放台湾问题作长期考虑，随着朝鲜战场形势的稳定，1951 年 10 月，中共中央再次决定对人民解放军实行精简整编。据此，中央军委决定从 1952 年开始，在三年内将军队总员额由 627 万人减少到 300 万人，其中在 1952 年内减少到 341 万人，待抗美援朝战争结束后，至 1954 年底再减至 300 万人。为与国民经济建设发展第一个五年计划相适应，1952 年，中央军委在制订《一九五三年至一九五七年军事建设计划纲要》时，又从国家生产能力、可能的敌国未来向中国进犯可能使用的兵力、中国防御要达到的战略目标等方面，对国防军建设规模作了调整。

三、把握军队建设与作战需要的关系，在抗美援朝战争期间，以保证战争需要为主全面统筹国防军建设

军队建设服从战争需要，战争检验军队建设的效果，并为军队建设提出任务。军队建设的一切都围绕战争需要而进行。

抗美援朝战争开始后，中共中央和中央军委实行边打边建的方针，以保证战争需要为主全面统筹国防军建设。为保证中国人民志愿军在朝鲜战场上同高度现代化装备的美军作战的需要，在战争的前期，中央军委调整了原定国防军建设以加强海军和空军建设为重点的计划，改为以加强空军、炮兵和高射炮兵建设为重点，并加强陆军其他技术兵种建设，突击组建和扩建空军、炮兵（含高射炮兵）、装甲兵、工兵部队，开赴朝鲜参战；突击加强志愿军后勤建设，保证志愿军物资运输和供应。同时，解除野战军部队担负的生

产建设任务，推迟全军大规模文化教育计划的启动，转为军事整训。这些重大举措，有力地保证了战场需要和国内防务。在战争后期，随着朝鲜战场形势的稳定，军队建设仍以保证志愿军在朝鲜战场作战需要为主，同时，中央军委根据国家生产能力、国防需要和志愿军进行现代战争的经验，对国防军和平时期规模、体制编制、武器装备和后备力量建设、国防工业建设作出全面的长远计划，并按计划全面展开实施，还进行了大规模文化教育、建立了统一正规的军事院校、开始了全军统一正规的军事训练。中共中央和中央人民政府还通过中国人民抗美援朝总会在全国各族人民中开展捐献飞机、大炮运动，加强和改善了中国人民志愿军的武器装备。空军、炮兵、装甲兵在抗美援朝战争期间迅速发展壮大。正如毛泽东所说："我们过去打了二十几年仗，从来没有空军，只有人家炸我们。现在空军也有了，高射炮、大炮、坦克都有了。"① 同时，人民解放军和志愿军陆军的编成也发生了重大变化，由过去基本是单一步兵发展为编有队属炮兵和高射炮兵部（分）队，有的还编有坦克部队。人民解放军的现代化水平得到明显提高。

把握军队建设与作战需要的关系，在抗美援朝战争期间实行边打边建的方针，以保证战争需要为主全面统筹国防军建设，既保证了志愿军在朝鲜作战的应急需要，也保证了国防军长远建设的正常进行。

四、建设正规化、现代化的强大国防军，必须提高全军的科学文化素质

文化教育和科学技术知识在军队建设中具有十分重要的意义。没有文化和科学技术知识就不能熟练掌握手中武器的原理和性能，就不能掌握新的军事技术，就是有了新的技术装备也不能充分发挥其应有效能，更不能掌握现代军事理论。因此，毛泽东说："没有

---

① 《毛泽东军事文集》第6卷，316页，北京，军事科学出版社、中央文献出版社，1993。

文化的军队是愚蠢的军队，而愚蠢的军队是不能战胜敌人的。”①

新中国成立后，人民解放军需要建设成为正规化、现代化的强大国防军，与此相适应，必须提高全军指战员的科学文化素质。由于全军广大指战员科学文化素质较低，大部分处于文盲、半文盲状态，建设空军、海军和陆军各技术兵种，掌握装备技术知识和技能很困难，与建设正规化、现代化强大国防军的要求很不适应。在抗美援朝战争初期，这种不适应的状况表现得更为明显。志愿军许多专业技术人员不能熟练运用手中技术装备，对缴获的许多美军技术装备不会使用，尤其缴获的大量汽车和坦克不能开走而被美军空军炸毁；有的步兵指挥员对配属的炮兵和其他技术兵种及其装备缺乏必要的知识，而不能充分发挥其应有的效能。

中央军委于1950年8月作出指示，决定为适应建设正规化、现代化强大国防军的需要，从1951年1月起，在三年内以提高干部、战士的文化水平为首要任务，进行全军规模的文化教育。全军文化教育虽因保证抗美援朝战争的需要而推迟，但在朝鲜战场形势稳定后，仍在1952年下半年至1953年上半年进行了一年的速成文化教育，从而普遍提高了全军的文化素质。

此外，全军各级指挥院校和各类专业技术学校根据抗美援朝战争的经验和人民解放军的技术装备状况，有计划地培养现代作战的指挥员和各种专业技术人才。1950年12月和1951年6月，还两次在全国招收青年学生入军事干部学校学习，培养掌握现代军事科学技术知识的军事干部。

建设正规化、现代化强大国防军，人才是根本。从提高全军科学文化素质入手打基础，抓住了人民解放军正规化、现代化建设的根本，为1953年下半年开始的全军统一正规的军事训练和从1954年开始的全面转入正规化、现代化建设的顺利进行，奠定了重要的科学文化基础。

---

①《毛泽东选集》第3卷，1011页，北京，人民出版社，1991。

五、建设正规化、现代化强大国防军，必须学习外军的先进经验

人民解放军经历了20多年革命战争的锻炼，战胜了国内外的强大敌人，取得了中国革命的胜利，积累了一套以劣势装备战胜优势装备之敌和人民军队建设的丰富经验，具有优良的光荣传统。但由于物质条件和客观环境的限制，人民解放军在新中国成立前的建设，尚处于武器装备简单低劣，作战指挥和编制、制度、纪律、训练尚不统一以及带有某种游击性的不正规的比较低级的阶段。新中国成立后，人民解放军开始了由建军的低级阶段向建军的高级阶段的历史性转变。而人民解放军尚没有正规化、现代化建设的经验，特别是没有运用现代军事科学技术和建立各种统一正规的军事制度的经验，因此，学习外军正规化、现代化建设的先进经验是人民解放军正规化、现代化建设的必然要求。

新中国成立时，以美国为首的西方国家采取以中国人民为敌的立场，对新中国实行政治上颠覆、经济上封锁、外交上孤立、军事上包围的政策，企图将新中国扼杀在摇篮里。苏联是第一个社会主义国家，是中国人民最主要、最友好的朋友。新中国成立后，苏联政府第一个承认新中国政府并建立外交关系。1950年2月，中苏两国政府又签订了友好同盟互助条约。苏联军队的装备和技术在苏德战争以前就达到现代化水平，在第二次世界大战中又战胜德国和日本法西斯军队，积累了十分丰富的现代战争经验，形成了先进的军事科学。苏联军队正规化、现代化建设为中国人民解放军的正规化、现代化建设树立了榜样。并且中国人民解放军海军、空军和陆军各技术兵种建设的主要装备都是从苏联购买的。因此，人民解放军在进行正规化、现代化建设过程中学习和借鉴外军经验，苏联军队的先进经验便是自然的选择。

中共中央、中央人民政府和中央军委在新中国成立之初，即聘请苏联军事顾问和军事技术专家，帮助指导中国人民解放军的正规化、现代化建设。在军委总参谋部、总后勤部、各军兵种领导机

关、各大军区机关、各军事指挥院校、各后勤指挥院校和专业技术学校，均设有苏联军事顾问或专家。在全军展开统一正规的军事训练之前，1952 年 12 月，全军参谋长和政治部主任联席会议进一步明确将学习苏联军队先进经验，作为人民解放军正规化、现代化建设的一个重要指导思想。同时明确，学习苏联军队的先进经验必须与中国国情和中国人民解放军的实际相结合，必须与学习毛泽东军事思想、研究总结人民解放军作战和建设的经验以及中国人民志愿军抗美援朝战争的经验相结合。

虽然中国和苏联两国国情、军情和历史文化不同，苏军顾问和专家在传授经验和知识过程中也有某些生硬和机械的做法，但学习苏军的先进经验，积极的方面是主流，对人民解放军的正规化、现代化建设起了积极的促进作用。

六、建设正规化、现代化的强大国防军，必须建立自己的国防工业

现代化工业特别是现代化国防工业是军队现代化的基础，没有现代化工业，没有现代化国防工业就不可能有现代化的军队。一个国家的军队实现装备技术的现代化，无非有两种途径：一是靠从国外购买；二是靠发展自己的国防工业。中国是个大国，在和平时期也需保持几百万庞大规模的常备军。如此规模常备军的技术装备全靠购买，一则需大量的外汇，二则受制于人，三则只能买来暂时的现代化，而买不来持续、长久的现代化。况且，新中国成立时，百废待兴，财政严重困难，除战争急需外不可能长期靠购买外国的先进军事技术装备来进行人民解放军的现代化建设。中国建设正规化、现代化的强大国防军，必须建立自己的国防工业。

新中国成立时，国防工业主要是原各根据地（解放区）及接收原国民党政府的条件简陋、技术落后的兵工厂，不能生产坦克、飞机、大炮、舰艇等武器装备。为改变这种状况，中共中央、中央人民政府和中央军委高度重视国防工业建设，采取有力措施，创建新中国自己的国防工业。中央人民政府成立时，即在政务院设立重工

业部对原有兵器工业进行归口管理，全面调整，着手筹建航空工业、电信工业、船舶工业等，并派出代表团同苏联政府有关部门进行谈判，求得苏联的帮助。在抗美援朝战争开始后，全国以保证抗美援朝战争的胜利为中心，中共中央和中央人民政府实行边打边建的方针，仍有重点地恢复重工业。1951 年 10 月，中共中央确定实行精兵简政、增产节约方针的同时，进一步明确加强国防工业建设。11 月，中央军委在研究人民解放军的精简整编时，也进一步明确：国防军按照新编制和新装备进行整编，并不是要大量订购武器装备，而是挤出钱来发展中国的军事工业，自己制造武器。三年五年以内我们要能自己制造飞机和坦克，改善装备主要是从发展中国的工业上着手。[①] 1952 年制订《一九五三年至一九五七年军事建设计划纲要》时，对兵工生产作出了规划。1953 年 8 月，中共中央又审查批准了由政务院和中央军委共同制订的国防工业“一五”建设计划。到 1953 年底，国防工业建设初见成效。

七、人民解放军必须树立永远是战斗队的思想，任何时候都应保持常备不懈

战斗队、工作队、生产队，是人民解放军从红军时期就确定的三大任务。在这三大任务中，战斗队的任务始终是人民解放军的主要任务，其他两大任务都是为保证战斗队这一主要任务的完成而进行的。战争时期是如此，和平时期也是如此。战争时期，人民解放军的中心任务是打仗，和平时期人民解放军的中心任务是准备打仗。因此，人民解放军不但在战争时期是战斗队，在和平时期也必须树立永远是战斗队的思想，必须保持常备不懈。

新中国成立初期，随着全国大陆的基本解放，人民解放军除一部分部队准备解放台湾和进军西藏，一部分部队进行新解放区的剿匪作战外，全军其他所有部队都不同程度地担负了保证国民经济恢复的生产任务，还有相当一批指战员参加和支援地方新生政权建设

---

① 参见林彪在军委整编会议上的报告，1951 年 11 月 16 日。

转为工作队。就是国防机动部队也没有进行军事整训，而是有的全部转入生产，有的还兼及地方工作。和平的到来，使部队的战争观念有所淡薄，战备意志有所松懈，致使在美国侵略朝鲜和中国领土台湾后，组建东北边防军时，一些部队处于马放南山、刀枪入库的状态，武器生锈，炮筒成了鼠窠鸟窝，战备装具成了生产工具，部队不适应战备的需要。抗美援朝战争开始后，还有的部队没有任何作战准备，从生产第一线直接仓促收拢，集中投入朝鲜战场作战，给作战带来了不利影响。

这些情况表明，居安必须思危，人民解放军必须树立永远是战斗队的思想。在和平时期，在任何情况下，都必须建立必要的常备不懈的战略值班部队。战略值班部队要编制满员、装备先进、训练有素，一旦出现危及国家安全的战争，就能迅即开赴战场投入作战。

八、在历史的转变时期更需加强军队的思想政治建设

中华人民共和国的成立，开辟了中国历史的新纪元，标志着中国历史进入了一个新时代，是中华民族历史上划时代的一次重大转变。这个转变本身就为进行了20多年艰苦卓绝、浴血奋战的人民解放军的思想政治建设提出了新课题和新要求。历史经验教训表明，往往大功告成的时候，都容易出现骄傲自满松懈战斗意志的情绪，贪图安逸不求进取的情绪。而新中国的成立只是中国革命的万里长征刚刚走完了第一步，不但全国大陆的相当一部分和全部的沿海岛屿尚未解放，就是已经解放了的地区也有相当部分土匪危害严重，特别是如何保卫新生政权，如何恢复国民经济，建设强大国家，更是一个巨大的新课题，情况更复杂、任务更艰巨、路程更长远。在新中国成立初期的四年中，人民解放军进行了抗美援朝战争、剿匪等作战行动，开始由单一陆军向现代诸军兵种合成军队的转变，还进行了两次大规模精简整编等等。这些都给人民解放军的思想政治建设提出了新课题和新要求。

鉴于这些情况，人民解放军按中共中央和中央军委的统一部署

和要求，主要进行了思想作风建设，重点教育各级干部特别是中高级领导干部，保持谦虚谨慎、不骄不躁的作风，保持艰苦奋斗的作风；随着抗美援朝战争的开始，在志愿军和人民解放军中进行了抗美援朝重大意义教育，爱国主义、国际主义和革命英雄主义精神教育，以加强志愿军各级党组织建设，保证各级党组织成为各级部队领导和团结的核心；针对大规模的复员，军队和地方密切配合进行了周密的组织安排和深入细致的思想工作；适应军兵种建设特点，在军兵种部队中开展思想政治工作；加强基层党组织建设；对军队干部有计划地系统进行马克思主义基本理论教育等等，从而使人民解放军始终保持了人民军队的宗旨和性质，保证了军队担负的各项任务的圆满完成。

后　记

编写《中国人民解放军军史》，是中央军委赋予军事科学院的一项重要任务。1997 年 11 月 27 日，中央军委常务会议决定，编写出版《中国人民解放军军史》，并成立了由中央军委领导任组长的中国人民解放军军史编写领导小组，责成军事科学院承担编写任务。军史编写的指导思想是，以毛泽东军事思想、邓小平新时期军队建设思想、江泽民国防和军队建设思想和胡锦涛关于新形势下国防和军队建设重要论述为指导，以中共中央关于若干历史问题决议为准则，坚持辩证唯物主义、历史唯物主义的观点和实事求是的思想路线，以历史事实和文献档案资料为主要依据，深入研究中国人民解放军成长发展的特点和规律，全面、系统、准确地反映中国人民解放军在中国共产党领导下的战斗历程和光辉业绩，科学地总结建军和作战指导的基本经验，努力写出一部真实可信、具有权威性和综合性的史书，为发扬我军的优良传统，继承和发展毛泽东军事思想，为部队建设特别是探索新时期治军特点规律，巩固提高部队战斗力，为建设现代化、正规化的革命军队，打赢信息化战争，更好地履行新世纪新阶段我军的历史使命，提供历史借鉴。

军事科学院党委对这项任务高度重视，作出全盘部署。军事历史研究部组成《中国人民解放军军史》编写组，自 1998 年开始在收集整理大量历史文献资料的基础上，精心组织，深入研究，展开编写，并在完成初稿后进行了审修工作。随后，战争理论和战略研究部根据院首长的指示，领导和组织军事历史研究所《中国人民解放军军史》编写组对书稿进行最后的审修和定稿工作。

在历时 10 余年的编写修改过程中，中央军委军史编写领导小组审定了编写指导思想、编写规划和纲目，研究解决了编写中的重要问题，审定了书稿。军事科学院军事历史研究部、战争理论和战略研究部领导编写组先后组织进行了四次集体统稿和修改：2001 年，在林登泉、曾庆洋、支绍曾组织下，对全书各卷进行统稿；2002 年至 2003 年，在王福成、肖裕声、齐德学组织下，对书稿进行了修改；2004 年至 2006 年，姚有志、齐德学、赵一平、温瑞茂组织进行了再次修改；2007 年至 2010 年，寿晓松、杨贵华、郭志刚、姜铁军、曲爱国组织进行了送审稿的修改并向军史编写领导小组报审。其间，根据中央军委军史编写领导小组的指示，军委各总部、各军兵种、各大军区和有关院校等，对书稿进行了审读，提出了许多宝贵的修改意见。刘精松、张工、王祖训、温宗仁、葛振峰、张定发、郑申侠、刘源、刘成军、孙思敬等军事科学院历任领导和军事科学院科研指导部，对《中国人民解放军军史》的编写修改给予了有力指导。中央档案馆、解放军档案馆、中国人民革命军事博物馆、总参谋部有关部门档案室或资料室、总政治部档案馆、总后勤部档案馆、总装备部档案馆、海军档案馆、空军档案馆、各军区档案馆、军事科学院军事图书资料馆等单位，为《中国人民解放军军史》的编写提供了大量历史档案和图书资料。中共中央文献研究室、中共中央党史研究室、中共中央党校、当代中国史研究所以及军内外党史、国史、军史专家学者和许多老同志对《中国人民解放军军史》的编写给予了热情关怀和支持。在编写过程中，我们还借鉴和使用了大量的军史、战史研究成果，在此一并表示衷心的感谢。

2011 年 6 月，中央军委常务会议根据军史编写领导小组的建议，正式批准出版《中国人民解放军军史》第四、第五、第六卷。《中国人民解放军军史》第四至第六卷，记述从 1949 年 10 月 1 日中华人民共和国成立到 1978 年 12 月中国共产党十一届三中全会召开这一历史时期的发展历程。其中，第四卷起止时间为 1949 年 10 月～1953 年 12 月；第五卷起止时间为 1954 年 1 月～1966 年 5 月；

第六卷起止时间为1966年5月~1978年12月。

本卷编写提纲由齐德学、赵一平、丁伟、曲爱国、肖石忠拟制。第一章第一至四节、七节由赵一平、肖石忠撰写，第一章第五、六节由丁伟撰写；第二章由赵一平、肖石忠撰写；第三章由丁伟、齐德学、曲爱国撰写；第四章第一、五、七节由齐德学、肖石忠、波拉提撰写，第四章第二、三、四、六、八节由丁伟撰写，第四章第九节由赵一平、肖石忠撰写；基本经验由齐德学撰写。全书由齐德学、赵一平、丁伟统稿。军事科学院原军事历史研究部姚杰、孟照辉研究员对本卷书稿进行了评审，傅吉庆、张驭涛研究员对本卷书稿提出了书面修改意见。军事科学出版社为本书的编辑、出版工作付出了辛勤劳动。

由于我们研究水平所限，书稿中难免有不周、疏漏之处，诚请广大读者批评指正。

《中国人民解放军军史》编写组

2011年6月